제이콥 닐슨이 공개하는

웹 사용성 중심의
웹 사이트 제작론

웹 사용성 분야 최고의 권위자
제이콥 닐슨, 호아 로랭거 지음

이준영 옮김

Prioritizing Web Usability
Jakob Nielsen, Hoa Loranger

Prioritizing Web Usability
by Jakob Nielsen and Hoa Loranger

Authorized translation from the English language edition, entitled PRIORITIZING WEB USABILITY, 1st Edition by NIELSEN, JAKOB; LORANGER, HOA published by Pearson Education, Inc, publishing as New Riders, Copyright ⓒ 2006 by Nielson Norman Group

All rights reserved. No part of this book may be reproduced or transmitted in any form or by any means, electronic or mechanical, including photocopying, recording or by any information storage retrieval system, without permission form Pearson Education, Inc.

KOREAN language edition published by INFO-TECH COREA Copyright ⓒ 2007 KOREAN translation rights arranged with PEARSON EDUCATION, Inc., publishing as New Riders, Indianapolis through AGENCY ONE, SEOUL KOREA

이 책의 한국어판 저작권은
에이전시 원을 통해 저자와의 독점 계약으로 아이티씨(ITC) 출판사에 있습니다.
저작권법에 의해 한국 내에서 보호를 받는 저작물이므로 무단전재와 복제를 금합니다.

IT 대한민국은 ITC(Info Tech Corea)가 함께 하겠습니다.
www.itcpub.co.kr

감사의 글

이 책은 닐슨 노먼 그룹의 현재와 과거의 멤버들에 의해 진행된 수많은 사용자 연구와 클라이언트 프로젝트를 기반으로 하고 있으며, 집필에 동원된 우리의 통찰력은 캐러 퍼니스 코인, 수전 패럴, 슐리 길루츠, 자렛 골드필드, 크리스 노더, 도널드 A. 노먼, 에이미 셰이드, 수지 샤프, 마이클 서머스, 매리 타힐, 브루스 '토그' 톡내씨니, 그리고 제니 우를 비롯한 최우수 전문가들과 논의를 거듭하면서 비롯된 것들이다. 우리가 이번 프로젝트를 진행할 수 있게 도와 준 스탭들에게도 감사드린다. 브렌다 브로지닉, 루이스 황, 그리고 수전 퍼니스가 없었다면 좋은 데이터를 얻지 못했을 것이다. 그들은 회사가 원활하게 돌아갈 수 있게 해주는 핵심 일꾼들이다. 또한, 이 책에 사용된 통계 자료를 얻기 위해 테스트 동영상을 수백 시간이나 검토해준 연구 보조원 데이빗 필프에게도 감사의 뜻을 전한다. 마지막으로, 통찰력을 갖고 조언해준 마조리 베이어, 데이비나 바움, 데렉 로랭거, 그리고 존 목스에게도 감사드린다. 그리고 원고 편집에 도움을 주고 이 책을 마무리할 수 있도록 격려해준 캐밀 페리에게 특히 감사의 뜻을 전하고 싶다.

제이콥 닐슨과 호아 로랭거

저자에 대하여

제이콥 닐슨 _ Jakob Nielsen

닐슨 노먼 그룹의 회장인 제이콥 닐슨 박사는 사용자 인터페이스의 질을 개선하기 위한 빠르고 효율적인 방법을 강조한 'discount usability engineering' 운동을 처음으로 전개하였다. 「U.S. News and World Report」는 그를 '웹 사용성에 관한 세계에서 가장 앞서가는 전문가'로 표현하였고, 「USA 투데이」는 '진정한 타임머신이 될 차기 주역'이라고 평가한 바 있다. 그는 또한 22개 국어로 번역되어 25만 부 이상 판매된 베스트셀러, 『사용하기 쉬운 웹사이트가 성공한다』(*Designing Web Usability: The Practice of Simplicity*(New Riders Publishing, 2000))의 저자이기도 하다. 그 외에 『*Usability Engineering*』(Morgan kaufman, 1993), 로버트 L. 맥과 공동 집필한 『*Usability Inspection Methods*』(Wiley, 1994), 『*Multimedia and Hypertext: The Internet and Beyond*』(Morgan kaufman, 1995), 『*International User Interfaces*』(Wiley, 1996), 그리고 매리 타일과 공동 집필한 『*Homepage Usability: 50 Websites Deconstructed*』(New Riders Publishing, 2001) 등의 책을 집필하였다. 닐슨의 웹 사용성에 대한 얼럿박스(Alertbox) 컬럼은 1995년부터 인터넷을 통해 출판되었고, 현재는 www.useit.com에 약 20만 명의 독자를 확보하고 있다.

제이콥 닐슨 박사는 1994년에서 1998년까지 선 마이크로시스템즈의 엔지니어로 일했으며, 그 외에도 벨 커뮤니케이션 리서치, 덴마크의 테크니컬 대학교, 그리고 IBM의 유저 인터페이스 연구소에 몸담았던 경력도 있다. 또한 주로 인터넷을 사용하기 쉽게 만드는 방법에 대한 연구의 결과로 미국에서만 79개나 되는 특허를 획득하였다. 닐슨은 덴마크의 테크니컬 대학교에서 인간과 컴퓨터의 상호작용 분야에서 박사 학위를 취득했다.

호아 로랭거 _ Hoa Loranger

호아 로랭거는 닐슨 노먼 그룹에서 사용자 경험 분야 전문가로 일하고 있으며, 그룹 샌 디에고 지부의 지부장이기도 하다. 그녀는 엔터테인먼트, 회계, 기술, 전자상거래, 인트라넷 등의 분야에서 앞서가는 많은 업체들과 다른 업계의 업체들을 상담하는 일을 하면서 자신의 고객들이 판매와 투자 수익 개선을 위한 사용자 중심의 디자인 전략을 성공적으로 수행할 수 있도록 많은 도움을 주었다.

로랭거는 기본 방침을 정하고, 사용성 원칙과 지침, 사용자 중심의 디자인 개념, 그리고 실제 적용된 연구 방법을 포함한 다양한 주제의 지침서를 제공하기도 하였다. 그녀는 교육용 동영상을 만들고 플래시 기반 애플리케이션, 웹상의 10대, 회사 소개, 기업과 기업 간(B2B) 웹 사이트, 그리고 서류로 견본을 만드는 기술 등의 내용을 담은 보고서를 작성하고 있으며, 그녀의 폭 넓은 사용성 연구는 아시아, 오스트레일리아, 유럽, 그리고 북미 지역을 포함한 전세계에 영향을 미치고 있다.

닐슨 노먼 그룹에 입사하기 전, 로랭거는 인튜이트(Intuit)에서 휴먼 팩터 관리자로 일했으며, 그녀가 이끄는 팀은 터보택스(TurboTax)와 퀵북(QuickBooks) 제품군의 사용자 상호작용과 시각적 디자인 부문을 담당하였다. TRW(현재는 노스롭 그루먼)에서는 내비게이션과 병참 애플리케이션, 그리고 군용 운송 수단의 컴퓨터 설정 등을 포함한 하드웨어와 소프트웨어 시스템 분야 모두에서 전문성을 발휘하였다.

로랭거는 노스리지에 위치한 캘리포니아 주립대학에서 휴먼 팩터와 응용 실험 심리학 석사를 취득했고, 어빙에 있는 캘리포니아 대학에서 심리학 박사 학위를 받았다.

역자 머리말

몇 년 전이라면 제이콥 닐슨의 새로운 서적이 나왔다는 이유만으로 많은 사람들이 그의 이야기에 귀 기울이려 노력했을 것이다. 그러나 지금은 어떠한가? 그가 운영하고 있는 웹 사이트인 useit.com의 존재를 아는 사람도 그리 많지 않다. 나도 그의 웹 사이트를 방문하지 않은 지 오래되었다. 그렇다고 그의 이론이 파기되었거나 별 소용없음이 증명되었기 때문이냐고 묻는다면 그건 결코 아니다. 단지 그의 웹 사용성(웹 유저빌러티) 혹은 접근성에 대한 이론이 매우 일반화되었고 더 이상 웹 사이트를 제작하는 사람들에게 혁신적인 이론으로 다가가지 못할 뿐이다. 이것은 그의 이야기가 대중화되었고 웹 사이트 기획이나 제작, 운영 일반에서 매우 다양한 형태로 적용되고 있기 때문이라고 봐도 된다. 누구든 어떤 학문을 시작할 때는 개론 서적을 읽는다. 그의 과거 서적은 웹 사이트를 제작해야 하거나 운영해야 하는 사람들에게 개론 서적으로서의 역할을 충실히 했다. 성경을 제외하고 개론 서적이 지속적이며 열광적으로 팔려 나가는 경우는 거의 없었다.

이 책은 과거 발행했던 책들의 개정 증보판이라고 보는 게 옳다. 그는 다양한 매체와 인터넷, 서적을 통해 웹 사용성에 대해 설파해 왔고 비슷하지만 조금씩 차이가 있는 주제를 다뤘다. 이 책은 더 이상 웹 사용성에 대한 그런 주제가 매우 특이하거나 혁신적인 것이 아니라 웹을 통해 무언가를 하려는 사람이라면 보편적으로 받아들여야 하는 주제임을 재확인하고 있다. 때문에 이 책은 과거에 책을 발간한 이후 급속하게 증가한 다양한 형태의 웹 사이트를 통해 그가 과거에 기술했고 주장했던 이론과 실천 전략을 재증명하고 있다. 이를테면, "보라, 내가 했던 이야기가 다 맞지 않나?"라고 이야기하고 있는 셈이다.

아마 과거에 제이콥 닐슨 혹은 그가 창립한 회사인 닐슨 노먼 그룹의 책을 읽었던 사람이라면 이 책이 과거와 차별화된 특별한 주장이나 사실을 알려주지 않는다고 비판할지 모른다. 실제로 미국에서 이 책이 발행되었을 때 몇몇 독자들은 '뻔한 내용의 우려 먹기'라는 식으로 비판을 했다. 그러나 번역을 진행하며 그런 주장에 동조할 수 없었다. 이 책이 새로운 이론을 제시하지 않는 것은 분명하다. 그러나 이 책에 대해 그런 비판이 성립되기 어려운 이유는 바로 이 책의 목적 때문이다. 이 책은 제이콥 닐슨 본인이나 그의 회사 혹은 연구자들이 지난 시간 동안 웹 사용성에 대해 연구한 사례를 발표하고 이론이 현실에 적용될 때 어떤 변화를 가져 오는지 혹은 자신들의 연구를 실전에 적용했을 때 어떤 현상이 벌어졌는지 알려주는 데 목적이 있다. 이 책의 가치를 굳이 따지자면 웹 사용성에 대한 보다 다양한 사례와 현실 적용의 문제점, 실천적 전략의 구체화라고 볼 수 있다. 웹 사용성에는 이론과 적용 그리고 현실이 함께 존재한다. 이론을 기초로 웹 사이트를 만들고 그것을 실제 생활의 도구로 사용하는 사람들에 의해 현실이 된다. 때문에 매번 새로운 이론이 필요한 것이 아니라 그 이론을 현실 속의 웹 사이트가 어떻게 받아들여 적용했는지 정기적으로 보고하고 대안을 모색하는 일이 필요하다. 그게 이 책의 의미다.

이 책은 분명, 웹 디자이너나 웹 서비스 기획자, 개발자들의 필독서로 분류될 것이다. 그러나 그리 어렵지 않으면서도 반드시 알아야 할 주제이기 때문에 웹 사이트를 통해 사업을 구상하고 있는 경영자나 자영업자의 사고를 넓혀주는 훌륭한 서적으로 생각한다. 특히 웹 사이트를 만들어 본 적이 없거나 실무 경험이 적은 대학생들이 현실적으로 웹 사이트를 제작할 때 발생할 수 있는 문제점을 미리 파악하는 데 도움이 되리라 생각한다. 그러나 분명히 알아야 할 것이 있다. 이 책은 웹 사이트의 다양한 의미와 모습, 구현 방안에 대해 이야기하고 있지만 웹 사용성이라는 측면에 기초하여 모든 이야기를 기술하고 있다. 이 말은 경우에 따라서는 이 책이 오히려 웹 사이트를 제작하는 데 별 도움이 되지 않을 수 있다는 말이다. 이 책은 결코 웹 사이트 제작을 위한 바이블이 아니다. 그걸 잊지 않는다면 웹 사용성에 대한 철학과 실천 방안 그리고 다양한 사례를 통한 분석이 가득한 이 책은 여러분에게 많은 도움이 될 것이다.

역자에 대하여

이준영

기업 대상 웹 서비스 전략 자문과 신규 웹 서비스 기획을 하는 트레이스존 컨설팅 그룹의 대표이다. 다양한 포털 사이트와 미디어, 커뮤니티 웹 사이트의 제작과 혁신적 웹 서비스를 컨설팅했으며, 개인정보보호 사이트인 '이지스'를 직접 제작하기도 하였다. <한국 포털 전망 보고서>, <미디어닷컴> 등 다양한 인터넷 전략 보고서를 공개 배포하고 있다. 파워 블로거이기도 한 그는 이구아수(i-guacu.com), 가장 거대한 아스피린(blog.naver.com/kickthebaby) 등을 5년째 운영하고 있으며, 지금까지 약 5백만 명의 사람들이 방문하였다. 주요 저서로는 『유즈넷 & 이메일 파워 가이드』, 『인터넷 익스플로러 파워 가이드』 등이 있다.

차례

제1장 | 개요: 비밀은 없다

정보 출처   4
　이러한 연구는 어떻게 이루어졌나?   5
　방백법   6
　특정 사이트에 대한 테스트   7
　만약 사이트가 변경되었다면?   14

사용자 테스트가 필요한 이유   17
　예외사항   17

제2장 | 웹 사용자 경험

사람들은 웹을 얼마나 능숙하게 다루고 있는가?   22
　웹 전체 성공률   24
　경험 수준에 따른 성공   25

웹 사이트에 대한 사용자의 만족도   26

사람들이 웹 사이트를 사용하는 방법   27
　홈페이지: 할 말은 많은데 시간은 너무 짧다   30
　내부 페이지에서 보이는 사용자 행동 양식   33

검색의 힘   36
　사람들은 검색 엔진 결과 페이지를 어떻게 사용하는가?   39
　키워드 광고 비용을 통한 사용성 개선의 간접적인 측정   41

스크롤   45

디자인 관례 및 사용성 지침 준수   47

정보 수집   52
　정보 단서: 경로 성공의 예측   52

적절한 선택: 방문할 사이트   52
추적 포기: 다른 사이트로 이동   53
정보 내비게이션 행동 양식   55

제3장 초기 웹 사용성 연구 결과의 재검토   57

여전히 중요한 여덟 가지 문제점   60
방문했을 때 색상이 바뀌지 않는 링크   60
예외: 명령 지향 기능   63
뒤로 가기 버튼 사용 불가   63
새 브라우저 창 열기   67
예외: PDF와 다른 유사 문서   70
팝업 창   72
광고처럼 보이는 디자인 요소   76
배너 무시와 다른 광고 탐지 능력   76
웹 전체의 관례를 위배하는 것   78
내용이 없는 컨텐츠와 과장된 표현   80
빽빽한 컨텐츠와 읽기 어려운 문자열   80

기술적 변화: 사용성에 미치는 영향   84
느린 다운로드 시간   86
웹 사이트를 위한 속성 다이어트?   87
프레임   87
플래시   88
관련성이 낮은 검색 결과 목록   91
멀티미디어와 길이가 긴 동영상   92
고정된 레이아웃   92
플랫폼 간 비호환성   94

개조 대상: 사용자가 사용성에 영향을 미치는 방법   96
불확실한 클릭 가능 영역   97
파란색이 아닌 링크   100
스크롤 작업   100

　　　　등록　　102

　　　　복잡한 URL　　103

　　　　풀다운 메뉴와 캐스케이딩 메뉴　　103

　　자제: 디자이너들이 사용성 문제를 완화하는 방법　　104

　　　　플러그인과 최첨단 기술　　108

　　　　3D 사용자 인터페이스　　109

　　　　거만한 디자인　　111

　　　　스플래시 페이지　　111

　　　　움직이는 그림과 자동 스크롤되는 문자열　　113

　　　　커스텀 GUI 장치　　113

　　　　정보 제공자 불명　　115

　　　　만들어낸 말　　116

　　　　오래된 컨텐츠　　116

　　　　웹 사이트 내의 모순　　118

　　　　조급한 개인 정보 요청　　118

　　　　다수의 사이트　　119

　　　　고아 페이지　　119

　　초기 연구 결과의 운명 평가하기　　119

제4장　자신의 사용성 문제에 대한 우선순위 매기기

문제를 심각하게 만드는 것　　125

　　고통의 규모　　129

　　사용자의 실패 이유　　132

　　최악의 문제에 초점을 맞춰야 하는가?　　134

제5장　검색

검색의 현황　　138

검색 모델　　140

검색 인터페이스　142

　검색어 길이와 검색 상자폭　148

　고급 검색　150

　범위 검색　150

검색 엔진 결과 페이지　151

　Best Bet　154

　SERP 정렬　157

　검색 결과 없음　159

　단일 검색 결과　159

검색 엔진 최적화　160

　언어 SEO　165

　아키텍처 SEO　167

　평판 SEO　169

제6장 ｜ 내비게이션과 정보 구조

이해하기 쉬운 사이트 구조　174

사용자 기대에 부응하는 사이트 구조　175

내비게이션: 일관성 유지　180

내비게이션: 멋진 요소를 경계하라　186

혼란은 줄이고 과잉은 피하고　191

링크와 레이블 이름: 구체적으로　194

수직 드롭다운 메뉴: 짧은 것이 아름답다　204

다층 메뉴: 적을수록 좋다　204

클릭 가능 영역　207

홈페이지에서 직접 연결　212

제7장 타이포그래피: 가독성과 문자 가독성

본문 문자열: 10포인트 규칙　223
　나이는 문제가 아니다　225
　하드웨어의 차이 극복하기　227
　일반적인 화면 해상도　227
상대적 규격　229
　시각 장애 사용자들을 위한 디자인　229
글꼴 선택　234
　불확실할 때에는 Verdana를 사용한다　235
글꼴과 색상 혼합　237
　문자열과 배경의 대비　242
　일반적인 색맹　247
그림 문자　249
움직이는 문자열　251

제8장 웹을 위한 글쓰기

잘못된 글쓰기로 웹 사이트를 망치는 경우　256
웹 사용자들의 읽는 방법 이해　260
독자를 위한 글쓰기　261
　간단한 용어 사용　264
　홍보용 과대 광고 축소　267
　요점 정리와 내용 축소　271
가독성을 위한 문자열 구성　277
　키워드 강조　277
　간결하고 설명적인 제목과 헤더 사용　278
　굵은 점과 숫자 목록 사용　281
　단락은 짧게 유지　284

제9장 명확한 제품 정보 제공하기

가격을 표시하라   289
    변명은 금물   292
    추가 비용 노출   294

고객의 신뢰를 얻어라   297
    제품 설명하기   297
    사진과 제품 삽화를 제공하라   300
    단계별 제품 페이지   306
    진실을 보여라   312

비교 구매 지원   313
    세분과 정렬   316

고품질 내용으로 판매 지원   319

제10장 페이지 구성 요소의 표현 방법

스크롤은 필수적인 디자인인가?   324
사용자를 한 단계씩 안내하기   331
연계된 항목 묶기   335
    조잡한 입력 양식   340
사용자의 기대를 만족시켜라   346
여백 활용   349

제11장 사람들의 요구에 맞는 기술 균형

사용자에게 이익이 될 때 멀티미디어를 사용하라   355
멀티미디어 장벽 극복하기   361
    기술 수준이 낮은 사용자들의 편의 도모   361
    사용자의 연결 속도에 맞게 디자인하라   363
    간단하고 정확한 로딩 상태 표시기 사용   363

　　　　사용자의 기술 지식을 과소평가하라　　366
　　　　사용자의 대역 알아내기　　368
　　익숙한 인터페이스 관례 지키기　　370
　　과도한 멀티미디어 사용을 피하라　　377
　　　볼륨을 낮춰라　　379
　　웹을 위한 동영상 만들기　　380
　　단순함의 실천　　382
　　한층 품위 있는 디자인으로　　392

제12장 마지막 고려 사항: 동작 가능한 디자인

　　가설을 테스트하라　　397

찾아보기

서문

약 10년 전 만해도 사람들은 웹에 열광하였다. 하지만 현재 웹은 열광의 대상이 아니라 일상의 일부가 되었다. 웹은 도구다. 따라서 사용이 편리하다면 사람들은 그것을 사용할 것이고 그렇지 않다면 사용하지 않을 것이다. 과거에 비해 10배나 많은 사이트와 100배는 더 늘어난 웹 페이지 때문에 사용자들은 사용하기 어려운 사이트에 대한 참을성을 점점 잃어가고 있고, 이런 상황에서 디자인적인 결함은 곧바로 사업 손실을 의미한다. 사용성은 그 어느 때보다도 중요한 요소가 되었다.

이 책의 목적은 두 가지로 나눌 수 있다. 가장 중요한 목적은 디자이너, 마케팅 매니저, 프로그래머, 또는 작가 등 웹과 관련된 일을 하는 모든 사람들이 알아야 하는 본질적인 것과 웹 사용성에 대한 우리의 광범위한 지식을 바탕으로 우선순위를 매기는 것이다. 이에 따른 두 번째 목적은 우리가 1990년대에 만든 웹 사용성 지침을 2000년부터 지금까지 발견한 새로운 사항을 기반으로 업데이트하는 것이다.

우리는 1994년부터 웹 사이트의 사용자 테스트를 시작했다. 지난 20년간 실존하는 수천 가지의 사용성 문제를 발견했고 그러한 문제점을 피하기 위한 많은 지침을 개발해 왔다. 닐슨 노먼 그룹은 4개 대륙에 있는 수천 명의 사용자들이 웹과 어떻게 상호작용하는지에 대한 연구를 기반으로 한 5,000페이지 가량의 보고서를 출판해 왔으며, 여기에는 수백 개의 사이트에서 얻은 약 3,000개의 스크린샷이 포함되어 있다. 이들 보고서 대부분은 정보화가 상당히 잘 되어 있고, 정보를 제대로 전달하는 가치 있는 연구들이다(우리는 항상 우리 스스로에게 이렇게 말한다). 하지만 독자들이 5,000페이지를 읽을 시간이 없다는 것을 알고 있다. 그래서 연구에서 발췌한 가장 가치 있는 정보를 한 권의 책으로 만들기로 했다.

아무튼, 웹 사용성은 경쟁적 환경이 심화됨에 따라 우리가 연구를 처음 시작했을 때보다 훨씬 더 중요한 개념이 되었다. 2장에서 상세히 설명하겠지만, 검색 엔진의 현저한 성장은 사람들이 웹에서 무언가를 연구하기 시작할 때(그리고 새로운 브랜드를 받아들일 때도) 확실한 전략을 사용한다는 것을 의미한다. 그들은 몇 개의 단어를 검색 엔진에 입력하고 그들의 문제를 해결해줄 만한 상호 경쟁적 입장에 놓인 업체들의 목록을 얻는다. 그들은 한 번의 클릭이 필요한 이 시점에서 많은 장벽이 있거나 사용자가 원하는 것을 얻는 데 불편함을 주는 곳에 대해서는 조금도 관심을 갖지 않는다.

사람들은 현재 많은 웹 사이트가 있을 것으로 생각하고 있으며, 나쁜 디자인에 대한 관대함을 점점 잃어가고 있다. 이 책은 웹 사이트에서 반복적으로 발견되고 있는 중요한 사용성 실수에 내해 초점을 맞추고 있다(그러한 사용성 실수는 고객의 불만족과 사업 손실을 유발한다).

우리가 제공하는 개선된 디자인을 위한 지침은 단순히 우리의 의견이

> **사용성이란?**
>
> 사용성(Usability)은 사용상의 용이성 정도에 관한 질적 속성이다. 구체적으로 말하자면, 사람들이 얼마나 신속하게 사용 방법을 배우는가, 사용하는 동안 얼마나 효율적인가, 얼마나 인상적인가, 얼마나 많은 오류가 발생하는가, 그리고 얼마나 많은 사용자들이 좋아하게 되었는가에 대한 것이다. 만약 사람들이 기능을 사용할 수 없거나 사용하려 들지 않는다면, 존재하는 것이라고 말할 수조차도 없다.

> 만약 이 책이 자신에게 유용한 정보를 담고 있는지 알고 싶다면 자신에게 다음과 같은 핵심적인 질문을 해볼 필요가 있다. 사용자들이 내 사이트에 방문했을 때 뭔가를 얻으려고 시도하는가? 만약 그 대답이 '예'라면 반드시 사용성에 대해 고려해야 한다.

아니라 사용자들의 행동에 대한 연구와 관찰을 기반으로 하고 있다. 시장 분석가들과는 달리, 자체 보고된 데이터는 종종 믿을 수 없고 사용성에 대한 질문에 적합한 해답을 제공해주지 않기 때문에 단순히 사람들에게 인터페이스를 어떻게 사용할 것인지 묻지 않는다. 대신, 우리는 관찰자적 전략에 기반을 둔 '사용자 테스트'라는 방법을 사용한다. 사람들에게 웹에서 수행할 일을 맡기고 실제로 그들이 여러 사이트와 상호작용하는 모습을 관찰한다. 이것은 그들이 무엇을 하는지가 아니라 사용자들이 실제로 수행하는 것이 무엇인지 알게 된다는 것을 의미한다. 포커스 그룹과 설문조사는 사람들의 일반적인 속성을 알아내는 데는 좋지만 사람들이 사이트를 사용할 수 있는지의 여부 또는 특정 디자인 요소를 언제 사용하는지를 알아내는 데는 무용지물이다. 관찰자적 연구만이 이들 질문에 대한 유효한 답변을 얻을 수 있다.

이 책에서는 프로그래밍 언어에 대한 조언 또는 이행에 대한 상세한 정보를 다루지 않는다. 우리의 관심사는 사용자가 건너편에 있는 사람에 대한 느낌을 공유하는 방법에 대한 것이다. 궁극적으로 이 책은 여러분의 고객에 대한 것이며, 그들 자신에 대한 것이 아니라 그들이 필요로 하는 것에 대한 것을 다루고 있다.

웹의 초창기에 우리는 사이트의 계통적인 사용자 테스트를 처리하는 사람들 중 하나였고, 우리가 초기에 발견한 것은 기본적인 관심을 얻었고 널리 인용되었다. 당시에는 훌륭했지만 일부 사람들은 우리의 지침이 1994년 이후 바뀐 적이 없다고 생각하기 때문에 현재에 와서는 다소 문제가 있다.

따라서 이 책의 두 번째 목적은 1990년대의 오래된 지침을 2000년 이후에 발견된 연구 결과로 업데이트하는 것이다. 2000년 이후에 만들어낸 지침은 그 이후에 완성된 연구를 사례로 드는 경향이 있으며, 웹의 새로운 개발을 반영하는 완전히 새로운 것을 단순히 보완하는 수준이다. 1990년대에 얻은 연구 결과에 대해서는 그렇지 않다. 최근 몇 년 동안 완성된 연구 자료는 종종 이들 사실과 모순되기 때문에 초기 지침은 이제 바뀔 필요가 있다.

흥미롭게도 우리가 오래 전에 발견한 사용성에 대한 일부 사항은 웹에서 기본적인 상호작용이 생각보다 많이 바뀌지 않았기 때문에 지금까지도 적중하고 있다. 사람들은 페이지를 둘러보기 위해 여전히 링크를 클릭한다. 그리고 사람들의 지각 능력은 한 세대에서 다음 세대까지도 변하지 않을 것이므로 인간의 능력을 반영하는 사용성 지침은 느리게 진화한다. 웹을 사용하는 사람들 역시 많이 바뀌지 않았다. 당신의 사이트를 10년 동안 사용할 사람들 중 80퍼센트는 현재 사이트를 사용하고 있는 사람들이다(그들이 나이가 들면 크기가 큰 글꼴을 필요로 하게 될 것이라는 점은 제외하고).

디자이너, 사용자, 그리고 기술은 모두 계속 변화하고 있으며 이 책의 목적은 오래된 사용성 지침이 이러한 변화에 견주어 어떤 방법으로 잘못되었는지에 대한 오해를 바로잡는 데 있다. 특히 3장은 가장 중요한 초기 사용성의 문제점에 대한 상세한 분석을 다루고 있으며 오늘날 이러한 문제를 어떻게 다뤄야 하는지에 대해 조언하고 있다.

변경된 것은 바로 이것이다. 웹 기술이 바뀌는 일은 드물고, 극단적으로 느린 전화 접속은 흔치 않은 상황이 되었으므로, 초기의 기술적 제약 완화를 목적으로 만들어진 많은 지침들은 그에 상응하는 (하지만 다른) 인간적인 제약 해결에 대한 것으로 대체되고 있다. 예를 들면, 1990년대의 사용자 대부분은 인터넷 연결이 너무 느렸기 때문에 인터넷에서 동영상을 볼 수 없었고, 동영상을 다운로드받을 수 있는 몇 안 되는 사용자들도 종종 충돌 현상을 경험하거나 시스템 비호환 문제를 경험해야 했다. 따라서 동영상에 대한 주요 지침은 그것을 피하는 방법에 대한 것이었다. 오늘날 동영상 문제는 단순히 기술적 관점에서 아무 문제가 없기 때문에 우리는 이에 대한 지침을 삭제할 수 있다. 대신 사용자들이 광대역 텔레비전을 통해 보는 것과는 다른 웹 기반 동영상 시청에 대한 새로운 지침이 필요하다.

이 책은 우리가 수년간 축적해온 정보의 일부를 포함하고 있기 때문에 빙산의 일각에 불과하다. 실제로 우리가 정리한 보고서를 10퍼센트 미만으로 요약한 것이기 때문에 여러분은 이것을 단순히 팁의 팁이라고 생각하면 된다. 우리 연구와 문서를 더 자세하게 읽어보고 싶어하는 사람들을 위해, 각 장의 끝부분에 그 장에서 다룬 상세한 내용을 담은 보고서에 대한 추가 정보를 실었다.

> **사용자 조사의 상세한 내용을 알려면**
>
> 우리는 회의실에 앉아 이 책에 대해 논의한 것보다 엄청나게 더 많은 것을 사용자 조사에서 얻었다. 이 연구 결과는 www.nngroup.com/reports에서 볼 수 있다. 만약 여러분의 프로젝트가 우리가 초점을 맞췄던 연구 사항에서 다룬 특정 유형의 디자인 프로젝트와 직접적인 관련이 없다면 이 정보는 거의 쓸모가 없을 것이다. 하지만 만약 비슷한 프로젝트를 진행 중이라면 상당한 가치가 있을 것이다.

사용성의 과거와 현재

제이콥의 책 『사용하기 쉬운 웹사이트가 성공한다』(Designing Web Usability: The Practice of Simplicity(New Riders Publishing, 2000, 이하 DWU))는 첫 인터넷 거품이 고조되던 시기에 출간되었고, 웹 디자인에 대한 인터넷 전문가들의 사고 방식에 변화를 가져왔기 때문에 흔히 '획기적인 사건'이라고 한다. DWU 출간 전에는, 대부분의 회사들이 단순히 멋진 사이트를 원했다. 실제로 당시 베스트셀러로 판매되는 웹 디자인 서적은 화려한 화면과 복잡한 디자인을 지지하는 Creating Killer Websites였다. DWU가 출간된 뒤, 많은 인터넷 관리자들은 그러한 킬러 사이트가 사업을 죽인다는(killing) 사실을 깨달았다. 그들은 웹으로 사업을 하는 최선의 방법은 그들의 고객이 사용할 수 있는 사이트를 만드는 것이라는 사실을 발견했다. 웹은 텔레비전이 아니다. 즉, 사람들은 무의식적으로 그곳에 방문하는 것이 아니다. 즉, 사람들은 특정 목적을 가지고 웹에 방문한다. 그들은 마우스에 손을 얹은 상태로 사이트와 상호작용할 준비를 하고 있는 것이다.

> 성공률은 높아지고 있고 사용자 실패는 과거의 웹에서와 달리 거의 보편적이지 않게 되었다. 사용성 운동은 개선된 사용자 경험이라는 측정 가능한 결과를 낳았다.

DWU는 선언서였다. 당시 웹을 지배하고 있던 멋진 디자인과 복잡한 사용자 인터페이스를 뛰어넘는 'Practice of Simplicity'를 독자들에게 전달하려고 노력했고, 당시 보잘것없는 웹 사이트의 스크린샷을 해체하는 방법을 통해 부분적으로나마 실행에 옮겼다. 실제로 지금 DWU를 다시 읽어보면 대부분의 사람들은 스크린샷이 너무 오래된 것처럼 보인다는 점에서 불만을 갖는다. 다행스럽게도 우리가 경고했던 많은 디자인적인 실수가 현재는 많이 없어졌다. 하지만 불행하게도 새로운 실수가 그 자리를 대신하기 시작했다. 이 책은 현재의 사용자들에게 적합하지 않고, 많은 불행을 야기하며, 사업 손실을 유발하는 디자인 요소를 보여주는 새로운 스크린샷으로 가득 차 있다.

하지만 전체적으로 웹은 개선되어 왔다. 이제 우리는 제대로 된 디자인을 갖춘 많은 스크린샷을 추가할 수 있게 되었다. 또한, 측정된 사용성은 사용자들이 웹 사이트에서 얼마나 신속하게 원하는 것을 얻는지에 대한 것을 기준으로 했을 때 계속 늘어났다. 우리가 수집한 가장 단순한 사용성 측정 방법은 성공률이다. 사람들이 조금이라도 사이트를 사용할 수 있는가? 평균적으로 성공률은 상향곡선을 보이고 있으며, 사용자 실수는 그 동안 그랬던 것처럼 일반적인 수준을 유지하고 있다. 다시 말해 사용성 운동은 사용자 경험 개선이라는 측면에서 측정 가능한 값이다.

DWU가 출간되었을 무렵 웹에는 천만 개 미만의 사이트가 있었다. 그 정도의 수치는 사용성을 중요한 이슈로 부각시키기에 충분했다. 만약 어떤 사이트를 사용하기 어렵다면, 사람들은 이미 그곳을 대신할 만한 다른 많은 사이트를 찾게 된다. 이 책을 쓰고 있는 시점에, 웹에는 8천만 개의 사이트가 있었고, 이 책이 누군가에게 읽혀지는 시점이 되면 아마도 1억 개를 넘어서게 될 것이다. 7년 전에 비해 약 10배 정도 늘어난 수치다.

하지만 수치보다 더 중요한 것은 사용자들의 웹에 대한 태도가 변화한다는 점이다. DWU는 웹 자체에 흥미를 갖게 되던 시기의 끝자락에 출간되었다. 세계 전역으로 퍼질 정도로 사람들은 흥분했고 즉각적으로, 또는 30초 정도의 시차를 두고 독자의 코 앞에 떨어질 만한 정보를 갖고 있었다. 물론, 그러한 정보를 즉시 웹에 적용할 수 없었고, 찾고 있던 것을 발견할 때마다 고맙게 생각하는 경향이 있다.

지금에 와서는 상황이 정반대가 되었다. 웹의 엄청난 확장과 함께 사람들의 기대도 커졌다. 사람들은 그들이 원하는 것은 무엇이든지 웹에 있을 것이라고 쉽게 생각한다. 그들은 모든 종류의 질문을 검색 엔진에 입력하고 일반적으로 원하는 사이트가 눈 앞에 나타나면 사이트들이 제대로 작동한다고 생각한다. 그들은 찾고자 하는 것은 무엇이든 찾을 수 있을 것이라고 생각하고 있으며 무엇이든 온라인에서 구입할 수 있을 것이라고 생각한다.

웹은 도구다. 한때 많은 사람들을 흥분시켰던 발명품 중 하나인 전화기를 현재 사람들은 어떻게 생각할지 상상해보자. 그들은 아침에 눈을 뜨지 않은 상태로 '오늘은 내 전화기로 누군가에게 전화를 거는 실험을 하면 연결 통화 음질을 알아볼 수 있을 거야'라고 생각한다. 전화기의 사용은 실생활의 필요에 따라 달라진다. 웹의 경우에도 평균적인 사용자들이 생각하는 만큼 그와 동일하다. 여러분은 웹에 대한 책을 구입할 정도로 웹에 대해 충분히 고려하고 있다는 증거가 있으므로, 평균적인 사용자는 아니다(전화기의 작동 방법에 대한 서적을 구입하는 사람이 전화기

엔지니어인 것처럼, 전화기에 대해 생각하는 방법은 대부분의 전화기 사용자들의 생각과는 다르다).

DWU의 목적 중 하나는 웹 디자인의 세계를 뒤흔들고 사람들이 필요로 하는 것에 주의를 기울이게 만드는 것이었다. 일단 성공하긴 했지만, 부분적인 성공일 뿐이었다. 현재 웹 프로젝트 중 대부분은 사용자 경험에 대한 말뿐인 서비스를 추가하는 것이며, 그렇게 해놓고 인터넷 관리자들 대부분은 그들 사이트의 최고 장점이 사용성이라고 한다. 불행히도 잘 정리된 많은 사용성 지침을 계속해서 위반하고 결과적으로 그들이 가진 사업적 잠재력의 극히 일부분에도 도달하지 못하고 있는 실정이다.

우리는 이 책으로 그런 상황을 바꾸고 싶다. 우리의 목표는 DWU와 함께 시작된 사용성 혁명을 계속 이어가는 것이며, 지난 10년 동안 개발해 온 가장 중요한 지침을 따름으로써 웹 사이트를 성공적으로 만드는 데 있다. 더 이상의 변명은 없다. 우리는 무엇이 정말로 웹에 필요한지 알고 있기에 고객들을 위한 디자인을 원한다고 말하는 것만으로는 더 이상 만족할 수 없다. 만약 자신의 사이트에 사용성을 추가해야 한다고 생각한다면, 그에 맞게 자신을 디자인해야 한다.

> 고객을 위한 디자인을 원한다고 말하는 것은 더 이상 충분하지 않다. 만약 자신의 사이트에 사용성을 먼저 추가해야 한다고 생각한다면, 그에 맞게 자신을 디자인해야 한다.

누가 이 책을 읽어야 하는가?

이 책은 웹 사이트를 활용한 '사업 목표'를 갖고 있는 사람들을 위한 것이다. 여기에는 온라인으로 물건을 판매하는 전자상거래 사이트와 오프라인 채널을 통해 판매할 제품을 홍보하는 업체 사이트가 포함된다. 하지만 우리가 사용하는 '사업 목표'라는 개념은 제품 또는 서비스를 판매하는 것 이상의 더 많은 의미를 갖고 있다. 만약 여러분의 사이트가 뉴스를 제공하는 사이트라면 여러분이 등록한 기사를 사람들이 찾아내고, 읽고, 이해하길 원할 것이고 어쩌면 더 나아가 사용자들이 이메일 뉴스레터를 신청하길 원하고 있을 것이다. 만약 비상업적 협회라면 그들이 주장하는 바를 홍보하고 아마도 온라인 기부금을 내는 데 동참하도록 하고 싶을 것이다. 그리고 만약 정부 기관이라면 세금 납부자들의 세금에 대한 이해를 돕고 온라인으로 정보와 서비스를 제공하여 행정 절차를 최소화하길 원할 것이다.

만약 이 책이 자신에게 유용한 정보를 담고 있는지 알고 싶다면 자신에게 다음과 같은 핵심적인 질문을 해볼 필요가 있다. 사용자들이 내 사이트를 방문하여 무엇을 얻으려고 시도하는가? 만약 그 대답이 '예'라면 반드시 사용성에 대해 고려해야 한다.

물론, 웹 사이트 중 '사업 목표'를 갖고 있지 않는 것도 있다. 완전히 창조적인 표현만 존재하는 예술 관련 사이트를 갖고 있을지도 모른다. 또는 여러분이 클라이언트 사이트에 사용한 적이 없는 실험적인 디자인을 전시하기 위한 개인적 영역을 가진 웹 디자이너일 수도 있다. 여러분의 사이트가 아주 친한 친구 세 명만을 위한 것일지도 모른다. 이러한 유형의 사이트는 무언가를 얻기 위해 방문하는 사용자를 유혹한다는 목표가 없기 때문에 우리의 지침이 적당하지 않다. 만약 사용자들의 목적을 지원할 필요가 없는 사이트를 갖고 있다면 스스로 즐거움을 찾을 만한 일을 하더라도 어떤 것을 얻으려는 목적 의식이 애초부터 없었기 때문에 잃는 것도 없다.

한편, 이 책의 내용이 주로 인터넷을 겨냥해서 설정되었지만 인트라넷의 경우에도 활용 가능한 많은 정보를 얻을 수 있을 것이다. 인터넷과 인트라넷은 서로 다른 의도된 방문객이라는 차이가 있기 때문에 각 부문에 대한 디자인 지침에 약간의 차이가 있다. 예를 들면, 인트라넷은 업무를 진행하기 위한 목적을 가진 사용자들이기 때문에 그들의 욕구에 부응할 필요가 없는 반면, 웹 사용자들은 일반적으로 필요 의식을 기반으로 움직인다. 인트라넷은 여전히 웹 기술을 사용하고 있다. 인트라넷은 온라인 정보 제공 시스템이고, 사용자들은 유명한 인터넷 사이트에서 얻은 기술, 지식, 그리고 기대감을 활용한다.

이 책에 있는 정보와 지침은 대기업과 소기업 모두를 위한 것이다. 실제로 우리는 비영리 단체, 정부 기관, 그리고 대외적인 사용자들에게 정보를 제공하는 개인 사이트라고 하더라도 그냥 '업체'라는 단어를 사용한다. 여러분이 수백 명에서 수천 명의 피고용인을 둔 사장이든 혼자만 있든 상관 없다. 사용자들은 여전히 여러분의 사이트에 방문했을 때 한 번에 하나의 페이지를 보고 사용하기 너무 어렵다고 판단하면 곧바로 뒤로 가기 버튼을 누른다.

www.myspace.com

    우리와 달리 여러분은 사이트를 사용하는 사람들을 '고객'이라고 부르지 않을 수도 있다. '소비자', '회원', '자원 봉사자', '독자', '시민' 등 사업적 관계를 직접적으로 표현하지 않는 용어를 사용할 수도 있다. 하지만 사이트에 일단 방문한 사람들은 여러분이 제공할 수 있을지도 모르는 어떤 것을 위한 '시장'과 같은 영역 내에서의 고객이 된다. 그들은 이 서비스에 돈을 지불할 수도 있고 그렇지 않을 수도 있다. 그들은 확실히 주의를 기울일 것이고 아마도 좋은 대우를 받게 된다면 어쩌면 그 사이트를 좋아하게 될 수도 있다.

마이스페이스(Myspace)는 자신만의 페이지를 디자인하고 친구의 페이지에 덧글을 달 수 있는 사회적인 환경을 구축시켜 준다. 만약 여러분이 이와 같은 페이지를 디자인한다면, 이 책은 여러분을 위한 것이 아니다. 만약 친한 친구들로 구성된 집단을 만들려고 한다면, 사용성 지침은 전혀 도움이 되지 않는다. 물론 우리는 페이지의 왼쪽에서 계속 움직이는 하트 모양의 그림에 대한 조언을 하는 것처럼 '문자열을 불명확하게 만들고 읽기 어렵게 만드는 배경 그림을 사용하지 말 것'이라고 말할 수 있다. 그리고 이러한 조언은 10대를 대상으로 판매를 포함하는 사업 목적을 가진 사이트에 적합할 수 있다. 실제로, 우리의 10대 사용자들에 대한 사용성 연구는, 10대들이 10대를 벗어났을 때 10대들이 만든 것처럼 보이게 만들어진 사업적 목적의 사이트 또는 정부 기관의 사이트를 원치 않는다는 것을 보여준다. 하지만 나이 어린 사람들이 그들 자신의 개성을 표현하기 위한 개인 사이트를 만들 때에는 전통적인 사용성이 적용되지는 않는다.

실제로, 좋은 사용성은 두 가지 이점을 갖고 있다. 하나는 웹상에서의 사업 목표를 지원하여 회사가 더 많은 돈을 벌 수 있게 해준다. 이것은 독자들에게 사용성을 심각하게 받아들이게 해야 하기 때문에 이 책 전반에 걸쳐 우리가 택한 방법이다. 다른 하나는 사용성은 인간에게 능력을 제공하고, 더 사용하기 쉽게 만들어주며, 현대적인 삶의 모든 측면을 만족시키는 기술을 다룬다는 점에서 더 많은 기쁨을 제공해준다. 우리는 동정심을 원하는 것이 아니다. 더 나은 생활과 더 즐거운 생활이 가치있는 목표임을 깨닫게 되기를 진정 원하고 있다. 기술에 압박을 받고 있는 사람들을 보면 안타깝지만, 사용자 테스트에서는 일반적인 상황 중 하나다.

사용성 개선을 통해 우리는 교육 수준이 낮은 사람들이 의미있는 직업을 갖도록 도와주고, 노인들을 커뮤니티에 연결하고, 장애우에게도 다른 모든 사람들과 마찬가지로 동일한 정보와 서비스를 제공하고, 모든 사람들이 컴퓨터를 더욱 생산적인 일에 사용하면서도 좌절과 무기력함을 덜 느끼도록 할 수 있다. 무엇보다도 가장 다행스러운 것은 삶의 질을 이렇게 개선한다는 것이 여러분의 이익에 악영향을 끼치지 않는다는 점이다. 오히려 사용성은 사업을 번창시키는 데도 이롭고 인류의 행복한 삶에도 이롭다.

제이콥 닐슨과 호아 로랭거

IT 대한민국은 ITC(Info Tech Corea)가 함께 하겠습니다.
www.itcpub.co.kr

정보 출처
- 이러한 연구는 어떻게 이루어졌나?
- 방백법
- 특정 사이트에 대한 테스트
- 만약 사이트가 변경되었다면?

사용자 테스트가 필요한 이유
- 예외사항

1 개요: 비밀은 없다

> 좋은 사용성 연구에 있어서 "비밀은 없다"는 것이 바로 비밀이다. 단순히 어디를 어떻게 볼 것인지 알아내고 그것을 기록하는 것이 전부다. 사용성은 세상이 돌아가는 이치를 나타내는 것이기 때문에 의미가 있는 것이다. 일단 사람들이 여러분의 디자인과 상호작용하는 방법을 알아내면 경쟁자보다 개선된 웹 사이트를 디자인할 수 있다.

> 이 책은 방문객이 가장 많은 상위 10위권에 드는 사이트 목록에 대해 쓴 것이 아니다. 여러분의 사이트가 실제로 방문객이 가장 많은 상위 사이트 목록 10위권에 포함되지 않는다면 그야말로 다행이다.

이 책은 사람들이 인터넷상에서 어떻게 행동하는지, 그리고 웹 사이트의 실패 또는 성공 요인이 무엇인지 알려주고 있다. 그렇다면 우리는 이에 대해 어떻게 알고 있을까? 그것은 이를 알아내기 위해 많은 시간을 투자했기 때문이다. 아무튼, 바로 그것이 우리가 가진 큰 비밀이며, 우리는 사용자를 테스트하는 방법을 알고 있다. 사실 말은 이렇게 했어도 이미 교육 과정을 통해 사람들에게 사용성 연구를 올바르게 행하는 방법에 관해 가르치고 있기 때문에 그다지 비밀이랄 것도 없다.

우리는 업체들에게 그들만의 방식대로 사용자를 테스트하도록 가르치고, 그들이 유효한 방법을 사용할 수 있도록 최대한 노력하고 있지만, 업체들로부터 웹 사이트를 개선시키는 방법에 대한 조언 요청을 끊임없이 받고 있다. 대부분의 사람들은 일반적으로 자신의 디자인을 테스트하는 데 시간을 투자하기보다는 정상적인 작동 여부에 대해서만 관심을 보인다. 웹 상에서의 사용자 행동 양식에 대해 이미 너무나 잘 알려져 있고 잘 기록되어 있음에도 불구하고 여러분의 디자인은 왜 이러한 상식에 기반을 두지 않는가? 그 과정을 거치고 나서야 비로소 여러분의 특별한 사이트에 적합한 특정 업계에 해당되는 질문들을 통해 세세한 조정 작업을 할 수 있는 것이다.

그렇다. 우리가 갖고 있는 일반적인 사용성에 대한 광범위한 최고의 지식을 사용하기 편리한 하나의 장소에 모아 제공하는 것, 그것이 바로 우리가 이 책을 쓰는 이유이다. 이 책에 담긴 정보는 서로 다른 많은 사용자들이 서로 다른 많은 웹 사이트를 사용하려고 시도할 때마다 수없이 접하는 이슈들에 기반을 두고 있다. 이 책의 지침들은 웹상에서 일반적으로 작동하는 것이 무엇인지 우리의 관찰을 바탕으로 조언해주고 있다. 예외적인 사항이 있음에도 불구하고 이런 이유로 우리는 항상 자신의 사이트를 직접 테스트해보도록 조언한다. 이들 지침은 현재 약 90 퍼센트 정도 적중하고 있다. 아마도 대부분의 웹 사이트는 이러한 지침을 적용하면 분명 더 개선될 것이다.

정보 출처

우리의 모든 조사 결과와 지침은 두 가지 연구 결과를 토대로 작성되었다. 우선, 전세계 2,163명의 사용자들이 716개 웹 사이트를 사용하는 모습을 직접 테스트하였다. 이들 조사의 대부분은 미국 내에서 이루어졌지만, 오스트레일리아, 벨기에, 캐나다, 덴마크, 핀란드, 프랑스, 독일, 이스라엘, 이탈리아, 일본, 홍콩, 한국, 스위스, 영국에서도 조사했다. 대부분의 연구는 우리 측으로부터 자문을 제공받는 클라이언트를 위한 것이기 때문에 세부사항이 상당히 긴밀하다. 하지만 이러한 대규모의 연구는 특히 다양한 업계에서 동일한 결과를 가져오므로, 사용자 행동 양식에 대한 공통적인 통찰력을 제공해주기도 한다는 점에서 의미가 있다.

다른 연구는 특별한 논제에 대한 조사 보고서를 작성하는 과정에서 이루어졌다. 이들 연구에서 얻은 대부분의 지침들은 여러분이 특정 해당 문제에 속하는 경우에만 중요하지만, 이들 조사에 대한 수천 가지의 특별한 관찰을 통해 일반적으로 유용한 통찰력도 함께 얻을 수 있다. 따라서 여기서 말하는 대부분의 내용은 어딘가에 귀속된 프로젝트이거나 자체적인 연구 활동과는 상관없이 상당히 많은 수의 웹 사이트와 사용자를 통해 얻은 일반적인 경험을 기반으로 한 것이다.

두 번째 정보 출처는 이 책을 위해 수행된 특별한 연구 작업을 통해서이다. 이 책에서 말하는 "연구"란 이러한 작은 규모의 데이터를 말한다.

이러한 연구는 어떻게 이루어졌나?

우리는 이번 연구를 위해 미국에서 57명, 영국에서 12명, 총 69명의 사용자를 선정하여 테스트에 들어갔다. 테스터 중 남자는 절반이 조금 안 되었고(32) 여자가 조금 더 많았으며(37), 연령 분포는 20대에서 60대까지 광범위한 편이었다. 각 테스터에게는 참가비로 100달러가 지급되었다. 이 책에서 10대 또는 고령자 같은 특별한 그룹에 대해서도 가끔 언급하긴 하겠지만 이들은 이번 테스트에서 제외했다. 그들에 대해서는 별도의 연구를 통해 얻은 데이터를 사용하고 있다.

사용자들은 직업의 유형은 물론 웹 경험도 다양했다. 기술, 마케팅, 웹 디자인, 또는 사용성과 관련된 업종에 종사하는 사람들은 일반적인 사용자의 행태를 보이지 않기 때문에 연구 대상에서 제외했다. 해당 업계에 종시하는 사람들은 너무 많은 것을 알고 있기 때문에 일반적인 사용자들과는 달리 디자인 테스트를 하는 데 어려움이 있다. 실제 그들은 지극히 개인적인 자신만의 디자인 철학을 기반으로 디자인을 평가하려는 경향이 있으며 이것은 일반적인 관행에 대한 데이터로서는 가치가 없다. 실제로 테스트 진행 도중에 한 사용자가 "정보 아키텍쳐" 같은 특정 업계 사람들이 사용하는 용어를 남발하면 그에게서 얻은 대부분의 내용은 폐기 처분해야 할 것이다.

모든 사용자의 웹 사용 경험은 최소 1년 이상이었다. 웹 경험이 전혀 없는 사람들은 테스트에서 제외하고, 그들에게는 사용자 인터페이스가 웹과 특히 브라우저를 익히는 데 시간이 많이 걸린다는 것을 알려줄 뿐이다. 왕초보는 사이트에 대해 많은 것을 얻지 못하기 때문에 웹 사이트의 디자인을 개선하는 데 도움이 되지 않는다.

이제 막 웹에 입문한 사용자들은 그들이 처음 인터넷을 사용할 때 방문했던 사이트에는 좀처럼 다시 방문하지 않는 경향이 있기 때문에 이들의 경험은 웹 사이트에서 그다지 중요하지 않다. 물론, 야후!, AOL, MSN, 또는 자사 사이트를 고객의 기본 홈페이지로 사용하도록 하는 인터넷 서비스 제공업체의 경우에는 다르다. 하지만 우리는 그런 몇 안 되는 예외적인 사이트에 대한 내용을 다루려는 것이 아니다. 이 책은 일반 기업, 전자상거래, 뉴스, 정부 기관 사이트, 그리고 방문객 수가 상위 10위권 목록에 들지 않는 사이트들을 위한 것이다. 사용자들이 여러분의 사이트를 방문했을 때는 이미 어디선가 웹 사용 방법에 대해 배운 사람들이기 때문에 자신의 사이트가 상위 10위권 목록에 들지 않는다는 것은 정말 다행스러운 일이다.

사용자 테스트에 있어 기본 규칙은 대부분의 사용자들이 갖고 있을 법한 장비로 테스트를 수행해야 한다는 것이다. 이번 연구에서 우리는 최신 버전의 인터넷 익스플로러가 설치된 윈도우 시스템에서 테스트를 진행했다. 모니터의 해상도는 1024 × 768이었고, 인터넷은 광대역 연결을 사용했다. 테스트 지역에 따라 1Mbps에서 3Mbps의 속도 차이가 있었다.

> 사용자의 "생각"을 듣는다는 것은 이를 통해 그들이 왜 그 작업을 수행했는지 이해할 수 있으며, 이는 테스트를 통해 얻을 수 있는 가장 값진 정보이다.

방백법

우리가 진행한 이번 연구에서는 한번에 한 사람씩 테스트했기 때문에 사용자 간의 경향 간섭이 일어나지 않았다. 각 테스트 세션에서 사용자는 컴퓨터 앞에 앉아 있고 근처에 한 명의 진행 보조원이 배치되거나 때로는 두 명의 연구원이 추가로 배치되기도 했다. 만약 관찰자가 많을 경우라면, 두 개의 방이 매직 미러(일방투명경)로 분리되어 관찰자가 숨은 상태로 사용성 테스트를 할 수 있는 연구실이 더 적합하다. 하지만 관찰자 수가 적다면 사용자 뒤에 있는 것만으로도 사용자의 시야에서 벗어나므로 동일한 효과가 있다.

이번 연구에서는 대부분의 사용성 테스트에서 선호하는 접근 방법인 방백법(Thinking Aloud)을 사용했다. 이 방법을 사용하면 사용자들은 인터페이스로 작업하면서 생각하는 것을 큰 소리로 말하게 된다. 사용자의 "생각"을 듣는다는 것은 이를 통해 그들이 왜 그 작업을 수행했는지 이해할 수 있으며, 이는 테스트에서 얻을 수 있는 가장 값진 정보이다. 예를 들면, 사용자들이 전자상거래 사이트에서 버튼을 잘못 눌러 결제에 실패했다는 사실을 알게 되는 데에 유용하다. 하지만 만약 결제 과정을 개선하여 판매량을 늘리고 싶다면 사람들이 버튼을 잘못 누르는 이유를 알아내야 한다.

또한, 우리는 각 테스트 세션당 영상을 두 개씩 녹화했다. 하나는 컴퓨터 모니터를 보여주는 것이고 다른 하나는 사용자의 얼굴과 상체를 보여준다. 이들 영상에는 사용자가 말하는 것을 들려주는 음성 트랙도 포함되어 있다. 대부분의 사용성 테스트 프로젝트에서 디자인 상의 주요 문제는 테스트를 진행한 뒤에 확실하게 드러나므로 녹화한 내용을 다시 살펴볼 필요가 없다. 실전에서 이러한 테스트는 일반적으로 문제를 신속하게 수정하고 기업의 사업 능력을 증대시키기 위한 가장 좋은 방법이다. 하지만 이번과 같은 연구 프로젝트인 경우에는 재검토할 수 있다는 점에서 좋은 방법이며 사용자가 행한 모든 것을 정확하게 기록했는지 확인할 수 있다.

특정 사이트에 대한 테스트

우리는 이번 연구의 일환으로 자동차와 회계 서비스와 같은 업계에서 엔터테인먼트 사이트 및 의학과 문화적 지식을 다루는 사이트까지 다양한 분야의 웹 사이트 25개를 계통적으로 테스트했다.

그들 사이트의 홈페이지를 보면 다소 원시적인 것부터 정말 매력적인 것까지 매우 다양한 형식의 디자인을 사용하고 있다는 것을 알 수 있다.

테스트한 사이트

대기업
네슬레
Cummins (에너지 회사)
United States Postal Service (USPS)
미국 혼다 모터스
버거킹

중기업
BankOne
Dianon Systems (건강 진단)
Dime Savings Bank of Williamsburgh
Escalade Sports
House of Blues
Pixar Animation Studios

소기업
Black Mountain Bicycles
GW Eye Associates

전자상거래
Atlantis, Paradise Island
Bath & Body Works
Kitchen Etc.
Movies.com
The Sharper Image
Whistler Blackcomb Mountains (스키 레포츠)

정부 기관/비영리단체
American Heart Association
California State Parks
City of San Diego
J. Paul Getty Trust
Her Majesty's Revenue & Customs (영국 세관 당국)
United States Social Security Administrations (SSA)

간단히 말해 우리의 기본적인 목표는 현재 사용되고 있는 웹 사이트의 교차 선택을 테스트하는 것이었다.

우리는 업체의 웹 전략을 탐구하려고 했기 때문에 사이트를 무작위로 선택하지 않았다. 마찬가지로, 이들 사이트에 대한 언급을 마치 사이트를 만든 업체 또는 팀에 대한 비판으로 해석해서는 안 된다. 웹 사이트들의 디자인의 질이 떨어지는 이유에는 자원 부족을 포함하여 여러 가지 요인을 들 수 있다. 이 책의 목적에는 그에 대한 이유를 다루고 있지 않다. 웹 사이트마다 실수에 대해 충분한 변명이 있을 수 있더라도 독자들은 반드시 그런 실수에 대한 경고를 할 것이고 그것이 바로 우리가 해야 할 일이다.

이 책을 위한 사용성 연구를 위해 25개의 홈페이지를 계통적으로 테스트했다. 이 책의 그림을 통해 볼 수 있는 홈페이지는 1024 x 768 크기의 브라우저 창에 표시된 모습이다.

www.nestle.com

www.cummins.com

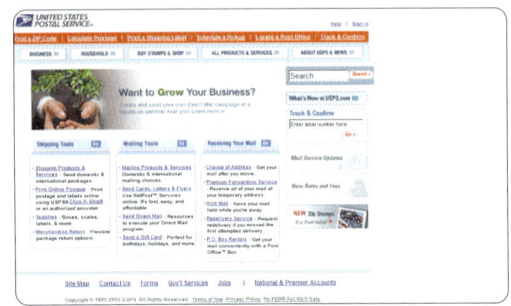

www.usps.com

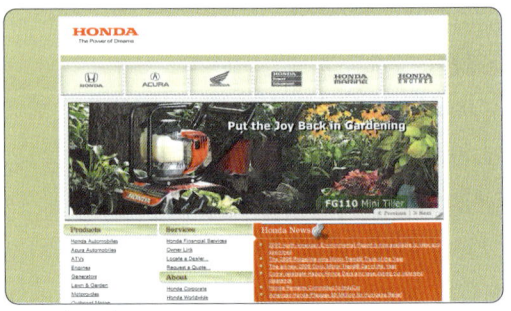

www.honda.com

www.bk.com

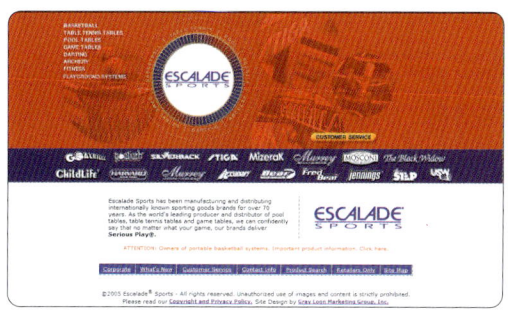

www.escaladesports.com

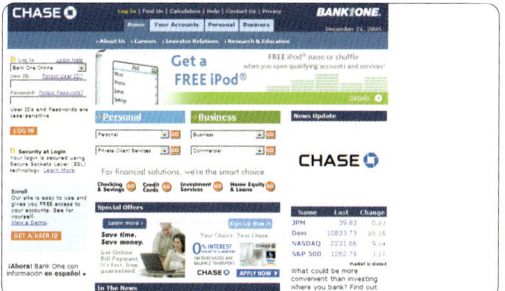

www.bankone.com

www.hob.com

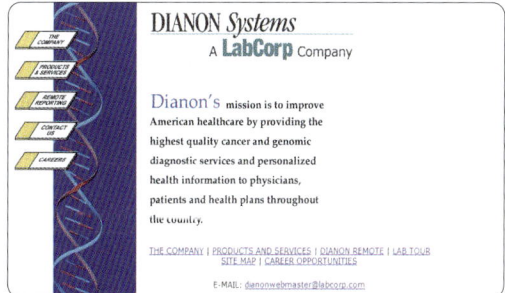

www.dianon.com

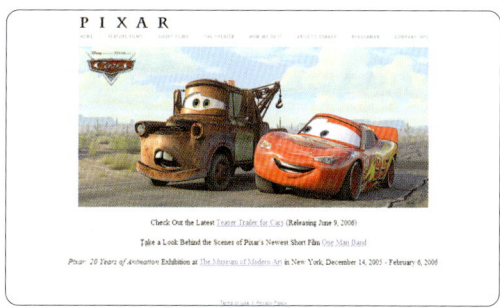

www.pixar.com

www.dimewill.com

www.blackmountainbicycles.com

www.drgordonwong.com

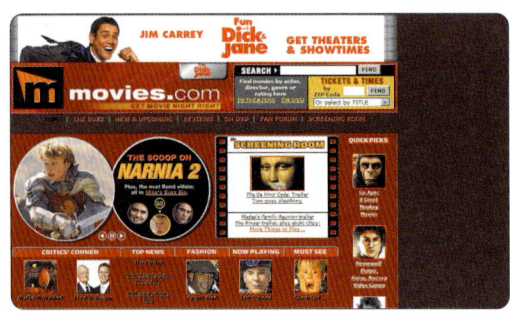
www.movies.go.com

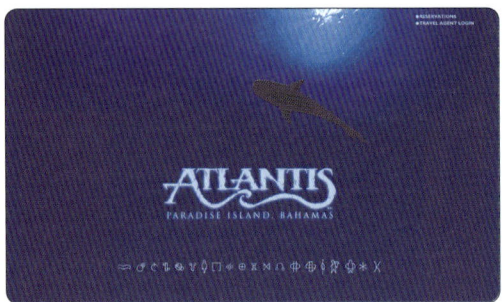
www.atlantis.com

www.sharperimage.com

www.bathandbodyworks.com

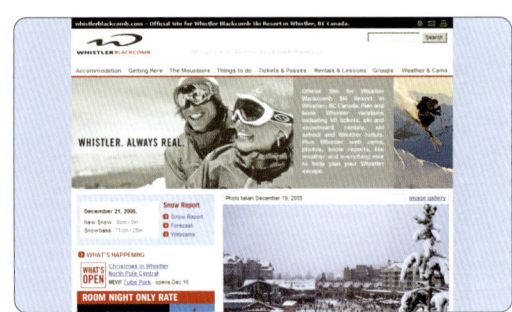
www.whistlerblackcomb.com

www.kitchenetc.com

www.americanheart.org

www.parks.ca.gov

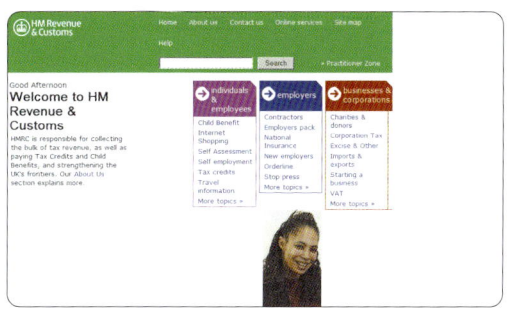

www.hmrc.gov.uk

www.sandiegoca.gov

www.ssa.gov

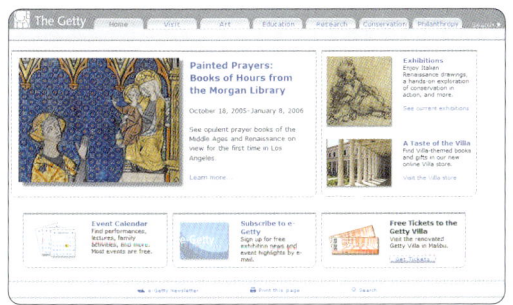

www.getty.edu

　우리는 이번에 테스트한 사이트의 소유주가 되는 어떠한 조직으로부터도 연구를 위한 재정 지원을 받지 않았다는 점을 밝혀둔다. 실제로 모든 비용은 우리가 부담했기 때문에 그들에 대한 보고서 작성에 자유로운 발언권을 가질 수 있었다.

　이번 연구를 진행하는 과정에서 이 부분은 사소한 일이었다. 우리는 각 사용자에게 각 사이트에서 해야 할 특정 작업 서너 가지를 지시하였다. 이들 작업이 해당 사이트(특히 규모가 큰 사이트는 적은 양의 작업으로 처리할 수 있는 것보다 더 많은 기능을 제공한다)에서 최근 발견된 모든 사용성 문제를 다루지는 않았지만, 우리의 목적을 달성하기에는 충분했다. 즉, 대부분의 일반적인 사용자들이 사이트를 방문했을 때 자신이 방문한 목적을 그 사이트가 얼마나 잘 지원하고 있는지 평가하는 데에는 충분했다.

우리가 사용자들에게 요청한 작업은 다음과 같다.

- www.usps.com을 방문하여 중국으로 우편 엽서를 보내는 데 드는 비용을 알아보라.
- www.sandiego.com을 방문하여 한 지역을 선택하여 그 지역 시의회 의원 이름을 알아보라.
- 캘리포니아주의 슈가로프 릿지에서 가족 친목회를 벌일 계획이다. www.parks.ca.gov를 방문하여 35명이 머무를 수 있는 야영지를 예약하라.
- 운동 중에 먹을 수 있는 간식을 찾고 있다. www.nestle.com을 방문하여 원하는 제품이 있는지 찾아보라.
- www.pixar.com을 방문하여 몬스터 주식회사의 아이디어를 어떻게 얻었는지, 이를 찾을 수 있는지 확인하라.
- 이번 주말에 J. Paul Getty 박물관을 방문하려고 한다. www.getty.edu를 방문하여 입장료와 개장 시간을 알아보라.
- 은행에 1,000달러를 장기간 예치해 두려고 한다. www.bankone.com을 방문하여 이자율이 가장 높은 계정을 찾아보라.
- 앞으로 연료 전지 기술이 세상을 어떻게 바꿀 것인지에 대한 기사를 읽었다. www.cummins.com을 방문하여 연료 전지 기술의 장점과 단점 중 상위 두 항목을 찾아라.

이들 작업은 모두 해당 각 사이트에서 수행할 수 있는 가장 적합한 일이다. 우리는 특정 사이트에서 "수행하는 것이 불가능한" 것은 요청하지 않았다. 우리는 사용자들이 사이트에서 지원할 것으로 추정되는 일을 수행하려고 시도하는 것조차도 힘들어 한다는 것을 관찰할 수 있었으며,

그리고 우리의 테스트는 그것이 전부였다.

특정 사이트에 대한 테스트에서 사용자들은 어디를 방문할 것이고 작업을 수행하는 동안 그곳에 머무를 것으로 생각된다. 이것이 대부분의 사용성 연구를 진행하는 방법이고 특정 사이트의 디자인 요소가 작동하는 방법을 찾아내려는 경우 가장 좋은 방법이기도 하다. 물론, 그것은 사용자들이 실생활에서 사용하는 방법이 아니다. 일반적으로 사람들은 인터넷 전체를 사용할 수 있으며 그들은 작업을 완료하기 위해 웹 사이트를 자주 옮겨 다닌다.

이런 이유로 두 번째 테스트 과정에서는 사용자들에게 다양한 일을 지시하고 원하는 곳을 방문하도록 했다. 사용자들은 웹 전체에 대한 선택권을 가질 수 있기 때문에 우리는 이것을 "Web-Wide Task(웹 기반 작업)"라고 부른다. 이러한 작업은 비용이 많이 드는 영리적 연구에서 호기심을 기반으로 한 탐구에 이르기까지 광범위한 활동으로 나타나며 이들 모두 현대의 웹상에서 실제로 일어날 수 있는 일들이다.

이 접근 방법의 가장 큰 약점은 사용자들이 동일한 문제를 해결하더라도 전혀 다른 사이트를 방문하게 되므로 다양한 사용자로는 계통적인 테스트를 할 수 없다는 점이다. 반면 장점은 사람들이 연구실이 아닌 다른 곳에 있을 때처럼 여러 사이트를 돌아다니며 그들만의 해결책을 강구하는 방법을 알 수 있다는 점이다.

이 테스트 단계에서 우리는 사용자들 각자에게 다음 12가지 작업 중 한 가지를 수행하도록 지시했다.

- 당신과 당신의 가족은 멕시코의 마사틀란으로 여행을 가고 싶어 한다. 가족들도 좋아하고 경비도 적당한 여행 패키지가 있는지 찾아보라.
- 당신은 주중에 여가 시간을 활용할 수 있고 그 시간을 커뮤니티를 돕는 데 사용하길 원한다. 당신에게 적합한 커뮤니티 서비스 프로그램을 찾아보라.
- 조지 삼촌은 집에서 사용할 PC의 구매를 고려 중이다. PC는 주로 웹 서핑, 전자 메일, 그리고 디지털 사진을 인쇄하는 일에 사용할 것이다. 권해줄 만한 컴퓨터를 찾아보라.

> 대부분의 사용성 연구에서 사람들은 어느 사이트를 사용했는지 말하지만, 그것은 사용자들이 실생활에서 사용하는 방법이 아니다. 따라서 우리는 우리가 정한 다양한 작업을 지시하고 그들이 원하는 곳을 방문하도록 했다.

- 얼마 있으면 책 읽기를 좋아하는 조카의 다섯 번째 생일이다. 당신의 조카가 좋아할 만한 잡지의 정기 구독을 신청하라.
- 당신은 퇴직자 연금으로 10,000달러를 투자할 생각이다. 최선의 투자 방법을 찾아보라.
- 새집 마련 계획에 따라 융자를 받을 생각이다. 가장 낮은 이자율로 최상의 서비스를 제공하는 업체를 찾아보라.
- 최근 인터넷에 바이러스에 대해 다루는 뉴스가 많이 나왔다. 당신의 컴퓨터를 바이러스로부터 보호할 최선의 방법을 찾아보라.
- 당신은 매리 퀴리에 대한 보고서를 작성하고 있다. 그녀가 누구인지 그리고 그녀의 가장 위대한 업적은 무엇인지 찾아보라.
- 시베리아 호랑이가 멸종 위기에 처하게 된 세 가지 주요 요인은 무엇인가?
- 테니스 용어 "렛(let)"이란 무엇인지 찾아보라.
- 2003년 8월, 미국과 캐나다에서는 5천만 명이나 되는 많은 사람들이 엄청난 정전 사태를 겪었다. 정전의 주요 원인을 찾아보라.
- 절친한 친구가 눈에서 이마, 관자놀이, 그리고 뺨까지 통증으로 욱신거린다며 고통을 호소했다. 이 친구가 앓고 있는 병은 무엇인가?

만약 사이트가 변경되었다면?

이 책에서는 사이트에 특정 샘플이 담겨 있는 경우 독자들이 이론적인 원리를 더 쉽게 이해할 수 있도록 스크린샷을 많이 추가했다. 하지만 이 책을 집필하는 동안 그들 사이트 중 일부는 디자인을 변경했다. 일부 업체들은 자체적으로 사용성 연구를 진행했고, 다른 업체들은 사이트의 대리인이 우리가 최근 연구를 통해 얻은 사용자 행동 양식에 대한 동영상을 보여주는 세미나에 참석했다. 그들은 이 책에 대해 몰랐음에도 불구하고 그들 자신의 사이트에 대한 샘플을 볼 수 있었던 것이다. 즉, 무료로 사용성 연구 서비스를 받은 것이다!

어쨌든 요지는 여러분이 이 책을 보고 나서 사이트를 확인했을 때 그 사이트가 매우 달려졌을 수도 있다는 것이다. 하지만 이 때문에 이 책에 포함된 분석 정보가 여러분의 프로젝트에 전혀 도움이 안 될 것이라고 생각한다면 그것은 오산이다. 스크린샷이 설명하는 원리와 지침은 사이트가 변경되었더라도 그 후 오랜 기간 유효하다. 실제로 1994년에 실시되었던 사용자 테스트를 통해 얻은 결과는 2006년의 연구 결과에서도 그대로 이어지고 있으며 앞으로 2020년 또는 그 이후에 선정될 테스터에게서도 발견될 수 있다.

이에 대한 적절한 예로 영국 국영 방송 BBC(British Broadcasting Corporation)의 웹 사이트를 들 수 있다. 제이콥과 메어리 타힐은 과거의 기사 보관소에 대한 용이한 접근을 그림으로 설명하기 위해 *Homepage Usability: 50 Websites Deconstructed*에 bbc.co.uk를 사용했다. 다음 스크린샷에서 볼 수 있는 것처럼 보관 기능의 부재는 2001년 BBC 사이트가 안고 있던 사용성 문제였고 그것은 2005년까지 이어졌다.

이 스크린샷을 얻기 전날, BBC 사이트는 양파와 샐비어 잎으로 꾸미고 사과 소스를 넣고 구운 오리 요리 조리법을 주요 기사로 다뤘다. 이 조리법을 어떻게 찾을 수 있을까? 경험이 있는 사용자들은 검색을 통해 정확한 페이지를 찾아내겠지만 보통 수준의 사용자는 절대 찾지 못할 것이다.

www.bbc.co.uk

두 번째 스크린샷을 보면, BBC는 2005년 말에 보관소를 만드는 작업을 시작했다. 여러분이 이 사이트를 방문할 무렵에는 보관 기능을 홈페이지의 특징으로 내세우고 있을지도 모른다. 그렇다면, BBC는 결국 우리가 2001년에 제안한 것을 제대로 수행한 것이다. 이것으로 *Homepage Usability*에 담긴 설명의 중요성에 변화가 생겼는가? 홈페이지에 주요 기사 보관 기능을 추가하라고 한 우리의 지침은 다른 수백만 개의 웹 사이트에도 여전히 유효하기 때문에 변화가 없었다고 할 수 있다. 하지만 기업 홈페이지 중 겨우 41%만이 이러한 지침을 따랐을 뿐이다. 나머지 59%는 2001년에 BBC가 저지른 실수에 주의를 기울여 지금이라도 사용성을 개선해야 할 것이다.

사용자들이 나중에 찾을 수 있도록 BBC 홈페이지에 실렸던 모든 기사를 보관하는 서비스의 베타 단계 화면: 어제 사이트에 방문했을 때 군침이 도는 릭 스타인의 크리스마스용 오리 요리 사진을 봤던 기억이 났다고 가정해보자. 다음 날 이 사이트를 방문했는데, BBC의 주요 기사는 프란츠 퍼디난드의 인기 있는 음악에 대한 기사로 바뀐 것을 보았다(이전 스크린샷 참조). 여러분이 이 스코틀랜드의 락 밴드를 좋아한다고 하더라도 그들이 오리 요리에 도움을 줄 리는 없다. 만약 BBC의 기사 보관용 베타 서비스의 URL이 www.bbc.co.uk/homearchive 라는 것을 알고 있다면 오리 요리 사진이 나올 때까지 목록을 아래로 내리면 원하는 기사를 쉽게 찾을 수 있을 것이다. 어쩌면, 이 글을 보게 될 때쯤 BBC가 베타 서비스에서 정규 서비스로 변경된 기사 보관 서비스로 이동하는 링크를 홈페이지에 담아 홍보하고 있을지도 모른다.

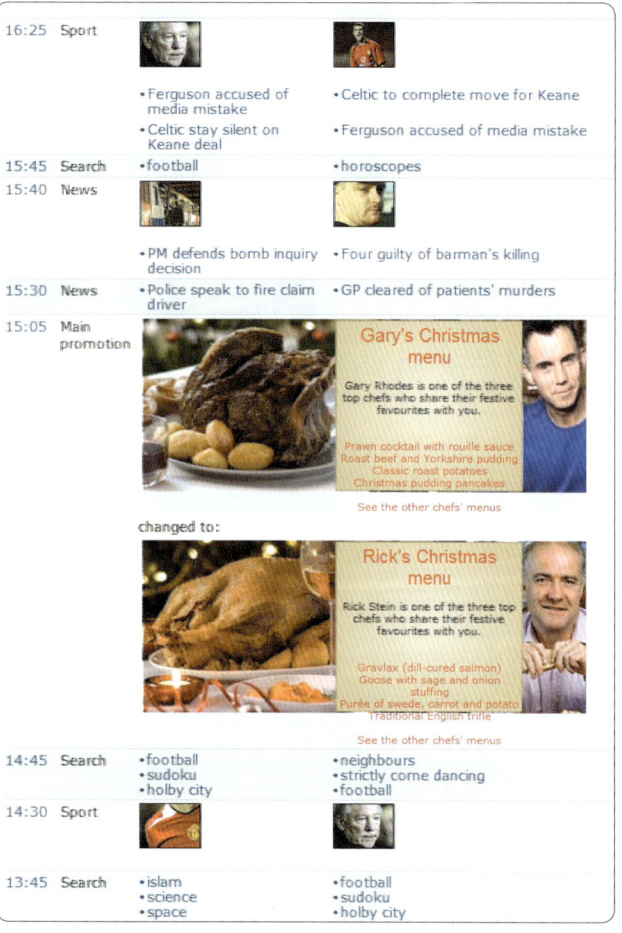

www.bbc.co.uk

사용자 테스트가 필요한 이유

이쯤 되면 사용성을 다루는 책들이 독자들에게 자체적으로 테스트를 요구하는 것에 대해 불만을 가질 것이다. 이 책을 포함한 모든 정보가 공개되어 있음에도 불구하고 우리가 그토록 테스트 작업을 강조하는 이유는 무엇일까? 우리가 수행한 수많은 테스트 결과와 지침을 단순히 디자인에 적용하는 것만으로는 충분하지 않기 때문일까?

그 이유는 사용성 지침은 다음 세 단계의 연구에 기반을 두고 있기 때문이다.

- 대부분의 웹 사이트에 대한 일반 사용자들의 행동 양식
- 특정 분야의 사이트 또는 특정 사이트 영역에 특화된 결과
- 특정 사이트와 그 고객들에 대한 세부적인 결과

이 책은 이러한 지침 유형 중 첫 번째에 포함된다. 이 지침은 모든 종류의 사이트를 사용하는 모든 종류의 사용자들을 통해 계속 반복해서 접하는 문제에 관련된 것으로 대다수의 사이트에 적용할 수 있다. 우리의 웹 사이트에서 찾을 수 있는 많은 보고서들은 두 번째 지침 형식에 포함된다. 세 번째 지침 형식은 여러분의 사이트에만 해당되는 환경에 대한 것이며 이것이 무엇인지는 여러분만이 찾아낼 수 있다.

> **3일간의 사용자 테스트**
>
> 이것은 이 책에서 사용한 사용성 연구 진행 방법을 설명하기 위한 요소의 범위를 벗어나지만, 배우기가 어려운 것은 아니다. 그렇다면 사이트를 테스트하는 업체가 거의 없는 이유는 무엇일까? 이것은 현실 속의 테스트는 극단적으로 빠르게 진행될 수 있음에도 불구하고, 그러한 작업이 프로젝트를 지연시킬 것이라는 잘못된 생각을 갖고 있기 때문이다. 우리는 교육 과정을 통해 이에 대해 가르치고 있으며, 교육에 참가하는 팀은 3일간 사이트를 위한 간단한 테스트 진행을 경험하게 된다.

예외사항

이 책에 포함된 지침들은 "모든 경우가 아닌 대부분의 경우"에 유효하다는 점을 강조한다. 인간의 행동 양식은 너무 다양하여 특정 시기에는 지침들 중 약 10% 정도는 여러분의 사이트에 적합하지 않을지도 모른다. 1,000개의 지침 중에서 100개는 적합하지 않을 수 있다. 이는 거대한 조직에서는 작은 규모이지만 여러분의 사이트라면 상당히 많은 수이다(이 책에서는 가장 중요한 지침만 다루고 있지만 실제로 우리는 1,000개 이상의 많은 사용성 지침을 만들었다). 따라서 여러분은 대다수의 지침을 따라야 하며 동시에 일부 지침은 따라서는 안 된다.

이 책에서 다루지 않는 특별한 디자인 문제에 대해서는 어떻게 대처해야 할까? 그리고 어떤 지침이 일반적인 지침에서 벗어난다고 단언할 수 있을까? 두 가지 질문을 모두 만족시키려면 사용자 테스트를 통해 답

> 어떤 문제는 여러분의 사이트에만 해낭되는 확연힌 특징을 갖고 있기 때문에 다른 어떤 보고서에도 찾을 수 없다. 바로 이것이 고객과 함께 자체적인 테스트를 해야 하는 이유이다.

사용자들은 이 사이트에서 중고 시계를 사고 팔 수 있다. 페이지의 중앙에 있는 긴 문자열은 웹상에서의 쓰기에 대한 지침을 위반하고 있다. 사용자들이 살펴보기 쉬운 메뉴에 선택 옵션을 표시하는 것이 일반적이다.

조밀한 문자열은 가급적 많은 브랜드 네임이 이 홈페이지에 연결되도록 강제하기 위한 검색 엔진 최적화를 위한 것일 수 있다. 이 방식은 각 브랜드에 대한 기사 페이지에 초점을 맞춰 특정 브랜드를 원하는 사용자들에게 해당 페이지의 순위가 더 높게 표시되도록 하는 데 있어 좋은 방법이었다. 만약 사용자가 선호하는 제조사의 제품이 여러 개 나와 있는 페이지에 곧장 연결되면 원하는 것을 찾게 될 가능성이 높아진다. 반대로 "IWC Mark 10"이라는 특정 제품을 찾는 사람은 시계가 보이지 않는데다 찾는 것도 쉽지 않기 때문에 그냥 사이트를 떠나려고 할 것이다.

여러분은 "사용자들이 원하는 제품이 없다는 것이 그들을 유혹하는 데 무슨 문제가 있는가? 최악의 상황은 그들이 떠나는 것일 뿐"이라고 말할 수도 있다. 하지만 실제로 그들이 떠나는 것보다 더 심각한 문제는 그들이 절대로 다시 돌아오지 않을 수도 있다는 것이다. 사용자들이 검색 엔진에서 여러분의 링크를 여러 번 클릭한 뒤 일단 실망하게 되면, 결국 여러분의 사이트를 무시하게 된다. 어이없을 수도 있겠지만 사용자가 원하는 제품을 갖고 있음에도 불구하고 이런 상황이 벌어질 수 있다.

을 직접 찾는 수밖에 없다. 다음 스크린샷의 중고 시계를 판매하는 사이트를 예로 들어 살펴보자.

watches.co.uk 는 모든 웹 사이트에 적용할 수 있는 일반적인 지침인 조밀한 텍스트를 최소화해야 한다는 지침을 따라야 한다. 이 사이트는 대표적인 상품을 진열함으로써 홈페이지 내에 무엇이 담겨 있는지 강조한다는 일반적인 지침을 따르고 있다. 일반적인 지침은 개별 사이트의 모습이 어떠해야 하는지 구체적으로 설명하지 못하지만, 이 사이트는 일부 중요 시계 제품의 사진과 가격을 표시하는 방법으로 지침을 제대로 따르고 있음을 보여주고 있다.

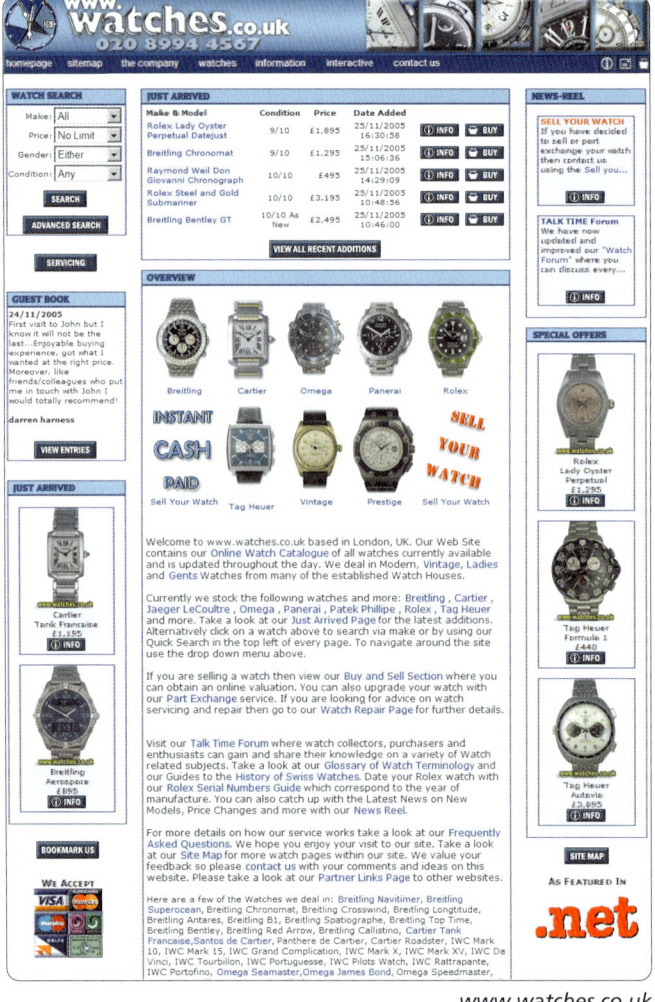

www.watches.co.uk

watches.co.uk는 전자상거래 사이트 분야에 속하기 때문에 디자이너는 우리의 특정 보고서 중에서 전자상거래를 위한 수백 개의 전문적인 지침도 따라야 한다. 예를 들면, 이 사이트에서 볼 수 있는 것처럼 우리는 모든 페이지의 상단에 카트(cart)를 표시해야 한다는 등의 내용을 비롯하여, 사이트의 쇼핑 카트에 대한 구체적인 지침을 개발했다. 하지만 불행하게도 이 사이트는 카트 대신 '바구니(basket)'라는 용어를 사용하여 카트를 '카트'로 불러야 한다는 다른 지침을 위반했다. 이것은 어느 정도 용인할 수는 있지만 보통 사람들은 '카트'라는 단어를 먼저 찾아보기 때문에 최선의 대안으로서는 다소 부족하다.

마지막으로, watches.co.uk는 서적, 꽃, 컴퓨터, 비행기표, 또는 수많은 아이템 중 오직 중고 손목 시계를 판매하는 곳이기 때문에 디자이너는 손목 시계 판매와 중고 제품을 위한 특정 지침을 따라야 한다. 중고 제품 판매를 위한 일부 지침은 이베이에서 골동품 서점까지 다양한 온라인 중고 제품 판매점에 대한 사용성 연구에서 수집할 수 있었다. 하지만 이 업체는 손목 시계 판매에 적합한 지침을 얻으려면 사용자들과 함께 자신의 사이트에 적합한 연구 작업을 수행해야 한다.

이 책에 나온 지침들은 여러분이 어떤 유형의 사이트에 종사하든 상관없이 사이트를 개발하는 데 도움이 될 것이다. 하지만 좀더 구체적인 문제를 다루는 추가적인 보고서도 읽어봐야 할 것이다. 그리고 일부 문제들은 여러분 사이트에만 해당되는 문제이므로 어떤 보고서에서도 다루지 않는다. 즉, 그에 대해서는 찾을 수 없다. 여러분의 사이트가 해당 분야 내에서 리더가 되기를 바란다면 여러분은 항상 자신의 사용사를 통해 테스트를 할 필요가 있다.

요컨대, 이 책은 여러분의 프로젝트에 가장 큰 영향을 줄 만한 원리에 초점을 맞춰 수천 가지의 사용성 연구 결과를 최소한의 주요 원리로 압축한 것이다. 우리는 여러분에게 현대 웹 사이트의 디자인이 갖는 결정적인 결함과 강점에 대한 실례를 제공하고 해당 사이트의 과거 모습과 비교해볼 기회를 준다. 이 책을 끝까지 읽고 나면 올바른 것, 잘못된 것, 그리고 웹 사이트를 좀더 유용하게 만드는 방법에 대해 알게 될 것이므로 성공적인 웹 사이트에 한 발 더 다가서게 될 것이다.

사람들은 웹을 얼마나 능숙하게 다루고 있는가?
- 웹 전체 성공률
- 경험 수준에 따른 성공

웹 사이트에 대한 사용자의 만족도

사람들이 웹 사이트를 사용하는 방법
- 홈페이지: 할 말은 많은데 시간은 너무 짧다
- 내부 페이지에서 보이는 사용자 행동 양식

검색의 힘
- 사람들은 검색 엔진 결과 페이지를 어떻게 사용하는가?
- 키워드 광고 비용을 통한 사용성 개선의 간접적인 측정

스크롤

디자인 관례 및 사용성 지침 준수

정보 수집
- 정보 단서: 경로 성공의 예측
- 적절한 선택: 방문할 사이트
- 추적 포기: 다른 사이트로 이동
- 정보 내비게이션 행동 양식

2 | 웹 사용자 경험

> 여러분의 웹 사이트에 처음 방문한 고객과 의사소통할 시간은 아무리 길어야 2분이 채 안 된다. 이것이 웹 경험에 대한 기본적인 사실이다. 따라서 각 웹 페이지는 사용자들이 관심을 보이는 동안 확실히 어필해야 한다. 만약 웹 페이지가 그 역할을 즉각적으로 수행하지 못하면 사용자들은 미련 없이 다른 곳으로 가버린다. 그들 대부분은 페이지 하단에 무슨 내용이 있는지조차 관심이 없다.

사용자들은 극도로 참을성이 부족하다. 어떤 연구 결과에 의하면 사용자들은 각 웹 페이지상에 평균 27초 동안 머무른다고 한다. 왜 그리 급한가? 인터넷에는 관련성이라고는 눈곱만큼도 찾아볼 수 없는 허술한 내용의 페이지가 너무 많기 때문이다. 만약 사람들이 온라인상에서 접하는 모든 정보에 일일이 신경 쓰게 된다면 평생 웹 페이지에 매달려 인생을 허비할 것이다.

사용자들에게 웹 페이지의 중요성을 알려주는 장치 따위는 없다. 방법은 한가지, 그들을 납득시켜야 한다. 이 장에서는 사용자들이 어떤 곳을 먼저 방문하고, 얼마나 오래 머무르며, 원하는 곳에 도착했을 때 그들이 어떠한 행동을 하는지 등 웹에 대한 일반적인 행동 양식에 대해 다룬다. 또한 "정보 수집(information foraging)"과 변경된 검색 엔진의 활용 방법에 대해서도 살펴본다. 일단 누군가 여러분의 사이트를 방문했을 때 그곳에서 제공하는 모든 것을 전부 둘러볼 만큼 그들을 오랫동안 붙잡고 있으려면, 사이트를 디자인할 때 반드시 염두에 두어야 하는 요소이다.

> 인터넷 사용자는 10억 이상이므로 천만 명 미만의 고객을 가진 사이트(다시 말해 대부분의 사이트)는 나머지 99%에게는 어필하지 못했다는 결론이다.

사람들은 웹을 얼마나 능숙하게 다루고 있는가?

초기에는 사람들의 웹 사이트 사용 능력 여부가 문제였다. 요즘은 대부분의 경우 그에 대한 답은 "사용 가능"이다. 이 책을 위한 사용자 테스트에서 사람들에게 특정 사이트를 방문하라고 했을 때 그들은 66%의 작업 성공률을 보였다. 물론 34%는 실패했지만 대체적으로 성공이었다.

왜 사람들은 1/3 정도를 사용할 수 없으면서 웹을 사용하는 것일까? "사용 실패"가 실제로는 자주 일어나지 않기 때문이다. 사용 실패라는 것은 사람들이 새로운 사이트를 이용할 때 발생하지만 대부분의 사람들은 과거에 유용했던 사이트에 많은 시간을 들이므로 실제로는 그들의 웹 사이트 사용 성공률이 더 높게 나타난다. 사용자들은 이전의 경험을 바탕으로 맘에 드는 사이트를 선택하기 때문에 높은 사용성을 자랑하는 사이트들이 선택될 가능성이 크다. 게다가 한번의 성공은 또 다른 성공으로 이어진다. 사용자들은 습관적으로 방문하는 사이트를 선호한다. 예를 들면, 이전에 아마존닷컴에서 아홉 권의 책을 구입한 경험이 있다면 처음 아마존닷컴을 선택했던 것보다 쉽게 열 번째 책을 구입하게 된다.

사이트에 새로운 고객을 유혹하기 위한 유일한 희망은 가장 중요한 첫 방문 시 그들이 사이트를 사용하기가 얼마나 편리한가에 달려 있기 때문에 사용자들의 전체적인 경험이 다른 통계 자료보다 낫다고 하더라도 그것을 받아들이기는 쉽지 않다. 현재 전세계 인터넷 사용자 수는 10억 이상이므로 1,000만 명 미만의 고객을 가진 사이트(즉, 대부분의 사이트)는 99퍼센트의 잠재 고객에 어필하지 못하고 있다는 결론이다.

우리가 실시한 조사에서 측정된 66%의 성공률은 1990년대의 웹을 대변하는 보잘 것 없는 사용성에 비하면 실제로 현저한 발전을 보였다는 증거이다. 당시의 사용성 연구에 의하면 성공률은 40% 정도였고, 이는 많은 사람들이 웹을 사용함에 성공적이기보다는 실패적이었다는 것을 의미한다.

성공률 측정

우리는 사용자들이 작업을 완료하기 위해 진행한 과정의 비율로 성공률을 정의하였다. 확실히 조악한 측정 방법이다. 이것은 실패 요인 또는 작업을 얼마나 잘 수행했는지를 알게 해주는 이상의 의미는 없다. 그럼에도 불구하고 수집이 쉽고 통계를 잘 대변하기 때문에 이러한 성공률을 선호한다. 어쨌든 사용자의 성공은 사용성의 마지노선이다.

성공률은 대부분 측정이 용이한데, 부분적인 성공의 상황을 측정하는 방법에 있어서는 예외적이다. 만약 사용자가 작업의 한 부분을 완료했지만 다른 부분에서 실패했다면 이것을 어떻게 계산해야 할까?

예를 들면, 사용자에게 친구 생일을 위해 12송이의 노란 장미를 주문하도록 지시했다고 가정해보자. 만약 사용자가 순서대로 정확하게 작업을 수행했다면 확실히 작업은 성공적이었다고 할 수 있다. 만약 사용자가 주문에 실패했다면 우리는 그 작업을 실패한 것으로 기록하면 된다.

하지만 다른 가능성도 있다. 사용자가 12송이의 튤립 또는 24송이의 노란 장미를 주문했다거나 배송지 주소를 잘못 기재했다거나 주소는 제대로 입력했지만 배송 날짜를 잘못 기재했다거나 배송할 때 축하 메시지를 넣어 달라는 요청을 잊는 경우도 있다. 이들 각 항목은 정도의 차이는 있지만 어쨌든 실패이므로 우리는 실패라고 기록할 수 있다. 하지만 일반적으로는 부분적으로 성공적인 작업에 대해서는 부분적으로 사례를 한다. 우리도 마찬가지이다. 아무것도 하지 못한 사용자와 대부분의 작업을 성공적으로 마친 사용자에게 똑같이 0점을 준다는 것은 불합리하다. 그렇다면 사용자 실수의 정도에 따른 부분적인 성공은 어떻게 평가해야 하는가?

부분적인 성공에 대하여 점수를 할당하는 것에 대한 명확한 규정은 없다. 부분적 점수는 추정일 뿐이지만 디자인의 질을 평가함에 있어서 성공과 실패라는 절대적인 접근 방법에 비해 현실적이다.

웹이 등장한 이래 이제 겨우 10년이라는 세월을 지나왔다. 언제쯤 100%의 성공률을 달성할 수 있을까? 안타깝게도 인터넷상에는 거의 아무도 사용할 수 없을 정도로 엉망인 사이트가 항상 존재하기 때문에 그런 날은 절대 오지 않을 것이다. 하지만 현재의 흐름이 계속되고 사이트들이 사용성에 투자를 아끼지 않는다면 2015년쯤 되면 거의 100%에 가까운 경이로운 상황을 맞이할 수도 있다. 그럼 그 때가 되면 웹이 완벽해질 것이라는 의미일까? 그렇지는 않다. 성공률이란 사용이 즐겁다거나 효율적이라는 의미가 아니라 사람들의 사용 가능성 여부를 측정하는 것이기 때문이다. 게다가 웹은 궁극적으로 경쟁적 환경 그 자체이기 때문에 일단 사람들이 거의 모든 웹 사이트를 사용할 수 있게 되면 사용자들은 그들 중 가장 좋은 서비스를 제공하는 곳을 사용하려는 경향을 보일 것이다.

웹 전체 성공률

사람들에게 홈페이지를 지정해주고 해당 사이트에서 할 수 있는 일을 정해주었을 때 그들은 66%의 성공률을 기록했다. 하지만 아무것도 표시되지 않은 브라우저 화면을 제공하고 원하는 어떤 사이트로든 가보라고 했을 때 평균 성공률은 60%대로 낮아졌다. 그 이유는 사용자들이 가장 먼저 문제를 해결할 사이트인지 확인한 다음 작업 완료를 위해 그 사이트를 사용하기 때문이다.

만약 여러분이 자신의 웹 사이트를 위한 사용성 측정값을 수집하고 있다면, 대부분의 경우 그 대상을 홈페이지 사용자로 할 것이기 때문에 우리가 특정 사이트에 대한 작업으로 얻은 성공률 데이터와 비교해야 한다. 사람들은 여러분이 디자인을 변경하려고 하는 사이트에서 더 많은 시간을 소비하려는 경향이 때문에 사용성 연구에 있어 비교는 가장 보편적인 방법이다. 만약 여러분의 사이트가 제공하는 대표적인 작업에 대한 성공률이 70%를 기록하면 보통 이상의 사용성을 갖고 있는 것이다. 반대로 성공률이 50%라면 사용성에 문제가 있는 것이므로 사용성 비율을 현재의 1/3 정도 끌어올려 평균 66%가 되도록 개선할 필요가 있다.

웹 전체(web-wide)를 대상으로 한 작업에서 기록한 60%의 성공률은 사용자들이 뭔가 새로운 일을 시도하고 어느 사이트로 가야 하는지 모르는 상황을 잘 대변해준다. 웹 전체를 대상으로 한 작업에서 보이는 낮은 성공률은 전체 웹의 사용상의 어려움과 웹 사이트를 찾는 데 도움을 주는 특징(주로 검색 엔진)을 측정한 것이다. 따라서 웹을 개선할 여지는 여전히 많이 남아 있는 셈이다.

경험 수준에 따른 성공

우리는 인터넷 사용 경력을 기준으로 테스트 사용자를 두 그룹으로 분리했다. 모든 테스터의 웹 사용 경력은 최소 1년 정도였지만 폭넓은 전문 지식을 갖춘 사람도 포함되어 있었다. 이 분석을 위해 다음과 같은 다양한 기준으로 "경험이 많은 사용자"와 "경험이 적은 사용자"로 구분했다.

- 온라인 사용 연수
- 주당 웹 사용 시간(이메일 사용 시간 제외)
- 웹 채팅, 북마크 레이블 변경, 브라우저 업그레이드, 개인 웹 페이지 디자인 등의 "고급" 행동 양식 보유 여부
- 컴퓨터 장비상의 문제를 자신이 직접 고치는지의 여부
- 컴퓨터 잡지 구독 신청 또는 친구에게 컴퓨터에 대해 조언을 해주는지 등 기술적인 면에서 최근의 추세를 따르는지의 여부

인터넷 사용 경험이 3년 미만이고 주당 웹 사용 시간이 10시간 미만이며 고급 행동 양식 중 1/3 미만에 해당되며 컴퓨터 문제는 다른 사람을 통해 해결하고 기술에 대한 자문을 제공한 적이 없는 사람들은 일반적으로 "경험이 적은 사용자"로 구분한다. 반대로 인터넷을 4년 이상 사용했고 웹 사용 시간이 주당 10시간 이상이고 1/3 이상의 고급 행동 양식을 보유하고 있으며 컴퓨터 문제를 직접 해결하고 다른 사람에게 기술적인 자문을 한 적이 있는 사람들은 "경험이 많은 사용자"로 구분한다.

물론 어떤 사람은 특정 분야에서만 고급 성향을 갖고 나머지 분야에서는 그렇지 않은 경우가 있다. 이런 경우에는 그들의 평균 점수를 기준으로 서급 또는 고급 경력자로 최종 분류한다.

다음 표에서 알 수 있듯이 경험이 적은 사용자와 경험이 많은 사용자의 차이는 사이트 기반 작업에서 13%이고 전체 웹 기반 작업에서 15%

로 나타났다. 다시 말해, 경험은 특정 사이트를 지정해주지 않고 웹 전체를 대상으로 했을 때 더욱 큰 이점으로 작용한다. 이러한 차이는 경험이 많은 사람에게는 자유로운 이동이, 그리고 경험이 적은 사람에게는 제한적인 환경이 도움이 된다는 것을 보여주는 사례라고 할 수 있다. 다시 말해 초창기에 AOL이 초보 사용자들을 위해 온라인 경험을 단순하게 만들려고 시도할 때 사용했던 "닫힌 정원(Walled garden)" 접근 방법이 옳았다는 것을 입증하는 것이다.

성공률과 경험

웹 경험	특정 사이트 작업	웹 전체 작업
적음	59%	52%
많음	72%	67%

경험이 적은 웹 사용자는 경험이 많은 사용자보다 온라인상에서 일반적인 작업을 처리할 때 어려워한다. 두 그룹 모두 사이트 지정 작업보다 웹 전체 작업에서 낮은 점수를 기록했다.

웹 사이트에 대한 사용자의 만족도

일반적으로 사용자들은 웹 사이트의 디자인을 사용하면서 엄청난 어려움을 겪었다고 하더라도 관대한 점수를 주는 성향이 있기 때문에 개인의 만족도 평가는 사용성 측정 방법으로 적합하지 않다. 그 이유 중 하나는 타인의 기분을 상하지 않게 하고 자신을 그것에 끼워 맞추려는 일반적인 성향 때문이다. 또한, 사이트 테스트 시 사용자 자신이 능숙하지 못했다는 이유도 있다. 만약 자신의 문제를 해결하는 데 필요한 정보를 조금이라도 찾아내면 그 사이트는 도움이 되는 곳이었다고 생각한다. 즉, 자신이 보지 못한 다른 사이트에 더 좋은 정보가 있을지도 모른다는 생각을 하지 않는다.

1에서 7까지 순위를 매기고 7을 가장 높은 만족도라고 했을 때 우리가 테스트한 25개 사이트에 대해 사용자가 매긴 평균 점수는 4.7이었다. 사용자 인터페이스의 사용성을 분석함에 있어 우리는 이 점수를 놓고 해당 사이트에 대해 사람들이 부분적으로 좋아하거나 싫어하는 경우로 분석하는 일은 거의 없다. 하지만 자체 연구의 만족도 등급은 사용자들의 현 만족도와 이전 기대감이 대체적으로 일치하는 웹 디자인을 그 대표적인 샘플로 선정하는 것이 합당했다는 것을 보여준다.

사람들이 웹 사이트를 사용하는 방법

사용자들이 웹 전체를 대상으로 한 작업을 얼마나 잘 수행하는지 관찰해보면, 사람들이 특정 사이트를 사용하는 데 필요한 사전 지식이 없을 때 웹 사이트에 어떻게 접근하는지 알게 된다. 이것은 지금까지 한번도 구입해본 적이 없는 물건을 구입하려고 그 물건에 대해 알아보는 것과 마찬가지로 사용자들이 새로운 무언가를 하려고 시도할 때 일반적으로 나타나며, 최고의 경쟁력과 호감도를 필요로 하는 웹 사이트에서 가장 눈여겨보아야 하는 부분이기도 하다.

이번 연구에서 테스터는 해당 웹 사이트를 포기하고 다른 사이트로 발길을 돌리기까지 평균 1분 49초가 걸렸다. 그들이 작업을 진행하는 중에 도착한 최종 사이트에서는 평균 3분 49초 동안 머물렀다.

사용자들은 작업을 진행하는 동안 자신이 원하는 사이트를 찾기까지 검색 엔진을 포함하여 평균 3.2개의 사이트에 방문했다. 더욱 흥미로운 것은 그들이 작업을 진행하는 동안 이미 방문했던 사이트를 평균 0.4회 다시 방문했다는 점이며 이것이 의미하는 바를 눈여겨봐야 할 것이다. 다시 말해 각 사이트는 재방문 확률이 12% 정도밖에는 안 되므로 한번 사용자를 잃으면 영원히 잃게 된다는 의미이다.

> 내부 페이지가 노출되는 횟수는 첫 페이지가 노출되는 횟수의 60% 정도이다. 이 부분을 직시하고 이에 대처해야 한다. 사용자들이 홈페이지를 보도록 강요하지 마라.

딥 링크 사용자를 위한 세 가지 지침

1. 다음 세 가지의 디자인 요소를 각 페이지에 삽입하여 사용자들이 방문한 이곳이 어디이며, 이 사이트의 다른 부분으로 이동하는 방법을 알리도록 하라.
   - 페이지 좌측 상단의 회사 이름 또는 로고
   - 한번에 홈페이지로 되돌아오는 링크
   - 검색 기능(우측 상단 모서리가 적당)

2. 사용자에게 사이트의 나머지 부분을 파악할 수 있게 하라. 만약 사이트가 계층적 정보 아키텍처를 갖고 있다면 가장 좋은 방법은 "Breadcrumb Trail(빵가루 자취)"이라고 하는 사이트 구조 속에 현재 위치를 알리는 표시를 넣어 사용자가 이전 단계 또는 단계의 상위 페이지로 돌아갈 수 있게 하는 것이다. 또한, 현재 페이지와 직접적으로 관련된 다른 페이지로 이동하게 해주는 링크를 포함시킨다. 하지만 사이트의 다른 모든 영역으로 이동하게 하는 링크 또는 관련 없는 페이지 링크 등 너무 많은 링크가 눈에 띄어서는 안 된다.

3. 사용자가 현재 페이지에 도착하기까지 일련의 경로를 따라온 것으로 가정하지 마라. 여러분이 생각하는 것과는 다른 경로일 수도 있고 상위 레벨 페이지에 포함된 정보를 보지 못하고 지나쳤을 수도 있다.

테스트에 참여한 사용자들 중 40%는 우선 홈페이지를 먼저 방문했다. 대부분의 웹 사이트가 수천 페이지를 갖고 있을 것으로 가정한다면 이것은 홈페이지가 상대적으로 많은 방문수를 기록한다는 것을 의미한다. 게다가 사용자들은 내부 페이지에 먼저 도착하게 되더라도 이 사이트가 무엇을 다루는 곳인지 알고 싶을 때에는 바로 홈페이지로 이동한다. 따라서 확실히 홈페이지의 사용성에 많은 관심을 갖는 것이 좋다.

지금 Singin' in the Rain이라는 노래의 가사를 찾고 있으며 검색 엔진 또는 다른 사이트의 링크를 통해 All Musicals 사이트를 찾아냈다고 가정해보자. 위 스크린샷과 같은 화면을 보게 될 것이다. 이 사이트는 사용자가 일단 가사를 보고 나면 그 외 다른 것을 할 수 있는 어떠한 요소도 없다. 사이트의 이름은 페이지 상단에 있지만 로고라기보다는 헤드라인처럼 보인다. 사이트의 목적을 표시하는 문구도 없다. 돈을 벌기 위한 CD 판매 링크를 포함한 몇 개의 링크가 있지만 튀는 색상도 아니고 밑줄 표시도 없기 때문에 클릭할 수 있는 것으로 보이지 않는다. 또한, 링크들은 내비게이션 막대처럼 보이지 않으며 사용자들은 상단 배너가 불쾌한 내용과 연결된다는 것을 알고 있기 때문에 이를 무시하는 경향이 있다. 게다가 제목에는 링크가 연결되어 있지 않아 동일한 뮤지컬에 담긴 다른 노래 목록을 볼 수 있는 가장 쉬운 방법조차도 제공하지 않고 있다. 이 사이트는 딥 링크 방문자들을 끌어들이는 방법을 모르고 있으며, 그런 이유로 많은 트래픽을 스스로 버리고 있는 격이다.

홈페이지가 중요하다는 것은 확실하지만, 그렇다고 하더라도 나머지 60%는 내부 페이지가 차지한다. 웹 사이트는 수천 개의 문을 가진 집과 같으며 방문객은 어느 문으로도 들어올 수 있다. 우리는 이 부분을 강조하고 지원하는 역할을 한다. 일부 웹 사이트는 사용자가 홈페이지에 먼저 방문하도록 강제하는 디자인으로 구성되어 있지만 그렇게 하면 웹의 궁극적인 요소, 즉 딥 링크를 거스르는 격이 된다.

딥 링크는 사용자의 만족감을 더욱 높이기 때문에 사용성을 강화한다. 회사 홈페이지로 연결하는 것과 같은 일반적인 링크보다는 사용자를 특정 기사 또는 제품 소개 페이지로 보내는 것이 유용하다. 따라서 여러분의 사이트 중 특정 이슈를 다루는 페이지에 대한 링크를 다른 제3의 사이트와 검색 엔진에 추가할 방법을 모색해야 한다.

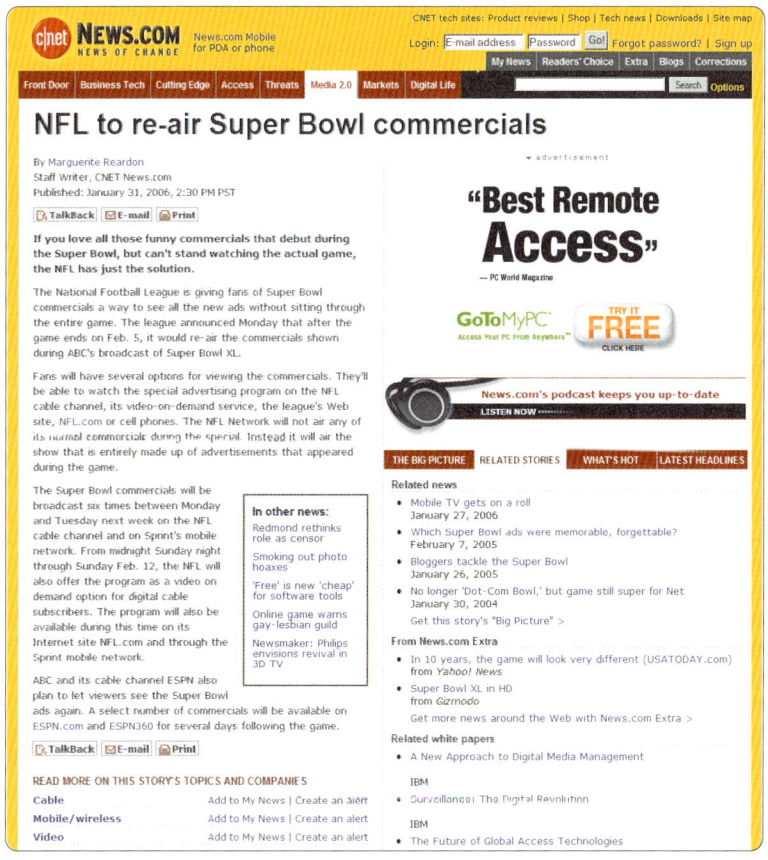

News.Com은 수퍼볼 광고에 대한 블로그 포스팅과 같은 딥 링크를 경유하여 현재 페이지에 도착했는지 여부를 보여주는 몇 가지 장치를 제공하고 있다. 기사 아래에는 유사한 내용을 다루는 기사 목록을 세 개의 카테고리로 분류하여 보여준다. 여러분이 휴대폰 광고에 흥미를 갖고 있다고 가정해보자. 모바일 기술 개발에 대한 최근 기사를 보기 위해 "mobile/wireless"를 클릭할 수 있다. 수퍼볼에 대한 구체적인 기사 목록이 우측에 표시된다. 마지막으로 관련은 없지만 트래픽이 높은 헤드라인이 담긴 박스가 표시된다(이 경우 우리는 두 헤드라인 묶음 위치를 서로 바꿔 현재 표시되고 있는 기사와 밀접한 내용의 기사를 기사 본문 가까이에 배치하도록 제안할 수 있다. 오른쪽 컬럼은 쉽게 무시되는 경향이 있기 때문이다). 결국 이렇게 해서 홈페이지로 이동하거나 또는 내부 검색 엔진을 이용하여 사이트의 다른 기능에 쉽게 접근할 수 있게 되었다. 게다가 홈페이지 이동 링크와 검색 엔진은 예상한 위치에 자리잡고 있다.

news.com.com

홈페이지: 할 말은 많은데 시간은 너무 짧다

다음 표에서 알 수 있는 것처럼, 웹 사이트의 홈페이지를 먼저 이용하는 경험이 많은 사용자들은 경험이 적은 사용자들에 비해 평균 10초 정도 짧은 시간 동안 머무른다. 이러한 차이로 사용자들이 경험이 풍부할수록 점점 더 냉정해진다는 것을 알 수 있다. 즉, 페이지를 훑어보는 속도는 점점 빨라지고 좋아하지 않은 것은 가차없이 무시한다.

홈페이지에 머무르는 평균 시간

웹 경험	머무르는 시간
Low	35초
High	25초

웹 사이트에서 홈페이지를 가장 먼저 방문했을 때 그 홈페이지의 노출 시간. 이를 통한 교훈은 논지를 확실히 하라는 것이다. 첫인상을 좋게 하는 데 매우 짧은 시간이 소요된다. 지속적인 방문 시 소요되는 시간은 32페이지의 표 참조.

> **30초의 짧은 시간 내에 수행해야 할 네 가지 목표**
>
> 새로운 방문자가 홈페이지에 머무르는 30초 동안 홈페이지는 방문자에게 가장 중요한 다음 네 가지 정보를 제공해야 한다.
> - 방문한 사이트의 목적
> - 방문자가 얻게 되는 혜택
> - 회사에 대한 간략한 소개와 최신 제품 또는 개발 내역
> - 대안과 가장 관련성이 많은 다른 항목을 얻는 방법

물론 미래를 예측하는 것은 쉽지 않지만 이러한 경향이 계속될 것이라는 점은 확실하다. 사용자들의 온라인 사용 시간이 늘어날수록 웹 사이트를 심판하는 것에서 얻는 만족감은 더욱 늘어나고 홈페이지에서 소비하는 시간은 더욱 짧아지게 된다.

결정 시간이 30초 정도이기 때문에 홈페이지에는 극적이면서 논지를 정확하게 집어내는 메시지를 담아야 한다. 사용자들은 길고 복잡한 단락은 읽지 않는다. 일반 성인들은 교육 정도에 따라 분당 200~300개의 단어를 읽을 수 있다. 이러한 사실을 기반으로 홈페이지에 환영 메시지를 100단어로 표현할 수 있을 것으로 생각할 수도 있지만 사실은 그렇지 않다. 10~20개 정도의 단어가 보다 현실적이다. 사용자들은 25~35초 사이의 시간 대부분을 사이트에 대한 내용을 읽어보는 데 소비하는 것이 아니라 다음 행선지를 결정하는 데 소비한다.

이 회사는 어떤 회사인가? 홈페이지가 문자로 빼곡하지만 그에 대해서는 언급하지 않고 있다. 간단한 문구 또는 간단한 설명을 페이지 상단에 배치하면 도움이 될 수 있다. 헤드라인과 뉴스를 너무 강조하고 있어 회사의 제품과 서비스를 알려줄 만한 공간이 거의 없다. 또한, 페이지 하단에 있는 링크 목록에 주목해보자. 적당한 설명 또는 경고 메시지 없이 사용자에게 다른 웹 사이트 링크를 알려주는 것은 사용자가 이에 대해 기대하지 않고 있었기 때문에 문제가 될 수 있다. 만약 다른 사이트 링크를 넣으려면, URL 대신 이름 또는 간단 명료한 설명 형식을 이용하는 것이 좋다.

www.qg.com

Dial Before You Dig 은 홈페이지가 상당히 단순하다. 하지만 이 회사는 무슨 회사인가? 나름대로 애쓴 것 같은데 정확히 어떤 것인지 파악할 수 없다. 새로운 사용자와 통신을 하는 겨우 수 초라는 짧은 시간을 단순히 새 웹 서비스를 사용할 수 있게 되었다고 말하는 네 소비한다면 너무 아깝지 않은가? 패스워드를 얻는 방법을 알려주는 가장 좋은 방법은 로그인 페이지를 활용하는 것이다. 다른 방법으로는 거의 흥미를 끌지 못한다.

www.dialbeforeyoudig.com.au

2: 웹 사용자 경험   31

사용자들이 나중에 다시 방문하여 나머지를 읽을 것으로 생각할 수도 있지만 불행하게도 십중팔구 그렇지 않다. 만약 사람들이 홈페이지를 재방문한다고 해도 이전보다 짧은 시간 머무를 뿐이다. 다음 표에서 알 수 있는 것처럼, 첫 방문 이후의 홈페이지 재방문 시 점점 더 짧은 시간을 소비하게 된다. 어쨌든 홈페이지의 주요 목표는 사용자들을 다른 곳으로 안내하는 것, 더 많은 사람들이 페이지를 이해하게 만드는 것, 그리고 주변을 살펴보지 않게 하는 것이다. 사용자들은 원하는 곳으로 이동하기 위해 미련 없이 마우스 버튼을 누른다.

스크린풀에 의한 페이지 보기

	홈페이지에 머무는 시간	사용자 스크롤	스크린풀 스크롤
첫 번째 방문	31초	23%	0.8
두 번째 방문	25초	16%	0.8
세 번째 방문	22초	16%	0.8
네 번째 이후	19초	14%	0.5

참고: 스크린풀은 1024×768 해상도 화면을 말한다. 한번의 스크린풀 스크롤은 그 아래에 있는 추가 내용을 초기 화면 크기만큼 더 봤다는 것을 의미한다. 스크롤에 대한 통계는 홈페이지의 내용이 길어 브라우저 창의 크기를 넘어설 때만 사용된다.

30초 내에 사라지다(역자 주: "바람과 함께 사라지다" 패러디): 사용자들이 다시 방문한 경우 홈페이지에서 보내는 시간은 줄어들고 스크롤 양은 최소화된다. 간략화를 위해 이 표에 있는 수치는 경험이 많은 사용자와 경험이 적은 사용자 모두의 평균값을 사용했다.

겨우 23%의 사용자만이 처음 방문 시 홈페이지의 아래 부분까지 보기 위해 스크롤했고 그 이후의 방문 시에는 점점 줄어들었다. 사용자들은 첫 번째 방문 이후에는 홈페이지의 어느 부분이 중요하다는 것을 이미 알고 있기 때문이다. 페이지를 스크롤한 사용자들조차도 스크롤 양은 많지 않고, 평균적으로 한 페이지가 채 안 되는 정도를 살짝 내려보는 정도이다.

내부 페이지에서 보이는 사용자 행동 양식

딥 링크를 통해 사이트의 내부 페이지에 방문한 경험이 적은 사용자는 그곳에서 평균 60초를 소비한다. 경험이 많은 사용자는 내부 페이지에 처음 방문했을 때 약 45초를 소비한다.

홈페이지에서 보였던 현상이 내부 페이지에서도 동일하게 나타난다는 것을 알 수 있다. 즉, 경험이 많아질수록 사람들은 눈앞에 처음 표시되는 페이지를 훑어보고 사이트에서 원하는 것을 찾아내는 속도가 빨라진다. 처음 방문한 곳이 내부 페이지라면 홈페이지였을 때에 비해 70~80% 정도 더 많은 시간을 소비한다. 내부 페이지는 사용자들의 작업과 보다 밀접한 관계를 갖고 있기 때문이다.

내부 페이지를 보고 있는 45~60초 동안, 이론적으로는 사용자들이 약 200개의 단어를 읽을 수 있겠지만 일반적으로는 사이트의 내비게이션 시스템을 살펴보고 다음 행선지를 결정하는 데 시간을 소비한다. 하지만 홈페이지에 방문했을 때보다 10~20개 더 많은 100개 정도의 단어를 읽게 된다. 딥 링크를 지원해야 하는 중요한 이유 중 하나는 사용자들이 사이트의 내부 페이지에서 더 많은 내용을 읽는다는 점이다.

> 딥 링크를 지원해야 하는 중요한 이유 중 하나는 사용자들이 홈페이지보다 많은 내용을 사이트의 내부 페이지에서 읽는다는 점 때문이다.

홈페이지 vs. 내부 페이지의 비교

웹 경험	홈페이지상에서의 소비 시간	내부 페이지에서의 소비 시간
적음	35초	60초
많음	25초	45초

사람들은 홈페이지보다 내부 페이지에서 더 많은 시간을 소비한다. 또한, 웹 경험이 많은 사람들은 화면을 훑어보는 속도가 빠른 반면, 초보 사용자들은 화면을 주의 깊게 살펴보는 경향이 있다.

음악 재생 기기에 대해 알아보고 있는 한 사용자가 애플 웹 사이트의 아이팟 제품 페이지에 도착했다고 가정해보자. 대체로 사람들은 빨간색 박스로 표시한 많은 양의 테스트를 읽어볼 것으로 생각된다. 하지만 실제로 사용자들은 이 두 문단을 꼼꼼하게 읽어보지 않고, 대신 각 문단의 절반이 안 되는 상단 부분만 대충 살펴본다. 사용자들은 45~60초의 시간 중 나머지는 사진을 보고 따로 분리된 특징 목록을 훑어보고 페이지의 다른 부분에 눈길을 돌리는 데 소비한다. 이 페이지에는 평균적인 사용자들을 기준으로 2분 정도 소요될 523개의 단어가 포함되어 있으며, 이때 2분이라고 하면 사용자들이 해당 페이지에 소비하는 시간의 두 배가 넘는 시간이다. 이 페이지의 문장들은 우리가 성인 사용자들에게 권장하는 8등급의 읽기 등급으로 작성되어 있지만, 이 제품의 주요 고객인 10대들에게는 너무 어려운 수준이다.

www.apple.com

사용자들이 사이트를 둘러보는 중에 내부 페이지를 방문하면 각 페이지에서 평균 27초 정도 소비한다. 이렇게 극단적으로 짧은 시간이라니, 사용자들이 얻으려고 하는 것을 각 페이지에 명확하게 표현하는 것이 얼마나 중요한 일인지 알 수 있다. 사람들은 모든 것을 읽어볼 시간이 없기 때문에 수 초 내에 여러 페이지에 대해 결정한다.

다음의 파이 차트는 사용자들이 페이지상에서 클릭하는 부분을 보여준다. 사용자들이 페이지 상단 또는 좌측이나 우측 컬럼 같은 내비게이션 영역보다 내용 영역에 더 많은 시간을 소비한다는 것이 놀라울 수 있다. 하지만 시선 추적 연구에 의하면 사용자들은 대부분의 시간을 내용 영역에 소비하고 극히 짧은 시간을 내비게이션 영역에 할애한다고 한다.

> **팁: 내부 페이지 링크 최적화**
>
> 사용자들은 내부 페이지에서 머무르는 약 30초라는 시간 중 대부분을 내비게이션이 아니라 내용 부분을 읽은 데 소비한다. 이 영역에 중요한 링크를 넣으면 대부분의 경우 이를 보게 된다.

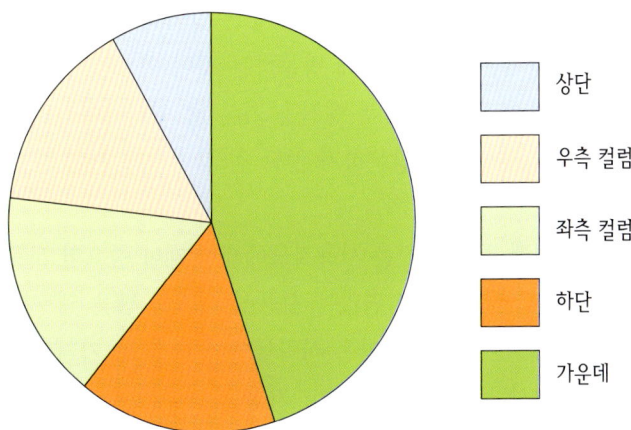

사용자가 동일한 사이트 내에서 다른 곳을 둘러보기 위해 클릭하는 부분. 4,719회의 클릭을 통해 얻은 비율

> **"답변 엔진"의 출현**
>
> 이번 연구를 통해 초기에 얻은 결론을 입증했다. 즉, 사용자들은 개인적으로 서로 다른 목적을 추구하며 일반적으로 검색 엔진 서비스에 의존한다. 변경된 사항이 있다면, 요즘 사용자들은 탐구하고 사용하기 위해 사이트를 찾는 것이 아니라 특정 답변을 사냥하는 것일 뿐이다. 검색 엔진은 본질적으로 "답변 엔진(Answer Engine)"이 되어가고 있다.

검색의 힘

사용자들에게 웹에서 자신이 원하는 곳으로 마음대로 가게 했을 때 88%가 검색 엔진으로 향했다. 12%의 사용자는 문제 해결에 도움이 될 것이라고 생각하는 특정 웹 사이트로 곧장 이동했다. 예를 들면, 멕시코로 휴가 여행을 떠나는 것에 대해 알아보라는 작업이 주어졌을 때 소수의 사용자들만이 Expedia 또는 Travelocity와 같은 이미 알고 있고 신뢰할 만한 여행 관련 사이트로 이동했다. 대부분의 사람들은 사이트를 찾는 데 도움이 될 만한 검색 엔진을 활용했다.

사용자들이 해답을 찾는 데 있어 검색 엔진이 가장 지배적인 도구로 군림하게 되었다는 사실은 검색 광고가 이득이 되는 사업이라는 점을 여실히 증명하고 있다. 검색 광고야말로 새로운 업체를 찾고 있는 사용자들을 그들의 고객으로 맞아들이는 가장 좋은 방법이다.

인터넷 사용 경험은 웹 사이트에 방문하는 것이 아니라 잠시 들르게 하는 요인이 되어가고 있다. 검색 엔진을 기본 웹 인터페이스로 사용하는 사람들은 사이트에 직접 방문하지 않고 검색 키워드 관련 사항만 얻는 일이 많다.

웹을 사용한 이래 검색 엔진은 사용자들에게 언제나 중요한 도구였다. 1994년에 우리는 사람들이 형편없는 사용성을 가진 웹을 왜 사용하는지 알아보기 위해, 연구실에 찾아온 사람들에게 다음 두 가지의 질문을 던졌다. 온라인에서 무슨 일을 하는가? 가장 좋아하는 사이트는 어디인가? 그에 대한 답변은 확연하게 달랐다. 사람들은 골프에서 뜨개질, 리눅스, 군사 관련 역사 등 다양한 정보를 얻으려고 했고 좋아하는 사이트 역시 서로 달랐다. 유일하게 일치하는 답변은 모든 사용자들이 가장 선호하는 사이트로 검색 엔진을 꼽았다는 점이다.

결론은 명백했다. 웹의 힘은 사용자들이 원하는 매우 특별한 정보를 특정 계층에 맞게 만들어주는 사이트에 근거를 두고 있다. 웹에 거우 3만 개의 사이트밖에 없던 시절에도 어떠한 도움 없이 전문 사이트를 찾는 것은 거의 불가능했기 때문에 검색 엔진은 일반적인 관심사를 다루는 매우 중요한 사이트였음에 틀림 없다.

수년 사이의 가장 큰 변화는 검색 엔진을 좋은 사이트를 찾는 데 활용하는 횟수가 줄어들고 있다는 점이다. 사람들은 해답을 찾고 있다. 특정 목적과 관련된 페이지를 찾아내기 위해 검색 엔진을 사용하지만 그 페이지가 어느 사이트에 귀속되는지 개의치 않는 사람들에게 웹 전체가 하나의 거대한 자원 덩어리가 되어 가고 있는 셈이다. 이제는 검색 엔진의 역할이 자원을 찾아내는 것이 아니라 질문에 대한 답을 제공하는 것이 되었다.

> 사용자들이 이제는 웹의 성장을 통합된 전체로 보기 시작했다는 증거이다. 이는 검색 엔진과 사용자들에게는 희소식이지만 웹 사이트 입장에서는 그렇지 않다.

이렇게 바뀌고 있는 행동 양식은 "정보 수집(Information Foraging)" 이론으로 설명된다. 즉, 새로운 자원을 찾아내는 것이 쉬워질수록 각 자원에 할애하는 시간이 줄어든다. 따라서 시간이 흐를수록 검색 결과의 질적 개선으로 인한 답변 엔진(answer engine)으로의 움직임은 점점 빨라지게 된다. 항상 온라인에 연결되어 있다는 것 역시 정보를 쉽게 얻고 더 짧은 시간 동안 활용할 수 있기 때문에 비슷한 효과를 갖는다. 결국 웹 브라우저의 북마크/즐겨찾기 기능 지원이 미약하다면 즐겨찾기 사이트 목록 구축에 관심을 가진 사용자들로부터 외면당하게 된다.

이것은 사용자들이 웹의 성장을 통합된 전체로 보면서 웹 사이트 자체에는 개의치 않는다는 증거이다. 사용자들은 알고자 하는 것은 모두 어딘가에 있다고 생각한다. 그들은 단지 질문만 한다. "웹 사이트"는 적어도 1993년까지는 존재하지 않는 개념이었다. 1991년과 1992년의 모자이크 이전 시대의 웹은 기본적으로 기사일 뿐 특정 웹 페이지를 가진 웹 서버가 아니었다. 따라서 새로운 사용자의 행동 양식은 어떤 면에서 최초의 웹에서 보이던 것과 비슷하다고 할 수 있지만 일부 사용자들은 즐겨 찾는 사이트를 자원으로 간주하기 때문에 완벽하게 일치한다고는 할 수 없다.

웹의 지나친 풍족함 속에서 사용자 인터페이스로 자리잡아가고 있다는 것은 검색 엔진에 있어 희소식이다. 모호한 디자인과 볼품 없는 내비게이션 시스템을 가진 많은 사이트에서 시간을 낭비하기보다는 적은 수의 검색으로 답을 찾아낼 수 있다는 점에서 사용자들에게도 희소식이다. 하지만 웹 사이트 입장에서도 희소식일까? 불행하게도 그렇지가 않다. 서비스를 누가 제공하는지 모르거나 그에 대해 개의치 않는 사용자들에게 답을 제공하는 것은 쓸데 없는 일이다.

전자 상거래 사이트는 조금 예외적인 경우이다. 제품 목록을 살짝 들여다만 보았는데도 구입하는 사례가 있기 때문이다. 전자 상거래 사이트는 사용자들의 첫 방문을 추적하는 확인과 진행 과정이라는 단계를 갖고 있으며 이들 단계는 사이트의 마인드셰어(mindshare)를 함께 높인다는 점에서 다르다. 마인드셰어란 웹 사이트에서 제공하는 제품 또는 서비스의 유형에 대해 생각할 때 특정 사이트를 머릿속에 떠올릴 가능성을 의미한다. 따라서 첫 구매 결정이 전자 상거래 사이트의 지속적인 판매를 이끌어내는 중요한 계기 중 하나이다.

전자 상거래 사이트가 shopbot(웹에서 제품의 최저 가격을 검색하는 소프트웨어)을 거부하고 딥 링크를 막고 다른 편법을 이용하여 사용자가 홈페이지에 들어오도록 만들고 사이트 내에서 많은 시간을 소비하게 만드는 것이 합리적일 수도 있다. 고객과 제품 사이에 조금이라도 벽이 생기면 곧바로 판매 실패로 이어진다.

검색 엔진을 통한 방문자로부터 가치를 끌어내는 네 가지 방법

검색 엔진을 통해 여러분의 사이트에 들어오게 된 사용자들로부터 가치를 끌어내기 위한 몇 가지 방법이 있다. 이들 네 가지 방법 중 어느 하나도 사용하지 않는다면 방문객들은 사이트의 한두 페이지 정도만 보게 될 것이고 여러분의 회사에 대해서는 결국 전혀 모르게 될 것이다.

- 일반적인 문제에 대한 명확한 해답으로 최대한 초점을 좁히는 페이지를 제공하는 방법으로 사용자를 유혹할 컨텐츠를 제공하라. 이러한 페이지는 검색 엔진 최적화(SEO, Search Engine Optimization)에서 잘 동작하므로 명확한 헤드라인을 사용해야 한다.
- 관련 컨텐츠와 서비스로 연결되는 "참조" 링크로 해답을 멋지게 만들어라. 해답을 찾는 사용자들은 사이트의 모습에 개의치 않기 때문에 내비게이션에 사용하는 것은 적합하지 않다. 하지만 간략한 설명이 포함된 링크는 더 많은 정보를 얻으려고 하는 사용자들을 더 깊은 곳으로 빠져들게 할 수 있다. 그리고 이런 사람들이 유료 서비스에 눈을 돌릴 가능성이 높다. "참조(See Also)" 링크는 기사의 끝부분에 삽입하거나 배치하여 지원 문의 전화 같은 역할로 활용한다. 이렇게 하면 웹 사이트가 실제로 무언가를 판매하고 있고 무료 정보를 제공하는 것이 아니라는 것을 알려주게 된다.
- 순수한 정보 이상의 독특한 관점과 인상적인 개성을 담은 분석과 식견을 제공하여 자리매김을 확실히 하라. 많은 사람들이 원하는 답을 이미 얻었더라도 여러분의 관점에 대해 관심을 갖고 더 많은 것을 요구하게 된다.
- 추가적인 팁과 유용한 정보가 담긴 뉴스레터를 제공하라. 전자 메일 뉴스레터는 단순히 페이지를 보는 것보다 더 많은 개인적인 경험을 제공하여 사용자들과의 관계를 다지는데 중요하다.

제품을 판매하는 사이트가 아니더라도 답변을 찾아 헤매는 사용자 행동 양식의 경향을 받아들여야만 한다. 웹의 자연스러운 현상과 담을 쌓는 것은 문제 해결에 전혀 도움이 되지 않는다. 독특한 방문자의 수를 추적하는 것은 이제 의미가 없다. 대부분의 그러한 방문객들은 답을 얻기 위해 사이트 전체를 돌아보는 것이 아니라 단일 페이지를 추출해낸다. 모든 방문객을 추적하는 것이 아니라 이제는 사이트 성공을 위해 중요한 측정 도구가 되는 충실한 사용자 수를 세어야 한다.

사람들은 검색 엔진 결과 페이지를 어떻게 사용하는가?

검색 엔진 결과 페이지는 일반적으로 SERP(Search Engine Results Page)라고 부른다. 대부분의 사용자들은 각 검색 작업당 한 개 이상의 SERP를 보는 일이 없기 때문에 거의 복수형으로 사용하지 않는다. 전체 검색 작업 중 93%의 경우 자체 테스트에 참여한 사용자들은 일반적으로 10개의 검색 결과와 많은 광고가 포함되어 있는 첫 검색 결과 페이지에서 작업을 중단했다. 7%만이 두 번째 검색 결과 페이지로 이동했고, 1%가 채 안 되는 사용자들이 세 번째 페이지로 이동했다.

대부분의 사용자들은 단일 SERP 전체를 활용하지 않는다. 즉, 대부분 페이지 전체를 살펴보는 일조차 하지 않는다. 겨우 47%의 사용자만 첫 검색 결과 페이지를 아래로 스크롤했고 53%는 "접힌 윗부분"(above the fold, 원래는 신문 용어로, 스크롤 작업 없이 볼 수 있는 웹 사이트의 가시 영역만을 말한다)만 사용했다. 우리가 추진했던 연구 작업에서 사용한 것처럼 가장 일반적인 해상도인 1024×768 화면에서 구글 같은 가장 널리 알려진 검색 엔진을 사용하는 경우 네 개 또는 다섯 개 정도의 결과를 볼 수 있다. 네 개 또는 다섯 개의 "유기적인" 검색 결과에 여섯 개에서 일곱 개의 광고가 추가되어 선택 가능한 항목은 총 10개 정도가 된다.

유기적 링크 vs. 스폰서 링크

검색 엔진은 일반적으로 검색 결과 페이지에 두 가지의 서로 다른 링크를 제공한다. 하나는 유기적인 목록이고 하나는 스폰서 링크이다. 유기적인 목록은 각 검색 엔진이 사용하는 알고리즘을 기반으로 사용자의 검색어에 가장 많이 일치하여 웹에서 자연스럽게 발견된 웹 사이트 목록을 말한다. 유기적인 목록으로 선택되는 데는 별도의 비용을 지불하지 않으며 사용자가 링크를 클릭하더라도 비용이 발생하지 않는 "순수"한 비상업적 링크이다.

스폰서 링크는 완전히 정반대의 개념이다. 대부분의 검색 엔진이 "스폰서"라는 완곡한 표현을 사용하고 있음에도 불구하고 이들은 완벽한 광고에 해당한다. 안타깝게도 기술적 경험이 적은 많은 사용자들은 "스폰서"가 의미하는 바를 이해하지 못하며 이들 링크가 단순히 광고라는 사실을 깨닫지 못하고 있다.

다음 표에서는 사용자가 SERP 목록상의 서로 다른 부분을 얼마나 자주 클릭하는지 보여준다. 검색 결과 첫 페이지에는 10개의 유기적 링크만 표시되기 때문에 11번째 이후의 링크를 클릭하려면 두 번째 검색 결과 페이지로 이동해야 한다. 실제로 두 번째 페이지에 방문한 7% 중에서 5%만 그곳에서 클릭했다. 이러한 차이는 두 번째 페이지에 방문한 사용자 중 일부는 첫 번째 페이지로 다시 돌아갔다는 것을 의미한다. 하단에 있는 링크보다 상단의 링크를 더 많이 클릭한다는 것이 놀라운 일은 아니지만 모든 클릭의 절반 이상이 첫 번째 링크에 집중되고 있다는 것은 놀라운 일이 아닐 수 없다.

검색 결과 페이지상에서 사용자가 클릭하는 위치

검색 결과 목록상 위치	클릭 수
#1	51%
#2	16%
#3	6%
#4	6%
#5	5%
#6	4%
#7	2%
#8	1%
#9	1%
#10	2%
#11+	5%

참고: 이전 페이지로 돌아가는 경우가 포함되어 있기 때문에 총합이 100%가 아니다.

첫 번째 검색 결과 페이지의 첫 번째 항목에서 10번째 항목까지 모두 합하면 95%의 클릭이 발생했다는 것을 알 수 있다. 이 표는 유기적 링크 클릭 수만 계산한 것이다. 스폰서 링크 역시 상단의 광고에 더 많은 클릭이 비정상적으로 집중되는 유사한 분포를 보인다.

검색 엔진 최적화를 위한 최상의 지침

사용자들이 검색할 때 사용할 것으로 생각하는 모든 중요 키워드에 대한 결과 목록에서 상위에 등록되는 것을 목표로 정하라(불행하게도 이것은 설명하기는 쉽지만 달성하기엔 어려운 지침이다). 목록의 첫 번째 위치를 얻지 못한다면 두 번째 또는 세 번째이어도 좋다. 목록의 아래쪽에 배치될수록 사용자 눈에 띌 기회는 줄어들지만 9번 또는 10번 중에서 선택할 권한이 있다면 목록의 끝부분에 있는 것이 조금 더 눈에 잘 띄기 때문에 페이지의 맨 끝을 선택하는 것이 좋다.

만약 중요 키워드 항목에 대한 적당한 유기적 목록 순위에 포함될 수 없다면 해당 용어를 위한 검색 광고에 대해 심각하게 고려하라.

키워드 광고 비용을 통한 사용성 개선의 간접적인 측정

광범위한 웹 사이트를 대상으로 폭 넓은 사용성 연구를 진행하려면 많은 비용과 시간이 소요된다. 우리도 매년마다 할 수는 없기 때문에 직접적인 측정 방법을 통한 안정적인 사용성 개선 내용을 정확하게 추적할 수 없다. 다행스럽게도 배우기도 쉬우면서 웹 사이트의 사용성을 위한 프락시처럼 사용할 수 있는 간접적인 측정 도구가 있다. 바로 주요 검색 엔진에 키워드 광고를 위해 지불한 비용을 통해서이다.

대부분의 주요 검색 엔진에서 키워드 광고는 다음과 같은 방법으로 결정된다. 우선 업체가 특정 키워드를 검색하고 해당 키워드와 관련된 제품이나 서비스에 흥미를 갖고 있는 방문객을 유혹하는 데 어느 정도의 비용이 소요되는지 고려한다. 그런 다음 해당 업체는 각 키워드에 비용을 지불하고 검색 엔진은 일반적으로 비용을 지불한 상위 8개 업체의 광고를 표시한다(검색 엔진 광고의 종류는 상당히 많지만 기본 원칙은 제한된 수의 슬롯을 경매에 부치고 가장 높은 가격을 제시한 업체에 판매하는 방식이다).

예를 들면, 내가 몸담고 있는 닐슨 노먼 그룹은 "usability training"을 검색하고 매년 정기적으로 열리는 사용성 컨퍼런스 페이지에 방문하기 위해 검색 엔진상에서 클릭한 사용자당 31센트를 지불하고 있다. 이와 비슷한 방법으로 멕시코 여행 패키지를 판매하는 업체는 "vacation Mexico" 또는 "hotels Yucatan" 같은 키워드를 검색하는 사용자들을 위해 일정 액수를 지불하려고 할 것이다.

그 동안 키워드 광고 가격은 확실히 상승세를 보이고 있다. 장기저인 관점에서 키워드 입찰 가격의 상승은 웹 사이트 사용성과 매우 밀접하게 관련될 것이다. 앞으로 수년 동안 검색 엔진 광고의 이점을 깨닫는 업체의 수는 증가할 것이고 결국 키워드 가격은 지속적으로 상승될 것이다. 키워드가 일치한다는 것은 여러분이 제공하는 바로 그것을 찾고 있는 사용자들을 유혹할 수 있다는 의미이기 때문에 검색 광고는 웹 사이트를 활성화하는 가장 좋은 방법이다.

> 그 동안 키워드 광고 가격은 확실히 상승세를 보이고 있다. 앞으로의 키워드 입찰 가격 상승 요인은 웹 사이트 사용성 개선과 밀접하게 관련될 것이다.

현재 대부분의 인터넷 마케팅 담당자들은 키워드 광고에 무지하며, 오래된 매체에는 적합했지만 웹과 같은 상호작용 가능한 매체에서는 먹히지 않는 광고 기술에 대부분의 예산을 투입하고 있다. 웹의 장점 중 하나는 책임성이다. 즉, 사용자 클릭(click-through)과 지불로 이어진 클릭으로 광고 지출 결과를 추적할 수 있다. 이러한 이유로 아무리 우둔한 담당자라고 하더라도 가장 좋은 성과를 얻을 수 있는 홍보, 즉 검색 광고에 예산을 재할당할 수 있게 된다.

검색 키워드 광고를 위한 최적 입찰 가격 결정 방법

앞서, 클릭당 지불 비용 방법보다, 평균적인 새 방문객으로부터 더 많은 돈을 벌어들일 수 있는 만큼 기업이 키워드 입찰 비용을 증가시킬 것이라는 내용을 언급했다. 이것은 복잡한 논제를 이행하기 쉽게 하는 데는 도움이 될지 모르지만 입찰 가격 결정에 있어서는 최선의 방법이라고 할 수 없다.

현실 속에서는 단순히 사업을 많이 하는 만큼 수익을 올려야 하는 것이 아니라 이윤을 극대화해야 한다. 예를 들면, 특정 키워드를 클릭하여 방문한 새로운 각 방문객당 2달러의 평균 이윤을 내고 있다고 가정해보자(환가율을 1퍼센트라고 하면 방문객당 2달러의 이윤을 낸다는 것은 새로운 방문객 100명 중 단 한 사람만 고객이 된다는 것을 의미하므로 구매 고객당 200달러의 수입을 기록하는 것으로 가정한다).

이전 실험에서 특정 제품을 타깃으로 한 키워드에 대한 세 번째 순위까지 거래가 가능하다는 결론을 얻었다.

- 위에서 세 번째 순위에 1달러로 입찰해서 1개월당 500명의 방문객을 얻는다.
- 위에서 두 번째 순위에 1.50달러로 입찰해서 1개월당 1,500명의 방문객을 얻는다.
- 첫 번째 순위에 1.90달러로 입찰해서 1개월당 2,000명의 방문객을 얻는다.

입찰 가격을 얼마로 정해야 하는가? 1개월에 200달러의 수입을 얻기 위해서는 방문객당 10센트의 비용이 발생하기 때문에 1.90달러 입찰을 고려할 수도 있다. 한편, 1달러 입찰은 세 번째 항목에 등록되는 광고로 끌어들인 500명의 사용자로부터 한 달에 총 500달러를 벌어들인다면 사용자 한 명당 이윤은 1달러가 된다. 마지막으로, 1.50달러는 한 달에 750달러의 수익을 얻는다. 그렇다면 이것이 가장 높은 수익 마진을 보이기 때문에 확실히 탁월한 선택이라고 할 수 있다.

이 예제대로라면 첫 번째 순위의 광고로 끌어들일 수 있지만 두 번째 순위의 광고는 클릭하지 않을 500명의 추가 사용자를 제외하고 생각하는 것이 좋다. 이들 사용자는 가장 높은 순위를 위해 필요한 비용만큼의 가치가 없다. 더 아래에 있는 광고를 클릭하는 사용자들은 문제 해결책을 얻는 데 활동적인 경향이 있기 때문에 기업에 미소하지만 좀더 가치가 있다.

물론 여러분은 자신의 웹 사이트를 사용하는 고객으로부터 구체적인 데이터를 얻어야만 한다. 일반적인 주요 지침은 간단하다. 새 방문객의 가치가 높을수록 사이트에 끌어들이기 위해 높은 입찰 가격을 지불해야 한다는 것이다.

점점 더 많은 업체들이 검색 광고의 투자 수익(ROI, Return on investment)이 높다는 것을 알게 됨에 따라 광고를 낼 만한 위치의 공급은 고정되어 있는데 수요가 늘어나기 때문에 키워드 가격은 계속 높아질 전망이다. 물론 검색 엔진의 각 페이지에 더 많은 광고를 추가할 수 있긴 하지만 각 광고의 비용이 그에 합당한 효율을 발생시키는 경우에만 가능하다. 검색 엔진이 실제로 경매에 부치는 것은 사용자들의 흥미 수준이며 흥미도가 동일한 수준인 경우에는 페이지를 여러 부분으로 나눠 여전히 수익을 낼 수 있는 부분으로 제한하고 있다.

모든 기업들이 검색 광고의 이점을 언제쯤 완벽하게 이해하게 될지 쉽게 예측할 수 없지만 2010년 정도면 가능할 것으로 보인다. 그런 일이 실제로 일어나면 타깃 웹 사이트의 개선으로 키워드 가격은 더 상승할 것이다.

우리가 언급했던 것처럼 각 기업은 잠재 투자 수익보다 높은 가격을 지불하면 안 된다. 그렇다면 새로운 각 고객으로부터 평균 2.00달러의 수익을 얻는 기업이 있다고 가정해보자. 새로운 고객당 1센트의 수익 마진을 얻어야 하기 때문에 클릭당 최고 1.99달러까지 지불할 수 있다. 2.01달러로 입찰하면 너무 비싼 가격이므로 손실이 발생한다.

이 회사가 새 방문객에 대한 환가율을 두 배로 높이기 위해 웹 사이트에 그만큼의 사용성 작업을 투자했다고 가정해보자. 이제 이 회사는 새 방문객당 평균 4.00달러를 벌고 있으므로 4.00달러짜리 방문객을 만들어주는 키워드 클릭당 최고 3.99달러의 가격을 지불할 수 있다. 사용성 개선과 환가율 배가로 검색 엔진에 지불할 수 있는 입찰 가격이 두 배로 오른다.

물론 예로 든 업체는 검색 엔진에 지불하는 비용을 높이려고 하지 않을 것이다. 검색 엔진에 비용을 지불하기보다는 사용성 개선으로 이윤을 높여 주머니를 두둑하게 만드는 것을 더 선호할 수 있다. 단기적으로 볼 때 이 업체는 경쟁 업체의 사이트보다 개선되었기 때문에 실제로 더 많은 이윤을 낼 수도 있다. 경쟁 업체가 방문객의 가치를 높이려고 할 때까지 광고 비용을 더 높이려고 하지 않을 것이다. 하지만 얼마 지나지 않아 경쟁 업체는 자체적인 사용성 프로젝트를 진행하고 이윤을 개선하여 입찰 가격을 높이게 된다. 여덟 개의 경쟁 업체가 입찰 가격을 두 배

> **개선된 사용성의 가치는?**
>
> 기업은 질 좋은 사용성 프로젝트를 통해 웹 사이트의 "환가율(conversion rate)"(새로운 사용자를 통해 판매 실적을 올리거나 그들로부터 제품을 요청받는 것)을 두 배로 높일 수 있다. 우리는 이러한 사실을 42건의 디자인 개편 프로젝트를 대상으로 한 연구에서 사용성 디자인 개편 후 사이트 평가가 135% 개선되었다는 점에서 발견했다.

로 높이자마자 이 업체는 어쩔 수 없이 입찰 가격을 두 배로 높여야 한다. 1센트의 이윤이라도 이윤이 없는 것보다는 낫기 때문에 합리적인 기업들은 적절한 수준에서 그들의 입찰 가격을 올리게 된다.

장기적인 관점에서 키워드 가격은 웹 사이트의 환가율과 비슷한 속도로 높아지는 경향이 있다. 환가율이 가장 핵심적인 사용성 측정 방법이기 때문에 검색 엔진 광고 입찰 가격은 웹 사이트의 디자인 개선 범위를 나타내는 지표가 된다.

웹 사이트가 개선되면 그만큼 검색 엔진은 개선된 사용성으로 인해 증가하는 거의 모든 수익을 가져가게 될 것이다. 다시 말해 검색 엔진은 주류 웹 사이트가 웹을 개선하기 위해 온갖 힘든 일을 하는 동안 그냥 가만히 앉아서 수입이 늘어나는 것만 지켜보면 된다. 이것은 공평하지 않다. 하지만 웹 사이트가 끌어들이고 싶어하는 새로운 트래픽의 대부분을 검색 엔진이 만들어낸다는 점을 고려하면 공평하다고 볼 수 있다.

사이트를 개선해야 하는 세 가지 이유

대부분의 가치 개선이 검색 엔진으로 인해 생긴다면 웹 사이트가 사용성에 대해 우려해야 할 이유가 있을까? 여기에는 세 가지 이유가 있다.

- 개선하지 않는다면 현재의 키워드 입찰 가격으로 광고 노출 기회를 얻기 힘들어지고 결국 검색으로는 아무것도 얻지 못하게 된다.
- 개선한다면 경쟁 업체보다 더 나은 기회를 얻게 되며 키워드 입찰 가격을 최고로 높일 필요가 없어진다. 그 동안에는 노동에 대한 지속적인 대가를 얻게 되므로 경쟁 업체가 이 책을 읽지 않고 사이트 개선 속도를 늦추게 되길 기대할 수 있다.
- 마지막으로 다른 경로를 통해 방문하는 고객을 통해 얻는 수익이 점차 늘어나게 된다. 검색 광고가 트래픽을 발생시키는 상당히 좋은 방법이긴 하지만 유일한 방법은 아니다. 다른 사이트의 링크, 입소문, 오프라인 광고, 그리고 다른 많은 기술로도 트래픽을 높일 수 있다. 또한, 대부분의 검색 엔진은 이른바 "유기적 결과"를 허용하고 있으므로 전혀 광고를 하지 않더라도 사용자의 검색 요청에 의해 자연스럽게 점수가 매겨지기 때문에 사이트가 검색 결과 목록에 등록될 수 있다.

스크롤

사용자들은 게으르며 무지하다. 이는 사용자들 대부분은 마우스 휠을 사용할 생각조차 하지 않는다는 점에서 그렇다.

조금 더 적합한 표현을 빌리자면, 사용자들은 너무 바쁘고 상대적으로 웹에는 너무 많은 정보가 넘쳐 나서 사이트의 첫 페이지에서 전체를 다 읽어보고 싶다는 인상을 받지 못하면 그 사이트를 깊이 있게 살펴볼 가치가 없다고 판단한다. 불행하게도 대부분의 페이지는 거의 가치가 없기 때문에 사용자들이 스크롤하지 않는 것이 올바른 결정이다. 여러분이 웹 페이지를 디자인한다면 이러한 사실을 인지하고 사용자들에게 페이지 아래에 있는 것을 보고 싶은 마음이 들도록 알찬 정보를 첫 페이지에 담아야 한다.

우리의 연구 결과 페이지 중 35%는 너무 짧아서 스크롤할 필요가 없었다. 하지만 스크롤에 대한 반감을 갖고 있는 사람들에 대한 문제를 해결한다고 하더라도 이렇게 너무 짧은 페이지는 권장하지 않는다. 테스터들은 65%, 즉 긴 페이지의 절반 이상은 스크롤하지 않았다. 한 페이지에서 아래에 있는 정보가 주의 깊게 만들어졌을지라도 대부분의 사용자들이 관심을 갖지 않는다면 그 존재 가치가 무의미한 것이다.

팁: 스크롤을 단축시켜라

대부분의 사용자는 스크롤을 잘 하지 않으며 설사 하더라도 많이 하지는 않는다. 테스터들은 평균적으로 1.3개의 화면을 스크롤했을 뿐이다. 즉, 스크롤 전의 화면을 포함하여 총 2.3개의 화면을 스크롤했다는 의미이다. 2.3개의 화면을 넘어가는 페이지는, 페이지 전체를 스크롤해서 볼 가능성이 있는 극소수의 사용자에 의해서도 간과될 위험을 안고 있다.

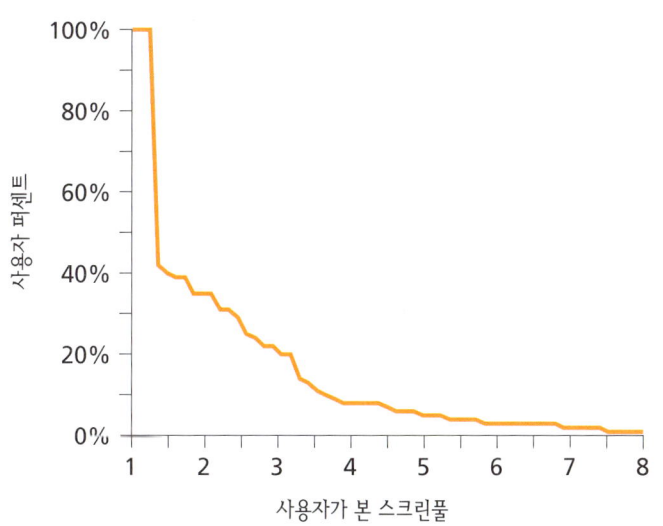

이번 연구에서 사용자들은 브라우저 창보다 긴 3,992개의 페이지에 방문했다. 이 그래프는 그 페이지 중에서 사용자들이 본 스크린풀 페이지 수를 나타내고 있다. 확실히 첫 화면(스크롤 전 화면)은 모든 사용자가 봤다. 하지만 그 이후 빈도수는 급격히 떨어진다. 절반 이상의 사용자가 전혀 스크롤하지 않았고 42%만 두 번째 화면으로 스크롤했다. 14%만 2 페이지 이상 스크롤했고, 가장 끈기 있는 1%의 사용자들만이 7 페이지 이상 스크롤했다(스크롤했다는 것은 화면 속 내용을 모두 읽었다는 의미가 아니라 단지 가시 상태였다는 것을 의미한다).

사용자들의 웹 사용 경험이 많을수록 더 많이 스크롤한다. 테스터 중 웹 경험이 적은 사용자들은 긴 페이지들 중 38%만 스크롤한 반면, 웹 경험이 많은 사용자는 46%를 기록했다. 이에 대해 두 가지 설명이 가능하다. 우선, 경험이 많은 사용자는 페이지 하단에 중요한 정보를 숨기는 웹 사이트가 있을 수 있다는 점을 잘 알고 있으며, 두 번째는 페이지를 훑어보고 원하는 정보를 찾아내는 속도가 빠르기 때문에 스크롤에 시간을 할애하는 것이 부담스럽지 않기 때문이다.

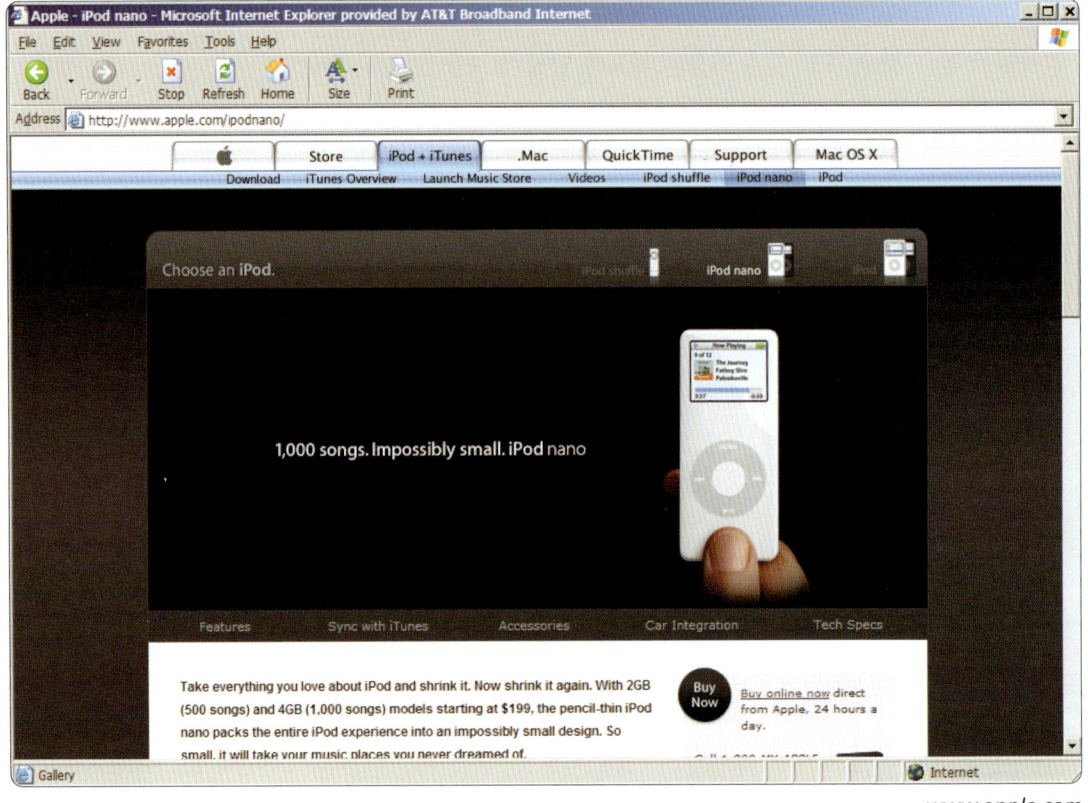

www.apple.com

당시 일반 가정에서 가장 일반적으로 사용하던 1024 × 768 크기의 화면으로 본 아이팟 페이지의 모습(34 페이지)이다. 스크롤하지 않으면 거의 정보를 볼 수 없을 정도이지만 가장 중요한 최소한의 정보는 포함되어 있다. 즉, 어떤 제품이고 어떻게 생긴 제품인지 알 수 있다. 대부분의 애플 제품 사용자들은 이 두 가지 정보만으로 원하는 페이지에 제대로 도착했다는 것을 확신하고 스크롤한다. 애플 측에 다른 사이트는 이렇게 만들지 않도록 조언한다.

페이지 유형별 스크롤 비율

페이지 유형	스크롤한 사용자 수
처음 방문한 홈페이지	23%
네 번째 이후 방문한 홈페이지	14%
내부 페이지	42%
검색 엔진 결과 페이지	47%

이 표에 있는 서로 다른 종류의 웹 페이지를 스크롤한 사용자의 비율은 1024 × 768 해상도의 모니터에서 스크롤이 필요한 페이지만을 기준으로 하여 계산한 것이다. 검색 결과 페이지를 가장 많이 스크롤한 반면, 홈페이지 스크롤은 가장 적게 나타났다. 스크롤을 한 사용자라고 하더라도 페이지 끝까지 스크롤하지 않았을 수도 있다.

디자인 관례 및 사용성 지침 준수

"웹 디자인"이라는 개념은 잘못된 표현이다. 개미 한 마리가 개미탑을 디자인하지 않는 것처럼 개별 프로젝트 팀이 웹을 디자인하는 것이 아니다. 사이트 디자이너는 전체의 여러 부분을 구축한다. 특히 요즘에는 사용자들이 웹을 하나의 통합된 자원으로 본다. 불행하게도 웹의 많은 부분이 제정신이 아닌 개미들이 만든 것처럼 무질서하다. 많은 사이트들은 서로 연결되어 있지 않으며 기준을 따르지도 않기 때문에 사용하기 너무 어렵다.

표준(Standard)과 관례(Convention)의 정의

- **표준**: 80% 이상의 웹 사이트는 동일한 디자인 접근 방법을 사용하고 있다. 사용자들은 대부분의 경우 사용 방법이 동일하기 때문에 새로운 사이트에 방문했을 때 특정 방법으로 사용 가능한 표준 요소가 있을 것으로 기대한다.
- **관례**: 약 50~79%이 웹 사이트가 동일한 디자인 접근 방법을 사용하고 있다. 사용자들은 일반적인 작동 방법에 대해 알고 있기 때문에 새로운 사이트에 방문했을 때 특정 방법으로 사용 가능한 표준 요소가 있을 것으로 조금이나마 기대한다.
- **혼동**: 이러한 이유로 어떠한 단일 디자인 접근 방법이 지배적이지 않으며 가장 인기 있는 접근 방법을 사용하는 웹 사이트는 절반도 되지 않는다. 그러한 다른 종류의 디자인 요소로 인해 사용자들은 새로운 사이드에 방문했을 때 어떤 상황에 처하게 될지 알 수 없게 된다.

> **표준 디자인 요소를 사용해야 하는 일곱 가지 이유**
>
> 표준을 사용할 경우 사용자들은 다음과 같은 이유로 확신을 가진다.
>
> - 기능을 알 수 있다.
> - 이들 기능이 인터페이스상에서 어떤 모습으로 표시되는지 알 수 있다.
> - 이들 기능이 사이트와 페이지의 어느 부분에 있는지 알 수 있다.
> - 사용 방법을 알 수 있다.
> - 짧은 시간 내에 디자인 요소의 의미를 파악할 수 있다.
> - 비표준 디자인 요소를 간과하지 않기 때문에 중요한 기능을 놓치지 않는다.
> - 동작하지 않는 일이 없어 불쾌할 일이 없다.

혼란스러운 디자인 요소를 없애고 디자인 관례를 최대한 따를 필요가 있다. 모든 중요한 웹 사이트가 제대로 동작하게 만드는 디자인 표준을 만드는 것이 더 좋은 방법이다. 표준은 사용자들의 사이트 사용 능력을 향상시키며, 원하는 일을 제대로 수행하게 도와주고, 사이트에 대한 전체적인 만족도를 높여준다.

사용자 인터페이스 표준을 위한 이론적인 논의가 진행되고 있는지의 여부에 관심이 없더라도 기존의 디자인 관례와 지침을 왜 따라야 하는지 경험상의 증거에는 관심을 가질 필요가 있다. 이 장에서 살펴본 사용자들의 행동 양식은 다음과 같다.

1. 검색 엔진으로 가서 2~3개의 단어를 입력한다.
2. 검색 결과 페이지 목록 상위 링크를 본다.
3. 이들 사이트에 방문하지만 충분한 가치가 없다고 판단하면 2분 이내에 포기한다.
4. 사이트 내 페이지를 둘러보는 데 30초가 채 안 되는 시간을 소비한다.

잠재 고객들과 통신할 시간이 거의 없으므로 그만큼 방해가 되는 모든 요소를 없애는 것이 좋다. 만약 사용자가 제품 페이지를 보는 데 27초 소비한다면 여러분은 그 시간의 대부분을 내비게이션 디자인이나 다른 인터페이스 요소를 이해하는 데 소비하지 않길 바랄 것이다. 만약 여러분의 디자인이 관례를 따른다면 사용자들은 컨텐츠에 주의를 기울이게 된다. 바로 그것이 표준을 따르는 간단한 사업 원리이다.

사용성 지침을 위배해도 괜찮은 경우가 분명 있다. 반드시 따라야 되는 것은 아니지만 일반적으로 따르기 때문에 그것을 "지침"이라고 부른다. 그 예로 Victoria's Secret을 선택했다. 이 전자상거래 사이트는 유명한 패션과 란제리 판매 업체가 운영하는 것으로 웹상에서 성공한 회사들 중 하나로 꼽힌다. 제품과 입지 특성상 특정 요소가 어울리는 사이트가 있지만 다른 대부분의 기업에게는 어울리지 않을 수도 있다는 의미이다. 예를 들면, 어떤 웹 사이트는 한 시간 분량의 동영상을 사용할 때마다 엄청난 수의 방문객을 유혹하지만 대부분의 웹 사이트는 짧은 비디오 클립으로도 나은 결과를 얻을 수 있다.

www.victoriassecret.com

Victoria's Secret 은 매년 텔레비전 방송과 웹 사이트상에서 스트림 형식으로 패션쇼를 방송한다. 이 동영상과 다른 많은 사이트에서 얻을 수 있는 각 부분을 잘게 쪼갠 동영상 클립은 인터넷상에서 가장 많은 다운로드 수를 기록하는 것 중 하나이다. 원래의 동영상은 웹 비디오가 1분 또는 2분 이내의 길이로 만들어야 한다는 우리의 권장 사항을 크게 초과하고 있다. 만약 여러분의 홍보용 동영상에 란제리를 입고 있는 수퍼모델이 등장하지 않는다면 지침에 따라 텔레비전 방송 전체 분량을 그대로 사용하지 않고 그보다 짧은 동영상을 만드는 것이 훨씬 좋은 방법이다.

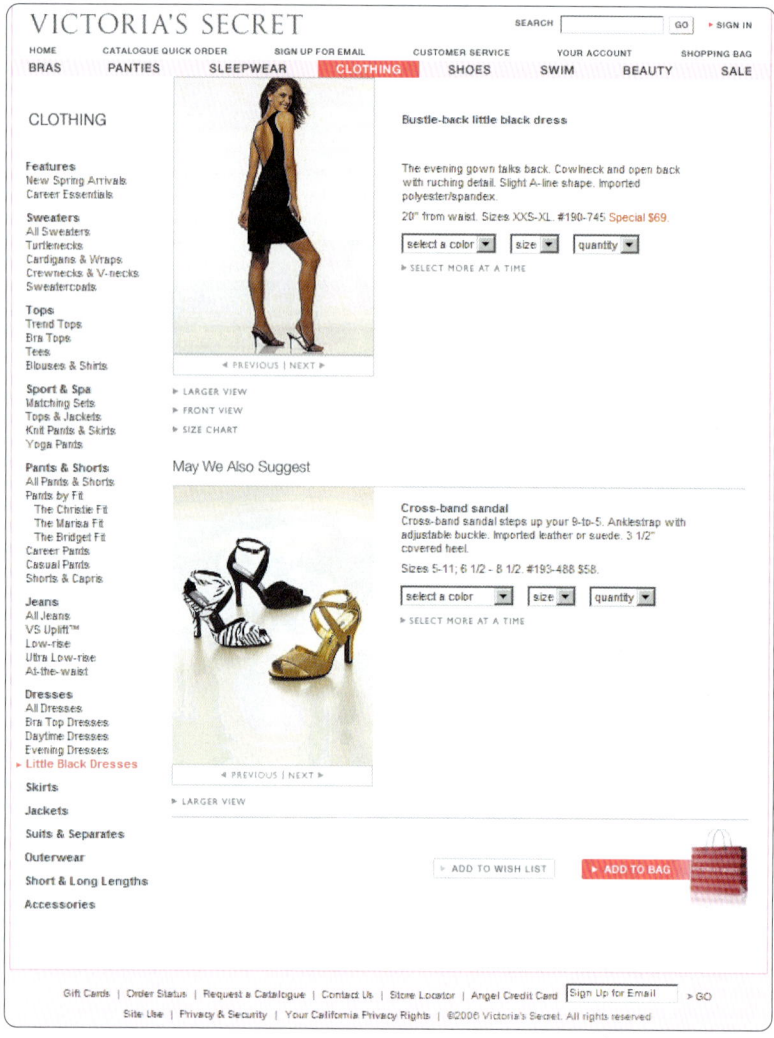

www.victoriassecret.com

Victoria's Secret 은 웹 동영상 부분에서는 사용성 지침을 위배하고 있지만 이 회사의 전자상거래 페이지는 규칙을 매우 잘 따르고 있다. 하지만 아쉬운 점이 있다면 이 페이지에서는 주요 제품 옆에 구매 버튼이 있고 다른 판매 관련 페이지에 있는 것처럼 모델이 신발을 신고 있으면 더 나을 수 있다. 이러한 불일치는 전자상거래 사이트가 인쇄 홍보물에 있던 사진을 재활용하기보다는 직접 사진을 찍어 사용할 필요가 있다는 점을 시사한다.

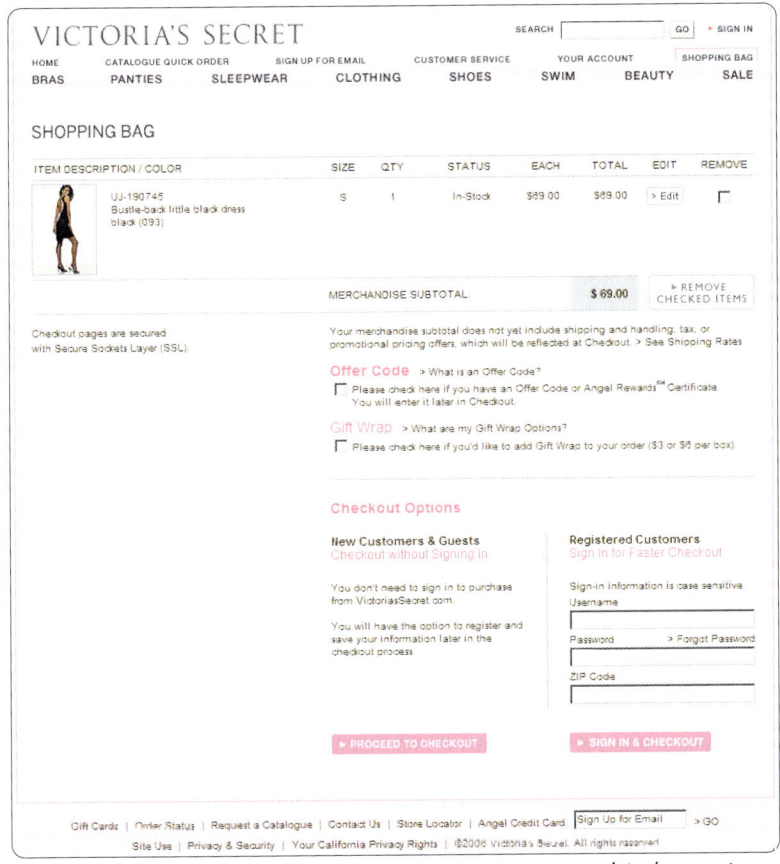

www.victoriassecret.com

Victoria's Secret 은 장바구니 부분에서도 사용성 지침을 따르고 있다. 배송비와 수수료를 쉽게 확인할 수 있는 링크가 있고 회원 가입 없이 구매가 가능하며 재고 여부 표시(제품 페이지에도 반드시 표시해야 하지만) 등의 표준 지침을 따르고 있다. 사이트가 성적 매력을 강조하고 있음에도 불구하고 쇼핑하기 쉬운 곳으로 인식되어 결과적으로 세계에서 가장 높은 판매고를 기록하는 25개의 사이트 중 하나로 자리 매김하였다.

정보 수집

정보 수집(Information Foraging)은 1993년부터 시작된 인간과 컴퓨터의 상호작용에 대한 연구에서 파생된 가장 중요한 개념이다. 스튜어트 카드, 피터 피롤리와 그들의 동료에 의해 팔로 알토 리서치 센터(이전에는 제록스의 PARC)에서 개발된 이 정보 수집은 인간이 온라인에서 정보를 수집하는 방법을 분석하기 위해 야생 동물의 음식 채집 방법을 이용하고 있다.

웹 사용자들은 정글의 야생 동물처럼 행동한다. 이러한 주장을 지원하는 충분한 데이터가 있다. 동물들은 여러 세대에 걸쳐 발전된 굶주림으로 귀결되는 행동 양식을 버려야 한다는 최적의 공식을 기반으로 언제, 어디서, 어떤 방법으로 먹어야 할지 결정을 내린다. 인간의 경우 웹 사용 개선에 대한 압박이 그보다 덜하지만 인간 고유의 특징인 기본적인 게으름을 생존과 관계된 것으로 볼 수 있다. 어쨌든 사람들은 최소한의 노력으로 최대한의 이득을 얻으려고 한다. 바로 이러한 사실로 바탕으로 정보 수집이 온라인 매체 분석의 유용한 도구가 되었다.

정보 단서: 경로 성공의 예측

정보 수집에서 가장 유명한 개념은 "정보 지각(Information Scent)"이다. 다시 말하면, 사용자들은 추적 경로에 원하는 결과와 관련된 단서가 나열되어 있는지 평가하여 자신의 사냥이 성공할지의 여부를 추측한다. 정보를 먹는 야수는 찾아낼 것 같은 상태에 이를 때까지 계속해서 클릭한다. 이때 흔적이 점점 더 강해지지 않으면 포기한다. 추적 작업은 충분히 신속하여 목적지에 도달하는 데 노력을 할만한 가치가 있어야 한다.

적절한 선택: 방문할 사이트

여우는 커다란 토끼와 작은 토끼가 있는 숲속에 살고 있다. 어느 것을 먹어야 할까? 이것은 구체적 선택에 대한 질문으로, 항상 커다란 토끼가 답은 아니다. 어느 토끼를 잡기 쉬운지에 따라 달라진다. 만약 커다란 토끼를 잡는 것이 어렵다면, 여우는 그냥 놓아주고 작은 것을 잡는 데 집중한다. 커다란 토끼는 사냥 가능성이 너무 낮아 성공 후 얻게 되는 영

권장 서적

이 책의 정보 수집에 대한 간단한 설명을 읽고 이에 대해 흥미를 얻었다면 피터 피롤리의 *Information Foraging: A Theory of Adaptive Interaction with Information* (Oxforx University Press, 2006)을 읽어볼 것을 권한다. 단, 이 책은 상당히 이론 중심적이며 수학과 심리학에 대한 지식이 모두 필요하다는 점에 유의한다. 하지만 깊이 있는 과학을 소화해낼 수 있는 독자라면 웹상에서의 사용자 행동 양식을 주도하는 방법, 성공적인 사이트를 판단하는 데 필요한 기본 원칙에 대한 멋진 통찰력을 얻게 될 것이다.

양분이 사냥으로 소비되는 체력보다 작을 것으로 생각하기 때문이다.

웹 사이트와 토끼의 가장 큰 차이는 웹 사이트는 작은 것이든 큰 것이든 포획 당하길 원하고 있다는 점이다. 그렇다면 굶주린 야수를 유혹하는 사이트는 어떻게 디자인해야 할까? 가장 중요한 두 가지 전략은 여러분의 컨텐츠가 영양분이 많은 음식으로 보이게 만들고, 잡기 쉽다는 것을 암시해야 한다. 이들 전략은 반드시 동시에 사용해야 한다. 사용자들은 컨텐츠가 좋지만 찾기 어렵거나 찾기 쉽지만 만족스럽지 않다고 생각하면 즉시 떠나버린다.

이러한 이중 전략은 제이콥과 매어리 타힐의 공동 저서 *Homepage Usability: 50 Websites Deconstructed*(New Riders Publishing, 2002)가 홈페이지상의 컨텐츠 샘플을 보여주고(영양가 있게 보이는 방법) 내비게이션과 검색 기능을 두드러지게 표시하는 방법(찾기 쉽게 만드는 방법)을 권장하는 이유이다. 적절한 선택 역시 스플래시 스크린과 내용이 없는 컨텐츠에 반기를 드는 우리의 전통적인 권고를 지원하고 있다. 스플래시 스크린과 내용이 없는 컨텐츠 등의 요소는 사용자들에게 앞으로의 경로가 볼품 없음을 알려주는 거나 마찬가지이다.

추적 포기: 다른 사이트로 이동

방목 환경은 하면 전투가 벌어지는 서로 다른 몇 개의 영역을 갖는다. 그렇다면 어느 곳을 사냥해야 할까? 물론 어느 곳에든 많은 제물이 있다. 몇 번의 전투를 치르고 작은 동물들을 잡아 먹은 육식 동물은 동일한 영역 내에서 사냥을 계속해야 할까? 아니면 다른 곳으로 이동해야 할까? 이에 대한 답은 다음 영역이 얼마나 멀리 떨어져 있느냐에 따라 달라진다.

다음 영역으로 이동하는 것이 쉽다면 이동하는 것이 더 좋다. 현재의 영역 내에 있는 모든 것을 고갈시킬 필요는 없다. 다음 제물을 찾는 것이 어려워지면 더 많은 먹을 거리가 있는 사냥터로 이동할 수 있다. 한편 강을 건너야 하는 등 이동이 어렵다면 육식 동물은 다음 영역으로 가기 진에 현재 위치에서 사냥을 더 많이 하려고 한다.

정보 지각 능력을 개선하는 세 가지 방법

1. 링크와 카테고리 설명서에 목적지에 무엇이 있는지 사용자들이 알 수 있도록 확실하게 명기하라. 몇 가지 이동 선택 옵션이 있는 경우 사용자들이 확실하게 쫓아야 할 대상과 그렇지 않은 것을 구분할 수 있도록 하는 것이 가장 좋다.

2. 자신이 만들어낸 단어라든가 직접 만든 표어는 인기 있는 아이템으로 연결하는 데 적절하지 않기 때문에 내비게이션 옵션으로 사용해서는 안 된다 (평범한 언어가 검색 엔진에 표시되는 데 있어서도 가장 좋다).

3. 사용자들이 사이트를 심도 깊게 둘러보는 동안 목적지에 이르는 올바른 경로상에 있다는 것을 알아차리게 만들어야 한다. 다시 말해 사용자들의 현재 위치를 정확히 알려주고 그들이 수행하고 있는 작업이 최종 목적지와 관련되어 있다는 점을 알려주어야 한다.

> 전체적인 이동은 "흥미로워서 눈을 떼지 못하는 사이트(스티키 사이트)"라는 개념을 만들어냈고 그에 대한 추가 방문이 이루어진다. 개선된 검색 엔진이 이 공식을 뒤집었다.

정보에 굶주린 야수들의 경우 각 사이트가 각 영역이고 각 사이트의 정보가 그들의 제물이다. 사이트 간 이동은 언제나 쉽지만 정보 수집 측면에서는 사용자들이 한곳에 머무르려는 경향이 있다. 대부분의 사이트가 제대로 된 정보를 제공하지 않는다면 다음 사이트로 이동하는 것이 더 나을 가능성은 극단적으로 낮다.

우리는 웹 사이트 디자이너에게 다음 두 가지 전략을 조언해 왔다. 사이트가 주의를 끌 만한 가치가 있고(좋은 정보를 제공하고 찾기 쉽게 만들어) 일단 방문하고 나면 더 좋은 것을 쉽게 찾을 수 있게 만들어 다른 곳으로 가고 싶지 않을 정도로 확신을 줄 것! 전체적인 이동은 "흥미로워서 눈을 떼지 못하는 사이트(스티키 사이트)"라는 개념을 만들어냈고 그에 대한 추가 방문이 이루어진다.

최근 몇 년 사이에 상당히 개선된 검색 엔진이 검색 결과의 질을 높이는 데 주력하여 이 공식을 뒤집었다. 이제는 다른 좋은 사이트를 찾는 것이 극단적으로 쉬워졌다. 정보 수집을 통해 좋은 영역을 찾기 쉬운 만큼 사용자들은 해당 영역을 더 쉽게 떠날 것이라고 예측할 수 있었다. 따라서 검색 엔진이 질 좋은 사이트에 초점을 맞출수록 사용자들이 한 사이트에 소비하는 시간은 줄어든다. 이러한 이론적인 예측은 우리가 이 책을 위해 수집한 경험상의 데이터로 증명할 수 있다. 사람들은 사이트가 쓸모 없다고 생각하면 2분 이내에 떠난다.

항상 연결되어 있는 광대역 연결의 성장 역시 방문 시간을 짧게 만드는 경향을 부추기고 있다. 전화 연결의 경우에는 인터넷 연결이 다소 어렵기 때문에 사용자들이 오랜 시간을 소비했다. 반면 항상 온라인 상태로 유지되는 연결은 "정보 단편화"를 부추겼다. 신속한 답변을 얻기 위한 간단한 검색 작업이 바로 그것이다. 이러한 경향의 장점은 사용자들이 웹에 더 자주 방문하기 때문에 여러분의 사이트를 더 자주 찾게 되고 다른 사이트를 더 빨리 떠나게 된다는 점이다.

더 좋은 사이트 내부의 내비게이션과 사이트 맵으로 조금 더 오래 방문객을 머무르게 할 수 있지만 가장 안전한 방법은 사용자들이 다른 사이트를 방문하는 시간이 계속 줄어들고 있다고 가정하는 것이다. 이러한 예측은 경험이 많은 사용자가 경험이 적은 사용자에 비해 페이지상에서 소비하는 시간이 더 짧다는 경험상의 데이터가 증명해준다.

> **정보 수집가들을 유혹하기 위한 새로운 디자인 전략**
>
> - 짧은 방문에 적절히 대응하라. 이를 위해 간소화하라.
> - 사용자들이 재방문할 수 있도록 하라. 이를 위해 뉴스레터와 같은 전략을 사용하라.
> - 검색 엔진 노출에 초점을 맞추고 사용자들의 즉각적인 욕구를 충족시켜 방문 횟수가 늘어나도록 하라.

정보 내비게이션 행동 양식

정보 수집은 사용자 행동 양식 분석을 위한 흥미로운 많은 은유 모델과 수학적 모델을 갖고 있다. 가장 중요한 것은 내비게이션에 대한 비용-이득 분석이다. 사용자들은 다음 두 가지 질문을 기반으로 교환 조건을 만들어낸다.

- 웹 페이지와 같은 특정 정보 덩어리에서 무엇을 얻을 수 있는가?
- 정보를 찾아내고 사용하는 데 드는 비용은 얼마인가?

두 가지 질문 모두에는 사용자가 경험이나 디자인 단서를 기반으로 한 추정값이 포함되어 있다. 따라서 웹 사이트 디자이너는 그들의 획득에 대한 기대감을 향상시키고 비용에 대한 기대감을 낮추는 디자인으로 하여 사용자의 결정에 영향을 미칠 수 있다. 물론 궁극적으로 사이트에서 제공하는 것이 가장 중요하지만, 사용자가 첫 번째 방문에서 값진 것을 얻지 못하면 그들은 다시 방문하지 않을 것이다.

사용자들은 개인적인 가치 척도와 어떤 단일 웹 사이트보다 큰 시스템 내에서 비용-이득 문제를 최적화한다. 그들의 이기심, 게으름, 그리고 무례함이 비용-이득 분석에 영향을 미친다는 것을 기억해야만 한다.

> **추가 정보**
>
> 우리의 투자 수익 사용성 연구에 대해 자세히 알고 싶다면, www.nngroup.com/reports에 방문하여 "Return on Investment"를 참조한다.

여전히 중요한 여덟 가지 문제점
- 방문했을 때 색상이 바뀌지 않는 링크
- 예외: 명령 지향 기능
- 뒤로 가기 버튼 사용 불가
- 새 브라우저 창 열기
- 예외: PDF와 다른 유사 문서
- 팝업 창
- 광고처럼 보이는 디자인 요소
- 배너 무시와 다른 광고 탐지 능력
- 웹 전체의 관례를 위배하는 것
- 내용이 없는 컨텐츠와 과장된 표현
- 빽빽한 컨텐츠와 읽기 어려운 문자열

기술적 변화: 사용성에 미치는 영향
- 느린 다운로드 시간
- 웹 사이트를 위한 속성 다이어트?
- 프레임
- 플래시
- 관련성이 낮은 검색 결과 목록
- 멀티미디어와 길이가 긴 동영상
- 고정된 레이아웃
- 플랫폼 간 비호환성

개조 대상: 사용자가 사용성에 영향을 미치는 방법
- 불확실한 클릭 가능 영역
- 파란색이 아닌 링크
- 스크롤 작업
- 등록
- 복잡한 URL
- 풀다운 메뉴와 캐스케이딩 메뉴

자제: 디자이너들이 사용성 문제를 완화하는 방법
- 플러그인과 최첨단 기술
- 3D 사용자 인터페이스
- 거만한 디자인
- 스플래시 페이지
- 움직이는 그림과 자동 스크롤되는 문자열
- 커스텀 GUI 장치
- 정보 제공자 불명
- 만들어낸 말
- 오래된 컨텐츠
- 웹 사이트 내의 모순
- 조급한 개인 정보 요청
- 다수의 사이트
- 고아 페이지

초기 연구 결과의 운명 평가하기
- 추가 정보

3 초기 웹 사용성 연구 결과의 재검토

1994년 사용성 문제가 대두되기 시작한 이래 웹은 상당히 많은 변화를 겪었다. 90년대 초기 진화하는 기술과 웹 디자인에 대한 지침은 어떠했을까? 현재 그에 영향을 미치는 사용자들의 능력, 웹의 복잡성, 또는 기대감도 바뀌었을까?

이 장에서는 어떤 점이 개선되었고, 어떤 점은 적절하지 않으며 지금까지도 여전히 중요한 점은 무엇인지 알아보기 위해 과거부터 지금까지 가장 중요하게 인식되는 사용성 문제 34가지를 재검토하는 기회를 마련했다.

> 사용성의 중요성을 일깨워준 최초의 지침 중 여덟 가지는 지금까지도 중요하다. 일부 잘못된 디자인 사례는 사용자들이 그에 대해 더 민감해졌기 때문에 실제로 지금은 더 안 좋아졌다.

우리가 최초로 웹 사이트와 인트라넷에 대한 사용자 연구를 시작한 것은 1994년이었다. 겨우 다섯 개의 사이트를 세 명의 사용자를 대상으로 테스트한 첫 테스트에서조차 상당히 많은 사용성 문제가 발견되었다. 예를 들면, 사용자들은 상당히 많은 양의 정보는 읽으려고 하지 않았다는 것이 증명되었다. 구조가 엉망이면서 빽빽한 문자열로 가득한 긴 페이지를 싫어했고 훑어보기 편한 페이지를 선호했다. 1997년에는 사람들이 온라인상에서 읽는 방법을 알아보기 위해 보다 구체적인 연구를 진행했다. 이 연구를 통해 이전에 발견한 사실이 확실히 옳았다는 것이 재증명되었으며 디자인 결함 분석을 다시 정리해 그 결함을 피하는 보다 세부적인 지침을 완성했다. 이 연구는 2004년에 진행했던 연구 프로젝트에서 재입증되었으며 웹에서의 특별한 글쓰기 방법을 제안하는 보다 세부적인 지침을 완성하기에 이르렀다.

이 장에서는 1994년부터 1999년까지 진행한 사용자 연구를 기반으로 한 일반적인 34가지의 사용성 문제와 문제 해결을 위한 지침에 대해 다시 살펴볼 것이다. 우선 시간이 지날수록 그 어느 때보다도 중요성이 더해가고 있는 여덟 가지의 문제를 먼저 다룬다. 그 다음, 반대로 시간이 갈수록 중요도가 낮아지고 있는 것에 대해 살펴보기로 한다. 우리는 34가지 문제의 각 영역에 대해 해골 등급을 매겼다. 최고 세 개의 해골 표시를 사용하고 있으며 많을수록 중요도가 높다는 것을 의미한다. 등급 규약은 다음과 같다.

☠☠☠ 여전히 높은 영향력을 가진 사용성 문제. 디자이너는 이 문제에 대해 계속해서 주의를 기울여야 하고 인터페이스에 해당 문제가 포함되어 있는지 꼼꼼하게 확인해야 할 정도로 매우 중요하다.

☠☠ 이제는 중간 정도의 영향력을 갖게 된 사용성 문제. 디자이너는 이러한 실수를 범하지 않아야 한다는 점에서 여전히 중요한 사안이지만 더 이상 최우선 과제는 아니다.

☠ 이제는 사소한 문제가 될 것. 디자이너는 지침을 기억하고 이러한 디자인 오류를 피하려고 노력해야 하지만 이로 인해 웹 사이트가 실패작이 되는 일은 거의 없는 경우

해골 0개 이제는 더 이상 문제 시 되지 않으며 인터페이스 평가 시 조직적으로 확인할 필요가 없는 경우

최근 사용성 문제의 중요도가 낮아진 데에는 다음과 같은 세 가지 이유를 들 수 있다.

- **기술이 개선되었다.** 1990년대의 웹에서는 애초부터 잘못된 디자인이 아니었더라도 몇 가지 접근 방법이 극적인 사용성 문제를 일으켰다. 기술 개선은 사용자들이 과거에 겪었던 일부 어려움을 덜어준다.
- **사용자들이 웹 사이트 디자인에 익숙해졌다.** 혼란스러운 디자인은 많은 사용성 문제를 일으킨다. 하지만 사람들이 특정 디자인 접근 방법에 길들여지면 더 이상 혼란스러워 하지 않으며 그러한 디자인 결함은 덜 문제 시 된다.
- **디자이너들이 최악의 상황을 만들지 않는다.** 디자이너들의 특정 디자인 결함에 대한 이해도가 높아지고, 문제가 커질 접근 방법의 사용을 피하게 됨에 따라 그러한 요소에 대한 중요도가 낮아지고 결국 그런 부분에 대해 더 이상 강력하게 경고할 필요성이 없어졌다.

공사 중

안타깝지만 이 장에서 사소한 부분 모두를 다룰 수는 없다. 예를 들면, 우리는 연구를 통해 1994년에는 웹 사이트에 "공사 중(Under Construction)" 표시를 등록하는 것은 좋지 않다는 것을 알아냈다. 사용자들은 "갖고 있든 말든"이라고 말하면서 사용 가능한 실체가 아직 존재하지 않는 링크 때문에 애먹지 않길 원했다.

공사 중 표시를 위한 주요 지침은 그 사용을 피하고 특정 기능을 갖게 되기 전까지는 광고하시 잃는 것이었다. 만약 그것이 불가능하다면 최소한 사용 가능하게 될 추정 시기는 제공해야 한다. 만약 그것이 중요한 기능이거나 앞으로 판매할 제품이라면 해당 페이지가 완성되는 시기를 알려주는 이메일을 받아볼 수 있는 옵션을 제공하면 더 좋다.

요즘에는 공사 중 표시가 1990년대처럼 일반적이지 않지만 아직도 종종 보게 된다. 예를 들면, 한 대기업의 인트라넷을 위한 최근의 컨설팅 프로젝트에서 "Coming Soon"이라는 메시지가 담긴 페이지로 연결되는 링크를 본 적이 있다. 사용자들은 여전히 아무것도 없는 것을 위해 클릭하는 것을 좋아하지 않는다는, 예전에 발견한 사실이 확실히 지금도 맞아떨어지고 있지만 공사 중 표시를 흔하게 몰 수 없게 된 지금 그에 대한 주의는 강조하지 않게 되었다.

여전히 중요한 여덟 가지 문제점

초기의 사용성 문제 중 여덟 가지는 처음 발견했을 때와 마찬가지로 지금도 역시 중요한 문제로 남아 있다. 이러한 잘못된 디자인 사례가 최근의 웹에서는 일반적이지는 않지만 사용자들이 그에 대해 더 민감해졌기 때문에 더 많은 문제를 야기하고 있다.

아직도 주요 문제점으로 남아 있는 영역에는 다음과 같은 사항이 포함되어 있다.

- 방문했던 링크의 색상이 바뀌지 않음
- 뒤로 가기 버튼을 사용할 수 없음
- 새 브라우저 창을 열게 됨
- 팝업 창
- 광고처럼 보이는 디자인 요소
- 웹 전체의 관례를 위배함
- 내용이 없는 컨텐츠와 과장된 표현
- 빽빽한 컨텐츠와 읽기 어려운 문자열

방문했을 때 색상이 바뀌지 않는 링크 ☠☠☠

모든 유형의 내비게이션 디자인을 위한 가장 오래된 사용성 지침은 사용자들에게 그들이 어디에 있었고, 현재 어디에 있으며, 어디로 갈 수 있는지(온라인상에서의 과거, 현재, 미래)를 알 수 있게 도와주는 것이다. 이러한 세 가지 사실은 어느 정도는 서로 연관성을 갖고 있다. 과거의 여행 흔적은 여행의 진행 정도를 알려주기 때문에 방문했던 곳을 알려주는 것은 현재의 위치를 이해하는 데 도움이 된다. 순서대로 과거 위치와 현재 위치를 알려주면 다음에 가야 할 곳을 쉽게 결정할 수 있다.

웹에서 링크는 여행 과정을 알려주는 핵심적인 요소이다. 사용자들은 과거에 아무것도 얻지 못한 링크는 사용을 중단할 수 있다. 반대로 과거에 유용한 것을 발견한 링크는 다시 방문할 수 있다. 가장 중요한 것은 사용자들이 이미 방문했던 페이지에 대해 일단 알게 되면 부주의하게 다시 방문하는 일이 줄어든다는 점이다.

일반적으로 웹 브라우저는 사용자의 여행을 지원하는 데 상당히 부족하지만 중요한 한 가지 기능을 제공하고 있다. 웹 브라우저는 사용자가 한번 방문한 페이지 링크의 색상을 변경할 수 있게 해준다. 방문했던 링크의 색상을 변경하는 기능은 1993년 NCSA(National Center for Supercomputing Application)에서 발표된 모자이크 시대부터 이어져 내려온 기능이다. 현재 웹 사이트의 74%가 이러한 디자인 접근 방식을 이용하고 있기 때문에 사람들이 당연하게 생각하는 관례가 되었다.

하지만 이러한 관례를 위배하는 사이트에서는 심각한 사용성 문제가 대두될 수 있다. 우리가 진행한 테스트에서 사용자들은 페이지에 무의식적으로 다시 방문했고 더 쉽게 길을 잃었다. 어느 페이지에 이미 방문했는지 확실치 않은 비슷한 링크들 간의 차이를 잘못 인식하거나 모르고 지나치는 일이 발생하여 해당 사이트의 이용을 쉽게 포기했다. 사용자들의 작업을 제대로 반영하지 못하고 그들의 여행을 제대로 돕지 못한 사이트에서는 성취도가 낮게 나타났다.

그러한 사용성 문제는 시각적 차이가 없는 경우 클릭한 것을 종종 기억하지 못하게 되는, 단기 기억력이 약한 사용자일 경우 상황은 더 악화된다. 물론 모든 인간은 정도의 차이는 있지만 어느 정도는 단기 기억력 문제를 갖고 있고 따라서 모든 사용자들은 링크 색상 변경으로 만족감을 얻는다. 확실히 이 부분은 대다수 사람들보다는 특정 소수 계층에 영향을 미치기 때문에, 예를 들면 나이 많은 사용자가 많은 사이트라면 링크 색상을 변경하는 것이 특히 중요하다.

링크 색상을 변경하지 않으면 사용자들은 서로 다른 선택 가능 항목에 대해 이해하지 못하거나 현재 위치를 파악하지 못하기 때문에 내비게이션 혼란을 야기한다. 이것은 예나 지금이나 심각한 사용성 문제이기 때문에 계속해서 해골 세 개를 얻을 만큼 중요한 항목이다.

디자이너들이 우리를 믿지 않는 이유

우리가 제공하는 다른 사용성 지침에 동의하는 사람들조차도 종종 링크 색상 변경의 필요성에 의문을 제기한다. 이것은 아마도 자체적인 사용자 테스트를 했을 때 링크 색상이 변경되지 않더라도 그 문제를 찾아내지 못했기 때문일 것이다. 안타깝게도 이 문제는 가장 찾아내기 어려운 문제 중 하나이다.

사용자를 테스트하는 일은 쉽다. 이 과정에는 3일간의 효과적인 테스트 방법을 가르치고 있다. 가장 중요한 사용성 문제는 간단한 테스트를 통해서도 쉽게 구분할 수 있도록 매우 독특하게 되어 있다. 올바른 작업 방법과 사용자 행동 양식에 대한 선입견을 갖지 않으면서 순조롭게 진행하는 방법에 대해 일단 알면, 사용자들이 사이트 내의 잘못된 디자인 요소에 접했을 때 곤란한 상황에 처하게 되는 것을 명확하게 알아볼 수 있다.

예를 들면, 사용자가 버튼을 잘못 클릭했다고 가정해보자. 누가 보더라도 디자인상의 오류라는 것이 분명하다. 클릭을 하기 전에 사용자에게 그에 대해 설명해보라고 하면 디자인을 잘못 이해한 이유를 알게 되므로 결국 이를 수정할 수 있다.

사용자가 아무것도 하지 않는 경우에는 문제를 찾아내는 것이 더 어려움에도 불구하고 대부분의 사용성 문제 연구가들은 많은 문제를 구분해낸다. 예를 들면, 연구가들은 테스트에서 아무도 주요 기능을 클릭하지 않았다는 것을 관찰하는 경우도 있다. 사용자의 생각을 말하게 하는 방법을 이용하면, 특정 기능을 눈으로 보긴 했지만 그에 상응하는 것을 찾아내지 못했다거나 지나치게 광고처럼 보여 어떠한 기능으로 생각하지는 않았는지 명확하게 구분할 수 있다.

일부 사용성 문제는 더욱 세밀한 작업을 필요로 하며, 이는 사용자 테스트에 상대적으로 익숙하지 않은 사람들이 간과하는 부분이기도 한다. 이것은 특히 개별적으로는 문제를 일으키지 않지만 한데 모여 복합적으로 문제를 야기시키는 경우에 분명히 드러난다.

사용자 테스트를 통해서는 링크 색상을 변경하지 않아서 생기는 문제점들을 구분해내는 것이 상당히 어렵다. 사용자들에게 어떤 페이지를 제공하더라도 링크를 이해하는 데에는 아무 문제가 없는 것처럼 보인다. 대부분의 사용자들은 다른 텍스트와 링크를 구분할 수 있기만 하면 절대로 불평하지 않는다. 인생은 행복하다고 생각하면 그만인 것이다. 하지만 세심하게 관찰하면 사용자들이 원을 그리며 마우스를 움직이는 것을 발견하게 된다. 사용자들은 동일한 페이지를 여러 번 방문하게 되는데, 이것은 의도적인 것이 아니라 이미 방문했던 것을 알아차리지 못했기 때문이다. 또는 방문한 적이 없다는 것을 깨닫지 못하기 때문에 방문한 적이 없는 링크를 지나치는 경우도 있다. 사용자들은 1~2개의 링크를 클릭하지 않았음에도 불구하고 목록에 있는 거의 모든 링크를 클릭했다고 생각하고 작업을 중단한다.

변경되지 않는 링크 색상으로 인해 발생하는 문제는 정보 구조가 혼란스럽다거나 제목이 잘못 기재되어 있기 때문일 수 있고, 이 때문에 진정한 문제의 원인을 찾아내는 경험이 필요하다. 변경되지 않는 링크 색상의 문제는 사용자 테스트에서는 찾아내기 어렵지만 사용자에게 있어 가장 현실적이면서 해결하기 어려운 문제라는 점이다.

예외: 명령 지향 기능

명령 지향 기능은 이 규칙에서 제외된다. 사람들이 같은 행동을 여러 번 반복하길 원하는 경우에는 방문했던 영역을 보여줄 필요가 없다. 방문했던 영역을 보여줄 것인지의 여부를 결정할 때 사람들이 취한 행동이 다른 화면으로 이동하게 만드는지 또는 동일한 화면 내에서 반복되는지 그 점을 고려해야 한다. 만약 사용자들이 컨텐츠를 얻기 위해 다른 영역으로 가야 한다면 한번의 방문으로 만족하므로 그들이 방문했던 링크를 표시하는 것이 좋다. 하지만 만약 사람들이 동일한 화면상에서 작업을 반복하길 원한다면 방문했던 링크를 표시할 필요가 없다.

뒤로 가기 버튼 사용 불가 ☠☠☠

세상을 살아가다 보면 되돌릴 수 없는 일이 있다. 예를 들면, 개인 중개수수료 계좌에서 지분을 일단 매각해버리면 그 주식은 가격이 뛰어도 다시 가져올 수 없다. 하지만 웹상에서 작업을 취소하거나 대체 작업을 하는 것이 가능하다고 알려주면 사람들은 심리적으로 편안함을 느낀다.

뜻밖의 어떤 문제를 접하더라도 벗어날 수 있다는 것을 분명하게 알려주어 사용자들이 사이트를 자유롭게 탐험하도록 도와주는 것이 인간과 컴퓨터 상호작용의 가장 기본적인 원칙 중 하나이다.

전통적인 소프트웨어 애플리케이션에서는 "작업 취소" 명령이 이러한 기능을 수행한다. 예를 들어, 그래픽 프로그램을 둘러보는 도중 사진의 특정 색상을 빨간색으로 바꾸고 마음에 드는지 알아보려 했다고 가정해 보자. 만약 마음에 들지 않는다면 커맨드-Z(역자주: 매킨토시 컴퓨터의 취소 명령) 명령으로 빨간색을 단숨에 지워버릴 수 있다. 1980년대 초부터 가급적 모든 애플리케이션에서 "작업 취소" 기능을 지원해주는 것이 확고한 디자인 지침으로 자리잡았다.

하이퍼텍스트 내비게이션에서는 돌아가기 기능이 "작업 취소" 기능을 지원한다. 사용자는 정보 공간을 마음대로 돌아다닐 수 있고, 또한 경로를 역추적해서 안전 지대로 돌아갈 수 있기 때문에 웹상에서 길을 잃는 경우는 없다. 웹 브라우저에서는 뒤로 가기 버튼으로 돌아가기 기능을 지원한다. 사용자들은 이 버튼을 클릭해 원하는 이전 단계로 돌아갈 수 있다. 능숙한 사용자는 뒤로 가기 버튼 위에 마우스 포인터를 올려놓아

> 뒤로 가기는 웹 서핑에서 두 번째로 많이 사용하는 기능이다. 물론 의도한대로 작동하는 경우에만 가능하다.

히스토리 전체 목록을 펼친 후 원하는 이전 단계로 직접 클릭해 돌아갈 수도 있다.

연구 통계 자료에 의하면 뒤로 가기 버튼은 일반적으로 웹 사용 시 가장 많이 사용하는 새 페이지로 이동하는 링크 기능에 이어 두 번째로 많이 사용하는 기능이다. 사용자 테스트에서 사람들이 돌아가길 원하는 곳으로 직접 이동해주는 링크가 있음에도 불구하고 뒤로 가기 버튼을 반복적으로 클릭하는 것을 종종 보게 된다. 사용자들이 클릭하는 회수도 많고 뒤로 돌아가는 데 많은 시간을 소비하기 때문에 처음에는 이러한 행동 양식이 모순처럼 보일 수 있다. 하지만 사람들이 서로 다른 구조의 사이트에서 직접 링크를 사용하기 위해 두뇌를 회전하는 시간을 계산에 넣는다면 왜 신속한 방법으로 뒤로 가기 버튼을 선호하는지 이해할 수 있다.

뒤로 가기 버튼은 세 가지 이점(중요한 두 가지 이점과 사소한 한 가지 이점)을 제공한다.

- 뒤로 가기 버튼은 항상 사용할 수 있고, 항상 같은 위치에 있으며, 한 번에 한 단계씩 뒤로 돌아가는 동일한 방법으로 작동한다. 이렇게 강력한 사용자 인터페이스상의 일관성은 사람들이 링크를 찾기 위해 페이지를 훑어보는 수고를 하지 않아도 된다는 것을 의미한다. 즉, 사용자들은 어디로 가야 하는지 알고 있다. 반대로 간혹 디자인 표준을 따르지 않는 웹 페이지가 있기 때문에 사용자들이 모든 페이지의 동일한 위치에서 특정 유형의 링크를 찾아낸다고 볼 수 없다. 게다가 일부 페이지는 그런 링크를 갖추고 있지 않아 링크를 찾기 위해 페이지 전체를 살펴보는 데 시간을 낭비할 수도 있다.

- 일반적으로 특정 부분의 설명을 기억하고 구상하는 것보다 인지하는 것이 더 쉽고 빠르기 때문에 사용자 인터페이스 디자인에 있어 인식 능력이 기억력보다 중요하다. 뒤로 가기 버튼을 연속해서 클릭하는 경우 사용자들은 페이지가 시야에서 사라지는 순간 각 페이지를 대충 훑어보고 원하는 페이지가 아니면 다시 뒤로 가기 버튼을 클릭한다. 한편 직접적인 내비게이션 링크를 사용하려면 사용

자들은 우선 돌아가려고 하는 장소를 기억해내야 하고 머릿속에 그려진 곳과 비슷한 곳으로 갈 수 있는 링크가 현재 페이지에 있는지 살펴봐야 한다. 이런 경우 원하는 곳으로 이동해주는 직접 링크가 아예 없거나 링크를 잘못 생각해 전혀 다른 곳으로 가버리는 일이 있기 때문에 상대적으로 훨씬 더 많이 생각해야 하고 반복해서 실패하는 경우도 있다.

- 마지막으로 뒤로 가기 버튼은 비교적 크기 때문에 평균적인 내비게이션 링크보다 신속하게 사용할 수 있다. 이 점은 특히 운동 신경에 문제가 있어 클릭 가능한 영역이 커야 하는 사용자에게는 엄청난 이점이 된다. 하지만 뒤로 가기 버튼을 누르는 데 약 0.3초 걸리는 평균적인 사용자에게는 그다지 중요한 사항은 아니다. 운동 신경에 문제가 있는 사용자들이 물리적인 움직임으로 절약한 시간은 삭감된 인식 능력 부담에 의해 줄어들게 된다.

따라서 뒤로 가기는 사용자들의 생명선이다. 설사 어떤 문제가 발생하더라도 뒤로 가기 버튼이 구원해줄 것이다. 물론 뒤로 가기 버튼이 의도한대로 동작을 하는 경우에만 그렇다고 생각할 수 있다. 불행하게도 웹 사이트는 뒤로 가기 버튼을 사용할 수 없게 하여 사용자의 움직임을 심각하게 제한하는 코드 트릭을 사용할 수 있다.

피츠의 클릭 시간의 법칙

화면상에 있는 요소를 클릭하는 시간은 "포인팅 장치가 대상에 도달하는 데 소요되는 시간은 대상까지의 거리를 대상의 크기로 나눈 값에 비례한다"는 피츠의 법칙으로 설명할 수 있다.

멀리 있을수록 클릭하는 데 많은 시간이 소요된다. 물론 이것은 분명한 사실이지만 이 법칙에서 말하는 시간은 거리의 대수에 의해서만 늘어난다는 점에 주목해야 한다. 즉, 매우 느리게 늘어난다는 의미이다. 사람들이 멀리 떨어진 것으로 포인터를 움직일 때에는 속도를 가속하기 때문이다.

또한, 피츠의 법칙은 대상이 클수록 클릭하는 데 소요되는 시간은 줄어든다고 설명하고 있다. 이것은 많은 시간이 소요되는 정확성을 기하는 작업이 필요 없기 때문이다. 뒤로 가기 버튼은 크기 때문에 빠르게 클릭할 수 있고 신속하게 움직일 수 있다면 클릭하는 것이 쉬워진다. 홈페이지의 로고 링크를 크게 만들도록 권하는 이유는 바로 커다란 대상을 클릭하는 것이 편하기 때문이다.

피츠의 법칙은 미 공군 휴먼 엔지니어링 부서의 최초의 지휘자였으며 오하이오 주립 대학과 미시건 대학의 교수였던 폴 M. 피츠 박사가 1954년에 만들었다. 이 법칙은 마우스, 트랙볼, 조이스틱, 페달, 터치 스크린과 같은 수 많은 포인팅 장치와 화면상의 객체를 선택하기 위한 시선 추적 등의 분야에서도 적중한다는 것이 입증되었다. 이 법칙은 특정 기술보다는 인간의 특성에 의존하는 사용성 연구 결과의 수명을 입증하는 좋은 예이다.

뒤로 가기 버튼의 기능을 마비시키는 가장 교활한 방법은 크롬(역자 주: 내비게이션, 상태창, 도구 막대를 포함하는 브라우저의 기능)을 숨기는 데 사용하는 자바스크립트 명령어로 브라우저 창에 있는 뒤로 가기 버튼을 제거하는 것이다. 1960년대의 캐딜락 자동차의 후미에 붙어 있던 꼬리 날개처럼 경박한 장식이라는 의미도 갖고 있지만 크롬에는 뒤로 가기, 앞으로 가기, 인쇄, 새로 고침, 그리고 글꼴 크기 변경과 같은 웹 브라우저에서 가장 유용한 몇 가지 기능이 포함되어 있다. 크롬이 없는 웹 브라우저 창은 사용자를 무력화시킨다(기술적으로 브라우저 창 내에 표시되지만 하이퍼텍스트 내비게이션이나 문서 보기 기능을 포함하지 않는 특정 유형의 인터넷 애플리케이션은 예외이다. 이들 애플리케이션은 브라우저의 코드가 렌더링 플랫폼처럼 사용된다고 하더라도 브라우징 작업을 수행하지 않기 때문에 크롬이 없는 것이 더 나은 경우도 있다).

새 브라우저 창을 여는 링크를 클릭하는 것 역시 뒤로 가기 버튼의 기능을 마비시킨다. 일반적으로 새 창은 작업을 진행하던 창이 갖고 있는 히스토리를 물려받지 않기 때문이다. 사용자에게 새 창의 사용 여부를 물어보지 않는 것은 다음 항목에서 설명하는 것처럼 권리 주장의 잘못된 방법이며 따라서 사용해서는 안 되는 디자인 기술이다.

마지막으로, 뒤로 가기 버튼은 서버 리디렉트에 의해 눈에 보이지 않게 통신하는 것 대신 웹 페이지상에 삽입된 리디렉트 기능을 사용하는 것으로 기능이 마비될 수 있다. 웹 페이지가 다른 곳으로 이전한 경우 연결이 끊어진 링크가 생기는 것을 방지하기 위해 리디렉트 기능을 넣는 것은 확실히 좋은 방법이다. 하지만 이러한 리디렉트는 브라우저를 즉각적으로 새 URL로 이동시키고 이전 것을 잊게 만드는 코드를 사용하기 때문에 웹 서버의 HTTP 301 또는 302 응답에 첨부되어야 한다(301은 페이지가 영구적으로 이동되었다는 것을 알리는 반면, 302는 페이지가 일시적으로 이동되었다는 것을 알린다는 점에서 차이가 있다).

불행하게도 일부 웹 사이트는 이전 페이지를 즉각적으로 새 페이지로 대체시키는 메타 태그의 새로 고침 명령을 이전 페이지에 추가하는 방법으로 리디렉트 기능을 삽입한다. 사용자가 이전 위치로 돌아가려고 시도할 때, 뒤로 가기 버튼을 처음 클릭하면 새로 고침 코드가 삽입되어 있는 이전 페이지로 돌아가게 된다. 물론 이 페이지가 로딩되면 전달 명령이 작동되어 사용자는 즉시 새 위치로 이동한다. 하지만 그 페이지는 사용자가 떠나려고 했던 바로 그 페이지가 된다. 뒤로 가기 버튼을 클릭할 때마다 동일한 작업이 반복되므로 사용자는 이 페이지에 발목 잡힌 상태가 된다.

사용자 테스트에서 뒤로 가기 버튼을 사용할 수 없거나 동작하지 않을 때마다 심각한 혼란이 발생한다는 것을 관찰했다. 전문적인 사용자라면 우리가 설명했던 것과 같은 문제 극복 방법을 알고 있을 수도 있지만 대부분의 사용자들은 단순히 발이 묶인 것으로 생각하고 작업을 포기한다. 뒤로 가기 버튼의 기능을 마비시키는 것은 여전히 심각한 사용성 문제를 야기하기 때문에 해골 세 개를 할당할 필요가 있다.

새 브라우저 창 열기 ☠☠☠

사용자가 링크 또는 버튼을 클릭할 때 일반적으로 이전 페이지가 있던 곳에 새 웹 페이지가 나타날 것으로 기대한다. 작업을 취소하려면 이전 항목에서 설명한 것처럼 뒤로 가기 버튼을 클릭한다. 이러한 기대를 저버리는 것은 가상 공간을 통한 경험과 자유로운 이동을 방해하는 것이다.

안타깝게도 많은 웹 사이트 디자이너들은 새 정보를 표시하는 데 기존 창을 다시 활용하지 않고 새 브라우저 창을 열게 만든다. 때로는 사용자들을 화나게 만드는 작은 팝업 창일 수도 있다("팝업 창" 절 참조). 다른 경우에는 새 페이지가 화면을 가득 채우는 새 브라우저 창에 표시된다.

디자이너들은 종종 새 창을 열어야만 자신의 사이트에 찾아온 방문객을 잃지 않게 된다고 말한다. 이런 이유로 다른 웹 사이트에 있는 객체로 연결하는 경우 새 창을 사용하는 것이 일반적이다. 만약 사람들이 진심으로 떠나길 원한다면, 그들은 그냥 떠난다. 그리고 만약 사용자들이 다른 사이트로 연결되는 링크를 따라갔다가 다시 돌아오길 원한다면 이전 페이지로 돌아가는 가장 일반적인 방법인 뒤로 가기 버튼을 클릭해 반드시 돌아온다.

브라우저 창의 수를 늘리는 것은 많은 사용성 문제를 일으킨다. 가장 기본적으로 여러 개의 창은 사용자가 원하는 것보다 많아져 작업 공간이 줄어들고 때로는 충돌 현상을 일으키거나 메모리 오류를 야기한다.

> 디자이너들은 종종 새 창 열기를 사용하기 때문에 방문객을 잃지 않게 된다고 말한다. 하지만 궁극적으로는 그것이 방문객을 잃게 만드는 원인이 아니다. 만약 사람들이 진심으로 떠나길 원한다면, 그들은 그냥 떠난다.

사용자들은 원하는 것을 시스템 작업 표시줄에서 찾을 수 있다고 생각하면서 이들 창을 닫으려고 하지 않는다.

웹 브라우저에는 링크를 새 창에 여는 아주 좋은 기능이 포함되어 있다. 즉, 사용자는 링크를 오른쪽 버튼으로 클릭할 수 있다. 확실히 이 기능은 전문적인 사용자를 위한 기능으로, 경험이 많은 사용자만이 언제든지 여러 개의 창을 사용할 수 있다. 테스트를 진행하는 과정에서 경험이 많은 사용자들이 여러 사이트 또는 제품을 동시에 살펴보거나 새로운 방향으로 탐색을 진행하면서 이전 상황을 유지하기 위해 추가적인 창을 사용하는 것을 볼 수 있었다. 결론은 만약 사용자가 추가적으로 창을 원할 경우 요청할 수 있다는 것이다.

뒤로 가기 버튼은 창에 표시된 첫 번째 페이지까지만 돌아갈 수 있기 때문에, 능숙한 사용자들은 최초의 장소로 돌아가기 위해서는 돌아가지 못하게 만드는 새 창을 닫아야 한다는 것을 깨닫게 된다. 하지만 대부분의 사용자들은 실제로 여러 개의 창을 다루는 방법을 이해하지 못하며 화면상 가장 위에 올라와 있는 창에서 작업하는 데 초점을 맞춘다. 만약 그들이 뒤로 돌아갈 수 없다면, 함정에 빠진 셈이다.

만약 새 창이 화면 전체를 가리거나 원래의 창을 완전히 가리지 않는다면, 사람들은 창의 보이는 부분을 클릭해 이전 창으로 돌아간다(가장 앞에 나와 있는 창의 스크롤 막대를 움직이려고 하다가 실수로 뒤의 창을 선택하는 실수를 범하기도 한다). 다른 창을 클릭하면 가장 위로 나오고 전에 보이던 창은 뒤로 숨어버린다. 이것은 경험이 많은 사용자들이 여러 개의 창을 다루는 가장 쉬운 방법이지만 그들 중에서 일부 사용자는 화면상에 표시되는 다수의 창을 항상 제대로 다룰 수 있는 것은 아니다.

일반적으로 사용자가 별도의 창을 연 직후 실수로든 고의로든 최초의 창을 가장 위로 올라오게 만들어 새 창이 보이지 않게 되는 경우가 있다. 그런 다음 정보를 새 창에 표시하는 링크를 클릭할 수 있지만 이제는 보이지 않는 상태이기 때문에 해당 페이지를 못 보게 된다. 디자이너는 새 창에 정보를 표시하는 것이 더 두드러져 보이는 방법이라고 생각하지만 실제로는 사용자가 그것이 열렸는지 알아차리지 못하게 된다.

마이크로소프트 윈도우 운영체제는 현재 열려 있는 창들을 화면 하단에 있는 작업 표시줄에 나열해 보여준다. 하지만 이 막대는 작고 잘 보이지 않기 때문에 신경쓰지 않으면 눈에 띄지 않는 위치에 놓여 있다. 사용자 테스트에서 사람들이 작업 표시줄과 눈에 보이지 않는 창에 중요한 정보가 표시된 것을 알리는 기능을 보지 못하고 지나가는 일이 종종 눈에 띄었다.

최대화의 저주

현재의 그래픽 사용자 인터페이스(GUI)의 가장 불행한 요소 중 하나는 디자이너들이 일반적으로 "창으로 모니터 전체를 가리게 만드는 기능"으로 해석하고 있는 창에 붙어 있는 최대화 버튼이다. 이 기능은 실제로 창을 가장 커다란 유용한 크기로 만들어준다.

작은 모니터에서는 "가장 큰 유용한 크기"와 "전체 화면"은 거의 같은 의미를 갖는다. 더 많은 정보를 한눈에 보는 것은 일반적으로 사용성을 증대시키지만 모니터의 크기가 커질수록 화면 크기와 창 크기 간의 차이는 더 중요해진다. 최대화 버튼은 많은 사용자를 유혹하지만, 반면 그에 대한 지원이 미약한 경우가 많다. 1024 픽셀 크기의 창은 웹 브라우저와 같은 텍스트가 많이 사용되는 애플리케이션에서 페이지의 길이가 길어진다.

극대화된 창의 수가 많아지는 것 역시 사용자가 현대적인 GUI에 담긴 멀티윈도우 작업 속성을 이해하는 데 방해가 된다. 이론적으로는 사람들이 창을 겹쳐가며 작업하면 될 것 같지만 실제로는 창이 화면 전체를 가리는 경우 그렇게 하지 못한다. 최대 크기로 늘어난 창은 컴퓨터가 여러 개의 동시에 작업 가능한 영역을 갖고 있는 것이 아니라 전체 화면 환경으로 생각하게 만든다.

다행스럽게도 모니터 크기가 커질수록 최대화 기능을 사용하는 일이 서서히 줄어들게 된다. 2048 픽셀 크기의 화면에서 창을 최대 크기로 만들면 우스꽝스러울 정도로 거대해져 대부분의 사용자들은 크기를 작게 줄이고 동시에 두 개 또는 그 이상의 창으로 작업하게 된다. 창을 바둑판식 배열로 나열하는 것 역시 동시에 두 개 또는 네 개의 창을 쉽게 다룰 수 있어 거대한 화면에서 작업하는 것이 즐거운 일이 될 수도 있다.

www.latimes.com

LA Times 사이트의 경우 새 브라우저 창은 여러 개의 창이라는 개념을 이해하지 못하는 사용자들에게 문제를 일으킨다. 가능하면 웹사이트가 동일한 브라우저 창에 표시되도록 하고 뒤로 가기 버튼이 제대로 작동하도록 유지해야 한다. 이전 창 위에 새 창을 열면 많은 사용자들은 사이트와의 상호 작용을 멈출 수 있다. 예를 들면, 새 창의 영역 바깥에 있는 이전 창을 클릭하여 새 창이 그 아래로 숨게 되면 사람들은 이전 창의 링크를 다시 클릭하지만 아무 일도 일어나지 않는다. 사용자들은 새 창으로 돌아가는 길을 찾지 못하고 결국 사이트에 문제가 있는 것으로 결론을 내린다.

위에서 살펴본 바와 같이 새 브라우저 창 열기는 다음과 같은 악영향을 미친다.

- 기대되는 사용자 경험에 혼란을 야기한다.
- 원치 않는 객체로 사용자의 화면을 지저분하게 만든다.
  (가끔 충돌 또는 메모리 오류를 일으킨다)
- 방문했던 페이지로 돌아가는 작업을 방해한다.
- 사용자가 현재 사용하고 있는 창을 가린다.
- 링크를 클릭했을 때 가려진 창에 정보가 표시되지만 아무런 동작을 하지 않는 것처럼 보이기 때문에 사용자는 링크에 문제가 있다고 생각한다.

이와 같은 모든 사용성 문제는 항상 문제가 되고 있으며 테스트에 테스트를 거듭해도 계속 발생하는 것을 보게 된다. 따라서 새 브라우저 창을 여는 디자인상의 실수는 여전히 완벽한 해골 세 개 등급으로 남을 수 있다.

예외: PDF와 다른 유사 문서

사용자를 테스트하는 과정에서 사용자들이 어도비 PDF 파일, 마이크로소프트 워드의 메모 기능, 그리고 파워포인트 슬라이드, 엑셀 스프레드시트, 그리고 다른 유사한 문서를 사용하고 작업을 끝낼 때 뒤로 가기 버튼 대신 창에 있는 닫기 버튼을 클릭하는 것을 발견했다. 문서에서 벗어난다는 점은 동일하지만 처음 작업을 시작했던 웹 페이지로 돌아가지는 못한다. 브라우저 창을 닫아버리는 것은 사용자들이 자주 로그인을 해야 하거나 문서 저장소에 접근하기 위해 다른 경로를 사용하는 인트라넷에서는 특히 문제가 된다.

사람들이 문서 창을 자주 닫아버리기 때문에 웹 문서가 아닌 문서에 링크를 사용하는 경우 다음과 같은 지침을 따르는 것이 현명하다.

- 웹 문서가 아닌 문서를 새 브라우저 창에 열게 만든다.
- 진행 과정에서 사용자에게 새 창이 표시될 것임을 알린다.
- 새 창에서 브라우저 크롬(뒤로 가기 버튼과 같은)을 제거한다.
- 가장 좋은 방법은 문서를 브라우저 창에 열지 못하게 막는 것이다.

대신 파일을 하드 디스크에 저장시키거나 문서에 연결되는 고유의 애플리케이션을 실행시키는 선택 옵션을 제공하는 것이 좋다(PDF 에는 어도비 리더, 슬라이드에는 파워포인트 등). 불행하게도 이를 위해서는 약간의 디자인 트릭이 필요한데, 디자이너는 문제를 일으키는 파일의 전송 기능에 추가적인 HTTP 헤더를 추가해야만 한다. 추가될 헤더는 "**Content-disposition: Attachment**"이다. 가능하다면 디자이너는 사용자가 파일 저장을 선택한 경우에 대비해 브라우저에 정확한 파일 이름을 전달하기 위해 라인 끝 부분에 ";filename=somefile.pdf"를 추가해야 한다.

이들 모든 지침은 동일한 배경 환경을 기반으로 하고 있으며, 따라서 웹 문서가 아닌 문서는 모두 PC에서 지원하는 포맷이어야 한다. 이들 포맷은 웹 사이트 브라우징에 사용되는 것과는 다른 일련의 명령행과 내비게이션 옵션을 사용자에게 제공하는 자체 애플리케이션을 갖고 있다.

창을 모르면서도 윈도우를 사용하는 방법

많은 독자들은 일부 사용자들이 여러 개의 창을 다루는 데 어려움을 겪는다고 한 것에 대해 과장이라고 생각할 수도 있다. 많은 사용자들이 그래픽 사용자 인터페이스의 가장 기본적인 개념을 모를 수가 있을까? 창에 대한 개념을 이해하지 못한 상황에서 마이크로소프트 윈도우를 어떻게 사용할 수 있을까? 컴퓨터를 사용할 때마다 한번도 빠짐없이 보게 되는 작업 표시줄을 사용한 경험이 없을 수가 있을까?

우리가 설명하는 어려움은 실제로 일반적인 사실이라는 점을 믿어야 한다. 우리는 매년 연구를 거듭할 때마나 그러한 문제를 경험하게 된다. 이 책을 읽는 대부분의 독자들은 아마도 컴퓨터 사용에 익숙한 사람들이겠지만 그렇지 않은 사람들도 많다. 하루에 수 시간 동안 컴퓨터를 사용하는 사람이라고 하더라도 컴퓨터에 대한 복잡한 부분에 대해서는 이해하지 못하는 경우가 있다.

숙달되지 않은 사용자들은 일반적으로 파일, 애플리케이션, 그리고 파일들을 의미하는 아이콘이 담긴 운영체제 창과 파일을 의미하는 아이콘이 담긴 애플리케이션 창 등의 서로 다른 종류의 창과 같은 개념상의 차이를 모르고 있다. 그들은 종종 웹 브라우저와 다른 창의 차이를 구분하지 못하며 그 화면상에 있는 서로 다른 입력 필드의 차이에 대해서도 이해하지 못한다.

야후에서 가장 많이 사용되는 검색어 중 하나는 "www.google.com"이다. 사람들이 URL을 알고 있다면 구글을 검색할 필요가 없다. 그들은 URL의 개념을 제대로 이해하지 못하고 있거나 브라우저의 주소 막대에 입력하는 것과 브라우저 내의 페이지에 있는 입력 필드에 입력하는 것의 차이를 이해하지 못하는 것이다. 어쨌든 두 영역 모두 웹 주소를 입력하면 그곳으로 가게 된다.

우리가 사용성에 대해 설명하는 주된 이유 중 하나는 다양한 사용자 능력을 다루는 것이다. 디자이너, 프로그래머, 인터넷 마케팅 담당자, 그리고 개발팀에 속한 거의 모든 사람들은 고급 능력을 갖고 있다. 그들이 컴퓨터와 관련된 전문적인 직업을 갖게 된 이유가 거기에 있다. 일단 뭔가를 알게 되고 나면, 그것을 모른다는 것을 상상하기 어렵다. 예를 들면, 여러 개의 겹친 창을 다루는 것은 제2의 천성이 된다. 하지만 대표적인 최종 사용자를 테스트하게 되면 그들은 상당히 많은 부분을 모르고 있으며 철저하게 단순한 사용자 인터페이스가 필요하다는 것을 발견하게 된다.

왜 사람들은 매일 그것을 사용하면서도 컴퓨터의 기본적인 사항에 대해 배우려 하지 않을까? 컴퓨터는 대부분의 사람들이 반드시 수행해야 하는 임무가 아니라 도구이기 때문이다. 그들은 자신의 업무를 처리하는 데 충분한 정도이면 바로 그 부분에 초점을 맞출 뿐 광적인 수준으로 올라서려고 하지 않는다. 여러분 중에서 기술에 흥미를 갖고 있는 사람들은 이러한 슬픈 현실을 깨닫고 자신이 희망하고 있던 방법보다는 현실에 맞는 방법으로 디자인하는 것이 더 좋다.

사용자들은 파워포인트 슬라이드쇼로 작업할 때 파워포인트의 슬라이드 처리 기능에 초점을 맞춘다. 경험상 갖고 있는 다른 로컬 파일로 작업할 때와 너무 비슷하기 때문에 웹 사이트에서 다운로드 받은 슬라이드 파일을 편집하는 것이 쉽다. 슬라이드로 작업하는 것을 끝내고 나면 파워포인트 사용을 끝낼 때 항상 하던 일인 닫기 버튼을 누른다.

PC 기반 애플리케이션이 브라우저 창 내에서 실행되면 두 번째 현상이 나타난다. 만약 사용자들이 브라우저 창의 명령 기능과 버튼을 여전히 볼 수 있는 상태라면, 그들은 간혹 문서를 다루는 데 이들 기능을 사용할 수 있을 것이라고 생각한다. 불행하게도 "문자열을 더 크게 만들기", "인쇄", 그리고 "페이지 내 검색"과 같은 기능들은 고유의 애플리케이션 문서 내에서는 작동하지 않는다. 이러한 이유로 사용자들이 웹 문서가 아닌 문서로 작업하는 동안에는 사용자에게 익숙한(동작하지 않는) 브라우저 버튼을 보이지 않게 만드는 것이 더 좋다.

이것은 지침이 아니라 예외 상황이라는 점을 기억한다. 웹 페이지를 위한 지침은 동일한 창 내에 머무르게 하고 새 브라우저 창을 열지 않게 만드는 것이다.

팝업 창 ☠☠☠

팝업 창은 과거에도 사용성에 위배되는 것이었지만 지금은 더 심각한 요소가 되었다. 사용자들은 팝업을 매우 불쾌하게 생각하고 있으며, 현재 많은 사용자들은 팝업을 막는 특별한 소프트웨어를 설치하는 상황에까지 이르렀다. 일반적으로 사람들이 새로운 소프트웨어를 설치하는 것을 귀찮아 한다는 것을 알면, 팝업의 공격으로부터 벗어나기 위해 그들이 얼마나 애쓰고 있는지 알 수 있다.

대부분의 사용자들은 갑자기 튀어나오는(popping) 팝업의 속성 때문에 이를 싫어한다. 팝업은 종종 사용자를 놀라게 만들고 브라우저 창으로 정보를 보여주는 웹에 대한 예상을 뒤엎기도 한다. 게다가 팝업은 도박과 포르노 사이트에서 가장 흔히 사용하기 때문에 기분을 불쾌하게 만드는 의미도 담고 있다.

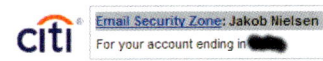

시티뱅크는 "피싱(phishing)"의 대상 업체로 자주 당하기 때문에 고객들에게 팝업에 대해 경고한다. 여기서 피싱이란 믿을 만한 기업 또는 개인인 것처럼 위장하여 사람들로부터 비밀 정보를 얻어내는 사기 행위를 말한다. 바로 이것이 팝업이 오명을 갖게 된 또 다른 사례이다. 확실히 거대하고 신뢰하는 기업이 팝업에 대해 경고하면 사용자들은 다른 사이트에서 팝업을 보게 되더라도 달가워하지 않는다. 이러한 사소한 경고는 계속해서 사람들에게 팝업을 성가신 존재로 생각하게 만들고 어떤 사이트에서든 신뢰도를 떨어뜨려 평판이 좋고 해를 끼치려고 하는 사이트가 아니더라도 결국 팝업 사용을 중단하게 된다.

> 많은 사용자들은 내용이 표시되기도 전에 최대한 빨리 팝업 창을 닫는다. 그것이 팝업이라는 사실만으로 사라지길 원하며, 따라서 신속하게 대응한다.

다양한 유형의 장애를 가진 사용자들은 특히 추가적인 창을 다루는 데 있어 문제를 안고 있다. 운동 신경 장애를 가진 사람들은 확실히 원치 않는 창의 닫기 버튼을 클릭하는 것을 좋아하지 않는다. 그리고 시력이 약한 사용자들은 화면 확대경 기능으로 화면의 다른 부분을 확대해 살펴보는 경우가 많은데, 그들은 팝업이 표시되었다는 것조차 알아차리지 못한다. 마지막으로 시각 장애를 가진 사용자들은 여러 개의 창을 다루어야 하고 팝업에 표시된 내용이 음성 재생 기능으로 크게 재생된 것을 기억하게 되는 추가적인 인식으로 인해 심각한 영향을 받는다.

경험에 의하면 사용자들은 내용이 표시되기도 전에 최대한 빨리 팝업 창을 닫는다. 그것이 팝업이라는 사실만으로 사라지길 원하며, 따라서 신속하게 대응한다.

팝업은 실제로 상호작용이 필요한 디자인에 합리적으로 사용할 수 있다. 과거에 팝업은 사용자의 주요 작업 공간을 보이는 상태로 유지하면서 적은 양의 추가 정보를 표시하는 데 좋은 해결책이었던 적이 있었다. 두 가지의 합리적인 사용예로는 도움말 정보와 용어 설명을 들 수 있다. 사용자들은 작은 창에 표시된 도움말 읽기를 좋아하기 때문에 문제가 발생한 상황을 그대로 유지하면서 참조할 수 있다.

하지만 안타깝게도 악의적인 팝업이 선의의 팝업의 가치를 훼손하여 요즘에는 선의의 팝업이라 하더라도 거의 사용되지 않는다. 최근 한 전자상거래 사이트가 결제 작업상의 요요한 요소에 팝업을 사용한 결과 심각한 수준으로 판매 실적이 낮아지기 시작했다. 과거에 이 디자인은 고객들을 만족시켰지만 현재는 팝업을 막는 프로그램을 사용하거나 내용을 읽어보지도 않고 그냥 창을 닫아버리는 일이 발생하는 등 갑작스럽게 많은 사용자들이 팝업상의 정보를 확인하지 않게 되었다.

팝업은 항상 성가신 존재로 인식되어 해골 세 개의 가치를 톡톡히 하고 있으며 요즘은 상황이 더욱 악화되어 해골 네 개를 지정해도 좋을 정도이다. 하지만 등급 규격상 세 개밖에 유지할 수 없다.

가장 싫어하는 광고 기술

닐슨 노먼 그룹의 User Experience 2004 컨퍼런스에서 야후의 플랫폼 연구 매니저인 존 보이드와 이베이의 사용자 연구 담당자인 크리스천 로러 이 두 사람은 사용자들이 온라인 광고를 인식하는 방법에 대한 대규모 연구 결과를 발표했다. 이 표는 2004년에 605명의 웹 사용자를 대상으로 다양한 온라인 광고가 사용자의 웹 경험에 어떤 영향을 미치는지 조사한 결과이다.

디자인 요소	"매우 부정적" 또는 "부정적"이라고 응답한 사용자
창 위에 표시되는 팝업	95%
느린 로딩 속도	94%
속임수로 클릭을 유도하는 시도	94%
닫기 버튼이 없는 경우	93%
보려고 하는 것을 가리는 경우	93%
불명확한 용도	92%
컨텐츠 주위를 움직이는 것	92%
페이지 대부분을 차지하는 것	90%
계속 깜박이는 것	87%
화면을 가로질러 움직이는 것	79%
자동으로 소리를 재생하는 것	79%

표에서 알 수 있는 것처럼 사용자들이 웹상에서 가장 싫어하는 광고 기술은 팝업이었다.
요즘 설문조사를 한다면 사용자들의 응답은 더 부정적일 것이다.

한 사용자가 주요 웹 사이트의 피드백 양식에 다음과 같이 입력했다. "당신 스스로 부끄러운 줄 알아야 한다! 당신 사이트에 방문했을 때 내 화면에 세 개의 팝업을 띄워달라고 요청한 적이 없다. 나는 독신자 사이트에 방문한 것도 아니고, 내 성기를 4인치 더 크게 만들고 싶지도 않다. 실제로 내 화면에 팝업으로 표시된 서비스는 그 어떤 것이든 사용하지 않는다. 나는 당신같은 돈에 굶주린 사람이 개인적인 이득을 취하기 위해 내 컴퓨터에 침입하는 것을 역겹게 생각한다. 지금부터 나는 내가 아는 모든 사람들에게 당신 사이트에 대한 불매 운동을 벌일 것이다. 당신 주제를 파악하고 팝업 광고도 당장 내려라."

사용자들은 광고와 해당 광고를 사용하는 웹 사이트 뒤에 숨어 있는 광고주들에게 자신의 팝업에 대한 혐오감을 글로 올린다. 야후가 2004년 10,808명이 사용자를 대상으로 한 설문조사에서 절반 이상이 팝업 광고가 광고주에 대한 평가에 매우 부정적인 영향을 미친다고 응답했고 약 40%가 웹 사이트에 대한 평가에 매우 부정적인 영향을 미친다고 응답했다. 사용자들이 디자인 요소에 대해 이렇게 강력하게 반응하는 경우에는 사용을 중단해야 한다.

광고처럼 보이는 디자인 요소 ☠☠☠

웹 사용자는 상당히 목표 지향적이다. 그들은 자신이 관심을 갖고 있는 정보를 찾고 있으며 다른 누군가가 그들에게 들이대는 것은 일단 무시한다. 사실 사용자들은 원치 않는 정보를 단순히 소극적으로 무시하는 것이 아니다. 그들은 그에 대한 자체 방어 시스템을 진화시킨다. 바로 이것이 웹상에서 사용자들의 시선을 끌고 목표를 전환시키기 위해 지속적으로 공격받게 되는 이유이다.

배너 무시와 다른 광고 탐지 능력

사용자들이 갖고 있는 가장 훌륭한 능력은 믿을 수 없을 정도로 강력한 "배너 무시" 능력이다. 시선 추적 연구에 따르면 백만 분의 1초 동안 배너를 쳐다보지만 그 이상은 절대로 쳐다보지 않거나 읽지 않는다는 기록을 보였다. 게다가 사용자들은 그들의 눈을 훈련시켜 상당히 불쾌하게 깜박이는 배너를 감각적으로 잽싸게 피하기까지 한다.

"배너 무시"는 배너를 쳐다보지 않는 고의적인 행동을 뛰어넘어 일반적으로 부적절한 정보 또는 광고를 의미하는 모든 것을 회피하는 능력으로 발전했다. 또한, 사람들은 일반적으로 광고로 사용되는 사례가 많은, 페이지의 여백에 있는 다채로운 색상의 상자들 역시 무시한다. 실제로 과도하게 크거나 다채로운 색상을 사용하는 것, 특히 애니메이션을 포함하고 있는 것은 사용자들로부터 무시될 수 있는 위험을 안고 있는 것이다. 우리는 사용자들이 웹 페이지상에서 확실하게 원하는 아이템을 클릭하는 것 이외는 다른 일을 하려 들지 않는다는 것을 종종 보게 된다. 테스트를 끝낸 후 사용자들에게 물어볼 때마다 그들은 항상 "아, 보긴 했지만 광고처럼 보여 무시했어요."라고 말했다.

사용자들은 제품 사진 옆에 매우 작은 "장바구니에 담기" 버튼이 있는 예외적인 경우를 제외하면 웹 사이트의 유용한 부분은 모두 일반 문자열로 표시되는 것으로 생각하는 데 길들여졌다. 우리는 전자상거래 사이트에 있는 구매 버튼은 너무 크고 다채로운 색상 때문에 사용자들의 잠재의식에 의해 걸러져 제품을 구매하지 않는 경우도 발견했다.

> 디자인 요소가 실제로 광고인지 아닌지는 상관이 없다. 사람들은 그것을 쳐다보지 않기 때문에 그들도 그게 무엇인지조차 모른다.

www.ew.com

이 페이지의 상단에 있는 매우 시각적인 사각형 상자는 광고처럼 보이기 때문에 쉽게 외부 광고로 혼동할 수 있다. 만약 사이트 내에 있는 무언가로 사람들의 시선을 돌리려고 한다면 광고처럼 보이지 않아야 한다. 사람들은 광고 같은 아이템에 주의를 기울이지 않는 경향이 있기 때문이다. 페이지의 적당한 영역에 있는 단순한 문자열 링크는 상황에 적절하고 믿을 만하기 때문에 시각적으로 두드러지거나 활동적인 요소보다 시선을 끌 수 있다. 게다가 검색 상자는 표준에서 벗어난 모습이고, 따라서 쉽게 지나칠 수 있다.

우스운 일이지만 이 상황에서 디자인 요소는 실제로 광고인지 아닌지 상관이 없다. 사람들은 그것을 쳐다보지 않기 때문에 그들도 그게 무엇인지 모른다. 광고를 무시하는 반사 작용에 의해 쳐다볼 생각조차 안 하게 되는 것이다.

또한, 광고 배너처럼 보이는 요소를 피하는 데에는 기술적인 이유도 있다. 일부 사용자들은 화면에 자동으로 광고가 표시되는 것을 막기 위해 광고를 막는 애플리케이션을 사용하고 있다. 이 소프트웨어는 내용물을 읽을 수 없다. 단순히 입증된 광고 배너의 크기(말하자면 728 × 90 픽셀 크기)를 가진 모든 그래픽 요소를 무시할 뿐이다.

아무튼 사용자들은 시간이 지날수록 배너 무시와 다른 광고 회피에 더 익숙해지게 된다. 광고와 닮은 요소를 포함하면 십중팔구 사용성에 손상을 주기 때문에 여전히 해골 세 개의 가치가 있다.

웹 전체의 관례를 위배하는 것 ☠☠☠

인터넷 사용자 경험에 대한 "사용자들은 대부분의 시간을 다른 웹 사이트에 소비한다"는 제이콥의 법칙을 상기해보자(이 법칙은 닐슨과 매어리 타힐의 *Homepage Usability: 50 Websites Deconstructed*에서 더 자세하게 다루고 있다). 여러분의 사이트가 웹에서 가장 크고 가장 두드러져 사용자들이 그 사이트를 방문한다고 하더라도 다른 사이트에 방문한 회수를 합한 것보다는 훨씬 적다.

이것은 사용자가 다른 사이트를 방문하면서 얻은 경험을 바탕으로 여러분의 사이트에 대해 예상할 수 있다는 것을 의미한다. 만약 사용자들이 디자인 표준과 관례에 익숙하다면 여러분의 사이트에서도 그것을 경험하게 될 것으로 예상한다. 잠재 고객이 여러분의 사이트와 거래하는 것이 가치가 있을 것으로 확신하기까지 평균 1분 49초가 소요되므로 규정에서 벗어난 사용자 인터페이스로 그들의 시간을 낭비해서는 안 된다.

테스트 진행 중에 사용자가 감화되지 않도록 하는 방법

많은 업체들은 자체적인 사용자 연구에 결함이 있는 방법을 사용하고, 이 때문에 웹상에서 많은 잘못된 디자인을 끊임없게 보게 된다. 디자인은 당당하게 "사용자 테스트"를 통과하게 되고 사이트 담당자는 그것을 사용하는 것이 안전하다고 생각한다. 하지만 만약 테스트 진행자가 연구에 대한 편견을 갖고 있다면, 결과는 무용지물이 된다.

우리가 제공하는 3일간의 교육 과정에서 사용자 테스트에 대한 모든 세부 사항과 미묘한 차이점을 다룰 수는 없다. 그래서 이 책을 통해 테스트 진행자가 테스트를 진행하는 도중 사용자의 주의가 무의식적으로 다른 곳으로 돌아가는 것을 막는 데 도움이 될 만한 중요한 사항을 다루고자 한다.

만약 테스트를 진행하는 동안 사용자들에게 페이지상의 각 항목에 대해 설명해보라고 하면, 그들은 광고와 광고처럼 보이는 것과 다른 항목에 대해 말한다. 그들이 주의를 기울이자마자 유용할 것으로 보이는 항목을 사용하게 된다. 게다가 만약 사람들에게 특정 디자인 요소에 대해 어떻게 생각하는지 말해보라고 하면 연구의 나머지 시간 내내 테스터의 모든 작업에 관여하게 된다. 따라서 질문을 던지는 아주 작은 약점을 보이는 것만으로도 사용자들의 자연스러운 행동 양식인 광고 회피를 관찰할 수 없게 될 수 있다.

디자인 요소가 광고(또는 사용자가 무시하는 모든 것)처럼 보이는 경우, 확실한 방법은 테스트 진행 중에 어떤 설명도 하지 않는 것이다. 테스트를 일단 끝내고 해당 세션을 보고할 때 문제의 디자인 요소에 대해 지적하고 그에 대해 질문할 수 있다. 바로 이것이 많은 사람들로부터 그들이 광고라고 생각해서 무시한 것들에 대한 얘기를 듣는 방법이다.

사이트가 예상치 못한 방법으로 작동하면 사람들이 혼란스러워 하고, 반면 예상대로 수행될 때 즉각적으로 이해하고 그에 대해 만족한다는 사실을 계속 보게 된다. 따라서 웹 전체의 관례를 위배하는 문제점에 대해 계속해서 세 개의 해골을 줄 수밖에 없다.

www.zincbistroaz.com

이 디자인은 사람들이 필요로 하는 것을 쉽게 찾을 수 없다는 점에서 상호작용 관례를 무시한다고 볼 수 있다. Lunch, Dinner, Navigate라는 단어는 클릭 가능한 것처럼 보이지만 실제는 선택할 수 없게 되어 있다. 이 홈페이지에서 선택할 수 있는 유일한 부분은 계란 다섯 개뿐이다. 만약 계란이 있는 그림에서 클릭 불가능한 계란을 클릭하게 되면 홈페이지에 표시되는 것 이외의 다른 정보는 없는 것으로 생각하게 될 수도 있다. 보이지 않는 인터페이스 요소는 사용자 경험을 퇴화시키고 사이트를 사용하고 싶은 마음이 안 들게 한다. 정보가 숨겨져 있으면 사람들은 그곳에 정보가 없다고 생각한다. 예측 가능한 상호작용은 사람들이 장애물에 대한 두려움 없이 사이트를 둘러볼 수 있게 한다.

내용이 없는 컨텐츠와 과장된 표현 ☠☠☠

웹상의 가장 큰 문제 중 하나는 업체가 무언가를 명확하게 하려 들지 않고 무슨 일을 하는지 설명하는 데 일반적인 언어를 사용하지 않는다는 것이다. 웹 사용자들은 극단적으로 참을성이 없으며 각 페이지에 거의 시간을 들이지 않기 때문에 이 문제는 계속 치명적일 수밖에 없다. 설명을 화려하게 만들수록 사용자들은 무관심해지고 다른 곳으로 가버린다. 사용자들에게 이 사이트는 어떤 것을 제공하고 있으며 그것을 위해 어떤 것을 담고 있는지 신속하게 설명하는 것이 중요하다.

흥미롭게도 판매와 마케팅을 위한 가장 오래된 지침 중 하나는 특징이 아니라 이점을 판매하는 것이다. 따라서 우리는 같은 말을 되풀이할 필요가 없다. 안타깝게도 웹에는 내용이 없는 컨텐츠와 막연한 표현이 너무 많아 사용자들이 쉽게 그것을 무시하고 지나간다. 물론, 일반적으로 사용자에게 좋지 않은 표현을 많이 사용할수록 사용자들은 그것을 더 무시하게 될 뿐이다. 쓸모 없는 컨텐츠는 사람들을 화나게 만드는 것에서 그치지 않고 판매 위축의 주요 원인이 된다.

검색 엔진으로 웹 사이트를 잘 보이게 만드는 방법을 검색 엔진 최적화(SEO, Search Engine Optimization)라고 부른다. 문자열을 명확하게 할수록 여러분의 검색 엔진에서 높은 순위를 얻게 된다. 2장에서 살펴본 것처럼 구매를 위해 무언가를 알아보려고 하는 사용자들은 거의 언제나 검색으로 시작한다. 이것이 SEO를 최고의 웹 사이트 마케팅 기술로 자리 매김할 수 있었던 배경이며, 명확하고 기본적인 표현을 사용하면 사람들이 검색 엔진에 입력하는 표현과 일치하기 때문에 최고의 SEO 기술이 된다.

사용자들이 사이트에 이미 들어와 있는 동안에는 모호한 표현이 크게 문제되지 않는다. 검색 결과 페이지 목록에서 일반적인 표현이 상위에 표시되기 때문에 먼저 발견할 수 없게 만든다.

빽빽한 컨텐츠와 읽기 어려운 문자열 ☠☠☠

빽빽한 문자열 단락은 웹 사용자들의 기피 대상 1호이다. 페이지 형식이 너무 전형적이면 사용자들은 페이지를 보는 즉시 원하는 정보를 얻기 힘들 것이라고 생각한다. 정보 수집 관점에서 문자열 단락은 딱딱

> 사용자에게 좋지 않은 표현을 많이 사용할수록 사용자들은 그것을 더 무시하게 될 뿐이다. 쓸모 없는 컨텐츠는 사람들을 화나게 만드는 것에서 그치지 않고 판매 위축의 주요 원인이 된다.

한 등껍질을 가진 거북이와 같다. 많은 야수들은 먹이를 얻기 위해 시간을 들여 딱딱한 등껍질을 부수려는 노력이 가치가 없다고 판단하기 때문에 거북이를 잡아 먹으려 들지 않는다. 이와 유사하게 웹 사용자들은 빼곡한 문자열에 시간을 들일 만한 가치가 없다고 생각한다.

이러한 측면에서 정부 기관들은 종종 최악의 위반 사례가 된다. 이것은 아마도 공무원들이 기관 내부 사람들을 위해 만든 특별한 관료적인 용어로 가득 찬 길고 빼곡한 문서로 작업해 왔기 때문인 것으로 보인다. 정부 기관들이 표현을 조금만이라도 부드럽게 한다면 평균 수준의 웹 독자들이 보다 접근하기 쉬운 컨텐츠를 만들었다고 생각할 것이다. 그런 점을 어느 정도는 갖고 있긴 하지만 충분하지는 않다. 관료적인 용어는 훨씬 더 알아보기 쉽게 만들어야 한다. 이것은 디자이너와 프로그래머들이 인터넷 문화에 너무 깊이 빠져들어 자신들이 보는 관점과 더 큰 세상의 커다란 차이를 인식하지 못해 발생하는 사용성 문제의 고전적인 예이다.

www.montblanc.com

몽블랑이라는 회사는 좋은 펜을 만드는 곳이지만 회사 웹 사이트에서는 그에 대한 정보를 찾아볼 수 없다. 이 화면은 그들의 클래식 디자인 모음을 보여주는 카테고리 페이지이지만 사용자들은 사진 옆에 있는 작은 삼각형 화살표를 클릭해야만 여러 가지 펜(만년필, 볼펜, 연필, 마커)의 설명을 볼 수 있게 된다. 또한, 이 사이트는 사용자가 찾고 있는 정보, 즉 크기, 색상 또는 가격과 같은 유형의 정보를 제공하지 않는다.

웹 문자열은 짧고 이해하기 쉽고 접근하기 쉬워야 한다. 일반적으로 인쇄하려는 문서에 사용하는 단어의 절반 정도를 웹에 사용해야 한다. 만약 교육을 받지 못했거나 조금 받은 사람들을 포함하여 폭 넓은 소비자를 대상으로 한다면 인쇄용 문서에 사용되는 단어 수의 25%에 초점을 맞춰야 한다. 그리고 웹에 글쓰기를 하는 경우 내용을 읽는 사람들은 골자를 파악하기까지 페이지의 첫 줄 또는 두 줄 정도만 읽기 때문에 언제나 결론을 먼저 언급하는 것이 좋다. 웹 컨텐츠가 간단 명료하게 작성되기 전까지는 해골 세 개짜리 문제로 남을 수 밖에 없다.

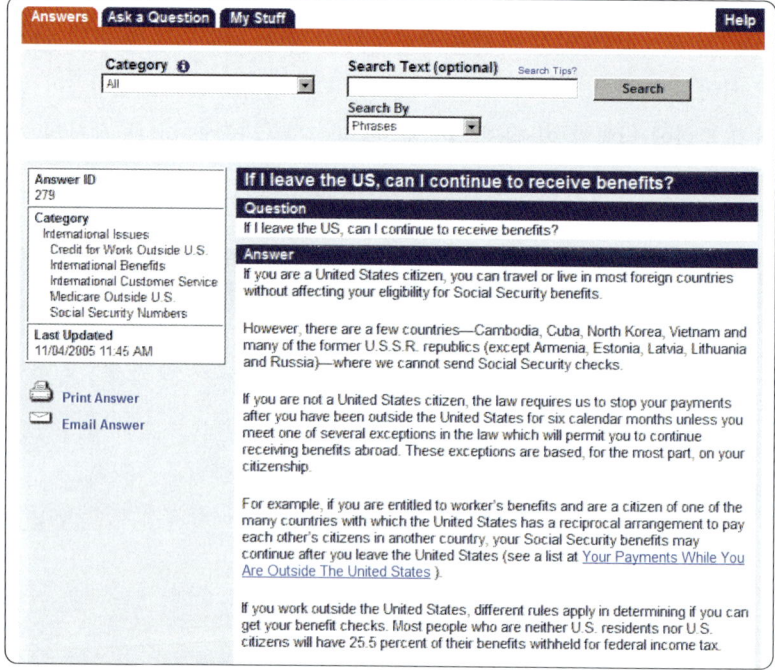

ssa-custhelp.ssa.gov

해외에서 혜택을 받는 것에 대한 미국 사회 안전국의 정보는 대학 4학년 수준의 읽기 등급으로 작성되었다. 이 웹 페이지는 대학 학위 정도는 있어야 쉽게 이해할 수 있는 수준이다.

이 페이지에 있는 텍스트는 일부 연방 정부 사이트에 있는 것보다는 괜찮은 편인데도 불구하고, 읽기가 힘들다. 예를 들면, 이 페이지는 결론부터 시작하지 않고 있다. 게다가 많은 문장들은 마치 다시 써달라고 외치는 것 같다. 61번째 단어부터 시작되는 부분은 최악의 위배 사례이다. "For example, if you are entitled to worker's benefits and are a citizen of one of the many countries with which the United States has a reciprocal arrangement to pay each other's citizens in another country, your Social Security benefits may continue after you leave the United States (see a list at Your Payments While You Are Outside The United States)." "(예를 들면, 만약 당신이 노동자의 혜택을 받을 권한을 갖고 있고 미국이 다른 국가의 시민에게 혜택을 제공하는 상호 협약을 맺고 있는 많은 국가들 중 한 곳의 시민이라면, 당신은 미국을 벗어나더라도 사회 보장 혜택을 받을 수 있다(Your Payments While You Are Outside The United States 참조)."

Britons living abroad

Pensions

If you are retiring abroad, you can continue to receive your UK state pension.

If you are moving permanently, you will only get yearly increases in your pension if you are in an European Economic Area (EEA) country or one of the other countries that have a special agreement with the UK. You will also need to match the relevant regulations.

You will find a link to a list of countries in the EEA below.

If you are living in the UK and are not planning to live in another EEA country for some time, you will need application form BR19 from your local Jobcentre Plus office or social security office.

If you are moving to another EEA country or anywhere else in the world you will need to inform The UK Pensions Service that you are moving abroad and give them your new address (contact details are below).

direct.gov.uk

영국 정부는 11 등급 읽기 수준으로 국외 연금 수령 정보를 제공하고 있다. 하지만 대부분의 고령의 시민들이 고등학교 이하의 교육 수준인 상황이라 그들이 이해하기에는 여전히 너무 복잡한 수준이다. 또한, 노화로 인해 복잡한 문자열을 읽어내는 능력이 떨어질 수 있다. 학력이 낮은 사용자들을 대상으로 한 연구에서 폭 넓은 소비자층(납세자가 가장 광범위한 대상)을 대상으로 할 때에는 8 등급 읽기 수준으로 글을 작성하는 것이 가장 좋다는 결론을 얻었다. 영국 정부의 사이트가 미국 사회 보장국 사이트보다 나았다. 예를 들면 "If you are retiring abroad, you can continue to receive your UK state pension"이라는 결론으로 내용이 시작되고 규칙에 위배되는 다양한 예외 조항을 담고 있는 문자열보다 큰 글꼴로 확실하게 표시되어 있다.

기술적 변화: 사용성에 미치는 영향

웹은 1991년에 물리학 논문 열람용으로 시작된 이후 서서히 변화해 왔다. 첫 두 해 동안은 주로 많은 연구원들이 사용하는 작은 글자 기반의 하이퍼텍스트 시스템이었지만 1993년에는 모자이크 브라우저와 함께 처음으로 GUI 형태의 웹이 도입되었다. 웹 사이트와 인트라넷을 기반으로 한 사용자들의 상호작용에 대한 연구는 웹이 기술 세대를 통해 진화하고 있는 만큼 계속되고 있다. 모자이크의 회색 페이지에서 넷스케이프의 표 기반 레이아웃이 사용된 화려한 페이지를 지나 자바스크립트와 계속 성장하고 있는 CSS(Cascading Style Sheet)를 사용하는 마이크로소프트의 인터넷 익스플로러에서 볼 수 있는 풍성한 기능으로 충만한 페이지에 이르기까지.

1994년에 연구를 처음 시작했을 때 일반 가정의 사용자들은 인터넷 연결에 초당 28.8킬로비트(Kbps) 처리량을 가진 전화 접속 모뎀을 주로 사용하였지만, 현대 사회의 미국 내 일반 가정의 사용자들은 초당 몇 메가비트(Mbps)의 전송이 가능한 이른바 광대역 연결이라는 것을 사용하고 있다(우리가 현재 사용하고 있는 케이블 모뎀과 DSL(Digital Subscriber Line)을 "이른바 광대역"이라고 표현하는 이유는 최적의 사용자 경험을 제공하기 위한 이상적인 수준의 속도를 갖고 있지는 않기 때문이다. 일반 가정에 광 케이블 서비스가 사용되기 시작하여 수백 메가비트(Mbps)의 속도를 갖게 되면, 그 때서야 비로소 진정한 광대역 인터넷에 대해 말할 수 있게 될 것이다).

> 최초의 사용성 문제 34가지 중 일곱 개는 브라우저, 대역, 또는 다른 인터넷 기술의 변화로 인해 요즘에는 중요성이 덜해졌다.

그렇다면 이러한 지속적인 기술적 진보에 힘입어 사용성 문제의 근본적인 변화는 야기되지 않았는가? 대부분의 경우 그에 대한 대답은 "바뀌지 않았다"이다. 사용성은 인간의 행동 양식에 대한 문제이고 사람들은 지금이나 10년 후에나 크게 바뀌지 않을 것이기 때문에 사용성 지침은 기술적인 여러 세대가 지나더라도 상당히 안정적인 상태로 유지된다. 실제로 현재의 대부분의 사용자들은 10년 전에 웹을 사용하던 사람들이다. 그들의 성향이 거의 유사한 만큼 행동 양식도 거의 동일하다. 인간의 단기 기억 능력으로는 약 일곱 개(± 2)의 정보 묶음만을 기억할 수 있고 이러한 두뇌 구조가 마지막으로 변경된 것은 대략 네안데르탈인 시대였다.

우리가 정한 최초의 사용성 문제 34가지 중 일곱 개는 브라우저, 대역, 또는 다른 인터넷 기술의 변화로 인해 요즘에는 중요성이 덜해졌다. 이러한 개선으로 다음과 같은 문제의 중요성이 조금 떨어졌다.

- 느린 다운로드 시간
- 프레임
- 플래시
- 관련성이 낮은 검색 결과 목록
- 멀티미디어와 동영상
- 고정된 레이아웃
- 플랫폼 간 비호환성

이 항목에서는 기술 개선에 힘입어 해골 개수가 줄어든 문제 영역을 살펴볼 것이다. 해골의 개수는 사용성 문제로 인해 야기되는 어려움의 정도를 나타낸 것임을 기억하기 바란다. 해골의 수가 적으면 어려움이 적음을 의미하고, 1994년에 사용성 지침을 개발하기 시작한 이래 기술적 발전으로 나타난 반가운 부작용이라고 할 수 있다.

시간을 초월한 1986년의 공군 지침

1984년부터 1986년까지 미 공군은 기존의 사용성 지식을 "사용자 인터페이스 소프트웨어 디자인을 위한 지침, ESD-TR-86-278(Guidelines for Designing User Interface Software, ESD-TR-86-278)"이라는 제목의 내부 사용자 인터페이스 디자이너를 위한 한 권의 잘 정리된 지침서로 만들었다. 제이콥 닐슨은 이 사업의 조언자 중 한 명으로 참여했다. 프로젝트에는 944개의 지침이 포함되었으며, 메인프레임 기술을 사용한 1970년대부터 1980년대 초에 만들어진 군사용 명령 제어 시스템과 관련된 것이 대부분이었다.

이렇게 오래된 사항들이 오늘날의 디자이너에게는 적합하지 않다고 생각할지도 모르겠지만, 그렇게 생각한다면 오산이다. 우리는 2005년에 1986년의 지침 60가지를 다시 테스트한 결과 이들 중 54개가 지금까지도 유효한 것으로 밝혀졌다. 944개의 지침 중에서 10퍼센트는 더 이상 유효하지 않았고 20퍼센트는 거의 사용하지 않는 인터페이스 기술과 관련된 것이었기 때문에 적합하지 않았다. 하지만 최초 지침의 약 70%는 아직까지도 유효하고 20년 뒤에도 여전히 그럴 것이다.

> 1990년대에 크게 성장한 대부분의 사이트는 그래픽을 거의 사용하지 않고 빠른 다운로드가 가능한 페이지를 가짐으로써 깔끔함을 가장 큰 특징으로 한다. 그래픽 디자이너는 불만이 많았지만 사용자들은 그런 사이트를 좋아했다.

느린 다운로드 시간 ☠

다운로드 시간은 웹 사용성에 있어 가장 중요한 논제 중 하나였다. 우리가 연구를 진행할 때마다 사용자들은 페이지가 다운로드 되길 기다리는 시간에 대해 불만스러워 했다. 사용자들은 멋을 부린 사이트에 대해 칭찬하는 일이 거의 없었다.

1990년대에 크게 성장한 대부분의 사이트는 그래픽을 거의 사용하지 않고 빠른 다운로드가 가능한 페이지를 가짐으로써 깔끔함을 가장 큰 특징으로 한다. 그래픽 디자이너들은 야후!(1994), 아마존(1995), 이베이(1995), 그리고 구글(1998)이 구식(조금 더 노골적으로 표현하면 추하다고)으로 보인다며 불평했지만 사용자들은 이들 사이트를 좋아했으며 클릭할 때마다 다음 페이지를 즉시 보여주는 점에 대만족하여 이 사이트들은 사업적으로 엄청난 성공을 이루었다.

이보다 작은 규모로는, 우리 사이트 www.useit.com 이 일부러 구식의 디자인과는 동떨어진 외양을 자랑으로 내세우는 동안 세계 최고의 사용성 사이트로 성장했다. 초기에는 이 방법이 신속한 다운로드 때문에 필요하다고 느꼈지만, 지금은 사용자에게 확고한 잠재적 의미를 부여하기 때문에 브랜드 지정 접근 방법으로만 유지하고 있다. 이것은 돈 노먼의 감성 디자인 모델에서 설명한 숙고 단계에서 사람들이 디자인에 연계되는 방법의 예이다.

돈 노먼의 감성 디자인의 세 단계

우리의 동료 중 하나인 도널드 A. 노먼은 그의 책 *Emotional Design: Why We Love (Or Hate)*에서 사람들이 디자인에 연계되는 과정을 세 단계로 설명했다.

본능 단계는 가장 즉각적이며 겉모습에 의해 좌우된다. 부드럽거나 둥근 객체는 껴안고 싶거나 기쁨의 의미를 갖고 있고, 날카롭거나 뾰족한 객체는 두려움 또는 위험의 느낌을 함축하고 있다. 거미는 처음 봤을 때 흔들린다는 느낌을 주고 아기들은 보호해야 한다는 느낌을 갖게 한다. 가장 본능적인 감성은 진화적 이점과 생존 원리에 기반을 두고 있기 때문에 고정적이고 즉각적으로 반응한다. 대부분의 그래픽 디자인은 우리가 무언가를 보자마자 잠재적인 감정이 생기는 것처럼 본능 단계에서의 작용에 초점을 맞추고 있다.

행동 단계는 객체의 사용에 기반을 두고 있다. 사용할 때 어떤 느낌이 드는가? 사용하는 것이 성가신가? 아니면 즐거운가? 대부분의 사용성 논제는 행동 단계와 관련이 있다. 응답 시간은 행동 감성에 영향을 미치는 논제의 고전적인 예이다. 앉아서 끊임없이 기다리는 것이 기분을 불쾌하게 한다.

숙고 단계는 객체에 대해 생각하는 방법 또는 반응하는 방법에 기반을 두고 있다. 그것이 현실적인 의미 또는 함축적인 의미를 갖고 있는가? 그것이 기분 좋은 기억을 떠올리게 하는가? 브랜드 선정은 특정 제품이나 업체가 특별하다는 것을 알리기 전에 사람들이 생각하게 만드는 방법으로 숙고 단계에서 이루어진다.

웹 사이트를 위한 속성 다이어트?

오늘날에는 웹 페이지에 그래픽을 가급적 사용하지 않는 디자인을 적용하는 문제가 그다지 중요하지 않다. 대부분의 사용자들이 광대역 연결을 갖게 되면, 많은 그림들이 있는 페이지라도 상당히 빨리 다운로드할 수 있게 되었다. 3Mbps의 속도를 갖는 일반적인 케이블 모뎀인 경우 브라우저는 기분 좋은 하이퍼텍스트 내비게이션에 필요한 1초 한계 이내에 약 300 킬로바이트(KB)를 다운로드 받을 수 있다. 실제로 인터넷 상에서 이리저리 오가는 통신 요청에는 약간의 대기 시간이 있기 때문에 데이터 다운로드는 1초를 꽉 채울 수 없다. 페이지 용량이 100KB 정도이면 빠른 다운로드가 가능한 합리적인 수준이라고 할 수 있다.

이것은 웹 페이지에 많은 양의 문자열과 약간의 HTML 코드, 스타일 시트, 그리고 몇 장의 작은 사진 또는 다른 이미지 정도는 쉽게 추가할 수 있다는 것을 의미한다. 그렇다고 하더라도 홈페이지에는 많은 양의 커다란 그래픽을 넣을 수 없다. 하지만 만약 사용자가 썸네일 사진을 클릭해서 더 큰 이미지를 요청하면, 200KB의 거대한 크기라도 좋은 응답 시간 내에 받을 수 있게 된다.

느린 다운로드는 몇 가지 이유로 0 아닌 1개의 해골로 줄어들었다. 시골에 살고 있다거나 모바일 연결을 사용한다거나 광대역으로 업그레이드하지 않은 호텔 객실에서 사람들은 여전히 전화 접속으로 연결하게 된다. 두 번째로 광대역 사용자라고 하더라도 초당 전송 속도 한계 내에서만 다운로드 받을 수 있기 때문에 여전히 페이지 용량에 주의할 필요가 있다. 마지막으로 응답 시간은 서버 속도에 의해 결정된다. 세상에는 다음 페이지를 즉시 전송하지 못하는 과부하가 걸린 서버에서 작동하는 사이트가 여전히 많이 있다.

프레임 ☠

프레임은 웹 기술 중 가장 쓸모 없게 만들어진 "접근 방법" 중 하나이다. 프레임은 최초의 웹 브라우저의 기반이 되었던 매우 깔끔한 페이지 모델에 못을 박고 일부 정보를 북마크로 기록한디기나 친구에게 그 URL을 이메일로 보내주는 것과 같은, 사용자들이 의존하기 시작한 많은 인터페이스 관례를 무너뜨렸다. 초기 브라우저에서는 프레임을 사용하는 페이지를 인쇄하기가 매우 어려웠고 검색 엔진의 기능에도 문제를 일으켰다.

최악의 문제는 프레임이 넷스케이프 버전 2에서 뒤로 가기 버튼의 기능을 마비시켰다는 점이다(이 장의 앞부분에서 설명했던 것처럼, 뒤로 가기 버튼을 마비시키는 것은 지금까지도 해골 세 개짜리로 중요한 사용성 문제이며 그렇게 만드는 모든 종류의 기술은 사용성 재앙으로밖에 설명할 수 없다). 프레임은 여전히 사용하지 않는 것이 최선의 방법이지만 최신 브라우저에서는 예전만큼 심각한 문제는 아니다. 이제는 뒤로 가기 버튼이 제대로 동작하고 프레임이 있는 페이지를 인쇄하는 일이 한결 쉬워졌다.

플래시 ☠☠

초창기에는 뒤로 가기 버튼의 기능 및 북마크 기능을 마비시키고 신체 장애를 가진 사용자들의 접근성 문제를 일으켰기 때문에 매크로미디어 플래시를 "99퍼센트는 안 좋은" 것으로 간주했다.

플래시는 초기 버전에서 몇 가지 심각한 사용성 문제를 만들어냈다. 우선 불필요한 애니메이션을 조장했다("우리는 사물을 움직이게 만들 수 있기 때문에 왜 움직이게 만들면 안 되는가?"). 애니메이션은 온라인 통신에 있어 확고한 입지를 구축했지만 그 입지가 제한적이었다.

두 번째로 사용자들이 목적을 제어할 수 없게 만들었다. 웹의 가장 강력한 기능 중 하나는 사용자들이 원하는 곳으로 갈 수 있다는 점이다. 웹은 자체적으로 많은 사용성 문제를 갖고 있음에도 불구하고 이 때문에 유용한 것이 되었다. 불행하게도 많은 플래시 디자이너들은 상호작용하는 매체가 아니라 텔레비전 형식의 표현을 사용함으로써 이러한 원리를 위배했다. 표현된 것이 보기에는 좋았지만 사용자들이 아무것도 하지 않고 있어야 할 때 느끼는 지루함으로 인해 사이트에 대한 열의를 잃게 되었다.

세 번째로 많은 플래시 디자이너들은 자체적인 비표준 GUI 제어 장치를 만들어냈다. 얼마나 많은 스크롤 막대 디자인이 필요할까? 세계 최고의 상호작용 디자이너들이 현재의 매킨토시와 윈도우의 스크롤 막대를 뛰어넘을 만한 다수의 대체 디자인을 수년간 테스트했다. 그들이 주말 내내 만들어낸 새로운 스크롤 막대는 많은 세부적인 문제를 일으켰다. 그리고 새로운 디자인이 제대로 작동한다고 하더라도 사용자들은 작동 방법을 알아내야 하기 때문에 사이트의 전체적인 사용성이 떨어지게 마련이다. 사용자들은 이미 표준적인 장치를 사용하는 데 익숙해져 있다.

이들 사용성 문제 중 어느 것도 플래시에 내재된 것이 아니다. 지침을 따르고 사용하기 쉬운 유용한 멀티미디어 객체를 분명 디자인할 수 있다. 간단히 말해서 문제는 초기 플래시 디자인이 오용을 촉진하는 경향을 갖고 있었다는 점이다.

우리가 끊임없이 잘못된 플래시에 대한 홍보를 벌이자 매크로미디어는 제품의 화려함을 뛰어넘어 웹 사이트에 기능성과 진보적인 기능을 추가하는 플래시의 기능을 홍보하기 시작했다. 2002년에 매크로미디어는 플래시의 접근성을 개선하고 뒤로 가기 버튼 문제와 비표준 GUI 제어 장치와 같은 다른 사용성 문제들을 수정한 새 버전을 발표했다. 플래시는 웹 사용성을 향상시키는 건설적인 방향으로 잘 나아가는 것처럼 보였다.

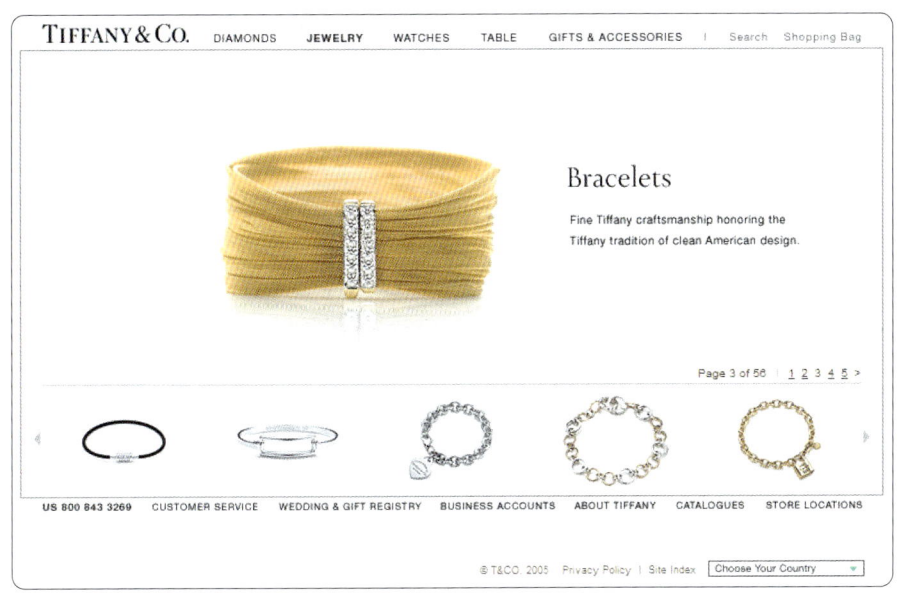

비표준 스크롤 막대는 가급적 사용하지 않는 것이 좋지만 우리가 진행한 사용자 테스트에서 일부 비표준 디자인이 잘 동작한다는 사실을 발견했다. Tiffany 사이트에 있는 작은 회색의 삼각형은 사이트가 워낙 여백이 많고 고상한 분위기를 갖고 있어 GUI 제어 장치가 작음에도 불구하고 돋보이기 때문에 제 역할을 충실하게 해낸다.

> 플래시는 페이지를 활기차게 보이게 만드는 데 사용해서는 안 된다. 만약 컨텐츠 내용이 지루하다면 다시 작성하고 전문 사진사를 고용하여 더 나은 사진을 찍어야 한다. 페이지가 움직이게 만들면 안 된다.

하지만 그런 좋은 의도를 갖고 있음에도 불구하고 최근 웹에서 보게 되는 대부분의 플래시는 사람들을 화나게 할 뿐만 아니라 더 나아가 그 목적이 불분명할 정도로 여전히 문제가 있다. 한 가지 희망적인 사실이라면, 플래시로 만든 사이트 인트로가 거의 사라졌다는 점이다. 소수의 무지한 클라이언트가 여전히 그것을 요구하고 있긴 하지만 가장 우둔한 웹 디자이너조차 권장하지 않을 정도로 쓸모가 없어졌다.

플래시는 프로그래밍 환경이고 정적인 페이지상에서는 사용할 수 없는 추가적인 능력과 기능을 사용자에게 제공하는 데 사용해야 한다. 플래시는 페이지를 활기차게 보이게 만드는 데 사용해서는 안 된다. 만약 컨텐츠 내용이 지루하다면 다시 작성하고 전문 사진사를 고용하여 더 나은 사진을 찍어야 한다. 페이지가 움직이게 만들면 안 된다. 결코 플래시로 사용자의 주의를 끌지는 못한다. 오히려 그들을 떠나게 만들 뿐이다. 내비게이션에 플래시를 사용하는 것 역시 좋은 생각이 아니다. 사람들은 예측 가능한 내비게이션과 정적인 메뉴를 선호한다.

플래시: 장점, 단점, 유용함

2002년에 우리는 46가지 플래시 디자인으로 사용자 테스트를 진행했고 그 결과를 플래시를 위한 117가지 사용성 지침이 포함된 보고서로 요약 정리했다. 플래시 애플리케이션으로 진행한 테스트는 1980년대 초기 매킨토시 애플리케이션으로 진행했던 테스트를 생각나게 만들었다. 우리가 발견한 많은 플래시 사용성 논제들이 제어 장치를 명확하게 만들기와 사용하기 쉽게 만들기와 같은 기본적인 GUI 개념과 관련되어 있다.

우리가 만든 플래시 관련 지침 중 하나는 1980년대에 완성된 지침의 실질적인 사본이다. 활성화된 화면 주위에 풍부한 클릭 가능 영역이 없으면 컴퓨터가 반응하지 않더라도 사용자는 무언가를 클릭했다고 생각하게 된다. 또한, 맥드로우와 로터스 프리랜스 그래픽스의 초기 테스트에서도 마찬가지 결과를 얻었다. 즉, 캔버스에 새로운 객체를 만들 때 다른 객체와 서로 엇갈리게 해야만 모두 볼 수 있게 된다.

다른 플래시 지침들은 새로우면서 전통적인 소프트웨어에는 부적합한 것이었다. 예를 들면, 우리는 사운드와 애니메이션 기능을 가진 객체와 관련된 많은 사용성 문제를 찾아냈다. 이들은 변화와 방향을 표시할 수 있다는 장점과 당황스럽고 성가시고 신체 장애를 가진 사용자들에게 어려울 수 있다는 단점 모두를 갖고 있다. 일부 플래시 애플리케이션은 확실히 잘못된 웹 디자인 습관에서 비롯되었다.

한 가지 특이한 사용성 문제가 있는데 그것은 바로 "가치 역설"이다. 몇 가지 애플리케이션에서 사용자는 비표준 스크롤 막대 때문에 옵션을 보지 못하고 지나갔다. 스크롤 제어는 애플리케이션 디자인에 있어 표준적인 사용자 인터페이스 요소이고 사용자의 예상대로 만들어져야 한다. 우리가 관찰한 바에 따르면 제대로 동작하는 몇 가지 비표준 스크롤 막대도 있다. 그 중에서 Tiffany 사이트에 있는 스크롤 막대는 너무 작고 GUI 권장 사항을 위배하는 것임에도 불구하고 단순해서 사용자가 스크롤 제어 장치를 보지 못하고 지나칠 수가 없다 (이러한 위배는 다른 사용성 문제를 야기하지만 최소한 사람들은 그 스크롤 막대를 사용한다). 일반적으로 사용자들은 비표준 스크롤 제어 장치를 보지 못하고 옵션이 담겨 있는 목록을 스크롤하지 못한다.

플래시 사용이 줄어들고 있다는 반가운 소식은 더 이상 해골 세 개를 받을 필요가 없다는 것을 의미한다. 많은 디자이너들이 플래시를 순전히 보여주기 위한 것이 아니라 사용자 지원을 위한 경우에만 사용해야 한다는 것을 알게 되었다. 사실 플래시 기술 자체는 해골 두 개를 받을 필요가 없다. 하지만 다른 웹 디자이너들이 활용하는 방법 때문에 여전히 해골 두 개를 주고 있다. 일부 디자이너들은 플래시를 위한 사용성 지침을 여전히 무시하고, 따라서 일부 새로운 플래시가 사람들이 필요로 하는 것을 신속하게 얻는 데 장애물이 되어 사용자 경험의 질을 낮추고 있다.

관련성이 낮은 검색 결과 목록 ☠☠

내비게이션 다음으로 웹 사이트에서 정보를 찾는 사람들이 가장 일반적으로 사용하는 방법이 검색이다. 최근까지 대부분의 사이트들은 페이지 우선 순위를 제대로 매기지 못하는 조악한 검색 기능을 갖고 있었다.

초기의 검색 소프트웨어는 연관성이 아니라 사용자들의 검색어가 각 웹 페이지에 포함되는 빈도수를 기준으로 목록을 만들었기 때문에 유용한 페이지를 얻는 데 비효율적이었다. 페이지에 해당 용어가 얼마나 자주 사용되는지 궁금해하는 사람이 있는가? 연관성이 가장 높은 페이지를 목록의 맨 위에 올려놓는 것이 훨씬 더 좋다.

예를 들면, 제품 이름으로 검색을 하면 제멋대로 찾아낸 보도 자료와 기사가 아니라 해당 제품을 위한 핵심적인 페이지가 가장 위에 표시되어야 한다. 제품 소개 페이지는 제품에 대한 정보를 얻는 데 핵심적인 장소이고 사용자를 다른 관련 정보에 접근시켜 주는 발판 역할을 한다.

요즘도 효율적인 검색 기능을 갖고 있는 웹 사이트는 거의 없고 많은 사이트들이 부적합한 검색 결과를 보여주기 때문에 안 좋은 검색 사용성으로 해골 세 개를 받을 만하다. 하지만 대규모의 많은 사이트들이 유용한 검색 기능을 제공하고 있어 해골 한 개로도 충분하다. 웹 전체에 대해서는 관련성이 낮은 검색 결과 목록에 두 경우의 평균값으로 해골 두 개를 주고 있다.

멀티미디어와 길이가 긴 동영상 ☠☠

멀티미디어와 동영상 클립을 웹에서 제대로 사용할 수 있게 되기까지 세 가지의 기술 개발이 큰 역할을 했다. 우선, 대역이 동영상과 다른 멀티미디어 데이터를 훨씬 더 빨리 다운로드 받을 수 있을 정도로 높아졌다. 두 번째, 동영상의 기술적인 질적 개선으로 더 이상 우편엽서의 도장 크기 만한 흔들리는 화면으로 영화를 보는 것 같은 일은 없어졌다(이것의 일부는 높은 대역 덕택이고 일부는 미디어 플레이어 소프트웨어의 질적 향상 덕택이다). 세 번째, 웹 멀티미디어 제작자들이 텔레비전 프로그램을 재활용하지 않고 웹에 사용할 동영상과 다른 멀티미디어 기능을 제대로 만들 수 있게 되었다.

멀티미디어 사용성은 여전히 문제가 되고 있지만 인터넷 동영상을 위한 단 한 개의 지침(사용하지 마라)만을 갖고 있던 시기에 비하면 많이 줄어들었다. 사용자들은 매우 조급해 하는 경향이 있기 때문에 여전히 멀티미디어 온라인 매체상에서 제대로 작동하는 멀티미디어를 디자인할 필요가 있다. 그리고 대부분의 비디오 클립은 주의를 끌기 위해 1분 미만의 짧은 길이로 만들 필요가 있다. 따라서 아직도 해골 두 개짜리 문제이다.

고정된 레이아웃 ☠☠

웹 페이지가 "고정된 레이아웃"을 갖고 있다는 것은 창의 크기와는 상관없이 표시되는 정보의 폭이 고정되어 있다는 것을 의미한다. 만약

10대들은 기술의 달인인가?

일반적으로 10대들은 성인보다 새로운 기술을 더 좋아하고 더 쉽게 익숙해진다는 고정 관념을 갖고 있다. 어떤 경우에는 맞는 말이지만 지나치게 단순화된 생각이다. 10대들이 기술의 달인이라고 믿는 것은 10대를 대상으로 한 사이트에 재앙에 가까운 결과를 초래할 수도 있다. 10대들은 생각보다 훨씬 더 기술에 대한 이해가 빠르지만, 실제로 대부분의 10대들은 플러그인 다운로드와 모르는 대상을 클릭하는 일을 멀리 한다는 것을 알게 되었다. 하지만 이것은 교사 또는 부모가 바이러스의 위험이 있는 것의 다운로드를 피하라고 지시했기 때문이다.

게다가 온라인 멀티미디어가 예상한 대로 동작하지 않으면, 예를 들면 동영상이 자동으로 재생되지 않는다거나 복잡한 입력 작업이 필요한 경우, 그들은 인내심을 잃고 웹 사이트를 비난한다. 10대를 대상으로 한 테스트에서 그들은 기술적 문제를 극복할 방법을 찾기보다는 사용 자체를 포기하게 된다는 사실을 발견했다. 웹 사이트 활동에 있어 나이 어린 사용자들은 인내심이 부족하기 때문에 성인에 비해 적합하지 않다고 할 수 있다. 그리고 10대들은 일부 그래픽과 멀티미디어를 감상하려고 할 때 해당 형식을 지원하는 컴퓨터 설정을 별도로 하지 않는 경우도 있다. 우리가 여러 가정과 학교를 방문해 알아본 바에 의하면 대부분의 10대들은 느리게 동작하는 오래된 컴퓨터를 소지하고 있었고 최신 소프트웨어, 플러그인, 그리고 스피커를 갖고 있지 않았다.

창의 폭이 매우 좁은 상태라면 정보의 일부가 표시되지 않으며 가로 방향 스크롤 막대를 움직여야 볼 수 있다.

사용자 테스트에서 사용자들은 가로 방향 스크롤을 싫어했고 그런 상황에 직면하면 항상 그 부분에 대해 불평했다. 확실히 이것만으로도 가로 방향 스크롤을 사용해서는 안 된다는 충분한 이유가 되지만 그 외에 두 가지 이유가 더 있다. 우선 사용자들은 웹에서는 세로 방향 스크롤만 예상한다. 따라서 다른 모든 표준적인 디자인 요소와 마찬가지로 사용자들의 기대를 저버리기보다는 그들에게 맞추는 것이 좋다. 둘째, 페이지가 세로 방향과 가로 방향 스크롤 막대를 모두 갖고 있는 경우 사용자는 시점을 두 방향으로 움직여야 하므로 전체 공간을 모두 보게 되는 것이 어려워진다. 공간 지각 능력이 약한 사용자인 경우 보이지 않는 면을 가로지르는 두 축을 따라 움직이는 것이 특히 더 어렵다(일반적으로 사용자들은 공간 지각 능력과 시각 테스트에서 디자이너보다 낮은 점수를 기록했다). 반대로 1차원적인 세로 방향 스크롤은 직관적으로 컨텐츠 전체를 살펴볼 수 있는 단순한 방법이다. 단순히 아래 또는 위로만 움직이면 된다.

가로 방향 스크롤의 위험 부담은 고정된 레이아웃을 사용하지 않아야 할 확실한 이유이다. 또는 최소한 고정된 페이지의 폭이 대부분의 사용자들이 사용하는 창의 너비 길이를 넘지 않아야 한다. 사용자들의 브라우저 창 너비를 어떻게 알 수 있을까? 만약 사람들이 창 크기를 최대화하면 브라우저의 폭은 모니터의 폭과 같으며 현재 대부분의 사람들은 1024 픽셀 크기의 화면을 사용하고 있다. 앞으로 화면이 더 큰 모니터가 널리 사용될 것이며, 현재 많은 사용자들은 이미 1600 픽셀 또는 그 이상의 화면을 사용하고 있다. 하지만 사람들은 화면 전체를 한 개의 창으로 가득 채우기보다는 여러 개의 창을 표시하기 위해 큰 화면의 공간을 활용하려는 경향이 있다. 하지만 고정 레이아웃은 페이지가 창보다 더 좁은 경우 바람직하지 않다. 사용자는 더 많은 공간을 사용할 수 있음에도 불구하고 페이지를 그만큼 확장하지 않기 때문에 큰 모니터의 이점을 살릴 수 없다.

고정 레이아웃은 사용성 문제를 일으키지만 화면이 큰 모니터의 보급이 늘어났기 때문에 해골이 세 개에서 두 개로 줄어들었다. 이제 대부분의 사용자들이 사용하는 모니터의 크기인 1024 픽셀 크기보다 넓은 고정 레이아웃을 사용하는 사이트는 거의 찾아보기 힘들다. 하지만 우리는 웹 페이지의 폭이 창 크기에 맞게 확장되고 줄어드는 "유동적인 레이아웃"을 사용하여 항상 브라우저 창 크기와 정확히 일치하는 폭을 유지하게 만들 것을 권하고 있다. 모니터가 충분히 커서 정보가 옆으로 길게 표시되길 원하는 사용자는 그렇게 볼 수 있고 짧게 보기를 선호하는 사람은 원하는 대로 할 수 있다.

플랫폼 간 비호환성 ☠☠

2004년에 전세계 PC 판매량은 1억 8,300만 대에 이르렀다. 이 중에서 매킨토시는 겨우 300만 대가 팔려 시장 점유율은 2% 정도에 불과하다. 시간이 갈수록 맥의 사용은 계속 줄어들 것이다. 웹 사용의 대부분의 성장이 애플을 거의 사용하지 않거나 전혀 사용하지 않는 국가에서 비롯되고 있기 때문이다(애플의 미국 내 시장 점유율은 3%, 유럽에서는 1.5%, 그리고 성장이 이루어지고 있는 나머지 지역에서는 약 1%).

2%(미국에서만 서비스되는 사이트라면 3%)의 시장을 만족시키기 위해 맥에서 웹 사이트가 작동하는지 여부를 테스트를 할 가치가 있을까? 규모가 큰 웹 사이트인 경우 최소한으로 생각되는 사업상의 2% 증대는 몇 가지 테스트를 하고 쉽게 수정하는 것보다 가치가 있기 때문에 대답은 여전히 "그렇다"이다. 한편 규모가 작은 사이트는 이윤이 맥에서의 테스트를 해야 할 정도로 불충분한지 보고 결정할 수 있다. 언제나 그렇듯이 예산이 제한적이라면 전장을 선택해야 한다.

모든 플랫폼을 지원하는 디자인은 여전히 중요하기 때문에 두 개의 해골을 할당했다. 우리는 지난 2005년에 해골을 한 개로 줄인 적이 있었지만 그 때에는 파이어폭스 브라우저의 성공 덕택에 지원이 큰 폭으로 높아졌기 때문이다. 웹 사이트에서 플랫폼 간 호환성은 단순히 서로 다른 컴퓨터상에서가 아니라 서로 다른 브라우저상에서의 동작 여부를 의미한다. 1997년부터 2002년까지 마이크로소프트가 최초의 브라우저 전쟁에서 넷스케이프를 압도한 후 거의 모든 사용자는 인터넷 익스플로러 버전 5를 사용하게 됨에 따라 사이트가 여러 종류의 브라우저에서 동작해야 할 필요성이 차츰 줄어들고 있다. 경쟁을 할 필요성이 없어지

> 웹 사이트에서 플랫폼 간 호환성은 단순히 서로 다른 컴퓨터상에서가 아니라 서로 다른 브라우저상에서의 동작 여부를 의미한다.

맥(Mac)의 슬픔

맥의 시장 점유율이 매우 낮기 때문에 거의 의미가 없는 것처럼 말하게 되어 몹시 유감이다. 우리 회사는 애플 컴퓨터의 전 부사장인 돈 노먼과 공동 설립되었고 동료 중 한 사람은 애플의 첫 휴먼 인터페이스 지침을 만든 브루스 "토그" 톡내찌니이다. 우리는 충실한 매킨토시 사용자들과 함께 12년 동안 동고 동락했다. 닐슨은 1986년에 처음 맥을 갖게 되었고 초창기에는 리사(Lisa)도 사용했다. 하지만 일은 일이기에 과거의 추억에만 빠져 있을 수 없고 현실적으로 수치를 다루어야 한다.

자 마이크로소프트는 새 버전의 브라우저 발표 속도를 늦추었고, 따라서 브라우저 버전 간 테스트의 필요성도 많이 낮아졌다. 2003년에는 겨우 2%의 사용자가 버전 4 브라우저를 사용하고 있었기 때문에 이를 무시해도 안전한 수준이었다. 2006년에는 버전 4에 대한 지원이 중단되었다. 2006년에는 인터넷 익스플로러 버전 5가 5%의 소수만이 사용하는 브라우저가 되었다. 라이프 사이클이라는 게 다 그렇다.

우리는 일반적으로 이전 버전에 대한 지원을 중단하기 전에 새 버전의 브라우저가 발표된 뒤 5~6년 정도 기다리라고 조언한다. 예를 들면, IE 5가 1999년에 발표되었으므로 버전 4는 2004년에는 무시해도 안전하다. IE 6이 2001년에 발표되었으므로 2007년이면 IE 5에 대한 지원을 중단할 수 있을 것이다. IE 7이 2006년에 발표되었으므로 2012년까지는 IE 6를 지원해야 한다("5~6년 규칙"은 장기 계획을 세울 때 유용하다. 실제로 브라우저에 대한 지원 중단을 결정하려면 현재 고객 중 몇 퍼센트가 그 버전을 사용하는지 알아보기 위해 서버 로그를 확인해야 한다).

최근 파이어폭스, 애플의 사파리, 그리고 오페라와 같은 새 브라우저가 시장 점유율을 약간 획득하자 마이크로소프트가 인터넷 익스플로러의 개발을 재개하고 새 버전을 발표하였다. 이것은 써드 파티 브라우저와 이전 버전 사용자뿐만 아니라 IE의 서로 다른 몇 가지 버전을 사용하는 사용자들이 웹 사이트에 방문하게 될 것이라는 의미이다.

이렇게 브라우저 영역에 새로운 다양성의 시기가 도래하고 있어 플랫폼 간 비호환성이 해골 세 개짜리 문제로 남아야 하는 것이 아닌가 생각할지도 모르겠지만 그렇지는 않다. 기술 발전 덕택에 플랫폼 간 문제가 많이 줄어들었다. 새 브라우저는 1990년대의 브라우저보다 표준에 대한 호환성이 좋기 때문에 이제 어떤 하나의 브라우저에서는 정상적으로 작동하지만 다른 곳에서는 사용할 수 없게 되는 웹 사이트는 거의 없다. 하지만 비호환 문제는 여전히 발생하므로 여러분 자신의 사이트를 몇 가지 브라우저와 몇 가지 버전에서 테스트해볼 필요는 있지만 예전만큼 심각하지는 않다.

해골 등급을 낮춘 것을 기술 개발의 공로로 돌리긴 했지만 부분적으로는 디자인의 자제력도 한 몫 했다. 막강한 기능의 최첨단 디자인은 소수의 브라우저에서는 실패할 가능성이 높기 때문에 최근에는 거의 사용하지 않는다.

모바일 장치: 크로스플랫폼 디자인을 위한 새로운 논제?

우리는 인터넷 연결 기능을 갖춘 모바일 장치의 보급 증대가 크로스플랫폼 웹 디자인에 있어 강력한 논제가 될 것이라고 생각해 왔다. 아무튼 휴대용 전화기, 블랙베리, 포켓 PC, 그리고 다른 휴대용 장치가 PC와 매우 달라 PC 환경에 맞게 만들어진 사이트를 표시하지 못할 것이라고 생각했다. 하지만 모바일 컨텐츠와 서비스를 사용하는 사용자들을 통한 연구로 생각이 달라졌다. 모바일은 PC와 너무 다르기 때문에 상당히 단순화된 별도의 웹 사이트가 필요하다.

크로스플랫폼은 실제로 "매우 유사한 플랫폼들"을 의미할 뿐이다. 매킨토시 대 PC 대 리눅스? 크로스플랫폼이 맞다. 한 가지 디자인이 이들 모두의 환경에서 작동할 수 있을 정도로 유사하다. IE 대 파이어폭스? 이것 역시 크로스플랫폼이다. 14인치 모니터 대 28인치 모니터? 다시 말하지만 동일한 사이트는 사용할 수 있는 픽셀 수의 차이가 4배인 경우에만 제대로 작동한다. 게다가 커다란 모니터를 가진 사용자는 창을 최대 크기로 만들지 않는 경향이 있고 모든 픽셀을 하나에만 할당하지 않는 경향이 있다.

한편, 트레오 스마트폰과 좀 작은 1024 × 768 크기의 PC 모니터는 8배 차이가 나므로 동일한 사용자 인터페이스를 사용하기에는 너무 큰 차이가 나기 때문에 보기 좋게 축소하는 것이 불가능하다. 보다 전통적인 휴대용 전화기는 일반 데스크톱 모니터에 비해 31배나 작다. 이 경우 차이가 너무 크기 때문에 하나의 사용자 인터페이스를 단순히 작게 만드는 것은 불가능하기 때문에 이들 두 가지 장치 사용자 모두에게 양질의 서비스를 제공할 수 없다.

개조 대상: 사용자가 사용성에 영향을 미치는 방법

> 사용자들이 온라인 환경에 적응하고 웹 사이트 사용 방법을 익히게 됨에 따라 여섯 가지의 사용성 문제가 완화되었다.

현재 많은 사용자들은 10년 전과 다를 바 없음에도 불구하고 시간이 지나면서 온라인 환경에 적응하게 되고 웹 사이트 사용 방법을 더 많이 배웠다. 결과적으로 여섯 가지의 사용성 문제의 심각성이 완화되었고 해골 등급도 낮아졌다.

수년간 웹에 노출되면서 많은 사용자들이 다음과 같은 문제에 서서히 적응해가고 있다.

- 불확실한 클릭 가능 영역
- 파란색이 아닌 링크
- 스크롤 작업
- 등록
- 복잡한 URL
- 풀다운 메뉴와 캐스케이딩 메뉴

불확실한 클릭 가능 영역 ☣

    초기 연구를 통해 사용자들이 화면상에서 어느 곳을 클릭해야 할지 모르는 경우가 있다는 것을 알게 되었다. 초기 웹 페이지는 그래픽을 많이 사용했고 클릭 가능 영역임을 알려주는 단서 없이 그림 속에 링크가 숨어 있는 경우가 많았다. 물론, 만약 사용자가 링크를 보지 못하면 그에 연결된 정보를 절대로 찾아낼 수 없기 때문에 매우 심각한 사용성 문제라고 할 수 있다.

사용자에게 클릭할 수 있는 부분을 알려주는 설명서를 제공해야 한다면 그것은 이미 사용성 문제를 갖고 있음을 의미한다. Diamond K 사이트는 제품 사진이 클릭 가능한 것처럼 보이지 않기 때문에 "더 자세한 정보를 보려면 제품을 클릭하세요"라고 알려줄 필요가 있다. 이 경우 제품 이름을 하이퍼텍스트 링크로 만들면 문제를 해결할 수 있으며 불필요한 설명서를 없앨 수 있다(제품 사진을 추가적인 링크로 사용하는 것도 좋은 생각일 수 있지만 링크나 버튼처럼 보이지 않는 것에서는 사용자의 클릭을 기대하지 않는 것이 낫다).

www.diamondkgypsum.com

요즘의 사용자들은 웹상에서의 클릭 관련 관례에 상당히 익숙해져 있다. 그들은 색상이 다르거나 밑줄이 있는 문자열은 클릭 가능한 것으로 알고 있다. 그리고 또한 그림이 튀어나온 3D 모양의 버튼처럼 보이는 경우 클릭 가능한 것으로 알고 있다. 이 두 가지 디자인 관례를 잘 지키면 사용자들이 클릭할 수 있는 곳을 알아내는 데 어려움을 겪지 않는다 (물론 링크를 클릭해야 하는 이유를 아는 것은 전혀 별개의 문제이다).

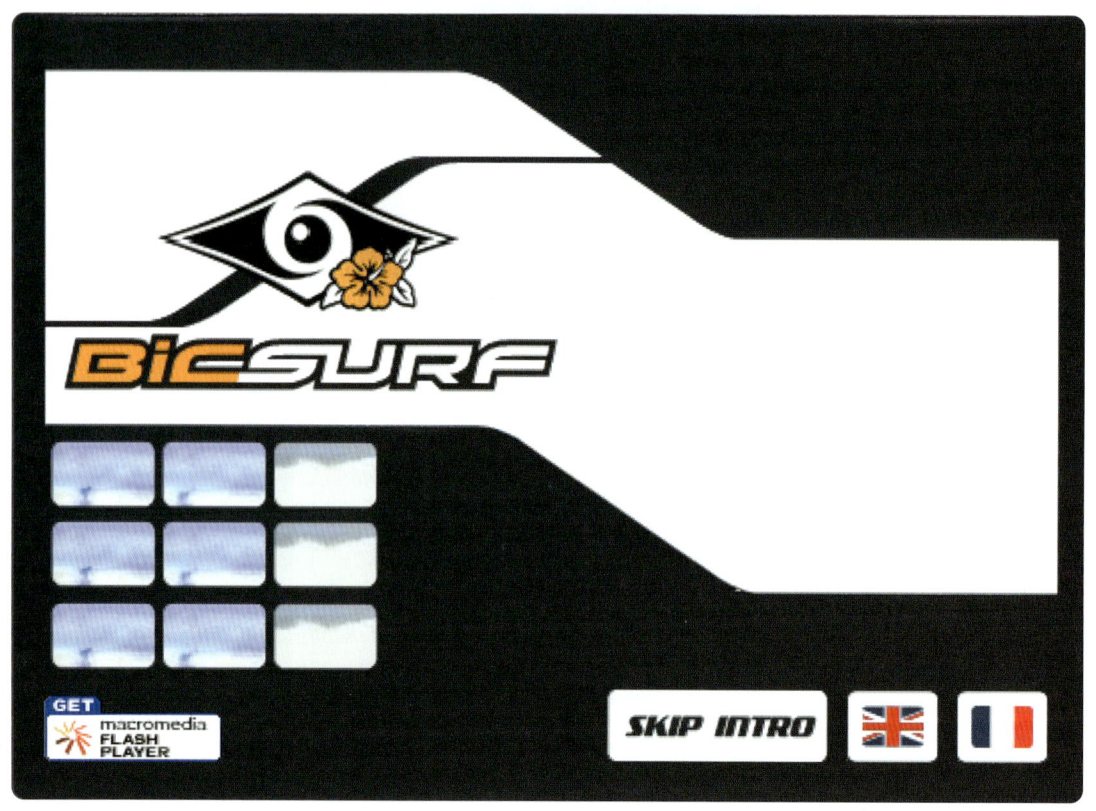

www.bicsportsurfboards.com

도입 페이지를 그냥 지나가려면 어느 것을 선택해야 하는가? "SKIP INTRO" 버튼? 이 페이지에서 "SKIP INTRO"를 클릭하면 아무 일도 일어나지 않는다. 사용자의 예상과는 반대로 도입 페이지를 지나가는 방법은 영국 또는 미국 국기를 클릭하는 것이다. 혹자는 이렇게 함으로써 국가를 선택하고 도입 페이지를 지나가는 두 단계를 하나로 축소한 것일 수도 있다고 얘기할지도 모르겠다. 하지만 사용자의 상호작용 모델에 반하는 행위는 결국 좋지 않은 결과를 가져온다. 모든 시간 절약 시도는 오류와 실패 가능성으로 인해 그 의미가 무색해진다. 게다가 도입 페이지는 시간 낭비이다.

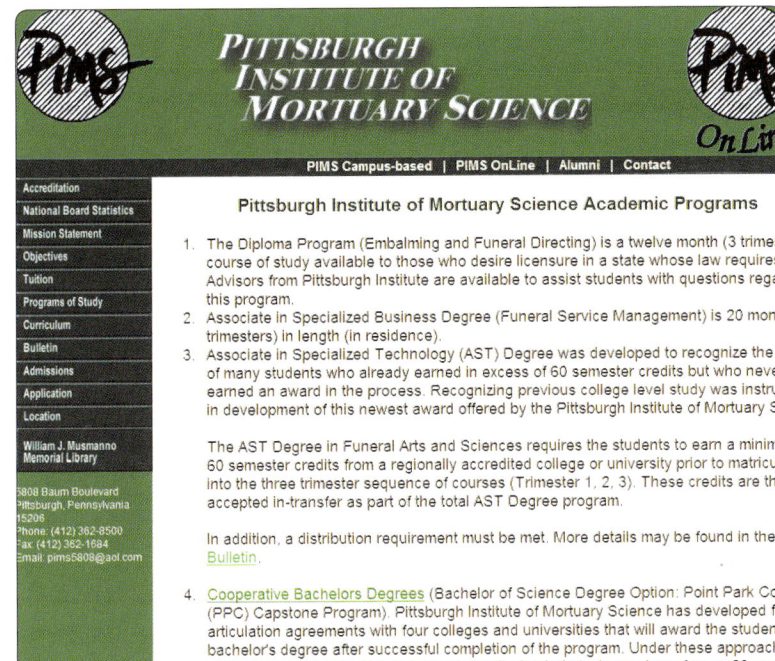

링크는 이제 파란색으로만 표시되는 것은 아니다. 이 페이지에 있는 Bulletin과 "Cooperative Bachelors Degrees"는 채색되어 있고 밑줄이 있기 때문에 본문 속에 삽입된 링크임에 틀림 없다. 또한, Bulletin은 주요 링크 색상보다 조금 더 어두운 색으로 되어 있기 때문에 사용자가 이미 방문했던 링크라는 것도 확실히 알 수 있다.

www.p-i-m-s.com

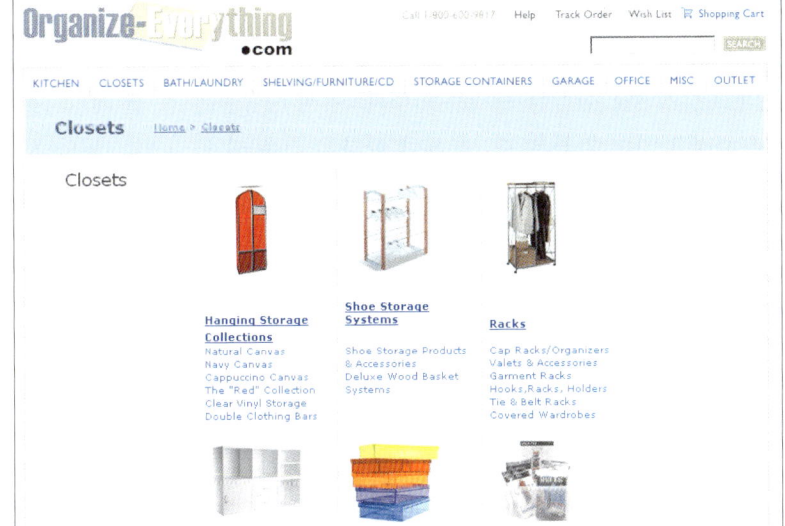

이 페이지의 굵은체에 파란색 밑줄이 있는 제목은 실제로 클릭 가능한 상태가 아니어도 클릭할 수 있는 것처럼 보인다. 파란색 문자열은 특히 밑줄이 그어져 있거나 메뉴 항목에 사용되면 클릭 가능하다는 것을 알려주는 강력한 단서가 된다. 시각적 표현을 잘못 사용하면 그 인터페이스는 사람들의 예상과는 다른 결과를 가져오기 때문에 혼란을 야기한다. 웹 관례를 위반하면 사용자의 신뢰도가 떨어지고 결국 사람들이 그 사이트에서 멀어지게 된다.

www.organize-everything.com

이 문제는 이제 상대적으로 흔치 않기 때문에 해골 한 개 등급이 매겨졌다. 하지만 여전히 웹 사이트에 따라서는 클릭할 수 있지 않을 것 같은데 그렇게 할 수 있게 만들어진 제목을 사용하는 곳이 있고, 특히 어린이와 관련되어 많은 클릭 기능 문제점을 발견했다. 따라서 이 논제는 아직 해골 0 개 등급을 얻을 수 없다.

파란색이 아닌 링크

초기에는 파란색이 사람들이 클릭 가능 상태로 생각하는 색상이었기 때문에 링크는 파란색으로 만들어야 한다고 조언했다. 하지만 요즘 사용자들은 다른 많은 색상을 가진 링크를 접하고 있다. 다른 색상이라도 본문과 확연하게 구분되고 한번 방문한 뒤에는 다른 색상으로 변경되기만 한다면 전혀 문제가 되지 않는다.

만약 다른 색상을 선호하는 특별한 이유가 없다면 가장 안전한 선택으로 파란색을 권장한다. 하지만 다른 색상을 사용하는 것이 문제를 일으킬 가능성은 매우 낮기 때문에 해골 등급에서 제외되었다.

스크롤 작업 ☠☠

2장에서 설명한 것처럼 일부 사용자들은 여전히 자신이 가야 할 곳을 결정하기 위해 사이트를 돌아볼 때 웹 페이지를 스크롤하지 않는다. 이것은 많은 사용자들이 거의 스크롤하지 않거나 전혀 스크롤하지 않던 웹의 초창기만큼 심각한 문제는 아니다. 이제 사람들은 긴 웹 페이지를 사용하려고 하며 가끔은 스크롤해야 한다는 것을 알게 되었다. 만약 사용자가 페이지를 깊이 있게 살펴보기로 결정하면 일반적으로 스크롤하는 방법을 알고 있다고 볼 수 있다.

하지만 아직은 스크롤 사용 주장에 반대한다. 이 논제는 인터넷에 한정된 것만은 아니다. 신문 편집자들은 주요 기사가 신문 가판대에서 사람들 눈에 잘 띌 수 있도록, 또 독자들이 신문을 읽기 위해 펼치기 전에 문간에서 볼 수 있도록 첫 페이지의 접는 부분을 위쪽에 배치한다. 웹에서는 사람들이 필요로 하는 정보가 "한 페이지 아래"에 있거나 처음 훑어볼 때 보이지 않으면 자신에게 적합하지 않은 것으로 여기기 때문에 페이지를 순간 미련 없이 포기하는 것을 여전히 자주 볼 수 있다.

> 스크롤을 사용해야 한다는 주장에 반대한다. 사용자들이 너무 빨리 페이지를 포기하게 되므로 적합하지 않다.

www.atlantis.com

Atlantis 홈페이지의 그래픽 디자인과 레이아웃은 브라우저 창의 보이는 부분 아래에 더 많은 정보가 있는 것처럼 보이게 만드는 부적절한 단서를 제공하고 있다. 휴양지 사진은 브라우저 창 크기에 딱 들어맞고 페이지 하단에 있는 "Begin Your Adventure"라는 문구는 페이지가 그곳에서 끝나는 것처럼 보인다.

디자인 요소를 페이지를 끝내는 표시처럼 사용해서는 안 된다. 경험이 많은 웹 사용자라고 하더라도 보이는 부분 아래에 적절한 정보가 있다는 것을 알려주는 단서를 필요로 한다. 불행하게도 이 사이트는 사람들이 대부분 알아채지 못할 페이지 하단에 더 흥미로운 정보들로 가득 채워져 있다.

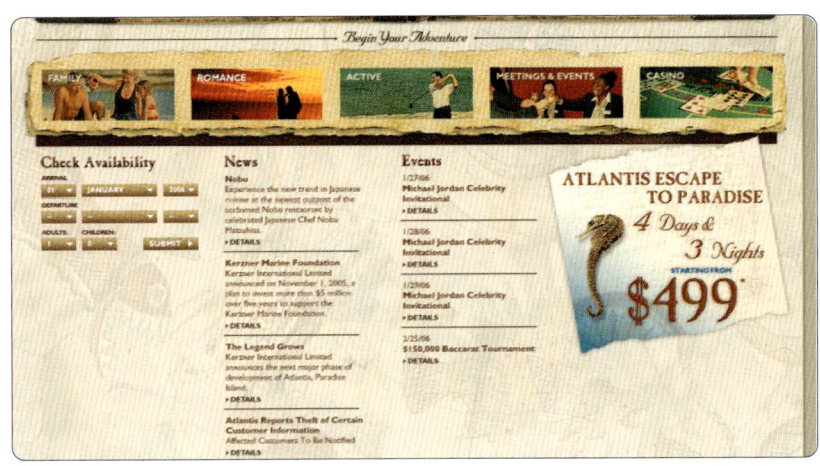

www.atlantis.com

아래로 스크롤한 Atlantis 홈페이지: 사람들이 못 보고 지나칠 수 있는 많은 흥미로운 정보들을 보라. 모든 핵심 정보는 첫 화면의 보이는 부분에 있어야 한다. 고객들은 종종 스크롤하지 않고 본 것만으로 거래를 할 것인지의 여부를 결정한다. 사람들의 흥미를 자극하면서 아래에 더 많은 정보가 있다는 것을 알려주는 데 필요한 단서를 배치할 공간이 충분히 있는지 확인하기 위해 서로 다른 화면 해상도에서 페이지를 확인해야 한다.

스크롤은 여전히 생각보다 더 많은 해를 끼치고 있기 때문에 해골 두 개 등급을 매기고 있다. 이것은 디자이너와 사용자의 적합성 판단 방법에 따른 차이가 있기 때문이다. 웹 사이트를 만드는 사람들은 언제 특정 페이지가 특정 문제에 대한 해결책이 되는지 알고 있으며 사용자들이 그 해결책으로 연결되는 링크를 찾아 스크롤할 것인지 예측할 수 있다. 그리고 독자들은 그것이 어디에 있는지 알아내면 예상했던 대로 행동한다. 하지만 물론 사용자들은 그런 것에 대해서는 모른다. 페이지에 대해 처음 몇 초 동안 보이는 것만 가지고 결정을 내릴 수 있다. 만약 충분히 만족스럽지 않다면 일부는 스크롤하는 데 시간을 투자하지 않고 이 사이트를 떠나게 된다.

등록 ☠

미국 우편 서비스(United States Postal Service)는 고객들이 사이트에서 제품을 구매하기 전에 등록할 것을 요구한다. 하지만 등록 없이 물건을 구매하게 하는 것이 도중 하차의 기회가 줄어들기 때문에 판매를 위해서는 더 나은 접근 방법이다. 예를 들면, "기존 사용자"라는 설명이 붙어 있음에도 불구하고 그러한 잘못된 영역에 새로운 사용자 이름과 패스워드를 입력하고 등록을 시도하는 경우가 가장 일반적이다. 사람들은 문자열 입력 상자가 표시되자마자 즉시 정보를 채워 넣은 다음 오류 메시지가 표시되면 혼란스러워 한다. 반면, 구매 과정의 마지막 부분에서 선택적으로 등록하게 만들면 구매를 방해하지 않고 선택권을 제공하기 때문에 고객들은 덜 불쾌해 한다.

웹의 초창기에는 등록이 거대한 장벽이었고 사람들은 개인 정보를 요구하는 사이트를 믿어야 할지 확신하지 못했다. 이제 사람들은 사이트를 신뢰하고 제공하는 서비스나 제품을 원할 경우 기꺼이 정보를 입력한다. 요즘 사용자들은 거래하기로 결정한 사이트에서 등록하는 방법을 알고 있다.

또한, 많은 전자 상거래 사이트는 사용자들이 정식 절차를 밟아 등록하지 않고도 구매를 완료할 수 있게 해주는 대체 결제 경로를 사용하고 있다. 물론 사용자들은 신용 카드 번호를 포함한 대부분의 동일한 개인 정보를 입력해야 하지만 많은 사람들에게 있어 결제 작업의 일부라고 생각하면 크게 개의치 않는다.

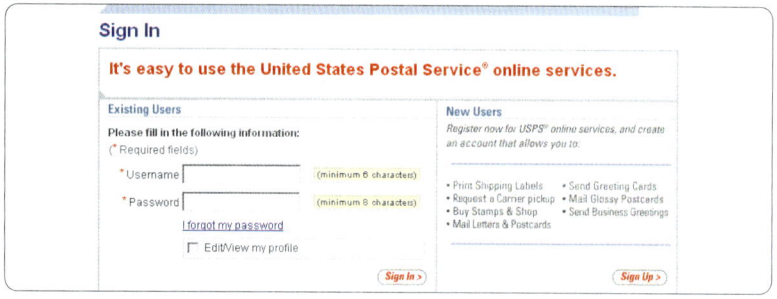

www.usps.com

여전히 사용자들은 웹 사이트에 등록하는 것을 좋아하지 않으며, 사이트들은 성급하게 등록을 강요한다거나 프라이버시를 침해하는 질문을 지나치게 던져 많은 사업 기회를 잃고 있다. 대체로 등록은 여전히 사업 실패의 원인이 되고 있지만 과거만큼 심각한 수준은 아니다. 따라서 해골 한 개를 부여한다.

복잡한 URL ☠☠

URL은 항상 문제가 되는데, 더구나 복잡한 URL은 사용성과 검색 엔진 최적화 모두에 해를 끼친다. URL은 잘 알고 있는 세계의 모든 구성 요소에 고유의 주소를 부여하려는 것뿐이기 때문에 수백 글자나 되는 긴 길이로 만들 이유가 없다. 대부분의 웹 사이트는 100만 미만의 페이지를 갖고 있고 20~50글자 정도이면 충분하다.

사용자들이 웹 페이지를 알아보고 사이트를 둘러볼 때 더 이상 URL에 의존하지 않기 때문에 복잡한 URL을 해골 두 개짜리 사용성 문제로 등급을 낮췄다. 전문적인 사용자들은 앞으로도 가끔씩 URL을 엉망으로 만들겠지만, 지금은 상대적으로 드문 일이고, 따라서 다루기 어려운 URL은 예전만큼 해롭지는 않다. 친구 또는 동료에게 이메일로 참조문을 전송하려는 경우 TinyURL 같은 서비스를 이용하면 URL을 더 짧게 만들 수 있다.

> URL은 잘 알고 있는 세계의 모든 구성 요소에 고유의 주소를 부여하려는 것뿐이기 때문에 수백 글자나 되는 긴 길이로 만들 이유가 없다.

풀다운 메뉴와 캐스케이딩 메뉴 ☠

과거에는 웹상에 있는 모든 동적인 요소가 사용자들을 혼란스럽게 만들었지만 요즘 사람들은 풀다운 메뉴와 몇 개의 단계를 펼쳐 보여주는 계층적 메뉴와 같은 동적인 요소를 사용한다. 메뉴가 복잡할수록 다루기 더 어려워지므로 지금도 여전히 캐스케이딩 메뉴에 해골 한 개 등급을 매기고 있다. 캐스케이딩 메뉴는 과도하게 복잡하거나 길어질 때 사용성 문제를 일으킨다. 단순한 메뉴 이외의 다른 것을 사용하려고 할 때에는 언제든 재고할 필요가 있지만 사이트에 정말로 도움이 되는 경우에는 사용할 수 있다. 하지만 접근성 문제를 주의해야 하고 신체 장애를 가진 사람들은 포인터를 제어하는 것이 어렵다는 점을 반드시 주지해야 한다.

> 초기의 사용성 논제 13가지는 현재 대부분의 디자이너들이 웹을 위해 디자인하는 방법을 습득했기 때문에 이제는 문제의 심각성이 예전보다 덜하다.

자제: 디자이너들이 사용성 문제를 완화하는 방법

우리는 웹 디자이너들이 경험을 얻고 자제력을 보인 결과 13가지의 사용성 문제가 단계적으로 개선되고 있는 것을 지켜봐 왔다. 이들 문제는 자신이 만든 초기 사이트가 실패하는 것을 경험하지 못한 디자이너에 의해 다시 발생될 수 있기 때문에 여전히 잠재적인 문제로 남아 있다. 하지만 노련한 디자이너는 좋은 사용자 경험을 만들어 내기 위해 기술을 언제 어떻게 사용해야 할지 잘 알고 있다.

현재 개선이 이루어지고 있는 문제 영역은 다음과 같다.

- 플러그인과 최첨단 기술
- 3D 사용자 인터페이스
- 거만한 디자인
- 스플래시 페이지
- 움직이는 그림과 자동 스크롤되는 문자열
- 커스텀 GUI 장치
- 정보 제공자 불명
- 만들어낸 말
- 오래된 컨텐츠
- 웹 사이트 내의 모순
- 조급한 개인 정보 요청
- 다수의 사이트
- 고아 페이지

앞서 언급한 것처럼 여기서 다수의 작은 사항들에 대해 심도 깊게 다룰 수 없어 사용자에 대한 문제를 일으킬 수 있는 사용성 지침에 초점을 맞췄다. 실제로 대부분의 웹 사이트는 다수의 전문 지침을 여전히 위반하고 있다.

예를 들면, 우리는 연구를 통해 전자상거래 사이트 디자인을 위한 207개의 사용성 지침을 만들었다. 여러 가지 색상의 제품을 제공하는 경우에는 각 항목에 색상표를 사용하라는 지침은 상당히 오래된 것이다. 하지만 이러한 명확한 지침을 위반하는 전자상거래 사이트가 아직도 눈에 띈다(물론 사용성 지침은 실제 사례를 통해 문제점이 지적되기 전까지는 실제로 "명확"한 것이 아니다. 이러한 이유로 간과할 수 있는 모든 부담을 최소화하기 위해 점검표를 만들어 확인하는 것이 좋다).

Hurricane Pass Traders 는 색상표를 사용하지 않고 있기 때문에 사용자들은 드롭다운 메뉴에서 각 항목이 어떤 색상인지 알아볼 수 없다. 색상표와 메뉴 항목을 동일한 순서(검정색은 보통 맨 아래 항목이다)로 나열하는 것도 좋은 방법이지만 색상 이름 중에는 모호한 것이 있기 때문에 색상표가 꼬리표로 추가되어 있으면 사용자들이 색상을 선택할 때 훨씬 더 자신감을 갖게 된다(예를 들면, "asparagus"는 무엇일까? 슈퍼마켓에서 구입하는 아스파라거스는 밝은 녹색이지만 스크린샷에 있는 색상표에서는 일치하는 색상을 찾을 수가 없다). 이 사이트는 제품 페이지 내의 색상 사용에 있어 또 다른 지침을 위반했다. 즉, 다른 색상의 반바지를 보는 방법이 제공되어 있지 않아, 말하자면 "아몬드"라는 색상 항목을 보고 나서 그 색상의 반바지를 머릿속으로 떠올려야 한다. 색상 정보를 알기 위해 전화번호를 알려주는 것은 별로 도움이 되지 않는다. 당연히 색상을 전화로 설명을 듣는 것보다 직접 눈으로 보는 게 낫다.

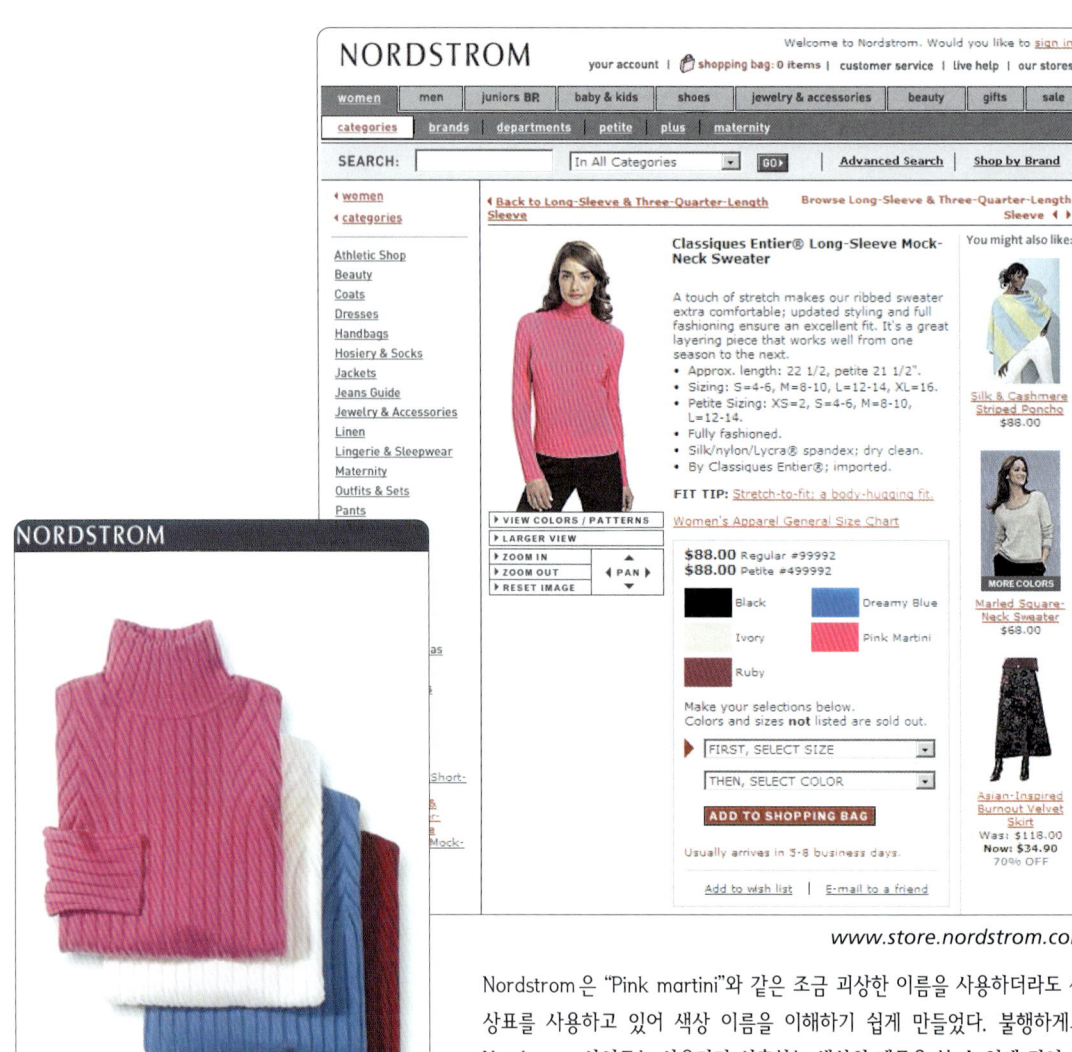

www.store.nordstrom.com

Nordstrom은 "Pink martini"와 같은 조금 괴상한 이름을 사용하더라도 색상표를 사용하고 있어 색상 이름을 이해하기 쉽게 만들었다. 불행하게도 Nordstrom 사이트는 사용자가 선호하는 색상의 제품을 볼 수 없게 되어 있다. "view colors/patterns" 링크에서 이 기능을 제공할 것 같아 클릭했더니 다섯 가지의 색상 중 네 가지 색상의 살짝 비껴 쌓아 놓은 스웨터를 보여주는 바보 같은 팝업만이 표시될 뿐이다. 아무것도 보여주지 않는 것보다는 낫겠지만 한 가지 색상은 제외되어 있고 일부분만 볼 수 있어 이 상태로는 "dreamy blue" 색상의 스웨터를 떠올리는 것은 쉬운 일이 아니다.

www.cadillac.com

Cadillac은 색상표를 제공하고 있고 사용자가 서로 다른 색상을 선택할 때마다 자동차의 외관과 내부 사진도 그에 맞게 변경된다. 위 사진은 사용자가 "crimson pearl"의 외장 색상에 "shale" 인테리어 색상을 선택한 것을 보여주고 있다. 이러한 실시간 피드백은 고객이 두 가지 색상을 함께 선택해야 하는 경우 특히 중요하다.

플러그인과 최첨단 기술 ☠

최첨단 기술은 초기 웹에서는 재앙과도 같은 존재였다. 사이트의 사용을 위해 새로운 플러그인 또는 소프트웨어를 업그레이드하기를 요구하는 사이트들은 이를 거부하는 많은 잠재 고객을 잃었다.

그 이후 두 가지 일이 일어났다. 첫째, 디자이너는 사용자에게 새로운 기술을 강요할 수 없다는 사실을 깨달았다. 사람들은 다운로드 대화 상자를 보게 되면 생각할 것도 없이 단순히 취소 버튼을 선택한다. 사람들은 바이러스에 대한 두려움을 갖고 있고 다운로드 받는 동안 기다리는 것을 원치 않으며 웹 페이지를 보기 위해 컴퓨터를 다시 시작하는 것도 원치 않는다. 요즘의 대부분의 디자이너들은 이러한 문제들을 피하기 위해 수년간을 통해 증명된 기술에 의존하고 있다.

디자인 자제력이 이러한 변화를 만들어낸 주 요인이다. 하지만 기술 개선도 한몫 했다. 최첨단 기술과 플러그인의 정제 과정을 거쳐 업그레이드가 쉬워졌다. 특히 파이어폭스 브라우저는 플러그인을 최신 상태로 유지해주는 멋진 인터페이스를 갖고 있다.

이러한 두 가지 상황의 개선으로 플러그인과 최첨단 기술의 해골 등급은 1개로 줄어들었다. 우리는 여전히 만들어진지 최소 2년 정도 지난 기술을 사용하도록 권장하고 사이트에 방문하기 위해 무엇이든 사용자에게 업그레이드를 강요하지 말라고 한다. 이 문제는 여전히 발생하고 있기 때문에 해골 0개 등급은 되지 않는다.

3D 사용자 인터페이스 ☠

웹상에서 3차원 사용자 인터페이스는 십중팔구 사용하기 어려울 뿐만 아니라 노력을 들일 가치도 거의 없다. 기본적인 문제는 3D 이미지가 평평한 화면에 표시되고 2차원적 입력 장치인 마우스로 제어해야 한다는 점이다. 여기에 줌 기능과 다양한 카메라 각도를 추가하면 문제가 발생할 가능성이 배가된다. 사용자들은 좋은 각도에서 제품을 보기 위한 3D 인터페이스에 익숙해지기가 매우 어렵다는 것을 발견하게 된다. 그들은 대부분의 시간을 제품을 보는 것이 아니라 인터페이스와 씨름하는 데 소비하게 될 것이다.

3차원 인터페이스는 종양, 수술을 위한 절개 부위 그리고 환자를 3차원으로 영상화하는 것이 중요한 의학용 애플리케이션 같은 소프트웨어 프로그램에서 제 역할을 수행한다. 이와 유사하게 건축용 애플리케이션 역시 실제 건축물이 3차원으로 만들어지기 때문에 3D를 사용하는 것이 자연스럽다. 하지만 대부분의 웹 애플리케이션은 본질적으로 3D를 필요로 하지 않는다. 예를 들면, 전자상거래 사이트에서 제품을 구매할 때 사용자들은 2D 사진을 보면서 3D 객체를 선택하는 데 전혀 어려움을 느끼지 않는다. 사용자 인터페이스는 다루기 어려운 화려한 3D 마네킨으로 사용자를 당혹스럽게 만들기보다는 현실적인 평평한 화면에 맞게 최적화하는 것이 훨씬 낫다.

대부분의 3D 인터페이스는 역사일 뿐이다. 대부분의 초기 3D 기술은 제대로 작동하지 않았고 따라서 디자이너들 역시 사용자를 고통스럽게 만드는 일을 중단했다. 하지만 새로운 3D 기술 업체가 어디선가 갑자기 나타나 전자상거래 담당자에게 사이트를 3D로 꾸미라고 요구하는 일은 계속 일어나기 때문에 해골 한 개 등급을 매겼다.

> 사용자 인터페이스는 다루기 어려운 화려한 3D 마네킨으로 사용자를 당혹스럽게 만들기보다는 현실적인 평평한 화면에 맞게 최적화하는 것이 더 낫다.

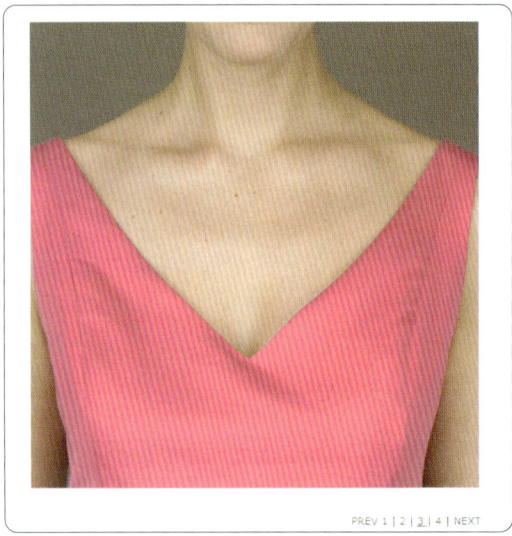

www.jcrew.com

3D 모델을 회전하고 확대/축소하는 것 대신 J. Crew는 이 옷을 가까이에서 좋은 각도로 찍은 네 장의 전문적인 사진을 제공하고 있다. 또한, 이 사이트는 선택 가능한 모든 색상의 옷을 사용자가 볼 수 있도록 해주고 있다. 이 디자인에 다소 억지스러운 두 가지 제안을 할 수 있다. 한 가지는 현재 보고 있는 화면은 밑줄 대신 굵은체의 숫자로 표시해야 한다. 밑줄이 있는 문자는 클릭 가능한 링크라는 의미를 담고 있기 때문이다. 다른 한 가지는 사용자가 가장 마지막 이미지에 도달하면 "Next" 링크를 보이지 않게 해야 한다(첫 번째 이미지를 볼 때에는 "Prev" 링크를 숨겨야 한다)는 것이다.

거만한 디자인 ☠

　과도하게 움직이는 요소, 깜박이는 불빛, 그리고 구조적으로 문제가 있는 링크 등으로 사용자를 당황스럽게 하는 페이지는 초창기 웹의 저주였다. 디자이너들은 사용자에게 뭐든 많이 던져주면 사용자들의 주의를 끌 기회를 많이 얻게 될 것으로 여겼다. 물론 이 생각은 여지없이 빗나갔고, 실제로는 사용자들이 그 사이트를 떠나 더 작은 규모의 사이트에서 시간을 소비했다.

　요즘도 일부 사이트는 필요 이상의 많은 기능을 갖고 있는가 하면, 또 어떤 사이트들은 너무 크고 부적절한 그래픽을 갖고 있기는 하지만, 도가 지나친 디자인은 거의 찾아보기 힘들어 해골 한 개 등급으로 낮췄다. 웹 사이트는 사업 그 자체에 더 많은 초점을 두고 있고 고객들 역시 그 것을 바라고 있다.

스플래시 페이지 ☠

　스플래시 페이지는 사람들의 방문 목적을 잊게 만들기 때문에 웹 디자인을 악용하는 죄악과도 같은 존재였다. 요즘은 더 이상 볼 수 없기 때문에 해골 0개 등급을 매기려고 했지만, 하지만 아직까지도 이러한 혐오스러운 디자인 기술로 사용자들의 이동 속도를 방해하는 일부 사이트가 존재하고 따라서 그들에 대해 해골 한 개 등급의 경고를 유지하게 되었다. 신생 소규모 기업 사이트의 소유주는 고객의 비위를 맞추고 그들의 요구를 들어주기 위해 화려한 디자인을 고집하기 때문에 스플래시 페이지의 유혹에 걸려들기 쉽다.

　스플래시 화면은 반드시 사라져야 한다. 스플래시 페이지는 사용자들에게 사이트의 첫 인상이 문제 해결보다는 이미지에 더 많은 신경을 쓰고 있는 것으로 보이게 만든다. 홈페이지는 사용자가 방문하자마자 이 사이트는 어떤 일을 하는 사이트이고 사용자는 이 사이트에서 무엇을 얻을 수 있는지, 통신을 해야 하는데다 방문객의 시간을 소중하게 여겨야 하는데 그렇지 않다면 사용자들은 쉽게 떠나버린다.

　스플래시 화면을 옹호하는 초기의 주장 중 하나는 그 기능이 잡시 표지와 같아서 매력적인 이미지로 사이트의 품격을 높여준다는 것이었다. 매력적인 시각적 디자인은 확실히 정보의 우선 순위를 설정하고 가장

> 스플래시 화면은 반드시 사라져야 한다. 스플래시 페이지는 사용자들에게 사이트의 첫 인상이 문제 해결보다는 이미지에 더 많은 신경을 쓰고 있는 것으로 보이게 만든다.

중요한 특징에 사용자의 시선을 돌리게 하는 데 도움이 된다. 하지만 잡지 표지는 사용의 용이성을 전달할 필요가 없다. 웹 사이트의 홈페이지는 기업의 브랜드 평판에 중요한 기여를 한다.

www.wynnlasvegas.com

이것은 사용자들이 세 가지 장소로 이동할 수 있게 되어 있기 때문에 진정한 스플래시 화면이 아니다. 하지만 이들 세 가지 옵션은 실제로 그렇게 되고 있는 것처럼 홈페이지에서 제공해야 하기 때문에 출발지 역할을 하는 페이지도 아니다. 따라서 사용자에게 이 페이지를 보여주는 것은 시간 낭비일 뿐이다.

    잡지 표지와 웹 사이트의 홈페이지 사이의 가장 중요한 차이는 잡지 표지는 사람들이 잡지를 구매하고 싶은 마음이 생기도록 그들의 흥미를 자극해야 하는 반면, 홈페이지는 해당 사이트에 방문하기로 이미 정한 사람들이 보게 된다는 점이다. 이 두 가지는 서로 다른 역할을 하는 서로 다른 디자인이다. 스플래시 화면을 웹 사이트에 사용하지 않도록 한다. 잠재 고객들이 사이트를 떠나기로 결정하기까지 2분이 채 안 걸린다는 점을 기억한다. 그 짧은 시간을 스플래시 화면을 보는 데 낭비하게 해서는 안 된다.

움직이는 그림과 자동 스크롤되는 문자열 ☠

실생활에서와 마찬가지로 웹에서 크게 소리지르면 오히려 중요한 할 말이 없는 것처럼 보이기 때문에 일반적으로 역효과를 낸다. 사용자들은 문자열이 자동으로 움직이고 이미지가 쉴 새 없이 움직이는 것은 쓸모 없어 보이기 때문에 대부분 이를 무시하는 경향이 있다. 웹 사이트의 디자이너 역시 이러한 사실을 알아냈다. 자동 스크롤 문자열과 경박한 애니메이션은 과거와는 달리 거의 일반적이지 않게 되었기 때문에 이 문제의 등급을 해골 한 개짜리로 낮췄다.

커스텀 GUI 장치 ☠☠

사용자들은 라디오 버튼이 라디오 버튼처럼 보이고 라디오 버튼처럼 동작할 것으로 예상한다. 그래픽 사용자 인터페이스에서 표준으로 설정되어 있는 다른 디자인 요소 역시 마찬가지이다. 안타깝게도 일부 웹 디자이너들은 버튼과 스크롤 막대 같은 표준 대화형 요소에 자신의 디자인을 사용하려는 충동을 느낀다.

스크롤 막대는 가장 널리 남용되는 GUI 장치 중 하나이다. 사용자를 테스트하는 과정에서 커스텀 스크롤 막대 때문에 자주 문제가 생겼다. 여러분의 스크롤 막대가 스크롤 막대처럼 보이지 않으면 사용자들은 그것을 보지 못할 수 있다. 여러분의 스크롤 막대가 스크롤 막대처럼 동작하지 않으면 사용자들은 보려고 하는 컨텐츠를 꺼내는 방법을 모를 수도 있다. 어떤 경우든 사용자들은 스크롤 없이 볼 수 있는 아이템만을 기반으로 하여 거래를 하려고 하며 사이트가 제공하는 모든 것을 절대로 보지 못할 수도 있다. 스크롤 막대의 사용성이 대부분의 다른 사용성 지침보다 높은 투자 수익을 제공한다는 점은 의심할 여지가 없다.

다행히도 직접 제작한 대화형 제어 장치의 보급이 최근 몇 년 사이 줄어들었고 따라서 이 문제를 해골 두 개짜리 등급으로 낮추었다.

> 여러분의 스크롤 막대가 스크롤 막대처럼 보이지 않으면 사용자들은 그것을 보지 못할 수 있다. 여러분의 스크롤 막대가 스크롤 막대처럼 동작하지 않으면 사용자들은 보려고 하는 컨텐츠를 꺼내는 방법을 모를 수도 있다.

www.norahjones.com

전통적인 모습을 가진 장치를 사용하여 GUI 표준을 따라야 한다. 이 페이지의 노란색 태양처럼 독특한 모습의 스크롤 막대는 사용성 문제를 일으킬 위험이 있다. 사람들은 디자인이 평범한 것에서 너무 벗어나면 보지 못하거나 사용 방법을 몰라서 "직접 만든" 스크롤 막대를 사용하지 않는다. 확실한 스크롤 장치를 사용하면 사이트가 제공하는 모든 것을 고객이 볼 수 있다는 것을 기억하기 바란다. 스크롤 막대는 쉽게 눈에 띄어야 한다. 그에 대한 작업에 공을 적게 들일수록 더 나은 스크롤 막대가 탄생된다.

정보 제공자 불명 ☠

전자 상거래 사이트에서 물건을 주문하면 그 회사가 물건을 발송할지 믿을 수 있을까? 도착한 물건의 상태가 안 좋을 때 교환해줄까? 사이트에 등록하면 개인 정보를 다른 누군가에게 돈 받고 팔아 불쾌한 포르노 같은 제품 등에 대한 스팸을 끊임없이 받게 되는 것은 아닐까?

가장 거대한 업체조차도 브라우저 창 내에 표시되는 몇 마디 말과 그림으로만 존재하는 웹상에서 신용과 신빙성은 가장 중요한 이슈이다. 웹상에서는 사기성이 있고 비윤리적인 기업이라도 오랜 역사의 사회 경험과 거짓이 없는 고객 관리 시스템을 가진 업체로 보일 수 있다. 웹 사이트가 성공적이기 위해서는 사용자들이 그 웹 사이트의 배후자가 누구인지, 재정 상태는 어떤지, 그리고 믿을만 한지 알 필요가 있다.

요즘은 사이트에 전용 "회사 소개" 항목이 있는 것이 매우 일반적인 상황이 되었다. 그 영역에 자체적인 사용성 문제가 있다고 하더라도 그들은 사용자에게 사이트에 담긴 정보를 누가 제공하는지 알려준다. 이 문제는 이제 해골 한 개짜리가 되었다.

> 가장 거대한 업체조차도 브라우저 창 내에 표시되는 몇 마디 말과 그림으로만 존재하는 웹상에서 신용과 신빙성은 가장 중요한 이슈이다.

별 내용 없는 "회사 소개" 기능

15개 업체의 사이트를 대상으로 "회사 소개" 기능의 사용성을 테스트한 결과 70%의 사용자만이 원하는 정보를 찾을 수 있었다는 것을 발견했다. 특히 다음과 같은 기본적인 업체 정보를 찾는 데 어려워 했다.

- 최고 실무자: 성공률 59%
- 올바른 연락처 정부: 성공률 62%
- 기업 철학: 성공률 59%
- 연대기와 이정표: 성공률 58%

연락처 부분의 낮은 점수는 다음 두 가지 이유에서 안타까운 부분이다. 첫째, 사람들이 그 정보를 자주 요청하며 미리 사이트 내에 준비되어 있지 않을 때 그들은 거래를 포기한다. 둘째, 업체의 신뢰를 평가하는 중요한 기준 중 하나이다. 사용자들은 일을 무책임하게 처리한다고 생각하거나 공개할 실제 주소와 전화 번호를 갖고 있지 않다고 생각한다.

만들어낸 말 ☠

닷컴 거품이 있던 시절 모든 웹 사이트는 제공하는 서비스를 설명하는 자체적인 문법을 발명했던 것으로 기억한다. 그렇게 만들어낸 말은 사용자가 어떤 메뉴 옵션을 클릭해야 할지 모르기 때문에 사용성에 해가 된다. 예를 들면, 자원(resources)을 "re-sauces"라고 하거나 음식(food)을 "foodile"로 부르면 사용자들은 용어의 뜻을 모르기 때문에 당황스러워 한다. 이론적으로는 사용자들이 사이트 내부를 돌아다닐 수 있게 해줄 수 있지만 실제로는 실망스러움을 느끼고 거래를 포기한다.

또한, 사용자들은 일상적으로 사용하지 않는 말은 분명히 검색하지 않을 것이기 때문에 검색 엔진 최적화에도 해가 된다. 반대로 일상적인 표현과 직설적인 용어를 사용하면 검색 엔진의 사이트 순위가 올라가고 이들 용어를 검색어로 사용하는 사람들이 쉽게 찾을 수 있다.

여전히 그러한 용어를 사용하는 몇 개의 사이트가 있지만 그러한 사이트의 사업 수완이 지속적으로 낮아짐에 따라 점차 웹상에서 찾아 보기 힘들어지고 있다. 직접 만들어낸 말은 이제 해골 한 개짜리 문제이다.

오래된 컨텐츠 ☠☠

오래된 정보는 서서히 웹 사이트를 낡아 보이게 만들기 때문에 어떤 점에서는 오래된 정보를 해골 세 개짜리 문제점으로 생각할 수도 있다. 물론 오래된 정보 그 자체는 문제가 되지 않는다. 풍부한 아카이브와 배경 정보가 체계화되어 있으면 웹에서 중요한 곳이 된다.

문제는 사용자가 새로운 정보처럼 보이는 오래된 정보를 얻게 되었을 때 발생한다. 이것은 일반적으로 주로 관리가 이루어지고 있지 않은 사이트에서 발생한다. 하지만 전문적으로 운영되고 있는 큰 사이트는 페이지를 가장 최신 상태로 관리하고 있기 때문에 이 문제를 해골 두 개 등급으로 낮췄다.

www.rottentomatoes.com

귀여운 표현과 이름을 사용하면 사람들이 이해하지 못하기 때문에 주의해야 한다. 대부분의 경우 사람들은 웹에서 정보를 신속하게 얻길 원한다. 이를 위해 사람들은 올바른 정보를 찾게 해주는 명확하고 간결한 제목과 표시에 의존한다. 사람들은 "암호"를 해독하도록 요구하는 사이트에 흥미를 잃어버린다. 예를 들면, 이 영화 사이트의 토마토 테마는 기본적인 개념을 효율적으로 전달하지 못한다. "Certified Fresh", "Critics Tomatometer", "Cream of the Crop"과 같은 카테고리는 사용자들에게 명확하게 의미를 전달하지 못한다. 토마토와 녹색 아이콘이 한눈에 어떤 의미인지 그리고 영화 평가와 어떤 관계가 있는지 알아보기 어렵다. 사이트 디자이너는 녹색 아이콘으로 재미없는 영화임을 표시하려고 한 것 같지만, 많은 사용자들은 이 아이콘의 의미를 제대로 파악하지 못하고 별표(asterisk, *)를 대신하는 표시로 생각하게 된다.

웹 사이트 내의 모순 ☠☠

처음에는 모든 페이지가 그 자체로서 의미를 갖는다. 모든 새로운 페이지는 필요한 순간에 적절하게 만들어지지만 사이트 내의 다른 페이지와 어떻게 연결될지에 대해서는 고려하지 않는다. 하위 사이트는 종종 상위 사이트와 너무 달라 보이는 일이 많고 따라서 그들 사이트 모두 동일한 업체에 속하며 이론적으로 단일 서비스 부분이라는 점을 제대로 전달하지 못하게 된다.

적어도 2000년 이후부터 대부분의 대기업들은 고객에게 일관성을 제공하려고 노력했고 웹 사이트는 최소한 주요 컨텐츠라는 측면에서 과거에 비해 훨씬 모순이 적어졌다. 하지만 대부분의 사이트는 여전히 서로 다른 팀이 만든 영역을 갖고 있으며 그것이 노출되어 있다.

인트라넷은 전혀 별개의 문제이다. 인트라넷은 여전히 서로 다른 부서가 만든 디자인으로 인해 일관성이 없는 경우가 많다. 일관성이 없는 디자인은 인트라넷에 있어서는 해골 세 개짜리 문제이지만 많은 사람들이 이용하는 인터넷의 경우에는 이제 해골 두 개짜리 문제가 되었다.

조급한 개인 정보 요청 ☠☠

만약 칵테일 파티에서 전혀 모르는 사람에게 다가가 전화번호, 생년월일, 주민등록번호, 그리고 할머니의 진료 기록을 물어본다면 많은 사람들이 자리를 피할 것은 뻔하다. 웹 사이트에서도 마찬가지이다. 만약 너무 빨리 너무 많은 것을 물어보면 사람들은 그러한 질문에 대한 대답을 거절하게 된다. 웹 사이트는 개인 정보를 물어보기 전에 조금이라도 사용자와의 관계를 돈독히 할 필요가 있다.

대부분의 웹 사이트는 이러한 상식적인 조언을 무시했다. 하지만 앞서 가는 사이트는 이 점을 깨고 이제 사용자가 거래하기로 결정하기 전까지는 개인적인 질문을 뒤로 미룬다. 고객에게 구매한 물건을 제대로 배송하려면 고객의 주소 정보를 알 필요가 있고 사람들은 충분한 관계가 성립되고 나면 이러한 정보를 문제없이 제공한다. 하지만 개인 정보를 제공하기 전에는 사이트에 들어갈 수도 없고 둘러볼 수도 없다면 사람들은 일반적으로 즉시 그곳을 떠나게 된다.

여전히 너무 많은 사이트가 사용자 평가를 위한 질문을 많이 하는 것이 현명한 마케팅 방법이라고 생각하고 있기 때문에 개인 정보의 조급한 요청은 해골 두 개짜리 문제로 남을 수 밖에 없다. 하지만 너무 많은 질문을 하면 사이트가 칵테일 파티에서 참견하길 좋아하는 사람처럼 인기를 잃게 된다.

다수의 사이트 ☠☠

기업들은 너무 쉽게 새로운 웹 사이트를 전혀 다른 주소로 시작하는 경향이 있다. 사이트가 너무 많으면 고객들은 해당 업체에서 어떤 서비스를 제공받을 수 있을지 절대 알 수 없게 되고 통합된 정보 구조와 유용한 검색, 그리고 내비게이션에 대한 희망을 갖지 못한다.

요즘에는 대부분의 업체들이 통합된 인터넷 전략의 필요성을 깨닫게 됨에 따라 이 문제는 예전만큼 심각하지 않다. 하지만 광고전과 연계된 하위 사이트가 여전히 널리 사용되고 있기 때문에 해골 두 개 등급을 매겼다. 각 광고를 위한 전용 페이지를 만드는 것은 문제가 없으며 실제로 권하는 방법이지만 정보는 모든 요소가 서로를 지원하는 동일한 웹 사이트의 일부분이어야 한다.

고아 페이지

고아 페이지는 링크가 전혀 없는 페이지를 의미한다. 만약 고아 페이지에 도착하면 사이트 내의 다른 어느 곳으로도 갈 수 없게 된다. 1990년대에는 상당히 일반적이었지만 이제는 거의 찾아보기 힘들다. 실제로 모든 디자이너들이 사이트의 다른 곳으로 연결되는 최소한의 내비게이션 옵션을 사용자에게 제공할 필요가 있음을 깨달았기 때문에 이제는 해골 0개의 문제이다.

초기 연구 결과의 운명 평가하기

이 장에서 과거의 웹 사이트를 위한 가장 중요한 문제 영역 34가지를 돌아보고 그 중요도가 현재까지 얼마나 이어지고 있는지 표시하기 위해 각 항목에 해골 등급을 매겼다. 우리의 등급은 해골 0개에서 3개까지이므로 모든 사용성 문제가 처음 발견했을 때와 마찬가지로 여전히 문제가 되었다면 총 102개의 해골을 할당할 수 있었을 것이다. 하지만 총 59개의 해골만 사용했다. 이것은 현재 우리가 볼 수 있는 사용성 문제가 과거에 비해 58% 정도만 예전과 마찬가지로 심각하다는 의미이다. 다시 말해 그로 인해 발생할 수 있는 잠재적인 손해가 42% 개선되었다고 볼 수 있다.

다음의 파이 차트는 사용성 문제의 현재 상태를 보여준다. 이것은 여전히 중요한 문제의 비율과 기술과 디자인 개선, 그리고 다양한 디자인 요소에 대한 사용자의 적응을 이유로 중요도가 낮아진 문제의 비율을 나타낸다.

많은 분석가들이 인터넷 기술의 발전에 대해 극단적으로 열광하고 있음에도 불구하고 개선된 기술은 겨우 10%밖에 되지 않는다는 점은 흥미로운 부분이다. 차트에서 알 수 있는 것처럼 사용자 행동 양식의 변화가 11%의 개선을 보이며 실제로는 더 크게 영향을 미치고 있다.

해골 개수를 낮출 수 있었던 문제의 대부분은 사용자들을 불쾌하게 만드는 디자인 기술을 자제한 디자이너들 덕분에 가능했다. 개선된 디자인으로 21%의 해골 개수를 잃게 됨에 따라 디자이너들의 좋은 습관이 계속되는 동안에는 사용성 문제에 크게 부딪힐 일이 없게 되었다.

하지만 안타깝게도 디자이너들이 앞으로도 계속 그러리라는 보장은 없다. 미래의 웹 디자이너들은 초기 지침을 위배하여 클라이언트에 해를 끼칠 수 있다. 웹상에서의 문제가 과거 어느 때보다도 적어진 만큼, 경험이 부족한 디자이너들은 경험 많은 동료들이 몸소 깨달아야 했던 죄악을 되풀이하는 심각한 위험 부담이 있다.

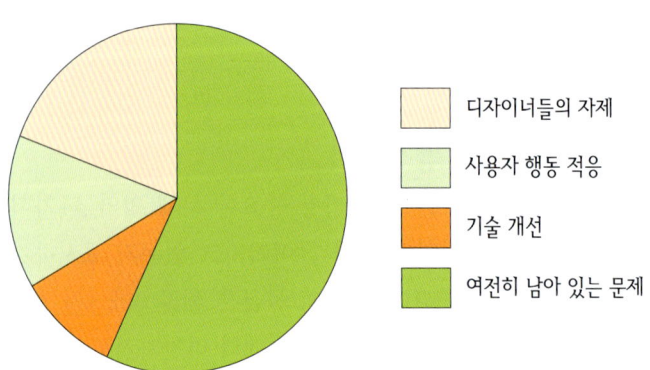

이 장에서 논의한 34가지의 초기 사용성 문제에서 기인한 잠재적 손상 분포

사용성 문제 개선의 절반이 웹 디자이너가 사용성 지침을 따르는 경우가 많아졌기 때문이라는 사실에 대해 생각해볼 때, 우리를 계속 불안하게 만드는 문제의 비율이 실제로는 파이 차트에 표시되어 있는 것보다 크다는 사실을 깨달았다. 실제로 개선된 부분은 사용자 행동 양식의 변화와 기술에 의해 완화된 21%의 문제에 불과하다. 더 나은 디자인 덕택에 개선된 21%의 문제는 확실하게 개선되었다고 볼 수 없다. 언제든 다시 바뀔 수 있는 부분이므로 현실상에서는 최초의 논제 중 79%는 여전히 걱정해야 할 부분인 셈이다. 다시 말해 1990년대에 얻은 사용성에 대한 통찰력 대부분이 일부 함정은 현재 사용자들을 실제로 괴롭히지 않는다고 해도 다음 몇 년 동안에는 여전히 유효하다고 할 수 있다.

웹 사용성의 서로 다른 관점에 대한 연구를 계속하면서 결과가 이렇게 자주 증명된다는 점이 놀랍기만 하다. 물론 나중에 나온 연구 결과일수록 제대로 된 이해와 더 구체적인 지침을 만들어낸다. 이런 이유로 다가올 가까운 미래에도 사용성 문제는 여전히 가장 중요한 사안이 될 것으로 생각된다.

추가 정보

이 장에서 언급한 웹 사용성에 대한 초기 연구 중 일부는 www.useit.com/papers에 가면 보고서로 정리된 것을 찾을 수 있다. 다섯 개의 웹 사이트에 대한 1994년의 테스트는 "1994 Study of Web Usability" 참조; 인트라넷 사용성에 관한 1994년의 연구는 "Sun Web: User Interface Design for Sun Microsystems' Intranet" 참조; 대체 웹 디자인에 대한 1995년 연구는 "1995 Design of Sun Microsystems' Website, Using Interactive Design and User Testing" 참조; 그리고 사람들이 온라인에서 읽는 방법에 대한 1997년의 연구는 "How to Write for the Web" 참조.

이 장에서 인용한 다른 보고서와 지침에 대한 자세한 내용은 www.nngroup.com/reports를 방문하여 Flash, Teenagers, E-commerce, 그리고 "About Us" Sections of Corporate Sites를 참조하기 바란다.

문제를 심각하게 만드는 것
- 고통의 규모
- 사용자의 실패 이유
- 최악의 문제에 초점을 맞춰야 하는가?

4 자신의 사용성 문제에 대한 우선순위 매기기

사용성은 지극히 중요한 문제가 될 수 있다. 전쟁터에서 전투기에 타고 있는 병사는 비행기의 조준과 발사 시스템의 사용자 인터페이스가 적기에 비해 단 1초라도 빠르게 작동할 수 있다면 엄청나게 유리한 위치에 있게 된다. 물론 웹에서는 사용성이 그렇게 드라마틱한 역할을 하지는 않는다. 하지만 여러분의 웹 사이트의 성패를 결정할 수 있다.

어떤 사용성 문제가 여러분의 웹 사이트에 가장 중요한지 알고 있는가? 어느 것을 수정해야 하고 어느 것을 그냥 두어도 좋은가? 이 장에서는 사용자에게 가장 큰 문제가 되고 사업적으로는 성공의 기회를 잃어버릴 수 있는 문제에 대해 살펴본다. 이 정보를 기반으로 자원 할당을 위한 최선의 결정을 내릴 수 있게 될 것이다.

문제가 얼마나 심각한가?

- 높은 우선순위의 문제는 사람들이 사이트를 사용할 수 없게 하거나 실제로 떠나게 만들어 사업적 손실 또는/및 막대한 비용을 발생시킨다.
- 중간 우선순위의 문제는 사용자들의 혼동과 좌절을 야기하고 약간의 사업적 손해가 발생하지만 높은 우선순위의 문제 수준만큼은 아니다.
- 낮은 우선순위의 문제는 표면적이거나 비위에 거슬리기는 하지만 개별적으로 사이트의 사업에 지장을 주지는 않는다. 물론 다수의 낮은 우선순위에 속하는 디자인상의 실수로 인한 복합적인 효과로 인해 사용자가 사이트를 떠나기에 충분한 사용자 경험의 질적 하락이 발생한다.

> 사이트에서 찾을 수 있는 모든 사용성 문제를 위해 수정에 필요한 노력에 대한 문제의 우선순위를 비교 평가할 필요가 있다.

현재 웹 사이트에는 잘못된 것이 많지만 사용성을 개선하기 위해 자원의 우선순위를 매기고 사용자들에게 가장 해를 많이 끼치는 문제를 수정할 필요가 있다. 이렇게 하려면 웹 사용성 문제의 우선순위를 구조적으로 평가할 필요가 있다. 이 장은 그러한 내용을 다루고 있다.

우리가 클라이언트를 위한 진단 보고서를 작성할 때 사용성 문제를 매우 간단하게 높음, 중간, 낮음으로 등급을 매긴다. 그런 다음 문제의 우선순위를 기반으로 대안을 제시한다. 가능한 한 높은 우선순위의 모든 문제를 수정하고, 중간 등급의 문제에 약간의 자원을 소비하며, 그리고 낮은 우선순위의 문제는 너무 사소한 것이므로 당장 아무것도 하지 않아도 문제가 해결될 수 있기 때문에 수정 작업을 나중으로 연기한다.

일반적으로 숫자로 된 등급이 문자 기반의 등급보다 흥미로운 통계 자료를 제공하기 때문에 이번 연구에서는 우선순위에 100점 등급 장치를 사용하고 있다. 하지만 이 등급 장치는 일상적인 개발 프로젝트에 사용하기에는 너무 세부적이기 때문에 여러분 자신의 디자인을 평가하는 데에 이렇게 복잡한 등급 장치를 권장하지는 않는다. 우선순위에 초점을 맞추기 위해서는 등급이 단순한 것이 좋다. 터무니없는 장치는 디자인 팀의 모든 사람들이 개별 점수에 대해 목소리를 높이고 어정쩡한 변명을 하게 만든다. 말하자면 62점을 받은 것과 63점을 받은 것 사이의 중요한 차이는 없기 때문에 시간 낭비가 될 수 있다.

실제 프로젝트에 단순한 측정 방법이 가장 좋은 데에는 또 다른 이유가 있다. 즉, 문제 수정에 필요한 노력에 대한 우선순위를 비교 평가할 필요가 있다. 높은 우선순위의 문제라고 하더라도 극단적으로 많은 비용과 시간을 필요로 한다면 나중으로 미룰 수 있다. 개발 일정을 예측한다는 것은 제비 뽑기보다 나을 것이 없으므로 지나치게 명확한 사용성 등급은 의미가 없다.

문제를 심각하게 만드는 것

다음 세 가지 요소가 문제의 심각함 정도를 결정한다.

- 빈도수: 얼마나 많은 사용자들이 그 문제를 경험하게 되는가? 만약 상대적으로 적은 수의 사용자들이 그로 인해 어려움을 겪는다면 우선순위가 낮은 문제이다.
- 충격 정도: 문제에 직면한 사용자들에게 얼마나 큰 어려움을 안겨 주는가? 이것은 상당히 사소한 짜증부터 작업 시간 손실 또는 웹 사이트를 떠나기로 결정하는 것까지의 범주에 속할 수 있다.
- 지속성: 문제가 사용자에게 단 한번 발생하는가? 아니면 계속 반복해서 발생하는가? 많은 사용성 문제들은 사람들이 한번 경험하고 나면 미래에는 그것을 극복할 수 있기 때문에 낮은 지속성을 갖는다. 한편 어떤 디자인들은 너무 혼란스러워서 계속 반복해서 사람들이 길을 잃게 된다. 이러한 유형의 디자인 실수는 단 한번에 그치는 것보다 높은 우선순위에 속한다.

우선순위 점수 매기기

사용성 문제의 전체 우선순위 점수를 계산하기 위해 빈노수 등급에 충격 등급을 곱한 다음 이 숫자에 지속성 등급의 제곱근을 곱하고 10의 제곱근으로 나누었다(10의 제곱근으로 나누면 잠재적 점수의 총합이 100 이하가 되므로 등급을 단순하게 해준다).

빈도수에 충격을 곱하는 이유는 다음과 같다. 해를 입게 되는 사용자 수에 그 정도를 곱하면 그 값이 전달된 해악의 총합 추정값이 된다. 조금 놀랄지도 모르겠지만 그 다음 우리는 전체 지속성 점수 대신 지속성 점수의 제곱근을 곱했다. 이것은 그다지 오랫동안 사용하지는 않는 웹 사이트를 다루고 있기 때문이다. 일반적으로 사용자들은 웹 사이트에 겨우 몇 번 방문해보고 사이트에 충분히 해가 되는 디자인 실수가 많이 포함되어 있다면 다시는 돌아오지 않는다. 따라서 사용자들이 여러 번 방문할 때마다 고통을 겪게 된다면 대부분의 경우 다시 방문하지 않게 되므로 이 부분에 비중을 둘 수 없었다.

모든 사용자 문제의 각 속성에 대해 1에서 10까지 순위를 매겼다. 10은 대부분의 사람들이 가장 큰 고통을 경험하게 되는 것을 가리킨다. 이 점수를 기반으로 문제의 우선순위를 계산할 수 있다. 다음 스크린샷은 우선순위가 낮은 문제와 높은 문제를 보여주고 있다.

www.parks.ca.gov

낮은 우선순위의 사용성 문제: 여기서 볼 수 있는 문제는 확인상자 목록의 숫자가 순서대로 보이지 않고 무작위로 보인다는 점이다. 근본적인 디자인상의 문제는 목록은 두 개의 열로 구분된 것처럼 보이지만 실제로는 행으로 구분되어 있다는 점이다. 대부분의 사람들이 지도를 클릭하거나 흥미를 가진 지역의 이름을 클릭할 것으로 예상되기 때문에 문제 발생 빈도수가 매우 낮다. 매우 소수의 사람들만이 지도와 목록을 맞춰보려고 시도한다. 맞춰보려고 시도하는 사람들조차도 목록이 상당히 작기 때문에 매우 낮은 충격을 받게 된다. 목록을 살펴보는 데 단 몇 초 정도만 추가로 소요될 뿐이다. 마지막으로 이 화면으로 다시 돌아오면 그 때는 이미 다루는 방법을 알고 있는 상태이므로 문제의 지속성은 낮다고 할 수 있다. 두 번째 시도에서는 잘못된 연결에 대해 시간이 더 소요되는 일은 없을 것이다. 이러한 레이아웃의 문제는 사소한 것이며 높은 우선순위를 가질 필요가 없다.

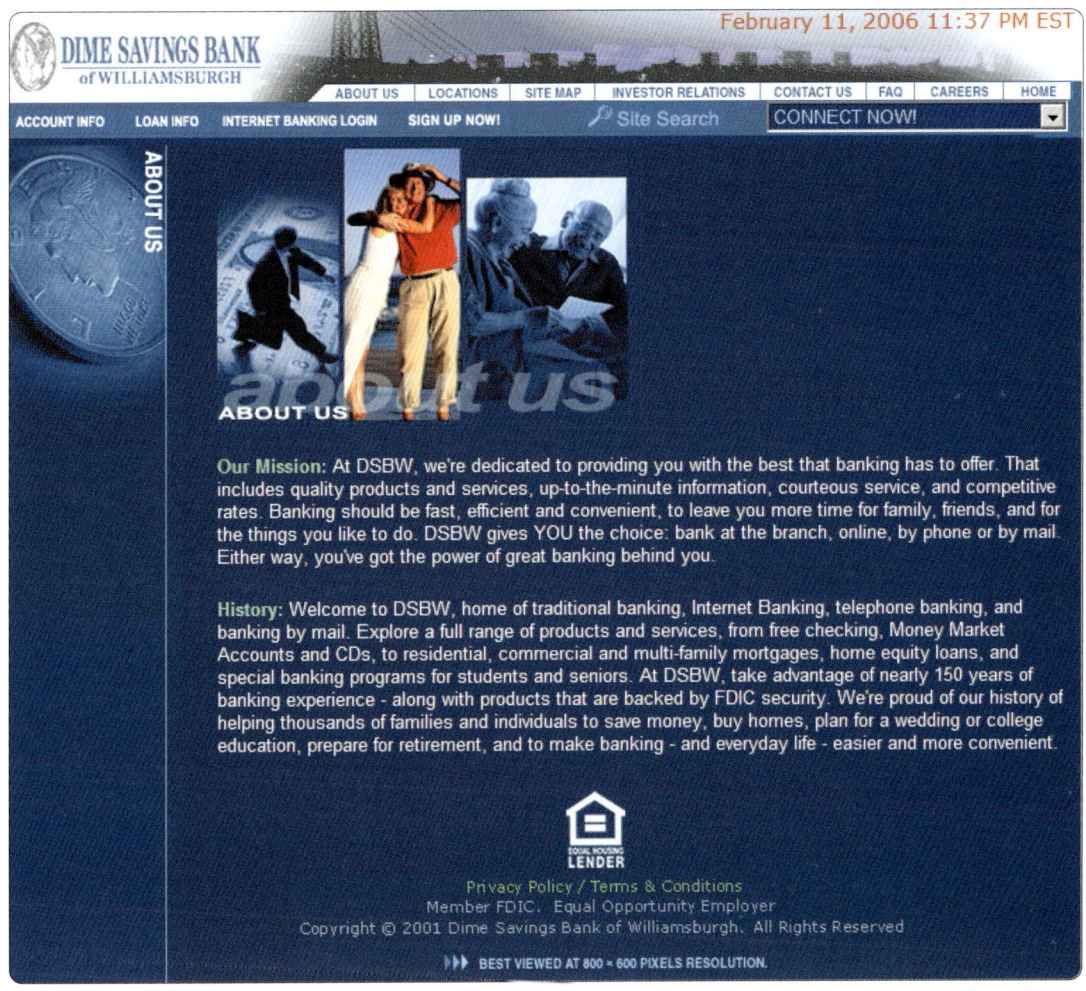

www.dimewill.com

높은 우선순위의 사용성 문제: 이 은행의 "About Us" 페이지에 있는 문제는 충분한 신뢰와 신빙성을 줄 만한 설명이 없다는 점이다. 은행은 이곳이 "Home Of Traditional Banking"이라고 말하고 있지만 그것을 뒷받침하는 정보, 즉 은행의 설립 시기, 지점 수, 견고성, 또는 돈을 믿고 맡길 수 있는 곳이라는 믿음을 주는 다른 구체적인 정보가 포함되어 있지 않다. 이 문제는 돈을 맡기는 중요한 일인 만큼 모든 사용자들이 먼저 회사에 대해 알고 싶어할 것이기 때문에 높은 빈도수를 갖는다. 또한, 이 문제는 많은 사람들이 간단하게 사이트 사용을 거부할 것이기 때문에 받는 충격도 크다. 마지막으로 새로운 사용자가 이 은행과 거래를 할 것인지 생각하게 되고 은행에 대한 더 많은 정보를 얻길 바라며 정보를 찾으려고 할 때마다 실망하게 될 것이기 때문에 지속성도 높다. 이러한 불만족스러운 페이지는 은행의 온라인 영업 능력에 심각한 해를 끼치게 된다.

병원의 사용성: 치명적인 상태

문제 있는 사용자 인터페이스는 의료계에 있어서는 생명을 위협하게 될 수도 있다. *Journal of the American Medical Association*의 2005년 3월 9일자에서 로스 코펠(Ross Koppel)과 그의 동료들은 의사들이 환자들이 복용한 의약품 정보를 기록하는 데 사용하는 병원의 주문-입력 시스템에 대한 현장 연구 보고서를 작성했다. 연구 보고서는 환자들에게 잘못된 약물을 투여하는 요인이 되는 시스템의 디자인 결함 22가지를 지적했다. 이들 중 대부분은 사용성 문제가 그 원인이다.

시스템 화면은 병원 약국에서 사용하는 약품 단위를 기반으로 투약 정보를 목록으로 보여준다. 예를 들면, 만약 구하기 힘든 약품이 일반적으로 20 또는 30mg 분량으로 처방된다면, 약국은 10mg 알약들을 구비하여 과잉 공급 없이 필요량을 충족시킬 수 있다. 하지만 병원 의료진이 흔하지 않는 약을 처방할 때 그들은 목록에 있는 다른 약과 동일한 방법으로 기재되어 있을 것으로 생각한다(많은 분야에서 이루어진 다년간의 사용성 연구에 의하면 사용자들은 자신이 처한 상황에 기본값 또는 예제값을 적용하려는 경향이 있다). 따라서 의사는 20 또는 30이 적당할 것이라고 생각하면서도 10mg을 처방할 수 있다. 사용성 해결 방법은 간단하다. 모든 화면에 일반적으로 처방 목록을 표시하는 것이다.

또 다른 문제는 의사가 환자에게 투여하는 약품을 변경할 때 발생한다. 의사들은 종종 이전 약품을 취소하지 않고 새로운 투약 정보를 기입하기 때문에 환자들은 이전 약과 새로운 약을 한꺼번에 받게 된다. 이것은 은행의 인터페이스 문제로 인해 고객이 실수로 수취인에게 하루에 송금을 두 번이나 하는 오류와 비슷하다. 많은 은행 웹 사이트는 이러한 오류를 발견하고 고객들에게 기록을 재확인해 달라고 요청한다. 만약 사용자들이 동일한 일을 반복한 것이라면, 시스템은 두 번의 거래 모두 유효한 것인지 또는 이전 명령을 취소할 것인지 물어봐야 한다.

이 연구 기사에 따르면 당시 직원이 모든 환자들의 투약 정보를 보기 위해 20개의 화면을 검토해야 했다고 보도했다. 설문 조사에서 72%의 직원은 20개의 화면 모두를 검토하는 것이 어려웠기 때문에 약품과 투약 정보가 불확실하다고 전했다. 잘 알려져 있는 인간의 단기 기억의 한계로 그렇게 많은 화면을 기억하는 것은 불가능하다. 인간은 정확한 정보를 기억하는 것이 불가능하며 따라서 사용자의 기억력에 대한 부담을 최소화하는 것이 오랫동안 최고의 지침이었다. 사용자가 한 화면에서 나머지 화면까지 모두 기억하게 하는 대신 시스템이 언제 어디에 필요한지 사용자에게 다시 알려주어야 한다.

사용자들에게 다수의 화면을 보도록 요구하는 시스템의 다른 문제는 일부 직원에게 추가적인 부담을 안겨주었다. 결과적으로 그들은 항상 시스템을 지정한 대로 사용한 것은 아니었다. 예를 들면, 간호사들이 모든 변경 내역을 갱신하는 것이 아니라 최종 변경 시점에 시스템에 입력한 내용이 담긴 종이로 된 보고서를 갖고 있는 것이 더 쉬운 일이었다. 이로 인해 오류의 부담은 늘어나고 시스템이 환자들이 받게 되는 약품 정보를 실시간으로 제공할 수 없게 되었다. 일반적으로 사용자들이 메모나 다른 대체용 기록 도구를 다시 분류하는 것을 보게 되면 UI에 문제가 있는 것으로 이해해야 한다.

고통의 규모

모든 사용성 문제 전반의 우선순위 점수의 합은 웹 사용자 경험을 통한 고통의 총합의 추정값으로 볼 수 있다. 2장에서 언급한 것처럼 사용자들이 작업을 거듭 실패하거나 사이트를 포기하기 때문에 상황이 매우 좋지 않음을 알고 있다. 다음의 파이 차트는 사용자들이 가장 괴로워하는 하는 문제 유형을 보여주고 있다.

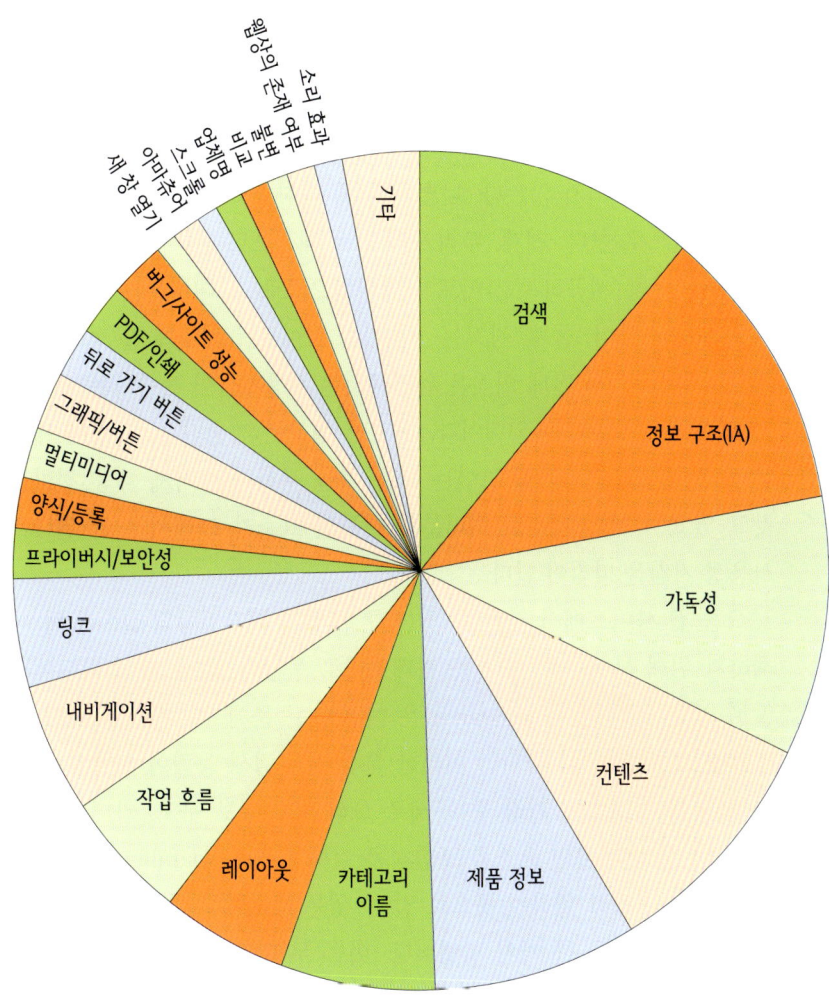

우선순위 점수로 분류된 사용성 문제. 각각의 조각은 디자인 실수 유형에 따라 사용자에게 부과되는 전체 고통의 비율을 가리킨다. 마지막 조각은 무시해도 될 정도의 다양한 기타 논제들의 총점이 4 퍼센트라는 것을 나타낸다.

> 사이트가 사업적 잠재력을 발휘하지 못하는 이유를 찾아내려면 검색과 검색 능력 이상의 무언가를 찾아내야 한다. 페이지 수준에 따라 많은 손실이 발생한다.

이번에 실시한 우선순위 측정에서 검색이 가장 큰 문제였고, 소폭의 차이로 복잡한 정보 구조, 읽기 어려움, 그리고 정보 가치가 없는 컨텐츠가 그 뒤를 따르고 있다. 다시 말해 사람들이 경험하게 되는 사용성 문제의 약 3/4이 검색, 읽기, 정보 이해 등 사용자의 기본 목표와 관계가 있다. 이러한 문제의 대부분은 사용자들을 방해하고 성가시게 하지만 많은 경우 사용자들이 극적으로 극복해낸다. 예를 들면, 사용자들은 사이트의 정보 구조 속에서 길을 잃을 수 있지만 검색 기능을 이용하여 원하는 것을 찾을 수도 있다.

확실히 일부 정말 문제가 있는 디자인상의 실수는 상당히 적거나 흔치 않아 총합이 최소 1%에도 미치지 않았다. 예를 들면, 공격적이고 불쾌하며 작업을 방해하는 광고는 우선순위 점수가 겨우 0.4%로 적어 파이 차트에 표시되지 않는다. 나쁜 광고에 대한 낮은 점수는 두 가지 사실을 기반으로 한다. 첫째, 우리가 테스트 대상으로 한 사이트는 그다지 많은 컨텐츠를 제공하는 사이트가 아니었으므로 그 대부분은 광고가 그다지 많지 않았다. 둘째, 광고는 사용자가 사이트를 떠나게 할 정도로 불쾌해야 한다. 다시 말해 이것은 왠만해서는 사용자들이 짜증나는 요소인지 인식하지 못한다는 의미이다. 하지만 광고는 짜증난다. 다행히 대부분의 사람들은 광고처럼 보이는 모든 것을 무시하는 자체 대응 전략을 갖고 있고 이러한 이유로 여러분의 디자인 요소가 그래서는 안 된다는 사용성 지침을 따라야 한다.

요즘 웹 사이트에서 찾을 수 있는 큰 영역의 디자인상의 실수를 잘 이해하기 위해 문제들을 보다 큰 카테고리로 묶었다. 다음 파이 차트에서 알 수 있는 것처럼, 검색(Search)은 여전히 큰 문제이고 사실상 해당 카테고리 그 자체이다. 하지만 이러한 분류 결과 검색 능력이 사용자 고통의 26%를 차지하여 가장 큰 문제로 드러났다. 정보 구조, 카테고리 이름, 링크 등의 디자인 요소를 포함하는 검색 능력(Findability)은 사용자가 사이트 내에서 원하는 곳으로 갈 수 있는 두 가지 방법 중 하나이다. 물론 검색이 다른 한 가지 방법이다. 이들 두 항목을 합치면 올바른 페이지로 이동하게 해주는 것과 관련되어 사용자들이 웹상에서 경험하는 어려움의 37%를 차지하게 된다.

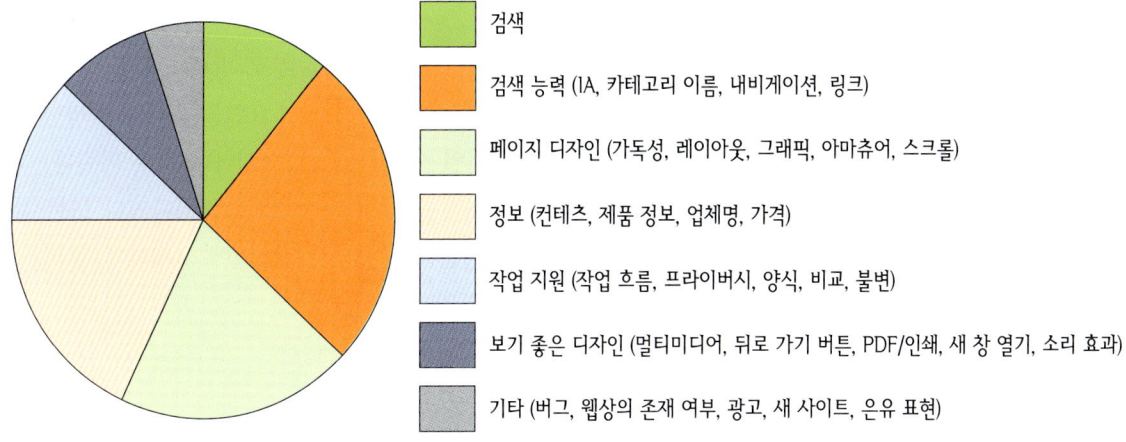

우선순위 점수와 디자인상의 실수라는 보다 큰 카테고리로 분류한 사용성 문제. 더욱 폭 넓은 카테고리로 합친 사용성 문제는 사용자들에게 혼란과 불만족을 주는 가장 큰 영역을 차지하게 된다.

사용자가 겪는 고통의 또 다른 62%는 페이지 단위의 나쁜 디자인 또는 작업 흐름에 맞게 고안된 페이지 진행상의 나쁜 디자인에 의해 발생한다. 즉, 사용자가 올바른 위치에 도착했지만 욕구를 만족하지 못하는 경우이다. 이것은 사이트가 사업적 잠재력을 발휘하지 못하는 이유를 찾아내려면 검색과 검색 능력 이상의 무언가를 찾아내야 한다는 것을 의미한다. 여러분의 손실 중 많은 부분이 이해하기 힘들고 신뢰도가 낮거나 사용자가 원하는 결정적인 답을 제공하지 않는 정보에 의한 페이지 단위에서 야기된다. 반대로 사용성 문제와 관련해 사용자들이 경험하는 어려움의 겨우 1%만이 다수의 일관적이지 않은 웹 사이트를 가진 업체에서 기인한 것이므로 이것은 우선순위가 낮은 문제이다.

한 가지 작은 희소식이라면 화려한 디자인은 이제 겨우 8%의 사용자들만이 겪는 고통 유발 요인이다. 훨씬 더 널리 사용되던 닷컴 거품 시대에 비해 낮은 수치이다. 우리는 여전히 스플래시 화면과 성가신 애니메이션 같은 문제들의 재현에 대해 경계해야 하지만 현재로서는 대부분이 과거지사일 뿐이다.

최초의 전자상거래 법칙

만약 사용자가 제품을 찾을 수 없다면 그들은 제품을 구입할 수 없다. 웹 사이트를 잘 돌아다닐 수 있게 만드는 것도 중요하지만 1/3의 사용자가 이러한 어려움을 경험하게 되는 요인에는 검색과 검색 능력과 같은 핵심적인 요소가 내포되어 있다.

사용자의 실패 이유

이전 항목에서 다른 문제들은 사용자들을 주로 방해하거나 성가시게는 하지만 작업을 완료하지 못하는 정도는 아닌 요인들에 대해 설명했다. 하지만 일부 문제들은 평균적인 사용자가 극복하기에는 너무 어렵다. 다음의 차트는 사용자들이 사이트를 떠나거나 작업을 포기하거나 또는 작업을 올바르게 완료하지 못하는 등, 사용자가 작업에 실패하게 될 정도로 어려운 문제들을 보여주고 있다.

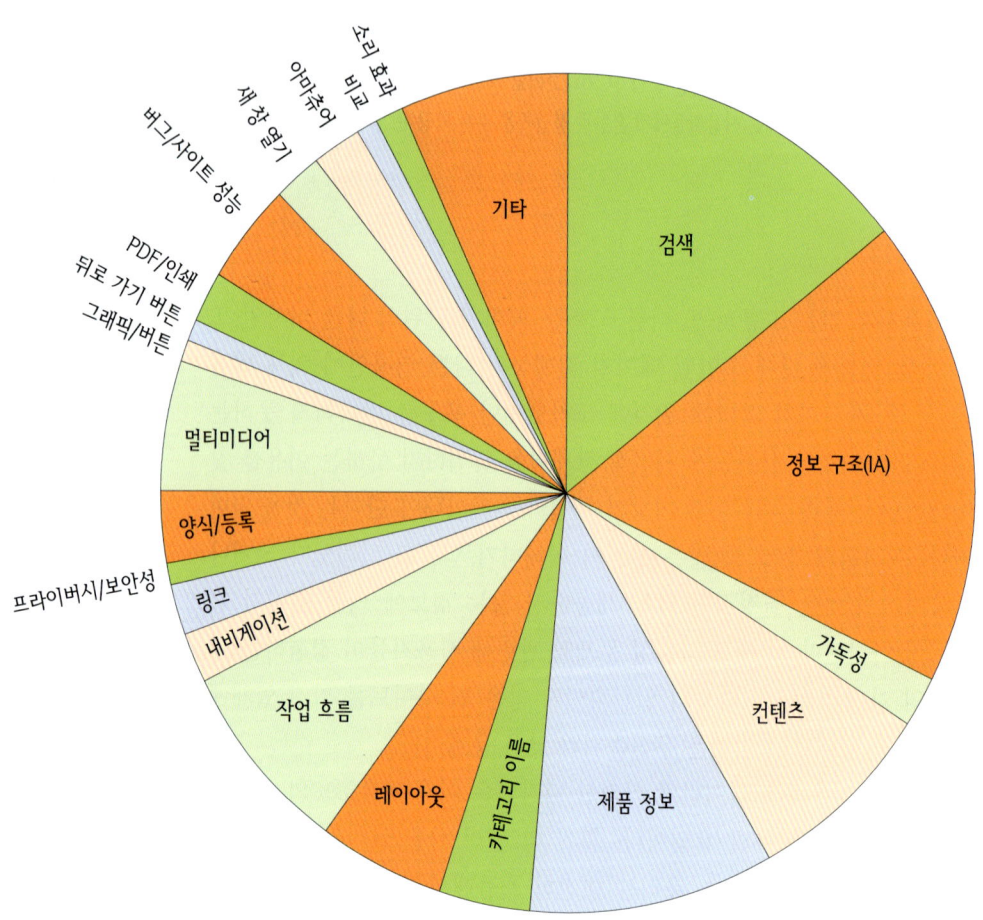

사용자들의 작업 중단 빈도수에 따라 분류한 사용성 문제. 사용자들이 작업을 중단하게 만들고 작업을 성공적으로 완료할 수 없게 만드는 문제들이다.

작업 실패 요인이 되는 모든 유형의 사용자 문제를 비교해 보면 몇 가지의 확실한 차이를 알 수 있다. 검색과 정보 구조가 작업 실패에 있어 가장 큰 요인이 된다는 점이 두드러진다. 찾고 있는 것을 찾지 못한다는 것은 그야말로 문제이기 때문이다.

반대로 가독성은 고통 등급에서 세 번째 순위에 기록되었지만 사용자 실패에 비하면 훨씬 중요도가 낮은 편이다. 문자열이 읽기 어렵기 때문에 실눈을 떠야 한다거나 화면에 가까이 다가가야 하는 독자들에게는 매우 성가신 문제이지만 작업을 완료하기까지 단 몇 분간만 고통을 감수하면 된다. 물론 때로는 가독성 문제가 사람들을 사이트에서 떠나게 하거나 정보의 중요한 부분을 보지 못하고 넘어가게 할 수도 있는데, 일반적으로 이러한 결과가 실패의 직접적인 요인에 비해 사용자들을 더 화나게 하는 부분이기도 하다.

마지막 파이 차트에서 작업 실패를 유발하는 디자인 문제를 보다 큰 카테고리로 묶었다. 이를 통해 디자인의 우선순위를 정하는 데 도움이 되고, 어떠한 문제가 있을 때 대부분의 사업적 가치를 파괴하는 큰 영역에 초점을 맞출 수 있게 된다. 다시 한번 말하지만 웹 사이트를 돌아다니는 것과 관련된 검색과 검색 능력의 두 카테고리가 훨씬 중요하다는 점에 주의해야 한다. 작업 실패의 15%는 검색 관련 사용성 문제로 인해 발생했고 27%의 원인은 검색 능력 문제였다. 어려운 정보 또는 정보 부족이 작업 실패의 19%를 기록하며 두 번째를 차지했다.

> **사용자 실패의 다섯 가지 주요 이유**
> - 검색
> - 정보 구조
> - 컨텐츠
> - 제품 정보
> - 작업 흐름

> 웹 디자이너들이 그래픽과 레이아웃 같은 요소의 중요성에 대해 논의를 많이 하는 만큼 사람들의 웹 사이트를 사용하는 능력에 비해 페이지 디자인의 중요도는 낮아진다.

- 검색
- 검색 능력 (IA, 카테고리 이름, 내비게이션, 링크)
- 페이지 디자인 (가독성, 레이아웃, 그래픽, 아마츄어, 스크롤)
- 정보 (컨텐츠, 제품 정보, 업체명, 가격)
- 작업 지원 (작업 흐름, 프라이버시, 양식, 비교, 불변)
- 보기 좋은 디자인 (멀티미디어, 뒤로 가기 버튼, PDF/인쇄, 새 창 열기, 소리 효과)
- 기타 (버그, 웹상의 존재 여부, 광고, 새 사이트, 은유 표현)

사용자들의 작업 실패 빈도수에 따라 분류한 사용성 문제의 더 큰 카테고리. 검색 능력과 정보를 합치면 상당히 많은 부분을 차지한다는 점에 주목하기 바란다.

일반 사용자의 고통과 그들의 실패를 비교해보면 페이지 디자인이 실패의 직접적 요인보다 더 성가신 존재라는 점이 흥미롭다. 웹 디자이너들이 그래픽과 레이아웃 같은 요소의 중요성에 대해 논의를 많이 하는 만큼 사람들의 웹 사이트를 사용하는 능력에 비해 페이지 디자인의 중요도는 낮아진다. 물론, 여러분은 자신의 사이트에서 어떤 작업 실패도 일어나기 원치 않으므로 페이지 디자인을 무시하라는 얘기가 아니다. 검색, 검색 능력, 그리고 페이지상에 표시되는 실제 정보를 개선하기 위해 높은 우선순위를 부여하기 위한 논의가 이루어져야 한다.

최악의 문제에 초점을 맞춰야 하는가?

사용자를 실패로 이끄는 문제에 대해 모든 자원을 할당하고, 성가시고 사소한 어려움을 유발하는 문제에 대해서는 고려하지 않아야 하는가? 우리는 그렇게 생각하지 않으며 두 가지 방법을 모두 분석한 것이 그 이유이다. 작업 실패의 직접적인 원인이 되지 않는 사용성 문제라도 다양한 방법으로 여러분의 사업에 해를 끼칠 수 있다. 낮은 가독성과 같은 사용자를 계속해서 화나게 만드는 문제는 사이트를 덜 좋아하게 되며 이것은 주요 목표가 마케팅과 홍보인 많은 사이트에서는 좋지 않은 일이다. 가장 중요한 것은 소소한 짜증스러움으로 인해 사용자가 좋지 않은 경험을 했을 때 사람들은 그곳을 떠나서 다시는 돌아오지 않게 된다는 점이다.

이 장에 있는 데이터는 여러분이 갖고 있는 사용성과 디자인 자원의 우선순위를 매기는 데 도움이 될 것이다. 특히 우리는 대부분의 프로젝트에서 발견한 것보다 컨텐츠 사용성에 초점을 맞출 것을 권장한다. 사용자들이 필요로 하는 정보를 보유하고 그것을 적당한 쓰기 형식으로 표현하는 것이 웹 사이트의 성공에 결정적인 역할을 한다. 물론 검색과 검색 능력에 대한 작업을 하는 것 역시 매우 중요하지만 대부분의 사람들은 이미 이에 대해 잘 알고 있다. 이 책의 나머지 부분에서는 여러분의 웹 사이트를 이용하는 사람들의 능력에 가장 큰 영향을 미치는 주요 이슈와 그것을 바로 잡는 방법에 대해 설명할 것이다.

IT 대한민국은 ITC(Info Tech Corea)가 함께 하겠습니다.
www.itcpub.co.kr

검색의 현황

검색 모델

검색 인터페이스
- 검색어 길이와 검색 상자폭
- 고급 검색
- 범위 검색

검색 엔진 결과 페이지
- Best Bet
- SERP 정렬
- 검색 결과 없음
- 단일 검색 결과

검색 엔진 최적화
- 언어 SEO
- 아키텍처 SEO
- 평판 SEO

5 | 검색

이번 테스트 결과 외부 검색 엔진을 사용하는 사람들의 성공률이 높았다. 반면, 내부 검색 엔진을 사용한 사람들의 성공률은 비참한 수준으로 낮았다. 특정 사이트 내의 검색은 실제로 웹 전체의 검색보다 더 좋은 기능을 갖추어야 한다.

검색은 작동 방법에 대해 큰 기대를 갖는 사람들의 웹 사용자 경험에 큰 영향을 미치는 부분이다. 좋은 검색 기능을 만드는 최선의 방법은 커다란 검색 엔진이 사용하는 지침을 익히고 그것을 자신의 사이트에 적용하는 것이다. 이 장에서는 여러분의 사이트에 효율적인 검색 기능을 만드는 방법과 외부 검색 엔진에서의 히트수를 최적화하는 방법에 대해 설명한다.

> 어떤 사용자는 즉시 검색 기능으로 이동했고 어떤 사용자는 링크를 따로 이동하는 것을 선호했다. 두 가지 형식의 행동 양식을 모두 지원하는 것이 폭 넓은 사용자층을 끌어들이는 데 있어 중요하다.

검색은 웹 사이트에서 가장 중요한 디자인 요소 중 하나이다. 이번 연구를 통해 조사한 25개의 웹 사이트 중에서 19개가 검색 엔진을 갖추고 있었고 사람들은 그들 19개 사이트 모두에서 검색 기능을 사용했다. 이것은 사람들이 얼마나 검색에 의존하고 있는지 보여주는 좋은 사례이다.

일부 사용자들은 검색 상자로 즉시 이동한 반면 다른 사람들은 링크를 이용하여 정보가 있는 장소를 찾아냈다. 검색은 특히 찾으려고 하는 것을 정확하게 알고 있고 적합한 검색어를 신속하게 생각해낼 수 있는 사람들에게 도움이 된다. 반면 잘 분류된 링크 카테고리는 사람들이 단순히 웹 서핑 중이거나 검색 상자에 입력할 단어를 모를 때 사이트 내부를 탐험하여 얻을 수 있는 것을 찾아내는 사람들에게 힘이 된다. 두 가지 행동 양식 모두를 지원하는 것은 폭 넓은 사용자를 확보하는 데 있어 중요하다.

검색의 현황

대부분의 사용자들은 검색을 위해 한 개, 두 개, 또는 세 개의 단어를 검색 엔진에 입력한다. 웹에 있는 수십억의 페이지에서 누군가의 문제에 대한 해답을 찾아내기에는 상당히 미미한 정보이다. 하지만 테스트에서 구글, 야후!, 그리고 MSN Search와 같은 거대한 외부 검색 엔진은 56%라는 대단히 양호한 수준의 성공률을 보였다(이들 세 개의 거대 검색 엔진은 GYM이라는 약칭으로 사용되기도 한다). 연구에 참여한 대부분의 사용자는 이들 세 검색 엔진 중 한 곳을 사용한 반면, 극히 소수의 사용자들은 다른 검색 엔진을 선호했으며 그들이 주로 사용한 것은 AOL(America Online) 검색이었다.

사람들이 현재 방문해 있는 사이트에서 무언가를 찾기 위해 내부 검색 엔진을 사용할 때 성공률은 겨우 33%였다. 사이트 검색이 웹 검색에 비해 너무 많이 차이가 나면 안 된다. 실제로 더 높아야 하는 이유는 많이 있다.

- 단일 사이트는 전체 웹에 있는 것보다 확실히 훨씬 더 페이지 수가 적다.
- 단일 웹 사이트 내에서는 사용자의 목적을 관리하는 것이 훨씬 더

> **팁: 검색 기능이 필요한 경우**
>
> 경험을 바탕으로 사이트가 100 페이지 미만인 경우 검색 기능이 없어도 된다고 생각할 수 있다. 100~1,000페이지 정도의 사이트는 일반적으로 매우 간단한 검색 엔진이 필요하다. 일단 수천 페이지에 이르면 검색 기능을 최고의 상태로 만들기 위해 투자할 필요가 있다.
>
> 사이트에 검색 기능이 필요한지 평가하는 또 다른 방법은 제품, 보도 자료, 또는 다른 중요한 컨텐츠 카테고리를 살펴보는 것이다. 만약 이들 목록이 상당히 짧아 사용자들이 단일 페이지상에서 모두 둘러볼 수 있다면 검색 기능이 별도로 없어도 된다(만약 서로 다른 컨텐츠 카테고리가 너무 많아 목록이 너무 많으면 예외적으로 사람들이 길을 잃게 되는 경우가 있을 수 있다).

쉽다. 예를 들면, "재규어"라는 단어가 검색된 웹 사이트에 따라 자동차, 동물, 축구 팀, 또는 록 밴드를 의미하는 것인지 알 수 있다. 야후는 그렇게 풍부한 사이트를 보유하고 있지 않다.

- 자신의 사이트에서 어느 문서가 가장 중요한지 알고 있으므로 외부 검색 엔진이 사용하는 값 대신 고유의 값을 기반으로 우선순위를 정할 수 있다.
- 반대로, 어떤 문서가 오래되고 쓸모 없는지 알고 있으므로 기본적으로 그 문서들에 낮은 우선순위를 할당할 수 있다.
- 외부 검색 엔진이 스파이더 소프트웨어로 사이트 내에 있는 정보를 찾아내는 것보다 자체 검색 소프트웨어가 문서와 문서 간의 관계에 대해 더 잘 파악해주므로 어쩌면 거대 검색 엔진보다 더 효율적인 메타데이터를 갖고 있는 셈이다.
- 사용자의 특정 검색어가 문자열 내에 포함되어 있지 않더라도 사이트 내의 어휘를 제어할 수 있으므로 문서로 연결되는 동의어, 오타, 그리고 다른 변형 단어에 대해 알고 있다.
- 검색 엔진은 웹 사이트의 자체 설명을 신뢰하지 않기 때문에 컴퓨터가 만들어낸 설명을 사용하는 데 여러분은 자신의 정보를 신뢰할 수 있으므로 이것 대신 각 페이지의 최적화된 사람이 작성한 요약을 사용할 수 있다.
- 검색 엔진에서 더 높은 순위에 등록되기 위해 순위를 조작하려는 스패머나 다른 사이트와 경쟁할 필요가 없다.

효율 높은 검색을 위한 간단한 세 단계 작업

- 질 높은 검색 소프트웨어를 구입하라. 얼마나 많은 사용자들이 검색에 의존할지 고려한다면 매우 가치 있는 투자이다. 또한, 사이트 내에서의 검색 결과를 최적화하기 위해 설정을 변경하라.
- 이 장에서 제공하는 사용성 지침을 기반으로 검색 인터페이스와 검색 결과 페이지를 디자인하라.
- 사이트 내의 페이지를 개선하여 검색 소프트웨어와 잘 맞게 하라. 사용자들이 검색 결과 페이지에서 쉽게 찾아낼 수 있도록 페이지에 제목을 붙여라. 사용자들이 목록에서 클릭하는 것을 돕기 위해 각 페이지에 담겨 있는 내용을 간결하게 설명하는 요약을 추가하라. 소프트웨어가 효율 높은 검색을 할 수 있도록 이 장의 마지막 항목에 있는 검색 엔진 최적화 원리를 적용하라.

> 새로운 사용성 지침은 단순히 검색 기능만을 개선시키는 데 있지 않고, 예상되는 검색을 디자인하기 위한 것이다. 사용자들이 기대하는 디자인에서 벗어나면 거의 대부분 문제를 유발한다고 보면 된다.

검색 모델

사용자 테스트 결과 사람들은 즐겨 찾는 주요 검색 엔진에서 하는 것과 같은 방법으로 웹 사이트와 인트라넷에서도 검색을 하고 싶다고 말한다. 다행히 구글, 야후, 그리고 MSN 모두 동일한 방법으로 작동한다. 검색 상자와 버튼, 그리고 직선적이고 우선순위가 지정된 결과가 담긴 페이지 등이 그것이다. 실제로 최고의 검색 엔진들은 모든 주요 사용성 지침을 모두 채택하고 있으며 바로 이것이 그들이 선두기업으로 자리매김할 수 있었던 가장 큰 이유이다.

새로운 사용성 지침은 단순히 검색 기능만을 개선시키는 데 있지 않고, 예사되는 검색을 디자인하기 위한 것이다. 사용자들이 기대하는 디자인에서 벗어나면 거의 대부분 문제를 유발한다고 보면 된다.

제대로 된 검색이 가능하게 하려면 다른 상호작용을 위한 사용자의 생각을 이용하는 검색 모델에 의존하지 않아야 한다. 예를 들면, 사용자가 특정 검색 매개 변수를 정의해야 하는 검색 방식을 사용하지 않아야 한다. 매개 검색은 단일 키워드를 사용하는 것보다 신발 크기, 폭, 색상, 브랜드, 또는 스타일 등을 지정하여 원하는 신발을 정확하게 찾아내는 전자 상거래 사이트에서는 유용할 수 있다. 하지만 이러한 검색은 검색 패턴을 디자인하는 데에는 적당하지 않으므로 사용자를 혼란스럽게 만들지 않기 위해 다른 무언가로 불러야 한다.

키워드 검색과 다른 검색 양식을 혼합한 진보적인 검색은 사용자들에게는 유용할 수 있지만 사용자가 그것을 요청할 때에만 표시되는 이차적인 옵션이 되어야 한다.

사용자들은 이제 웹과 인트라넷에 적용할 사고 모델을 형성하고 있다. 바람직한 일이다. 일반적인 작업에 대한 가정은 사용자들이 인터페이스를 조작하는 기술을 배우는 데 초점을 두는 것이 아니라 목표에 초점을 맞추게 해준다. 하지만 여러분의 디자인이 사용자들의 예상된 사고 모델과 충돌하면 모든 것이 허사가 된다. 이러한 죄악을 저지르지 않도록 주의한다.

사용자들이 검색 시에 기대하는 세 가지

- 단어를 입력할 수 있는 상자
- 검색 기능을 실행하기 위해 클릭하는 "검색(Search)"이라는 제목이 쓰여진 버튼
- 직선적이고, 우선순위가 지정되어 있으며, 새로운 페이지에 표시되는 검색 결과 목록

팁: 검색이 검색이 아닐 때

대다수의 사용자들에게 검색은 다른 형식의 검색이 아니라 키워드 검색을 의미한다. Enter, Submit, 또는 Go와 같은 다른 동작에 Search 버튼을 사용하지 않도록 한다.

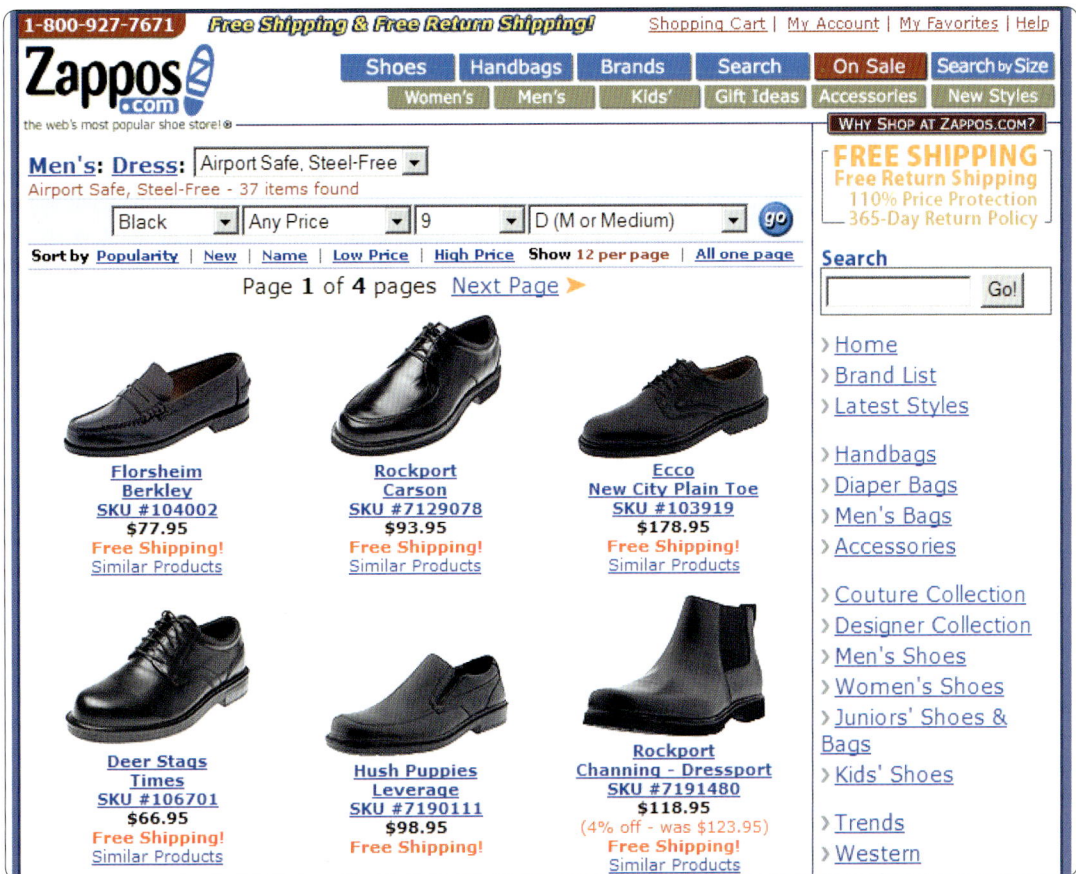

www.zappos.com

zappos.com 의 신발 사진 위에 있는 신발 검색 상자는 매개 변수 검색의 좋은 예이다. 왜 자신의 치수가 아닌 신발들을 봐야 하는가? 키워드 검색을 위한 버튼은 매개 변수 검색 버튼과 차별화하기 위해 "Go!"가 아닌 다른 설명이 사용되어야 한다. 매개 변수 검색에 "go" 버튼을 사용하는 것은 좋은 일이지만 검색 버튼은 반드시 Search 라는 제목이 붙어 있어야 한다.

경험에 의하면 사용자들이 Search 버튼을 보면 키워드를 입력할 수 있는 상자를 찾으려고 한다. 현재 비키워드 검색에 적합한 꼬리표는 없지만 Find 와 Retrieve 가 적당한 단어로 생각된다. 선택하는 것이 목적이라면 "Refine Results" 같은 꼬리표를 사용할 수 있다.

검색 인터페이스

사용자가 검색어를 입력할 수 있는 문자열 상자와 Search 라는 이름을 가진 단일 버튼을 통칭하여 검색 인터페이스라고 한다. 검색 인터페이스는 일반적으로 사용자들이 찾으려고 쳐다보는 페이지의 좌측 상단 또는 페이지의 우측 상단에 있어야 한다. 상자가 홈페이지상에 확실히 있어야 하지만 사이트의 모든 페이지에서 볼 수 있게 만드는 것이 가장 좋다. 사용자들은 길을 잃거나 사이트 둘러보기를 선택했을 때 검색으로 눈을 돌린다. 사용자들이 어느 장소에서 그럴 것인지는 예측할 수 없기 때문에 가장 안전한 디자인은 검색을 모든 곳에 배치하는 것이다.

www.dimewill.com

사이트는 검색 엔진으로 연결되는 링크를 갖고 있지만 거의 보이지 않기 때문에 대부분의 사용자들은 그것이 있었는지조차 눈치채지 못했다. 사용자들은 잠깐 동안 대충 둘러본 뒤 사이트에는 검색 기능이 없다고 결론을 내렸다.

www.nordstrom.com

우리가 2000년에 실시한 Nordstrom 웹 사이트 테스트에서 사용자들에게 검색 기능을 찾으라고 지시했지만, 결국 그들은 찾지 못했다. 이 스크린샷을 잠시 살펴보자. Search를 찾는 데 얼마나 시간이 걸렸는가? 검색 기능이 상자가 아닐 때 사용자들은 찾지 못하는 경향이 있다.

팁: 검색 엔진이 되려고 시도하지 마라

사이트에 있는 검색 사용자 인터페이스는 단순하게 만들어야 한다. 웹 전체를 검색하게 만드는 옵션은 제공하지 않는다. 웹 사용자들은 이미 즐겨 찾는 검색 엔진을 갖고 있고 웹을 검색하려고 생각하면 그곳으로 발길을 돌린다. 여러분의 사이트 이외의 것을 검색하면 페이지가 혼란스러워진다. 유일한 예외 상황이 있다면 여러 개의 웹 사이트를 갖고 있는 경우. 만약 그렇다면 다수의 사이트를 검색하는 기능이 있어야 하지만 사용자 인터페이스를 복잡하게 만들 수 있다는 점에 주의하고 사람들은 웹 사이트가 단일 사이트 검색 기능을 제공하리라고 예상하기 때문에 사용성을 낮출 수 있다는 섬에 주의해야 한다.

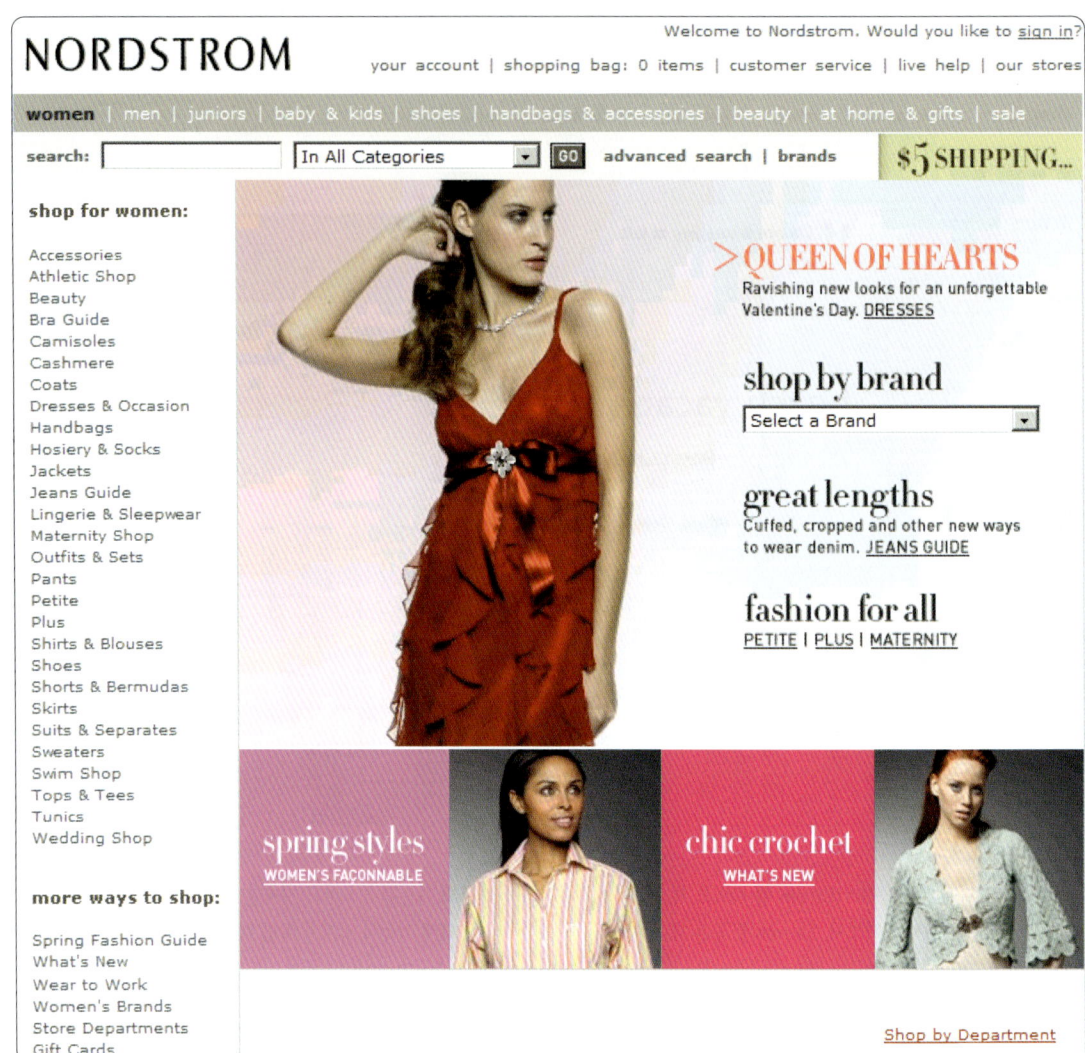

www.nordstrom.com

Nordstrom 은 오래 전에 검색 기능을 전보다 잘 보이게 하기 위해 상자와 풀다운 목록으로 디자인을 변경했다. 이 회사는 가장 널리 사용되는 설정인 "In All Categories"를 기본 설정으로 했다. 사람들은 폭 넓은 검색 결과를 보기 위해 기본 설정 "All"을 그대로 둔다. 검색의 폭을 좁히면 유용한 검색 결과를 볼 수 없는 경우가 간혹 있기 때문이다. 대부분의 경우 검색에 풀다운 옵션을 사용하면 특히 사람들이 여러 옵션들을 쉽게 구분할 수 없을 때 혼동을 야기하기 때문에 사용하지 않도록 조언한다. 예를 들면, designer jeans 는 몇 개의 카테고리(Apparel, Sale, Juniors) 아래에 놓일 수 있다. 올바른 카테고리 분류를 위해서는 노력이 필요하다.

www.disney.com

번잡한 디즈니 홈페이지에서 검색 상자를 신속하게 찾아낼 수 있다는 사실은 열려 있는 입력 필드가 시선을 집중시킨다는 증거이다. 상자가 너무 폭이 좁고 밑줄은 검색 버튼을 링크로 보이게 만든다. 차이점은 링크는 단순히 새로운 페이지로 이동해주지만 버튼은 명령을 실행한다는 점이다. 검색은 동작이기 때문에 실행하려면 버튼을 사용해야 한다.

http://disneyland.disney.go.com

디즈니랜드의 검색 상자는 디즈니 홈페이지에 있는 것보다 표준에 더 가깝다. 즉, 페이지 우측 상단에 있고 버튼은 버튼처럼 보인다. 하지만 검색과 같은 중요한 인터페이스 요소를 회사의 웹 영역 내에 있는 페이지 주변으로 옮겨 놓은 것은 좋지 않은 생각이다. 일관적이지 않은 사용자 경험은 통합된 브랜드라는 느낌에 손상을 준다. 검색 영역을 표현하는 더 간단한 방법은 Search 를 입력 상자 앞으로 옮기고 Go 버튼을 Search 로 변경하는 것이다.

http://disneyvideos.disney.go.com

디즈니 홈페이지에 있는 다른 링크를 따라가면 방문객들을 전혀 다른 검색 인터페이스가 있는 전혀 다른 페이지 디자인으로 보내준다. 디즈니랜드와 디즈니 비디오는 제공하는 서비스가 전혀 다르기 때문에(휴가 여행 예약하기 대 영화를 찾아 구매하기) 완전히 다른 사용자 인터페이스를 갖고 있다는 것은 당연한 일이다. 하지만 키워드 검색은 사용자가 어느 곳으로 가더라도 일관된 느낌을 주도록 동일한 방법으로 표현될 수 있다. 다행스럽게도 검색의 가장 중요한 부분은 두 페이지에 걸쳐 일관되게 사용되고 있다. 즉, 상자 모양으로 되어 있고 우측 상단에 놓여 있다(홈페이지의 오른쪽에 배치하는 데에는 더 많은 이유가 있다). 검색 상자는 대부분의 검색을 수용할 수 있도록 충분히 넓게 되어 있어, 26자까지 입력이 가능하다. 이 디자인에 약간 조언을 덧붙이자면 우리는 "Find it Fast"라고 되어 있는 설명에 대해 조언할 수 있다. 사용자들을 빠르거나 쉽지 않았을 때 실망하게 되므로 사용자 인터페이스에 "fast" 또는 "easy"라는 말을 사용하는 것은 언제나 위험한 일이다. 여러 개의 Go 버튼은 적당하지 않으며 불필요한 혼란을 야기한다. Search 버튼을 사용하는 것은 열려 있는 검색 상자에는 적당하지만, 다른 경우의 Go 버튼은 사라져야 한다.

검색어 길이와 검색 상자폭

이 차트는 이번 연구를 진행하는 동안 사용자들이 사용한 검색어의 길이를 보여준다. 검색어의 절반은 14글자로 오히려 짧았다. 나머지 절반은 사용자들이 원하는 것을 표현하는 몇 개의 단어가 사용되어 길었다.

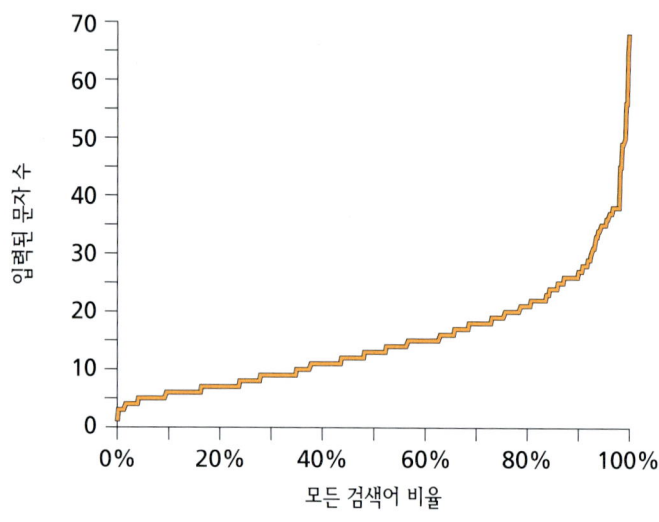

이번 연구에서 사용된 검색 검색어 분포. 검색어의 84%는 최대 22글자까지 안정적으로 늘어나고 있다. 마지막 16%는 빠른 속도로 점점 더 길어진다. 가장 긴 검색어는 68글자 또는 거의 한 줄짜리 문장이었다.

폭이 더 넓은 검색 상자는 다음 두 가지 이유에서 더 좋다. 첫째, 사용자에게 일반적으로 더 정확하고 유용한 결과를 이끌어내는 긴 검색어를 입력하게 만든다. 둘째, 사용자가 입력한 내용을 모두 볼 수 있으면 오타와 오류가 줄어든다.

그럼에도 불구하고 우리는 모든 검색어를 수용할 정도로 커다란 검색 상자를 만들도록 권장하지 않는다. 웹 전체를 검색하는 검색 엔진 조차도 일반적으로 약 48글자 정도 입력할 수 있는 정도의 검색 상자를 사용하고 있으며 이 크기로는 이번 연구에서 발견한 마지막 10%의 사용자가 사용하는 긴 검색어를 수용하지 못한다. 주류 사이트에서 검색은 너무 많은 공간을 차지할 수 있는 목표가 아니라 도구이다.

검색 상자 팁: 넓게 만들어라

현재 사용되고 있는 평균적인 검색 상자는 경우 18글자만 입력할 정도의 폭으로 되어 있으며 이는 27%의 검색어는 너무 길어 상자에 맞지 않는다는 것을 의미한다. 즉, 너무 많은 사람들이 불편을 겪고 있으며 너무 많은 검색이 오류로 이어진다.

우리는 27글자를 입력할 수 있는 폭의 검색 상자를 권장한다. 이렇게 하면 사용자들의 검색어 중 90%를 수용할 수 있게 된다. 검색 상자는 모든 페이지에 있어야 하기 때문에 10%의 사용자가 사용하는 약간의 검색어를 희생하면 대부분의 사이트들이 여분의 공간을 만들 수 있어 그만큼의 사용성을 획득하게 된다.

제이콥의 책 *Homepage: Usability: 50 Websites Deconstructed*에서 제이콥과 그의 공동 저자인 매어리 타힐은 검색 상자의 크기를 25글자 크기로 만들도록 권하고 있다. 그로부터 몇 년이 지난 현재 우리는 27글자 크기를 권장하고 있다. 사람들이 검색 기능을 더 많이 사용하게 됨에 따라 검색어 길이는 점차 길어지는 경향이 있으므로 미래에는 30글자 크기로 늘리라고 권장하더라도 놀라운 일이 아닐 것이다. 만약 미래에도 안전한 디자인을 원한다면 검색 상자의 크기를 지금 당장 30글자 크기로 만들 수도 있다.

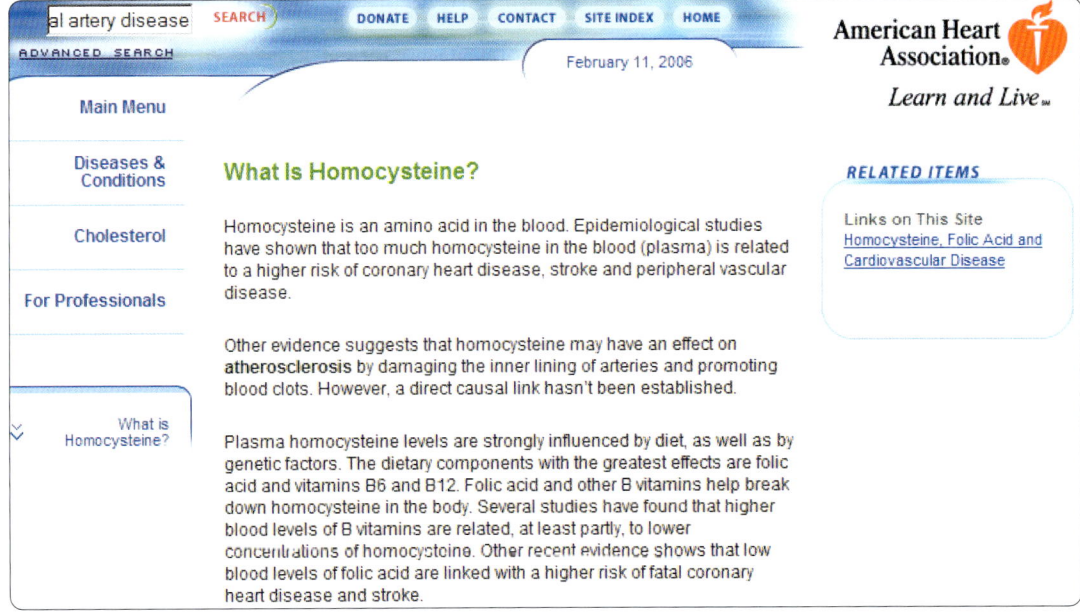

www.americanheart.org

American Heart Association의 웹 사이트에 있는 검색 상자는 17글자 크기이다. 이것은 모든 웹 사이트의 평균값보다 낮은 수준이고 특히 의료 관련 사이트에서는 길고 복잡한 의학 용어가 자주 사용되기 때문에 문제가 될 수 있다. "Peripheral artery disease(말초동맥질환)"은 의학 용어로는 간단한 수준이지만 여전히 검색 상자 길이보다 길어 사용자 오류로 이어질 가능성이 크다. 지금 바로 "epidemiological studies homocysteine atherosclerosis"를 오타 없이 입력해 보라.

> 고급 검색을 위한 중요한 지침은 바로 "하지 마라"는 것이다. 극히 소수의 사람들만이 진보적인 검색을 제대로 사용할 수 있다는 것을 제외하면 항상 더 큰 문제를 야기한다.

고급 검색

고급 검색(advanced search)을 위한 중요한 지침은 바로 "하지 마라"는 것이다. 극히 소수의 사람들만이 진보적인 검색을 제대로 사용할 수 있다는 것을 제외하면 항상 더 큰 문제를 야기한다.

사용자들이 전문적인 기술에 대한 지식이 없다면(또는 전문 사서가 아니라면), 연산자 검색 같은 기능 사용 방법을 이해하지 못할 것이다. 이번 연구에서 검색어의 겨우 1.2%에서만 연산자('And' 또는 'But')가 사용되었다. 게다가 사람들이 고급 검색을 시도할 때 보통 실수를 하게 되고 결국 원하는 것을 얻지 못한다.

한 가지 예외는 의미가 있는 문자열을 가리키는 검색어를 사용하는 것이다. 이번 연구에서 인용구는 검색어의 3.5%를 차지했고 이 정도면 이 기능을 지원할 가치가 있는 셈이다.

만약 여러분이 고급 검색 기능을 갖고 있다면, 전문적인 모든 검색 도구가 있고 그에 대한 설명이 포함되어 있는 전문적인 고급 검색 페이지로 분류하는 것이 가장 좋다. 간단한 검색은 평범한 검색 상자 형식으로 사이트의 홈페이지와 내부 페이지에 배치하는 것을 기본으로 해야 한다. 이 접근 방법으로 평균적인 사용자들은 일반적으로 가장 적당한 간단한 검색을 먼저 사용하게 된다.

범위 검색

특정 범위로 검색을 제한하는 범위 검색은 가끔 유용하다고 생각되는 또 다른 고급 검색 기능이다. 범위 검색(scoped search)에서 사용자는 사이트의 특정 영역만 검색하고 범위를 넘어가는 다른 곳의 결과를 볼 수 없다. 예를 들면, 서적, 음악, 그리고 DVD 같은 것을 판매하는 사이트에서 범위 검색은 원하는 영화 제목을 정확히 알고 있는 사용자들에게 도움이 된다. 하지만 영화 사운드트랙이 CD 형태로 되어 있다면 찾아낼 수 없으므로 판매를 못할 수도 있다. 범위 검색은 사이트에 확실하게 차별화된 영역들이 있고 사람들이 이들 영역 중에서 어느 한 가지 항목을 찾는 경우에만 유용한 기능이다.

범위를 제한하는 것이 위험한 데에는 두 가지 이유가 있다. 첫째, 만약 검색의 기본값이 특정 범위로 제한되어 있다면(우리는 이것을 권장하지 않는다) 사용자들은 사이트 전체를 검색하고 있다고 생각할 수 있다. 그들은 얻을 수 있는 대부분의 것을 얻지 못하고 있다는 사실을 알지 못한다. 사용자들은 전체 검색을 기대한다. 따라서 범위 검색을 갖고 있는 사이트는 전체 검색을 기본값으로 제공해야 한다. 둘째, 찾고 있는 것이 실제로는 사이트의 다른 영역에 있지만 사용자들은 자신이 선택한 영역에서 찾을 수 있을 것으로 생각한다. 이 경우 그들은 찾고 있는 아이템을 찾지 못하므로 사이트의 모든 영역에 그에 관한 정보를 제공해야 한다.

만약 범위 검색 기능을 제공한다면 전체 검색을 기본으로 설정하는 것 외에 다음 추가적인 두 가지 지침을 더 따라야 한다. 검색 결과 페이지에 어느 범위를 검색했는지 명확하게 표시하고 웹 사이트 전체를 다시 검색하는 원 클릭 기능을 제공하도록 한다.

검색 엔진 결과 페이지

검색 결과 페이지 디자인을 위한 최고의 지침은 주요 웹 전체 검색 엔진의 검색 결과 페이지를 모방하는 것이다. 검색 결과 목록의 선형 목록을 페이지 상단에 제공할 것을 가장 권장한다.

모든 사용자들은 위에서부터 찾아보기 시작하기 때문에 검색 결과에 번호를 매길 필요는 없다. 또한, 관련성 순위 또는 다른 친절한 방법으로 검색 결과에 주석을 추가할 필요도 없다. 사용자들은 맨 위부터 검토하기 시작하여 검색 결과를 관련성이 아닌 컨텐츠를 기반으로 충분하지 않다고 생각하면 검토를 포기한다.

각 검색 결과는 클릭 가능한 제목과 두 줄 또는 세 줄 정도의 요약 정보를 갖고 있어야 한다. 제목이 가장 중요하다. 사용자들은 검색 결과를 살펴보면서 제목 전체를 읽어보지 않기 때문에 사실 제목의 첫 단어가 가장 중요하다. 제목은 페이지에 포함된 내용을 가리키는 가장 많은 정보를 담고 있는 단어로 시작해야 한다는 점이 중요하다. 요약은 제목에 포함된 문자열을 반복하지 않으면서 제목의 내용을 부연 설명해야 한다.

> **Target Practice**
>
> 피츠의 법칙(3장 참조)에서는 목표를 클릭하는 데 소요되는 시간은 목표의 크기에 반비례한다고 했다. 잘못 디자인된 많은 검색 결과 페이지로 인해 사용자들은 다음 페이지로 넘어가는 데 한 자리 숫자라는 매우 작은 목표를 클릭하게 된다. 사용자들은 여러 페이지 뒤로 건너뛰려고 하지 않기 때문에 아주 유용한 기능은 아니지만 많은 검색 엔진 결과 페이지(SERP, Search Engine Research Page)에 대한 직접 링크를 제공한다는 점에서는 괜찮은 생각이다. 하지만 사람들은 작은 숫자를 마우스로 선택하기 위해 세밀한 조작을 하는 것보다 화살표 또는 Next(다음) 링크를 클릭하여 더 빨리 다음 페이지로 넘어갈 수 있다.

이 SERP(검색 엔진 결과 페이지)는 살펴보기 쉽고 좋은 제목과 적절한 요약 정보를 갖고 있다. 멋지고 커다란 목표 링크를 제공하는 화살표가 페이지의 상단과 하단에 있기 때문에 결과 페이지를 넘기기 쉽다. 이 페이지의 디자인은 관련성 비율을 제거하는 방법으로 개선할 수 있다. 사람들은 비율이 아니라 제목과 요약 정보에 초점을 맞춘다. 또한, 사용자의 검색어가 페이지 좌측 상단 모서리에 있는 표준 검색 상자에 반복되어 표시되지만 검색 결과 페이지에서 결과의 우측 상단에 있는 넓은 검색 상자에 검색어를 표시하는 것이 더 좋다. 사용자가 찾아보기 쉽고 검색어를 수정해서 다시 사용할 수 있기 때문이다.

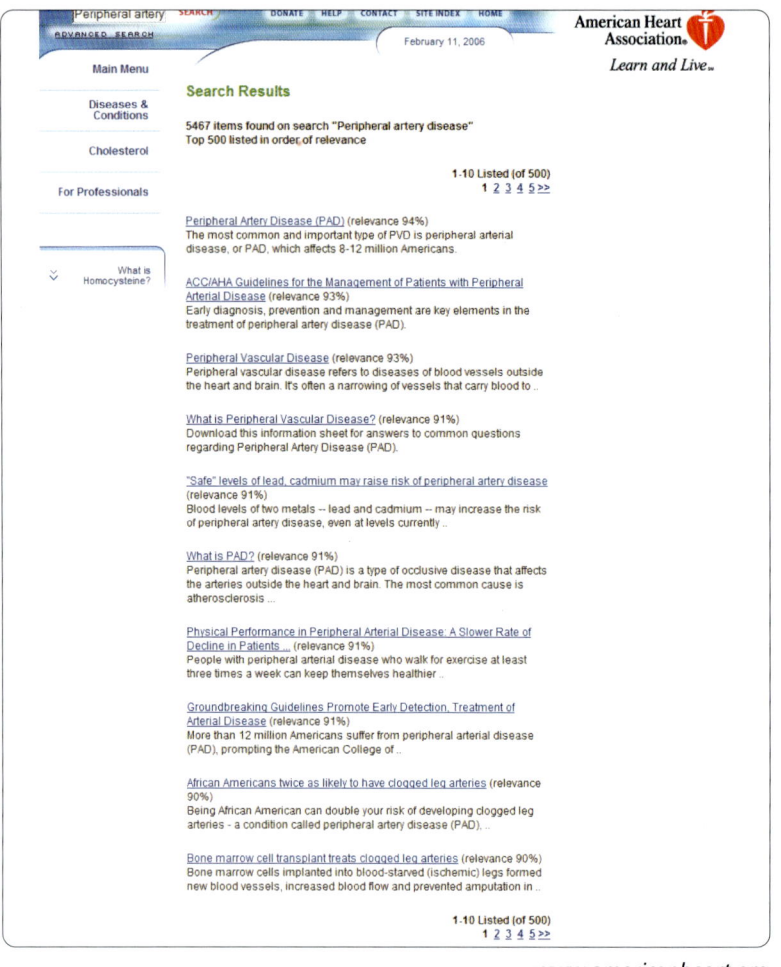

www.americanheart.org

> **팁: SERP 날짜 표시 관례**
>
> 웹 사이트에 날짜를 표시할 때마다 달을 숫자로 표현하는 것 대신 달의 이름을 사용하는 국제 날짜 형식을 사용해야 한다는 점을 기억하기 바란다. 국가마다 날짜를 숫자로 표기하는 관례가 서로 다르다. 예를 들면, 프랑스에서는 5/4가 5월 4일이 아니라 4월 5일이다.

일부 사이트에서는 요약 정보 아래에 문자의 주소, 즉 URL 또는 문서를 포함하고 있는 사이트의 영역 이름을 추가하는 것을 볼 수 있다. 하지만 대부분의 사이트에서 이 정보는 무의미하며 사이트를 깔끔해 보이기 위해 생략해야 한다.

또한, 문서가 갱신되었을 때 직접 작성했거나 편집했다는 사실을 알리기 위해 날짜를 추구할 수 있다. 만약 추가한 날짜가 오타 수정 또는 다른 서버로 문서를 이전한 것만을 의미한다면 유용하기보다는 오히려 혼란만 가중시킨다.

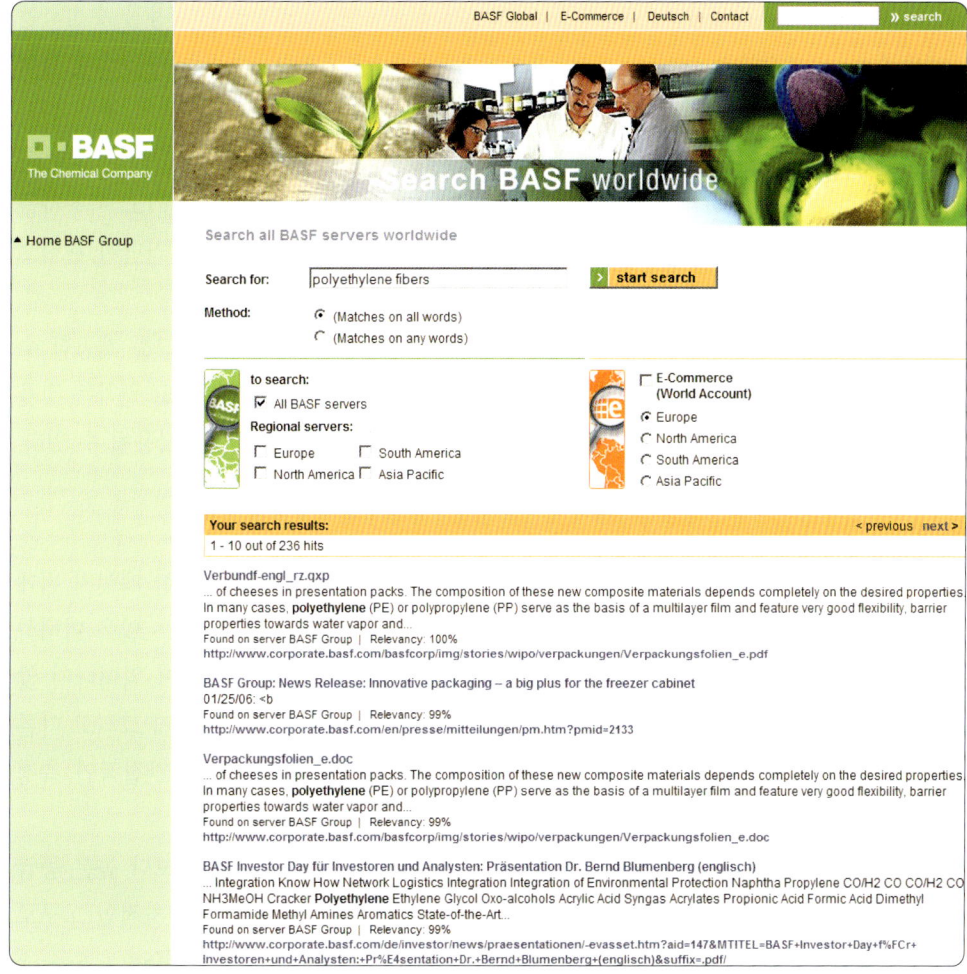

이 다국적 기업의 SERP 는 일부를 제외하면 대부분이 잘못되었다. 잘된 점: 사용자의 검색어를 편집 가능한 검색 상자에 표시하고 각 검색은 제목, 검색 용어가 있는 부분을 강조해 보여주는 요약, 그리고 URL 등을 포함하는 예상된 포맷을 갖고 있다. 또한, 추가 SERP 를 원하는 극소수의 사용자들을 위한 결과 페이지 간 이동이 쉽다.

잘못된 점: "all or any words"를 검색하는 기능을 제공할 필요가 없다. 이것은 기본 검색 페이지를 혼란스럽게 하므로 이 대신 고급 검색으로 분리해야 한다. 서버 전체 또는 지역 서버를 검색하는 기능 또한 예기치 못한 복잡함을 초래하고 전자 상거래를 특별 옵션으로 지정할 필요가 없다. 판매 제품을 찾는 사람들은 종종 그것을 구매 가능한 제품 페이지를 원한다.

많은 추가 기능 때문에 실제 검색 결과가 페이지의 하단으로 밀려 내려갔다. 화면 해상도를 1024 x 768 픽셀로 사용하고 있다면 스크롤 없이는 첫 번째 검색 결과 항목조차도 볼 수 없다. 관련성 등급을 표시할 필요가 없으며 화면에 많은 검색 결과를 넣기 위해 URL 라인과 아이템의 위치를 안네 묶는 것이 디 좋은 생각이다. 마지막으로 네 번째 항목에서 볼 수 있는 독일어 제목은 사용해서는 안 된다. 영어를 사용하는 사용자들은 요약 정보만으로는 기사의 내용이 영어로 되어 있다는 것을 명시하지 않고 있기 때문에 이 항목을 그냥 지나치려고 할 것이기 때문이다.

> **팁: 오타 도우미**
>
> SERP에는 올바른 맞춤법을 제안하는 "Did you mean" 같은 질문 형식의 맞춤법 검사 기능을 추가할 수 있다. 이 링크는 일반적으로 사용자가 목록을 살펴보기 시작할 때 볼 수 있도록 검색 결과 목록 바로 위에 배치한다. 자체 연구에서 검색어 중 7.5%에 오타가 포함되어 있었고, 따라서 사이트가 올바른 맞춤법을 알려주지 않으면 눈치채지 못해 발생하는 오류로부터 사용자들을 도와준다는 데 의미가 있다.

사용자들은 첫 번째 검색어가 성공하지 않으면 질문 내용을 수정하는 경우가 드물지만 있다. 이번에 진행한 연구에서 사용자들은 전체 검색 작업 중 한 개의 검색어를 사용한 경우가 83%였다. 검색의 겨우 17%만이 대체 검색어를 사용했다. 사용자들이 SERP에서 질문을 수정할 수 있게 하는 것이 여전히 도움이 된다. 검색 상자를 포함시키고 사용자들이 최근 사용한 질문을 다시 활용할 수 있게 하면 그들은 간단한 편집으로 그것을 수정할 수 있게 된다.

마지막으로, SERP는 고급 검색 페이지로 연결되는 링크를 제공할 수 있다. 이 링크는 사용자들이 목록의 끝까지 살펴보았는데도 원하는 것을 찾지 못한 경우를 대비하여 페이지의 하단에 반복적으로 사용될 수 있다.

Best Bet

검색 소프트웨어는 어떤 검색어에 대해서도 가장 중요한 페이지 위에 배치되는 것이 이상적이다. 하지만 컴퓨터는 여러분이 하는 일을 이해하지 못하는 멍청한 기계이기 때문에 현실에서는 이런 일이 일어나지 않는다. 사용자들이 얼마나 자주 다양한 단어들을 사용하는지 그리고 다른 페이지들이 얼마나 자주 그 단어들에 연결되는지 등의 간접적인 측정 방법으로 페이지에 점수를 매길 수 있을 뿐이다.

전체 웹을 대상으로 하는 검색 엔진의 두 번째 페이지보다 높은 등급에 여러분의 중요한 페이지를 등록하려면 다음과 같은 이차적인 도구로 약간의 트릭을 사용해야 한다. 이것은 검색 엔진 최적화(SEO: Search Engine Optimization)로 알려져 있고 이 장의 뒷부분에서 더 자세하게 다룰 것이다.

불행하게도 여러분은 외부 검색 엔진에게 각 검색에 대해 가장 중요한 사이트 내의 어느 페이지라고 말할 수 없다. 검색 엔진은 여러분을 믿지 않으며 결과를 미리 알려주려고 하지도 않는다. 하지만 여러분은 중요한 검색에 있어 사이트 내의 어느 페이지를 위에 올려 놓아야 하는지 검색 엔진에게 알려줄 수는 있다. 이 기능을 종종 "best bet"이라고 부른다. 지정한 페이지가 사용자의 검색에 적합할 것이라고 걸기 때문이다.

여러분의 검색 엔진에 best bet을 추가할 때 다양한 사용자 검색어에 대한 최고의 페이지 또는 몇 개의 페이지 목록을 수동으로 구축해야 한다. 만약 사용자가 이들 검색어 중 하나를 사용한다면, 검색 엔진은 best bet을 맨 위에 올려 놓은 다음 알고리즘에 의해 자동 정렬되는 목록이 배치되어야 한다. 수동으로 선택된 best bet과 컴퓨터가 선택한 것이 차별화되지 않는 것이 최선이다. 사용자들은 위에서부터 SERP를 훑어보기 때문에 best bet은 자동으로 특별하게 더 두드러지게 된다. 만약 이들 정보를 상자 안에 넣거나 다른 방법으로 강조하면 사용자들은 그것을 광고라고 생각하고 지나칠 수 있다.

best bet의 특별히 중요한 근거는 사용자들이 가장 많이 입력하는 검색 용어이다. 가장 자주 사용되는 검색어를 찾기 위해 검색 로그에서 100위 정도까지 확인하고 이 용어들을 여러분의 검색 엔진에 입력해서 어떤 결과가 나오는지 확인해본다. 만약 해당 용어에 가장 중요한 페이지가 상위에 노출되지 않으면 그것을 best bet 목록에 추가한다.

100개의 가장 자주 사용되는 용어를 일단 확인하고 나면 그 아래의 목록을 계속 점검하여 다음 100개의 검색어를 확인한다. 자주 사용되는 모든 검색어에 대한 best bet을 완성할 때까지 계속한다.

> **Best Bet을 구축하는 네 가지 방법**
>
> 여러분의 Best Bets를 다음 질문에 답할 수 있도록 구성해야 한다.
>
> - 제품 이름과 다른 브랜드 이름. 사용자들이 이들을 찾을 때 가장 높은 순위에 주요 제품 페이지가 배치되어야 한다.
> - 제품 번호, SKU, 카탈로그 번호, 그리고 다른 코드. 제품과 연계된 주요 제품 페이지가 가장 높은 순위에 올라야 한다. 사용자들이 그러한 코드를 알고 있을 것으로 추측해서는 안 되지만, 일부 사용자들은 실제로 알고 있는 경우도 있다.
> - 카테고리 이름. 카테고리를 위한 주요 페이지가 상위에 등록되어야 한다. 경쟁 업체가 사용하는 카테고리 이름을 포함하여 업계에서 자주 사용되는 이름을 사용하고 있는지 확인해보도록 한다. 각 업체는 종종 자체적으로 만든 용어를 사용하지만 사용자들은 여러분이 사용하는 용어가 사용된 제품 또는 카테고리에 대해 항상 생각하고 있지는 않다.
> - 최고 실무자의 다른 핵심 간부 이름. 이들의 경력 페이지는 검색 결과 상위에 노출되어야 한다.

휴렛 팩커드의 SERP에는 주요 결과 좌측 열에 카테고리로 분류된 관련 항목이 함께 표시된다. 사용자가 검색한 아이템을 위한 제품 페이지에 추가 best bet 을 표시하는 흥미로운 방법이다. 예를 들면, 유명한 프린터를 검색하면 검색 엔진은 주요 목록의 상단에 프린터의 제품 페이지를 배치하지만 좌측 열에 이 프린터를 위한 프린터 소모품으로 연결되는 링크를 함께 표시한다. 또한, 검색은 사이트의 미국 지역 내에서만 이루어지지만 페이지에는 국제 날짜 표시 규약을 사용하고 있다. 각 달의 이름을 사용하는 개선된 방법이다.

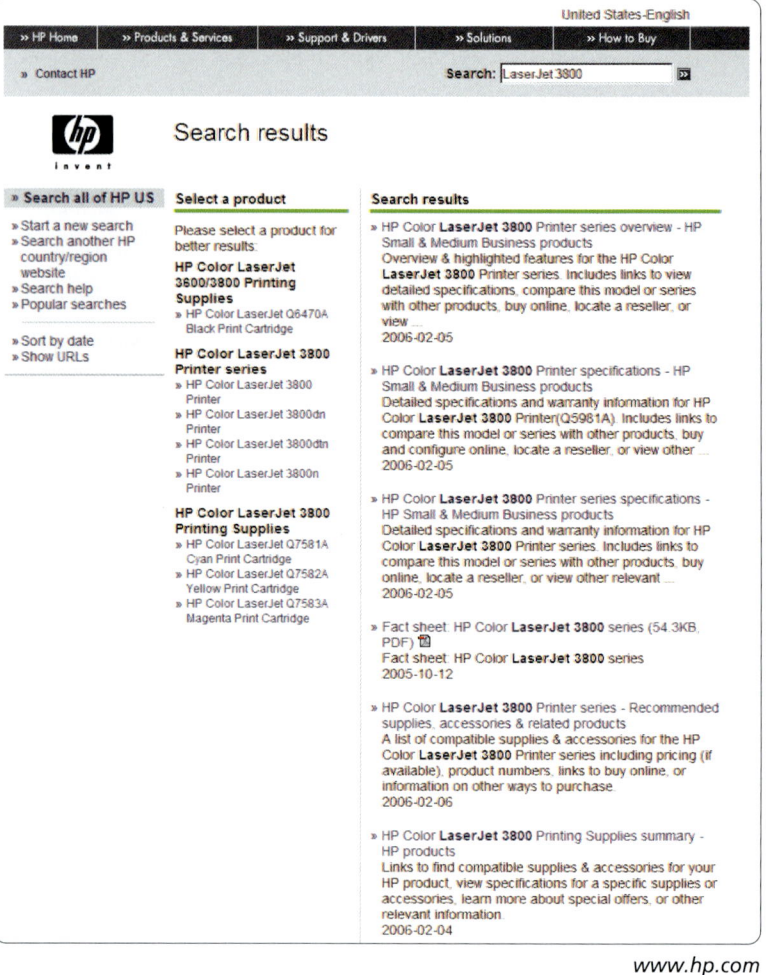

www.hp.com

Best Bet 유지하기

검색을 위한 best bet은 지난 해에 가장 중요했던 페이지가 아니라 검색어에 대한 현재 가장 중요한 사이트 내의 페이지여야 한다. 예를 들면, 만약 새 제품 모델이 발매되면 기록 보관 및 기존 고객에 대한 지원을 계속 제공하기 위해 구 모델 페이지를 온라인 상태로 계속 유지해야 하지만 그럴 경우에도 해당 제품 이름을 가장 상위에 배치해야 한다.

각 검색에 대한 best bet 시스템을 감시하고 가장 중요한 페이지 목록을 갱신하는 데 적합한 활성 프로그램이 필요하다. 또한, 때때로 검색 로그를 확인해야 한다. 예를 들면, 새로운 검색이 best bet이 필요할 정도로 인기 있는 상태가 되었는지 확인하기 위해 분기별로 확인해야 한다.

SERP 정렬

일반적으로 SERP는 연관성에 맞게 정렬되어야 하고, 사용자를 혼란스럽게 만들 수 있기 때문에 다른 옵션이 추가되어서는 안 된다. 하지만 일부 유형의 사이트에서는 다른 정렬 기준을 추가해야 할 필요가 있다. 예를 들면, 연관성 대신 날짜로 정렬하는 것은 최근 사건을 알아보길 원하거나 사이트에서 최근 변경된 사항을 알고 싶어하는 사람들에게 유용하다. 대부분의 사람들은 여러분이 정기적인 변경 또는 갱신을 했는지 관심이 없지만 일부 사이트 형식에서는 최신 개발 정보가 특히 중요한 사항일 수 있다. 이것은 특히 뉴스를 전달하는 사이트에 해당되는 얘기이다.

사용자들에게 가격과 같은 다양한 속성을 기준으로 검색 결과를 정렬하도록 유연성을 제공하는 것은 매우 유용할 수 있다. 이것은 사용자들이 문서가 아니라 제품을 찾아보는 전자 상거래 사이트 또는 다른 제품 중심의 사이트에 유용하다.

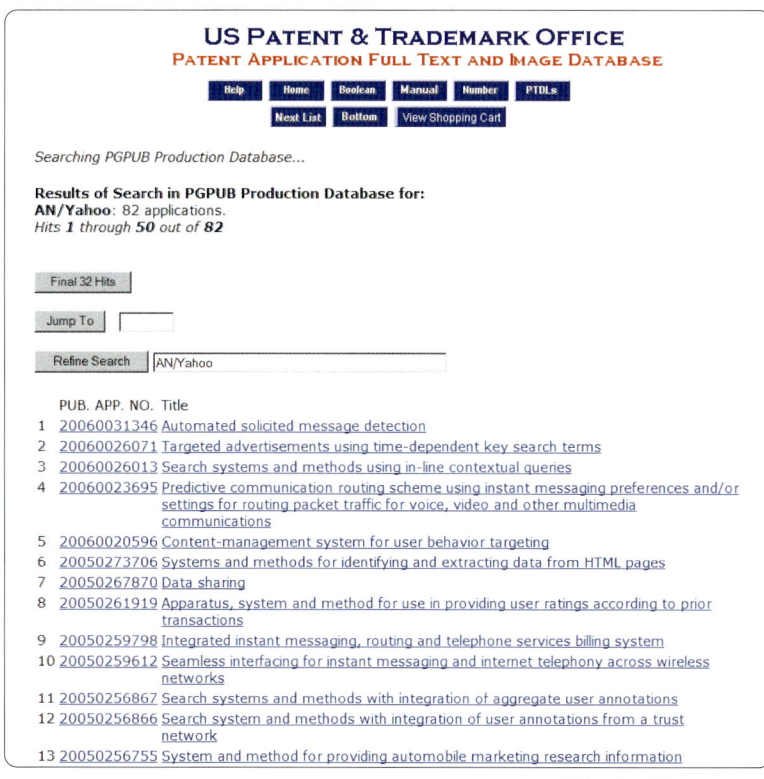

http://patft.uspto.gov

날짜로 정렬하는 것은 뉴스 사이트가 아닌 다른 일부 유형의 웹 사이트에서는 유용할 수 있다. 예를 들면, 야후의 미래 제품 전략을 평가하길 원하는 사용자들은 회사가 최근 신청한 특허 정보를 찾아보기 위해 미국 특허청(U.S. Patent and Trademark Office)을 검색할 수 있다.

대부분의 경우, 사용자에게 오름차순과 내림차순 보기 모두를 제공하는 것이 최선이며 두 가지 보기 형식을 전환할 수 있게 하는 것이 일반적이다. 기본 정렬은 대부분의 사용자들에게 적합해야 한다. 예를 들면, 날짜로 정렬할 때 검색 결과에 가장 최신 제품을 위에 배치한다. 만약 사용자가 날짜 열을 클릭하면 가장 오래된 제품이 가장 위에 보이도록 전환된다. 가격으로 정렬할 때 가장 낮은 가격의 항목을 먼저 보이도록 하고 두 번째에는 가장 비싼 아이템이 표시되어야 한다.

이 SERP는 제품의 세 가지 속성을 기준으로 정렬할 수 있다. 이름(모든 제품의 첫 부분이 동일한 브랜드로 되어 있는 경우 브랜드를 의미), 배송 날짜, 그리고 가격이 그것이다. 이 화면에서 사용자는 메모리 카드를 검색했기 때문에 SERP에서 저장 용량으로 정렬해도 좋았을 것 같다. 화면에서 사용자는 가격 열을 클릭한 상황이다. "Sorted by Price"를 두 번째 클릭하면 정렬 순서가 뒤바뀌어 가장 비싼 제품이 맨 위로 올라오게 된다(누가 가장 비싼 제품을 원할까? 이 경우 가장 용량이 큰 카드를 원할 수도 있고 가격은 용량으로 정렬할 수 없을 때 그것을 알아보는 방법이 될 수 있다).

이 스크린샷에서 제품 썸네일 이미지는 제품 유형을 알아보는 데는 유용하지 않지만 신속하게 여러 브랜드를 살펴보는 역할을 한다. 하지만 모습이 차별화되는 제품들인 경우에는 썸네일이 유용할 수 있다. 이 SERP의 가장 큰 문제는 환불 제공과 다른 특징들이 너무 많은 공간을 차지하고 있기 때문에 제품들이 너무 멀리 떨어져 있다는 점이다. 사용자가 한눈에 봤을 때 적은 수의 제품만 있는 SERP는 사용하기 더 어렵다.

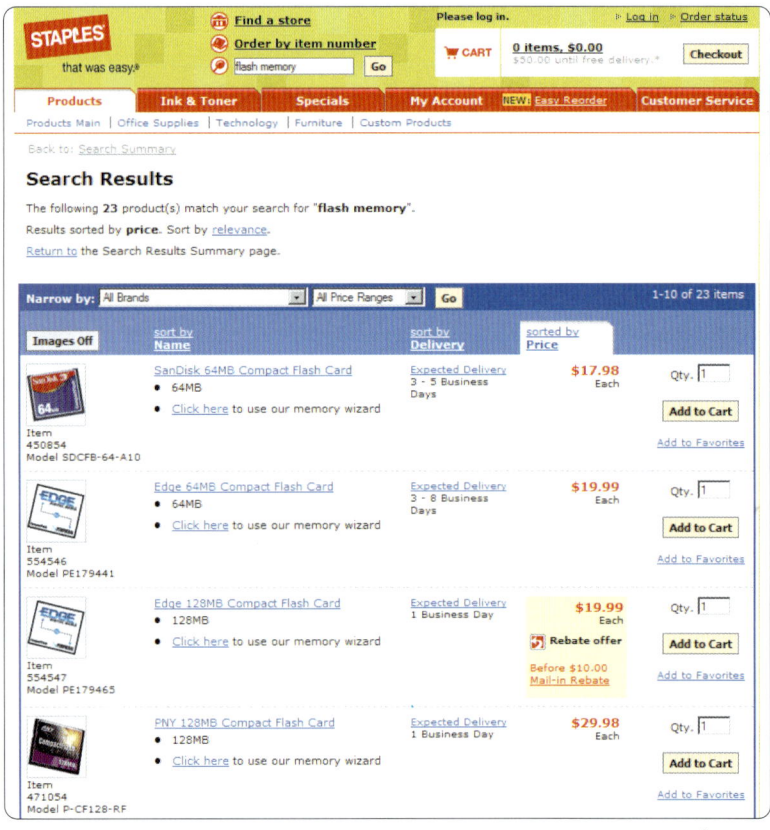

www.staples.com

검색 결과 없음

사용자의 검색에 대한 어떠한 결과가 없을 때, 특별한 상황에 맞게 만들어진 SERP가 필요하다. 이 페이지에 필요한 첫 번째 요구 사항은 검색 결과가 없다고 명확하게 밝히는 것이다. 아무것도 없는 페이지가 표시되면 작업 완료 여부를 알리는 표시가 없기 때문에 사용자가 계속 기다릴 수 있다. 또한, 공백 페이지는 사용자가 뭔가 잘못되었다고 생각할 수도 있다.

둘째, 결과가 없는 SERP는 더 나은 결과를 얻기 위해 사용자의 검색어를 수정하도록 도와주어야 한다. 모든 SERP처럼 사용자의 검색어를 검색 상자에 표시하여 쉽게 편집할 수 있게 해야 하지만 전형적인 검색 실수를 바로 잡는 방법에 대한 확실한 힌트도 제공해야 한다. 만약 우리가 권장하는 것처럼 맞춤법 교정 기능을 갖고 있다면 교정된 단어를 강조해서 표시해야 한다.

마지막으로 고급 검색을 갖고 있다면 연결되는 링크를 페이지의 끝부분에 넣어야 한다. 고급 검색은 도움이 되기보다는 오히려 혼란을 가중시키는 일이 많지만 아무것도 검색되지 않는 것보다는 나으며 어쩌면 고급 검색 기능이 제대로 작동하는 검색어를 만드는 데 도움이 될 수도 있다.

단일 검색 결과

또 다른 특별한 경우가 있다면 단 한 개의 결과만이 검색되는 경우이다. 일부 사이트는 이 경우 SERP를 건너 뛰고 발견된 페이지로 곧장 이동시킨다. 하지만 입력한 검색어가 담긴 SERP를 보게 될 것이라는 사용자의 기대를 저버리는 행위이기 때문에 대부분의 사이트에서 이런 방법을 사용하지 않도록 권하고 있다. 사용자는 검색 버튼을 클릭한 뒤 링크 목록 대신 제품 페이지를 보게 되면 혼란스러워 할 수 있다.

단 한 개의 링크만 있더라도 SERP를 표시해야 하는 또 다른 이유는 사용자들이 그것을 일단 알고 난 후 자신의 검색어를 수정하길 원할 수도 있기 때문이다. 또한, SERP에는 검색 개선을 위해 준비해둔 대체 단어 또는 다른 기능을 사용자에게 보여주어야 한다.

사용자가 이미 알고 있을 아이템을 검색어로 사용한 경우, 예를 들면 SKU, 부품 번호, 또는 다른 고유의 식별 가능 항목 등 전문이 표시될 필요가 없는 경우에는 SERP를 제외시킬 수 있다.

> 사용자들은 새로운 문제가 생기면 거의 대부분 검색 엔진을 이용하지만 첫 번째 결과 페이지 이외에는 거의 보지 않으므로 SEO가 인터넷 전략의 가장 중요한 부분이 되어야 한다.

검색 엔진 최적화

검색 엔진 기술의 예측 불허 특성으로 인해 확실한 과학적 규명이 있는 것은 아니지만 검색 엔진 최적화(SEO, Search Engine Optimization)란 이른바 검색 엔진상의 웹 사이트 순위를 개선하는 일련의 방법을 말한다. 2장에서 살펴본 것처럼 사용자들은 새로운 문제가 생기면 거의 대부분 검색 엔진을 이용하지만 첫 번째 결과 페이지 이외에는 거의 보지 않으므로 SEO가 인터넷 전략의 가장 중요한 부분이 되어야 한다. 모든 관련 키워드에 대한 첫 SERP 목록에서 좋은 위치를 차지하는 것은 여러분이 보유하고 있는 제품이나 서비스를 찾고 있는 사람들 눈에 띄길 원하는 경우 매우 중요하다.

그렇다면 주요 검색 엔진의 첫 페이지에 어떻게 등록될 수 있을까? 확실한 방법도 없고 그렇게 해주겠다고 약속하는 모든 컨설턴트는 검색 엔진들을 거슬리게 하는 비윤리적 트릭을 사용하는 이른바 "black-hat" SEO 조작을 하는 사람들이다. 검색 엔진들은 black-hat SEO를 통해 속이려고 했던 사이트를 제거한다.

이 장을 집필하고 있는 동안 우연히도 이러한 내용의 메일을 받았다. 물론 여러분은 스패머로부터 어떤 것도 구매해서는 안 된다. 하지만 이 경우 다른 기본적인 권고를 한 가지 더 추가할 수 있다. "너무 좋은 내용이어서 믿기 힘든 경우, 대부분 믿어서는 안 되는 것들이다." 주요 검색 엔진에서 상위에 등록하게 해주겠다고 하는 사람은 틀림없이 black-hat SEO 오퍼레이터이며 이것을 사용하면 상위에 등록되기는커녕 검색 엔진에서 쫓겨나게 된다.

Be on the Top Page of Google in just 48 Hours! Guaranteed!

It is a proven fact that over 82 million actual users use Google every day. So you must be on it!

But to be seen you must be on the

Top Page!

Our proven methods and techniques have helped many hundreds of web sites achieve the highest ranking. **The Top Page!**

You are probably aware of the importance of being on the Top page. Frankly, clients searching for a service rarely venture beyond the first page. *You need to be on it to be SEEN!*

Our service promise: We guarantee that if we do not achieve a first page position for your web site in forty eight hours we will refund the fee. <u>Guaranteed!</u>

The fee for a full six months of Top Page Exposure is ONLY £79.95

SEO를 위한 최우선 지침은 black-hat 방법을 사용하거나 black-hat 컨설턴트를 고용하는 것을 피해야 한다는 것이다. 상위에 등록되는 것을 보장하는 방법은 몇 가지밖에 없다. 유명 기업 또는 정부 하청 업체 또는 전세계의 그 어떤 기업도 사용하지 않는 믿을 수 없을 만큼 유명한 브랜드를 갖고 있는 경우를 들 수 있다. 이 경우 회사 이름 또는 브랜드 이름이 첫 SERP에 표시되며, 만약 그런데도 등록되지 않는다면 웹 사이트에 어떤 단순한 실수를 했기 때문이다. 훌륭한 SEO 컨설턴트라면 이러한 문제를 쉽게 찾아낼 수 있고 어떻게 수정해야 할지 알려줄 것이다. 그 얼마 후면 문제가 되었던 단 한 개의 키워드로 더 나은 위치에 등록되는 것을 보게 된다.

이외의 검색 용어라면 1주일 내에 목록 상위에 등록될 것을 기대하지 않는 것이 좋다. 만약 기적을 믿는다면 그것은 아마도 사기 행위일 것이며 그 대가는 검색 엔진에서 밀려나는 것뿐이다.

Black-Hat SEO 트릭

black-hat 컨설턴트는 다음과 같은 기법을 통해 검색 엔진을 기만하려고 시도할 것이며 이들 방법은 모두 주요 검색 엔진에서 편법으로 생각하고 있다.

위장(Cloaking): 웹 사이트는 사용자의 요청인지 검색 엔진의 스파이더에 의해 페이지가 요청되는지에 따라 서로 다른 컨텐츠를 전달할 수 있다. 이것은 일반적으로 "위장"이라고 부른다. 사이트가 검색 엔진에서만 표시되고 검색 엔진의 소프트웨어로 좋은 점수를 받게 만들어진 특별한 페이지 뒤에 진짜 컨텐츠(사용자가 보게 되는)를 숨기기 때문이다. 순전히 검색 엔진을 위해 만들어진 특별한 페이지는 "도입 페이지(doorway page)"라고 부른다. 각각의 목표 검색어에 최적화된 의미 없는 문자열로 이루어진 별도의 도입 페이지를 갖는 것도 가능하다(하지만 권하지는 않는다). 이것은 검색 엔진 스파이더는 보지 못하는 "진짜" 페이지를 보게 되는 사용자들에게는 보이지 않는다

검색 스팸(Search Spam): 이것은 진짜 컨텐츠는 없고 검색 엔진이 찾아내는 것을 목적으로 상상할 수 있는 모든 키워드만 담겨 있는 수천 개 또는 수백만 개의 페이지를 만들어낸다. 유사한 다른 방법으로 검색 목록에 더 자주 노출되도록 셀 수 없을 정도로 많은 정보의 사본을 만들어내는 스팸도 있다.

링크 농장(Link Farms): 일부 black-hat 오퍼레이터는 수천 개의 가짜 사이트를 만들어내고 인기 있는 것처럼 보이게 만든다. 이들 가짜 사이트의 유일한 목적은 클라이언트의 웹 사이트로 연결되는 것뿐이다.

덧글 스팸(Comment Spam): 외부 사람이 덧글을 추가할 수 있게 해주는 블로그, 포럼, 그리고 웹의 다른 모든 장소에 엄청난 양의 덧글을 등록한다. 이들 덧글에는 항상 클라이언트의 순위를 높이기 위한 연결 링크가 포함된다. 물론 일반적인 모든 사용자들은 자신의 홈페이지로 연결되는 링크를 추가하지만 무차별적으로 등록될 때 스팸이 된다. 죄 없는 수천 개의 사이트에 동일한 덧글을 등록하는 자동 스크립트를 종종 사용한다.

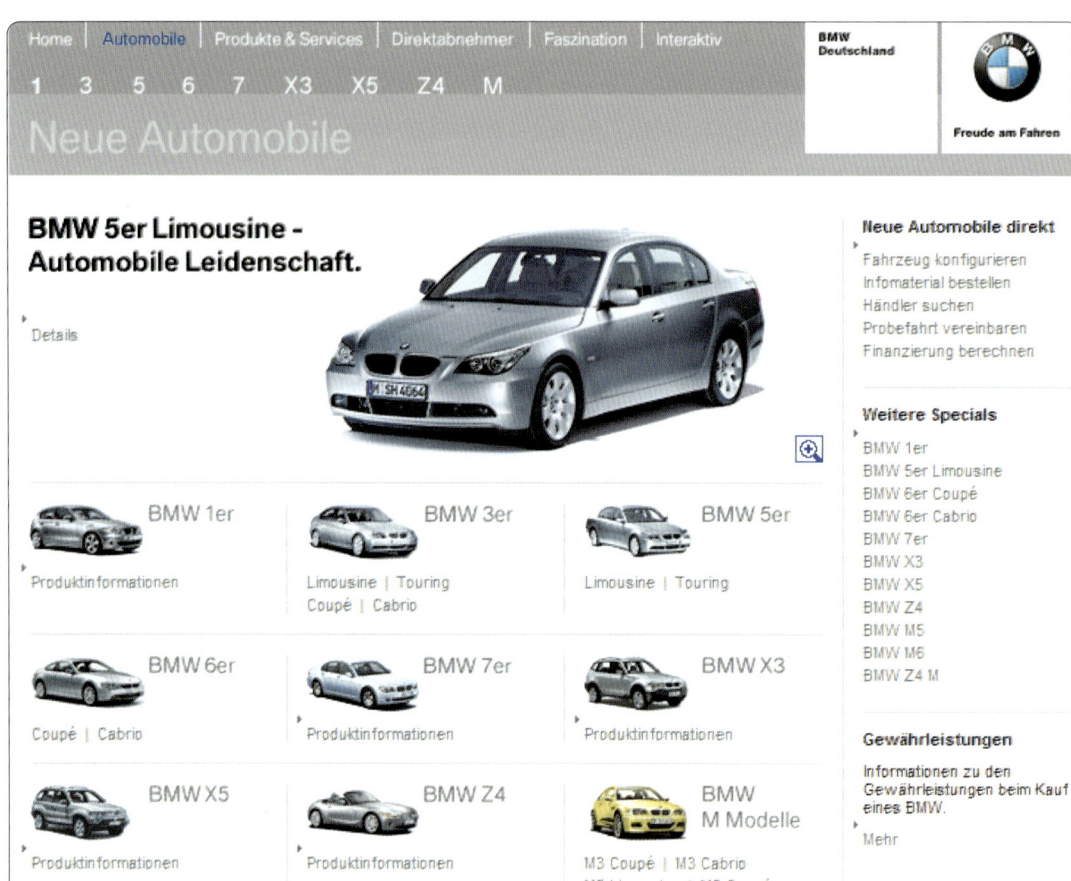

www.bmw.de

2006년에 구글은 위장 기술을 사용한 독일 BMW 사이트를 목록에서 제거했다 (이 회사는 잘못을 시인하고 불편을 주는 기능을 제거한 뒤 다시 원상태로 돌아갔다). 검색 엔진은 일반 사용자들에게 제공되는 정보를 기반으로 표시되어야 하는 것과는 다른 페이지를 제공하여 사람들에게 검색 엔진이 속이는 것처럼 만들기 때문에 위장을 좋아하지 않는다. BMW 는 아마도 검색 엔진에 연동되는 문자열이 별로 없는 그래픽 위주의 페이지를 갖고 있었기 때문에 위장 기능을 사용한 것으로 추정된다. 예를 들면, 5er Limousine에 대한 주 제목은 해당 문자열을 담고 있는 이미지일 뿐 실제 문자열이 아니다. 카테고리 헤더인 "Neue Automobile(new cars)"는 오른쪽 끝 열에 실제 문자열로 되어 있긴 하지만 역시 마찬가지이다. 글자를 그림으로 표현한 것과 실제 문자열을 사용한 것의 가장 큰 두 가지 차이점은 다음과 같다. 시력이 약한 사용자들이 주로 사용하는 화면의 문자열을 음성으로 읽어주는 기능은 그림으로 표현된 문자열을 읽을 수 없고 검색 엔진은 픽셀을 검색할 수 없다. 검색 엔진은 실제 문자열만 이해하므로 세계에서 가장 영향력 있는 맹인 사용자들인 셈이다.

SEO는 초기의 black-hat 오퍼레이터의 급증 때문에 모호한 위치에 있지만 SEO 컨설턴트 자체는 명예로운 직업이며, 모든 SEO 컨설턴트 업은 좋은 인터넷 시민의 테두리 내에서 완전히 윤리적인 white-hat 방식을 사용하는 것으로 스스로 제한해야 한다.

"white-hat" SEO 기술에는 세 가지의 주요 클래스가 있다.

- 언어 SEO
- 아키텍처 SEO
- 평판 SEO

이들 세 가지를 모두 여러분의 사이트에 적용해야 한다. 다행스럽게도 전체 웹 대상 검색 엔진상의 순위를 개선하기 위해 행하는 거의 모든 작업은 검색 소프트웨어가 더 나은 데이터를 얻게 되기 때문에 여러분의 사이트상에 있는 검색 엔진을 개선하는 역할도 한다.

이 세 가지 항목을 적용한 후에는 인내의 시간이 기다리고 있다. 여러분의 사이트를 눈에 더 잘 띄게 사이트 개선 작업을 한 뒤 바로 다음 날 높은 순위에 오르게 될 것으로 기대해서는 안 된다. 순위가 서서히 높아지는 데에는 수 개월이 걸릴 수도 있고 심지어는 수 년이 걸릴 수도 있다. 지금부터 2년이 지난 뒤에도 여전히 사업을 하고 있다고 가정하면 SEO에 투자한 만큼의 풍부한 수익을 되돌려 받을 수 있게 된다. 어떤 이점은 확실히 더 빨리 얻게 되지만 즉각적으로 회수되는 경우는 거의 없다.

이름 정하기

만약 새 회사나 브랜드의 이름을 짓는 운 좋은 상황에 있다면 가장 먼저 해야 하는 일 중 하나는 모든 주요 검색 엔진상에서 원하는 이름들을 검색하여 확실히 사용 가능한지 확인해야 한다. 만약 두드러진 사이트에 그 이름이 결과 페이지에 표시되면 구세대적인 상표법에 의거하여 사용하는 데 합법적인 지역에 있더라도 사용을 피해야 한다.

영국의 공무 기관 내에 있는 상급 관리자를 위한 노동 조합인 FDA(First Division Discounters Association)의 상황을 가정해보자. 모두 정부 차원에서 중요한 13,000명의 멤버로 구성되어 있는 이 기관은 검색 엔진에서 좋은 대우를 받을 것으로 생각된다. 영국 구글(google.co.uk)에서 "FDA"를 검색하면 이 사이트는 두 번째로 표시된다. 그리 나쁘지는 않지만 첫 번째 순위에 등록되지 못하는 이유는 무엇일까? 목록의 첫 번째 항목에는 미국의 식품의약청(U.S. American Food and Drug Administration)이 표시된다. 영국 내에서 검색한 것임에도 불구하고 세 글자로 된 약칭 FDA는 영국의 노동 조합보다 미국의 정부 기관을 참조하는 일이 더 많기 때문이다. Google.com에서 검색하면 영국의 FDA는 여덟 번째에 표시되고 그 위의 일곱 개는 모두 미국의 FDA를 참조한다.

영국의 FDA가 1918년에 설립되었을 때 누구도 미국의 정부 기관과 혼동될 일이 있을 것이라고 예상해지 못했겠지만 아무튼 현실은 그렇다. 영국의 FDA는 자체적인 이름으로는 최상위에 등록되는 일은 절대 없을 것이다. 하지만 영국의 검색 엔진 내에서는 합리적으로 높은 순위에 표시되는 일은 유지될 것이고 나머지 지역에서 첫 페이지에 등록되는 것은 정당한 목표라고 할 수 있다.

> 검색 엔진 역시 다른 어딘가를 찾으려는 확실한 목표를 가진 사람들이 방문하는 웹 사이트의 한 형식이기 때문에 검색 광고는 제 역할을 충실하게 수행한다.

다른 모든 방법이 실패하면, 검색 광고를 사용하도록 한다. 물론 이것은 비용이 많이 들고 매년 가격이 점점 더 높아질 것으로 예상되기 때문에 검색 광고가 광고 없이도 사업이 잘 되는 좋은 사이트를 갖는 것보다 더 나은 대안이라고는 할 수 없다. 하지만 검색 광고는 일반적으로 신속하게 순위를 높이고 결과가 즉각적으로 나타나기 때문에 단기적인 대책이라고 할 수 있다.

검색 엔진 역시 다른 어딘가를 찾으려는 확실한 목표를 가진 사람들이 방문하는 웹 사이트의 한 형식이기 때문에 검색 광고는 제 역할을 충실하게 수행한다. 만약 사람들이 찾고 있던 것을 광고에서 보면 클릭할 확률이 높다. 광고주는 광고의 타깃을 사용자의 검색 용어를 기반으로 정하기 때문에 사용자들의 즉각적인 욕구를 만족시킬 수 있게 된다(이것은 또한 검색 엔진 홈페이지에 있는 광고가 역할을 제대로 수행하지 못하는 이유이기도 하다. 즉, 서버가 사용자의 검색 용어를 알아채기 전까지는 검색 엔진 홈페이지에 이제 막 도착한 사용자의 요구를 알아낼 수 없기 때문에 그에 맞는 광고를 표시하는 것은 불가능하다).

팁: 문자열 광고 사용의 미덕

대부분의 검색 엔진 광고는 크지도 다채롭지도 깜박이는 배너도 아닌 문자열만 포함된 작은 상자로 되어 있다. 아마도 문자열로만 구성된 광고가 사용들이 실제로 더 심각하게 여기는 로우엔드 매체 형식이기 때문일 것이다. 또한, 몇 개의 단어로 메시지를 표현하는 것이 광고를 더 뚜렷하고 보이고 호소력이 있다. 문자열로만 이루어진 형식은 내용이 없는 메시지를 쓸모 없는 것처럼 표시하므로 광고주들이 오래된 매체에서 경험해온 안 좋은 직감을 갖지 않게 해준다.

"오늘은 어디로 가고 싶어?"와 같은 사람들이 무의미하게 떠들어대는 듯한 문자열을 사용하지 말라는 법은 없지만 그런 광고를 클릭하는 사용자는 분명 없을 것이다. 사용자들의 즉각적인 욕구를 무시하는 것은 웹상에서는 확실한 실패를 의미한다.

다양한 매체를 통해 사용자를 무시하는 광고를 하는 기업들은 스스로 "브랜드를 홍보하고 있는 것"으로 착각할 수 있다. 실제로 이런 광고는 사람들의 욕구와 연결되지 않기 때문에 무시된다. 웹 사용자를 13년 동안 관찰해온 우리는 그들이 완벽하게 이기적이며 매우 변덕스럽다고 확실하게 말할 수 있다. 사용자들이 지금 당장 원하는 것을 손에 쥐어주는 것이 웹에서 성공하는 유일한 방법이며, 따라서 문자열로 된 작은 상자여야만 광고주가 힘을 실어주게 된다.

> **팁: 검색 광고의 가치 추적**
>
> 만약 검색 엔진에 유료 광고를 내고 있다면 광고를 클릭하여 사이트로 들어오는 방문객의 가치를 추적해야 한다. 이것이 클릭당 입찰가격을 결정하는 유일한 방법이다. 검색 광고로 들어오는 방문객의 환가율이 1%이고 각 방문객으로부터 10달러의 수입을 올리고 있다고 가정해보자. 그렇다면 광고를 클릭하는 각 사용자로부터 10센트의 수익을 얻고 있는 것이며 클릭당 9센트까지 입찰할 수 있으므로 여전히 이득이라는 의미이다.
>
> 환가율을 추적하고 검색 광고에 대한 다른 투자 수익을 추적할 때 다음 두 가지 오래된 실수를 피하도록 한다.
>
> - SERP에 표시되는 광고를 클릭한 것과 검색 엔진에서 구동하는 광고 네트워크상의 광고를 클릭한 것을 혼동하지 마라. 검색 업체는 검색 사이트가 아닌 사이트들의 네트워크를 관리하기 때문이다. 컨텐츠 페이지를 읽는 사람은 단순히 둘러보는 것이고 별로 관심이 없는 상태로 광고를 클릭할 수 있기 때문에 일반적으로 컨텐츠 페이지상에 있는 광고의 가치는 SERP 광고의 가치보다 낮다. 비검색 광고에는 더 낮은 비용을 지불해야만 한다. 만약 이들을 검색 광고와 함께 분석하면 투자 수익은 뒤죽박죽이 될 것이다.
> - 검색 엔진에서 제공하는 환가율 추적 장치 또는 다른 웹 분석 장치를 사용하지 마라. 검색 엔진은 광고에 대해 얼마나 받을지 결정하기 때문에 각 광고로 얼마나 벌어들이는지 알려서는 안 된다. 비용을 계산하는 것과는 거리가 먼 독립 업체들이 제공하는 사이트 분석 도구를 항상 사용해야 한다.

언어 SEO

검색 엔진에 검색어를 입력하는 사용자들은 여러분이 최근에 만든 표어 또는 다른 인증된 회사 관련 용어에 사용되는 단어를 사용해야 한다고 생각하지 않는다. 사람들이 알고 있는 단어를 사용하는 것이 매우 중요한 이유는 바로 이 때문이다.

일반적으로 사용되는 용어를 포함하는 제목을 사용해야 하는 데는 두 가지 이유가 있다. 첫째, 검색 엔진은 페이지의 제목과 다른 제목에 무게를 더 싣는 경향이 있다. 둘째, 사용자들은 검색 목록을 훑어보며 제목 이외의 부분은 거들떠 보지도 않는 경우가 많다. 만약 사용자가 검색어로 입력한 단어가 제목에 표시되면 그 부분에 더 많은 관심을 갖게 된다.

> **언어 SEO를 위한 최선의 지침**
>
> 검색 엔진에서 발견되길 원한다면 사용자들의 언어로 말하라. 사용자들은 자신의 언어를 사용하여 검색어를 입력한다.

팁: 키워드 남용의 역효과
SEO 지침이 사용성 지침과 충돌하는 몇 가지 사례 중 하나는 키워드 밀도에 대한 것이다. SEO 컨설턴트는 가독성을 떨어뜨림에도 불구하고 목적이 되는 키워드를 페이지 내에 반복해서 사용하게 하는 경우가 종종 있다. 중요한 용어를 자연스럽게 한 페이지 내에 반복해서 사용한다는 데 의의가 있지만 키워드를 한번 더 포함시키기 위해 작성하던 문장이 너무 복잡해지면 반복 사용을 중단해야 한다. 사용자들은 페이지가 무의미하고 도움이 되지 않는다고 생각하면 즉시 사이트를 떠나게 되므로 더 많은 사용자를 끌어들이는 방법으로는 좋지 않다.

SEO 분야에서 고객들이 사용하는 단어를 찾아내는 것을 일반적으로 "키워드 연구(keyword research)"라고 부른다. 여러분의 키워드 연구를 도와줄 웹 사이트와 소프트웨어 서비스가 많이 있다. 예를 들면, 야후!는 사용자가 용어를 입력하면 관련 용어를 위한 제안을 제공하는 Keyword Selector Tool이라는 무료 서비스를 제공하고 있다. 또한 야후!는 사용자들이 지난 달에 제안한 용어를 얼마나 자주 사용했는지도 알려준다. 이것으로 우선순위를 정할 때 최적화할 첫 키워드를 정할 수 있게 된다(하지만 여러분을 위한 키워드의 진정한 중요성은 여러분의 타깃 사용자들에 따라 달라지기 때문에 이와 함께 추가적인 자체 분석 작업도 병행해야 한다).

구글은 광고를 내는 고객들에게 해당 제품과 서비스와 관련된 키워드를 제안하는 도구를 제공하고 있다. 구글은 여러분이 갖고 있는 제품을 어떻게 알고 있을까? 구글은 여러분이 웹 사이트에 이미 작성해 놓은 문구를 읽은 다음 사용자들이 자주 검색하는 관련 용어를 찾아낸다. 이 스크린샷은 우리가 갖고 있는 사이트의 독자들에게 책을 판매하기 위해 만든 웹 페이지를 기반으로 책의 홍보를 위해 구글이 제안한 키워드 중 상위 목록을 보여주고 있다. 이 목록은 완벽하지 않지만(예를 들면, 우리가 이 책이 아닌 다른 곳에 인트라넷 사용성을 위한 특별한 지침을 다루고 있음에도 불구하고 이 목록에 "intranet usability"가 포함되어 있다), 책을 홍보하는 데 사용할 키워드 선택에 있어 좋은 출발점이 된다.

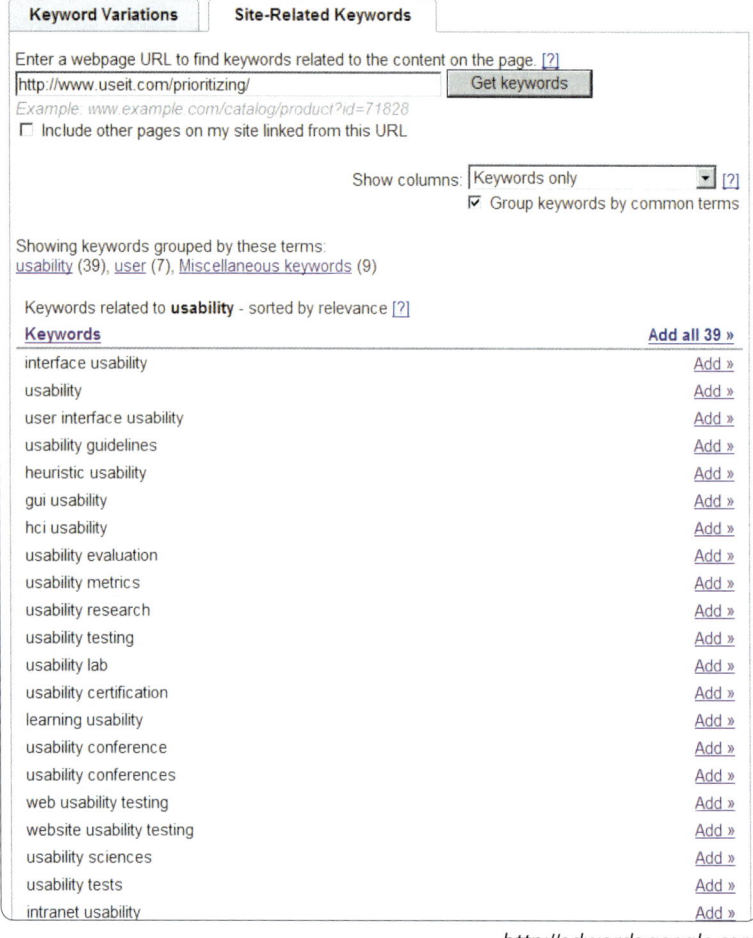

http://adwords.google.com

사용자들의 용어를 찾아내는 가장 좋은 두 가지 방법은 검색 로그 확인과 사용자 테스트이다. 고객들이 입력한 검색어를 찾아내기 위해 사이트에 있는 검색 엔진을 위한 로그 파일을 살펴볼 수 있다. 여러분의 사이트를 절대로 찾아내지 못한 사람들이 입력한 검색어가 무엇인지 알아낼 수는 없지만 그렇다고 해도 검색 로그는 여전히 다양한 검색어를 담고 있는 최고의 원 자료이다.

사용자들이 사용하는 언어에 대한 폭 넓은 이해를 얻으려면 사용자 테스트 과정에서 그들의 말에 귀를 기울여야 한다. 그들이 자신의 문제와 여러분의 제품을 어떻게 설명하는가? 아마도 마케팅 부서에서 사용하는 것과는 완전히 다른 용어일 것이다. 집단 사고의 문제에 빠질 수 있음에도 불구하고 이에 대한 포커스 그룹에서 표현을 얻어 사용할 수도 있다. 일단 포커스 그룹의 한 멤버가 무언가를 설명하기 위해 특정 단어를 사용하기 시작하면 다른 멤버들도 그것을 사용하기 시작한다. 이런 이유로 우리는 연구를 위해 집단을 테스트하는 경우 거의 대부분 한번에 한 사람씩 테스트하는 것을 선호한다.

마지막으로 사용자들의 언어에 대해 더 많은 정보를 얻기 위해 고객 지원 전화에 귀를 기울이고 블로그를 읽고 토론 그룹에 관심을 갖는다. 한 가지 주의할 점은 온라인 토론에 참여하는 블로거들과 다른 사람들은 충분한 고객 기반을 대변하지 못하는 경향이 있다. 하지만 그들의 언어는 사내에서 듣게 되는 그 어떤 말보다도 유용한 자료를 제공한다.

웹 페이지에 고객의 어떤 용어를 사용해야 하는지 생각할 때 사람들이 자신의 문제를 설명하는 데 사용하는 단어에 초점을 맞춰야 하는 것이 중요하다. 숨어 있는 문제를 찾아내지 못한 상태에서 특징과 여러분이 얻게 될 이득을 설명하는 데 초점을 맞춰 솔루션을 판매할 때 발생하는 일반적인 실수이다. 하지만 사람들은 종종 문제를 해결할 수 있는 방법에 대해 알려고 하지 않고 현재 눈 앞에 있는 문제에 대한 정보만 찾으려고 한다.

아키텍처 SEO

아키텍처 SEO는 두 개의 구성 요소를 갖고 있다. 하나는 표시 가능한 페이지를 확인하는 작업과 또 하나는 검색 스파이더가 여러분의 컨

> **팁: 키워드가 아니라 구를 생각하라**
>
> 대부분의 사용자들은 검색 상자에 두 개 또는 세 개의 단어를 입력한다. 상당히 앞서 가는 사람들은 판매에 지대한 관심을 보여 더 구체적인 흥미를 갖게 되기 때문에 가장 긴 검색어를 입력한다. 어떤 경우든 개별 키워드 수준 이상의 SEO에 대해 생각하는 것이 중요하다. 사업적으로 더 나을 수 있기 때문에 여러 개의 단어로 이루어진 구를 고려하라.

텐츠로 안내하는 적당한 링크 구조를 갖는 것이다.

검색 엔진이 여러분의 컨텐츠 색인을 얻으려면 컨텐츠는 실제 문자열이어야 한다. 검색 엔진 스파이더는 그림을 보지 못하기 때문에 문자열 그림은 적용되지 않는다. 또한, 검색 엔진은 동영상 또는 음성 파일 같은 다양한 멀티미디어 형식으로 표현된 정보를 찾아내지 못한다. 사용자들을 위해서는 웹 사이트에 멀티미디어를 포함해도 상관없지만(이에 대한 지침은 11장 참조), 검색 엔진에 표시되는 정보인 경우에는 멀티미디어 파일에 문자열 개요를 반드시 첨부해야 한다.

검색 엔진은 링크를 따라가는 방법으로 여러분의 웹 사이트에 있는 페이지들을 찾아낸다. 이것은 스파이더가 다음 차례가 무엇인지 쉽게 해석할 수 있도록 링크를 평범한 HTML로 만들어야 한다는 것을 의미한다. 또한, 여러분의 URL은 동적으로 만들어진 페이지가 아니라 일반적인 웹 페이지를 설명하는 것처럼 보여야 한다는 의미도 갖는다. 페이지가 여러분의 컴퓨터 내에서 동적으로 만들어진 것인지는 문제가 되지 않는다. 문제는 검색 엔진 스파이더가 다음 번에 사용자가 그곳에 오더라도 동일한 내용을 볼 수 있는 일반적인 페이지로 생각하도록 만들어야 한다는 점이다. 많은 스파이더에 있어 이것은 URL에 물음표를 추가하고 나면 그 뒤에는 무시된다는 의미이다. 일반적으로 이 표시는 데이터베이스 쿼리 또는 다른 형식의 1회용 컨텐츠라는 것을 알리는 데 사용된다.

검색 엔진에 표시되길 원하는 모든 페이지가 홈페이지에서 곧장 연결되는 링크로 연결되어 있는지 확인하도록 한다. 링크에 사용되는 문자열은 사이트 내에 있는 각 페이지의 가장 중요한 기능을 설명하고 있어야 한다. 검색 엔진은 페이지로 연결되는 링크를 설명하는 데 사용되는 문자열을 특히 더 강조한다. 사용자들은 링크를 찾기 위해 페이지를 살펴보고 적당히 읽으면서 이동할 다음 목적지를 찾을 필요가 있기 때문에 어떤 경우에든 좋은 링크에 대한 설명을 갖추는 것이 중요한 사용성 지침이다.

아울러 검색 엔진은 링크가 많은 페이지에 우선순위를 매기는 경향이 있기 때문에 덜 중요한 페이지보다는 주요 페이지로 연결되는 더 많은 링크를 사용해야 한다. 만약 사람들이 여러분의 제품 중 하나를 검색하고 주요 제품 페이지보다 더 높은 순위에 등록된 보도 자료 내의 사소한 언급을 발견하게 된다면 사이트는 구조적으로 잘못된 것이다. 이것을 수정하는 유일한 방법은 보도 자료에 제품 페이지로 연결되는 링크를 추가하는 것이다. 또한, 만약 계층적 정보 구조를 갖고 있다면 링크 구조는 이 레벨을 반영해야 하며 더 높은 단계로 연결되는 더 많은 링크를 제공해야 한다. 빵가루 자취는 항상 주요 페이지로 연결되는 링크를 포함하고 그 이름을 앵커 문자열로 사용하기 때문에 빵가루를 보조 내비게이션 도구로 사용하는 것도 이 문제를 해결하는 한 가지 방법이 될 수 있다.

평판 SEO

검색 엔진은 사이트의 평판에 상당한 비중을 두어 사용자들에게 최고의 결과를 제공하려고 한다. 널리 좋은 평판을 얻고 있는 사이트는 일반적으로 평판이 나쁜 사이트보다 더 좋은 점수를 얻는다.

SERP에서 높은 순위에 도달하려면 다른 사이트가 여러분의 사이트에 링크를 걸게 만들 필요가 있다. 게다가 링크는 평판이 좋은 사이트로 들어가는 통로도 되므로 중요한 다른 사이트에서 유입되는 링크를 얻는 데 특히 초점을 맞춰야 한다. 링크를 얻는 주된 방법은 링크를 걸만큼 가치 있는 좋은 웹 사이트를 갖는 것이다. 만약 고품질의 제품을 갖고 있다면 사람들이 그에 대해 논의할 때 그 제품에 대한 링크를 추가할 것이다. 만약 흥미로운 컨텐츠 또는 유용한 서비스를 갖고 있다면 사람들은 링크를 추가할 것이다.

물론 각 페이지에 간단한 URL을 사용하고 이 URL을 영원히 사용할 수 있는 경우에만 다른 사이트가 여러분의 사이트로 링크를 걸 수 있다. 만약 연결이 끊어진 링크를 갖고 있다면 오래된 URL를 사용하고 있는 다른 사이트들 때문에 검색 엔진 순위가 낮아진다. 반대로 동일한 개념 또는 서비스에 대해 여러 해가 지나도 여전히 동일한 URL을 사용하고 있다면 순위는 점차 높아진다.

다른 사이트가 자연스럽게 링크를 추가하도록 멋진 사이트를 갖는 것 외에 여러분의 사이트로 연결되는 링크를 얻기 위해 보다 능동적인 노력이 필요하다. 예를 들면, 보도 자료에 링크를 넣으면 뉴스를 운반하는 사이트들이 가끔 여러분의 사이트로 연결되는 링크를 사용하게 된다. 보

> **검색 엔진이 사이트의 평판을 측정하는 방법**
>
> 이 책을 집필하고 있던 당시 검색 엔진이 평판을 측정하는 주요 방법은 사이트로 유입되는 링크의 수를 세는 것이었다. 다른 많은 사이트들이 여러분에게 링크를 걸만큼 충분한 가치가 있다고 생각한다면 그만큼 중요하다는 이론이다. 미래에는 검색 엔진이 이러한 링크에 대한 과신을 뛰어넘는 방법을 갖추고 사이트의 중요성과 평판을 측정하는 다른 방법을 갖추게 될 것이다. 하지만 그렇게 되더라도 링크는 평판 등급을 매기는 데 있어 중요한 요소로 남게 될 것이다.

> 여러분의 사이트로 연결되는 링크를 얻기 위해 보다 능동적인 노력이 필요하다. 예를 들면, 보도 자료에 링크를 넣으면 뉴스를 운반하는 사이트들이 가끔 여러분의 사이트로 연결되는 링크를 사용하게 된다.

도 자료에 URL을 넣지 않으면 다른 사이트가 적당한 URL을 찾아내는 것에 의존해야 하며, 이를 위해서는 추가적인 노력이 필요한데 종종 그 대가가 돌아오지 않는 경우가 있다. 무역 협회와 여러분이 속해 있는 다른 단체의 사이트에 여러분의 사이트로 연결되는 링크를 추가하는 것도 좋은 방법이다.

마지막으로 switchboard.com과 같은 적당한 온라인 디렉터리 서비스에 등록할 수 있다. 이러한 디렉터리 서비스 중 일부는 유료 서비스를 제공하는데 그러한 유료 디렉터리 서비스는 편집장의 권한으로 등급이 결정되기 때문에 높은 등급을 얻는 것이 쉽지 않다. 하지만 여러분의 사이트가 얼마나 높은 등급을 얻게 되느냐에 따라 지불하는 비용이 아깝지 않을 수도 있다. 상승 효과가 아주 약간이더라도 말이다.

IT 대한민국은 ITC(Info Tech Corea)가 함께 하겠습니다.
www.itcpub.co.kr

- 이해하기 쉬운 사이트 구조
- 사용자 기대에 부응하는 사이트 구조
- 내비게이션: 일관성 유지
- 내비게이션: 멋진 요소를 경계하라
- 혼란은 줄이고 과잉은 피하고
- 링크와 레이블 이름: 구체적으로

- 수직 드롭다운 메뉴: 짧은 것이 아름답다
- 다층 메뉴: 적을수록 좋다
- 클릭 가능 영역
- 홈페이지에서 직접 연결

6 내비게이션과 정보 구조

혼란스러운 디자인은 막다른 골목으로 이어지고 지금까지의 노력은 물거품이 되고 만다. 효율적인 정보 구성 계획 없이 성급히 만들어진 웹 사이트에서 사용자는 원하는 정보를 찾을 수 없다. 일단 이런 일이 일어나면 사용자들은 작업을 포기하거나 다른 사이트로 발길을 돌린다.

좋은 구조를 가진 사이트는 사용자들이 원하는 시기에 원하는 것을 제공한다. 이 장에서는 사용자와 그들의 목적 사이에 놓이는 가장 일반적인 디자인 장애 요소 중 일부를 살펴보고 그것을 피할 수 있는 지침을 제공한다.

이번 연구를 진행하는 동안 사람들은 원하는 정보를 얻는 데 고군분투하며 불평했다. 실제로 원하는 것을 찾기 어렵다는 것이 사용자들에게 가장 큰 문제였다. 검색은 하나의 가장 심각한 디자인 문제였음에도 불구하고 우리가 통틀어 "Findability"라고 부르는 네 가지의 다른 영역은 더 큰 어려움을 야기했다.

내비게이션과 메뉴, 카테고리 이름, 링크, 그리고 정보 공간의 구성 방법을 일컫는 정보 구조(IA, Information Architecture)의 네 가지 영역은 직접 검색으로 이동하는 것과는 달리 사이트를 둘러보며 클릭해서 얼마나 쉽게 원하는 것을 찾을 수 있는지를 결정한다(많은 사람들은 구성과 이름 지정이 항상 함께 붙어 다니기 때문에 "카테고리 이름"을 "정보 구조"에 종속되는 문제로 생각한다. 하지만 이들은 서로 다른 유형의 디자인 결정을 포함하기 때문에 서로 분리해서 생각할 가치가 있다고 생각된다).

이해하기 쉬운 사이트 구조

서툴게 디자인된 웹 사이트가 사용자들의 작업을 느리게 하는 것보다 더 심각한 문제는 그러한 사이트들은 실제로 사용할 마음이 생기지 않는다는 데 있다. 사람들이 필요로 하는 것을 찾을 수 없을 때 그들은 종종 그곳에 찾고 있는 정보가 없다고 생각한다. 그리고 이에 낙담하면 다른 곳으로 이동한다.

마음에 드는 디자인이라면 사람들은 힘들이지 않고 정보를 찾아 관리한다. 이런 디자인에는 레이블, 레이아웃, 그리고 개별 페이지들 사이의 관계가 명확하게 표현되어 있다. 좋은 내비게이션 디자인은 사람들에게 현재 위치, 정보의 위치, 그리고 필요로 하는 정보를 계통적으로 얻는 방법을 보여준다. 적합한 IA는 사람들이 편안하게 돌아다닐 수 있게 해주고 이전에 방문했던 페이지로 쉽게 돌아갈 수 있다는 확신을 준다.

사용자를 테스트하는 과정에서 사이트에 대한 최대의 찬사 중 하나는 사람들이 구조에 대한 언급을 하지 않는 것이다. 잘 구성된 사이트에서는 사용자들이 사이트에 대한 걱정 없이 자유롭게 이동하고 해야 할 일에 집중할 수 있게 된다. 사이트의 구조에 대해 걱정할 사람은 디자이너이지 사용자들이 아니다.

> 사용자를 테스트하는 과정에서 사이트에 대한 최대의 찬사 중 하나는 사람들이 구조에 대한 언급을 하지 않는 것이다. 사이트의 구조에 대해 걱정할 사람은 디자이너이지 사용자들이 아니다.

사용자 기대에 부응하는 사이트 구조

사람들을 올바른 장소로 이동시켜 주는 가장 효과적인 사이트는 사용자의 기대에 부응하는 사이트이다. 우리는 사용자들이 서로 다른 웹 사이트의 내비게이션 구조를 기억하거나 배우는 데 시간을 들이지 않는다는 사실을 잘 알고 있다. 여러분의 사이트를 위한 최고의 IA를 디자인하기 위해 적합한 자원을 할당하는 것은 고객들이 예상하는 장소에서 필요한 답을 찾도록 하기 위한 것이다. 디자인이 자연스럽게 느껴질수록 사용자들이 돌아올 가능성은 그만큼 높아진다.

사람들은 컨텐츠를 얻기 위해 확실하지도 않은 많은 링크를 따라 움직이며 헤매는 것을 좋아하지 않는다. 그들은 사이트가 납득할 수 있는 방법으로 정보를 정리하고 있을 것으로 기대한다. 따라서 사용자들의 사이트와 거기에 포함된 정보와 서비스에 대한 관점을 반영하는 내비게이션 구조를 사용해야 한다. 영향을 미치는 것은 "그들"이지 "여러분"이 아니라는 점을 기억하기 바란다.

여러분은 자신의 사이트 조직 구조가 직관적이라고 생각할 수 있다. 조직이 구성 요소를 분류할 때 발생하는 가장 큰 실수 중 하나는 브랜드로 제품 정렬하기 또는 사이트의 내용을 조직도에 반영하기 등 그들 조직에서 익숙한 방법을 사용한다는 것이다. 결과적으로 최종 사용자가 아닌 제작자에게 완벽하게 들어맞는 사이트가 만들어질 뿐이다.

이유는 다음과 같다. 여러분과 여러분의 회사가 정보를 조직화하고 구성하는 방법은 사용자들이 생각하는 것과 다를 수 있기 때문이다. 예를 들면, 회사에서 손전등을 판매하고 있다면 사용자들은 제품을 제온(Xeon)과 같은 브랜드 이름이 아니라 수명으로 찾아볼 수 있으므로 이러한 속성을 기준으로 관리하는 것이 현명하다. 제온이라는 브랜드는 기업 내에서는 익숙한 제품군일 수 있지만 고객들에게는 그렇지 않을 수도 있다.

고객에 대한 데이터 없이 사이트의 구조를 디자인하려고 시도하는 것은 막대한 비용 손실로 이어질 수 있으므로 결국 엄청난 실수를 저지르는 셈이다. 사이트가 겉보기에 얼마나 좋고 화려한가를 떠나 타깃으로 하는 사용자들을 납득시키지 못한다면 아무런 의미가 없다. 여러분 자신이 아니라 고객들에게 편리한 디자인이어야 한다.

IA에 대한 권장 도서

만약 사이트상의 컨텐츠를 계획하고 구조적으로 배치하는 방법을 배우는 데 흥미가 있다면 루이스 로젠펠트(Louis Rosenfeld)와 피터 모빌(Peter Morville)이 공동으로 집필한 *Information Architecture for the World Wide Web* (O'Reilly, 2002)을 추천한다. 표지에 커다란 북극곰이 있기 때문에 간혹 "Polar Bear Book"으로도 불리는 이 책은 IA 분야의 고전이다. 웹에서 초판을 무료로 얻을 수도 있으므로 동일한 주제를 다루는 최신 서적보다 유용한 정보를 찾을 수 있을 것이다. 하지만 최신 개정판에 돈을 투자할 만한 가치는 충분히 있다.

고객에 대한 데이터 없이 사이트의 구조를 디자인하려고 시도하는 것은 막대한 비용 손실로 이어질 수 있으므로 결국 엄청난 실수를 저지르는 셈이다. 여러분 자신이 아니라 고객들에게 편리한 디자인이어야 한다.

사이트는 어떻게 구성해야 할까? 우리가 고객의 생각과 작업을 반영하는 구조를 디자인하라고 강력하게 조언하고 있지만 그렇게 하는 데 필요한 직접적인 방법까지 제공할 수는 없다. 서로 다른 사이트에서 사람들이 필요로 하는 것은 그야말로 다양하기 때문에 각 사이트에 맞는 최적의 IA라는 것은 해당 사이트를 운영하는 회사와 사용자들이 갖고 있는 고유의 목적에 의해 좌우된다. 유용한 IA와 내비게이션 계획을 세우는 법을 자세하게 다루자면 책 한 권을 가득 채울 수도 있다. 여기서는 중요한 부분들을 지적하는 정도로만 다루기로 한다. 사용자들이 여러분의 사이트에서 원하는 일을 할 수 있을 때 수익을 얻게 된다.

인트라넷 IA

기업의 내부 구조와 관련된 사이트를 구성할 때 피해야 할 지침은 외부 사람들을 대상으로 하는 웹 사이트에만 적용된다. 고용인 등의 내부 사람들을 위해 디자인할 때에는 다른 규칙을 적용해야 한다.

기업의 고용인들은 구입이 어떻게 구성되어 있는지 알고 있다. 또한, 고용인들의 작업 중 많은 부분이 일반적으로 기업의 구조와 관련되어 있다. 고용인들은 해당 부서의 장이 누군지 알아본다거나 얼마나 다양한 부서가 연계되어 있는지 알아보기 위해 조직도를 살펴볼 일이 생긴다.

인트라넷 내에 기업의 구조를 명확하게 표시한 그림을 넣어 놓는 것이 좋다. 하지만 조직도를 기반으로 IA를 구성하지 않는 것이 최선이다. 우리가 연구한 대부분의 가장 좋은 인트라넷은 업무 성과, 작업 흐름, 그리고 자주 변경되는 업무를 IA의 기초로 사용하고 있었다.

(우측페이지 상단) 이 사이트는 지나치게 브랜드 중심적이다. 브랜드에 익숙하지 않은 사람들이 가장 적합한 당구대가 어느 것인지 알아보려면 Mizerak, Murray, Mosconi의 세 가지 옵션을 모두 클릭해야 한다. 이것은 시간 낭비일 뿐이다. 각 브랜드를 위한 홍보용 설명은 원하는 것을 찾으려는 사람들에게 도움이 될 만한 정보를 제공하지 않는다.

(우측페이지 하단) Escalade 사이트는 장비의 서로 다른 형식과 스타일에 대한 정보를 제공하고 있음에도 불구하고 사용자들은 두드러진 로고와 브랜드가 해당 제품에 포함된 링크를 가리기 때문에 보지 못하고 지나쳤다.
"어렵군요. 일단 제조사 정보를 얻고 나면 그게 끝이에요. 제품을 개별적으로 볼 수 없었습니다. 저는 이런 것을 특히 싫어해요."
"각 개별 제품의 레이블은 제품이 아니라 제품을 팔고 있는 회사를 팔고 있습니다."
"찾을 수 없네요. 다른 웹 사이트로 가겠어요. 저는 구글로 갑니다."

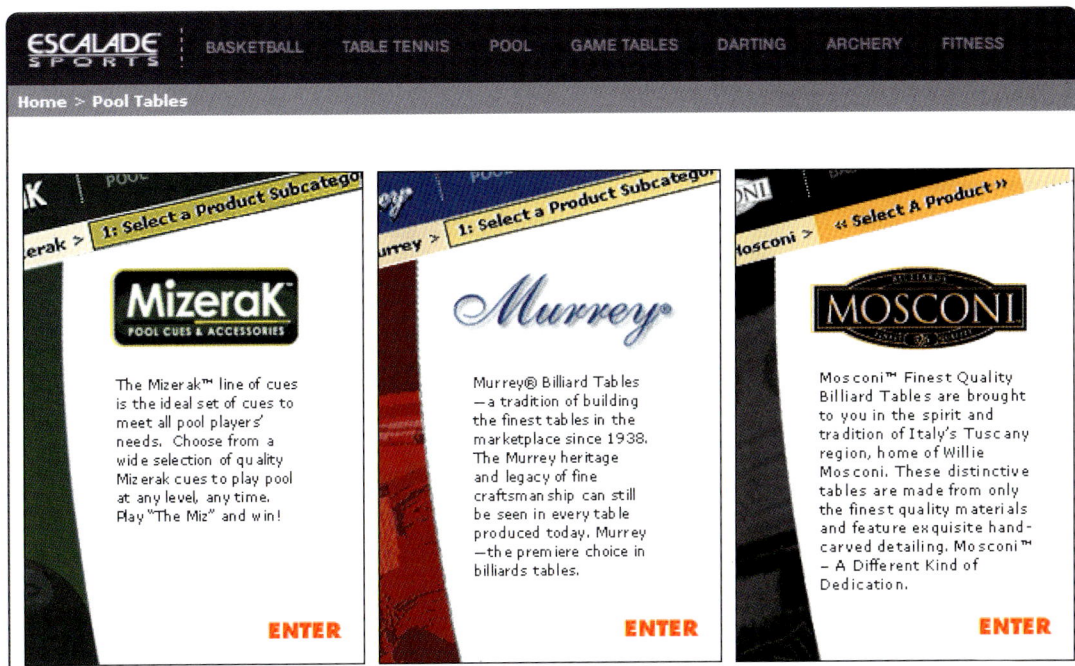

www.escaladesports.com

www.escaladesports.com

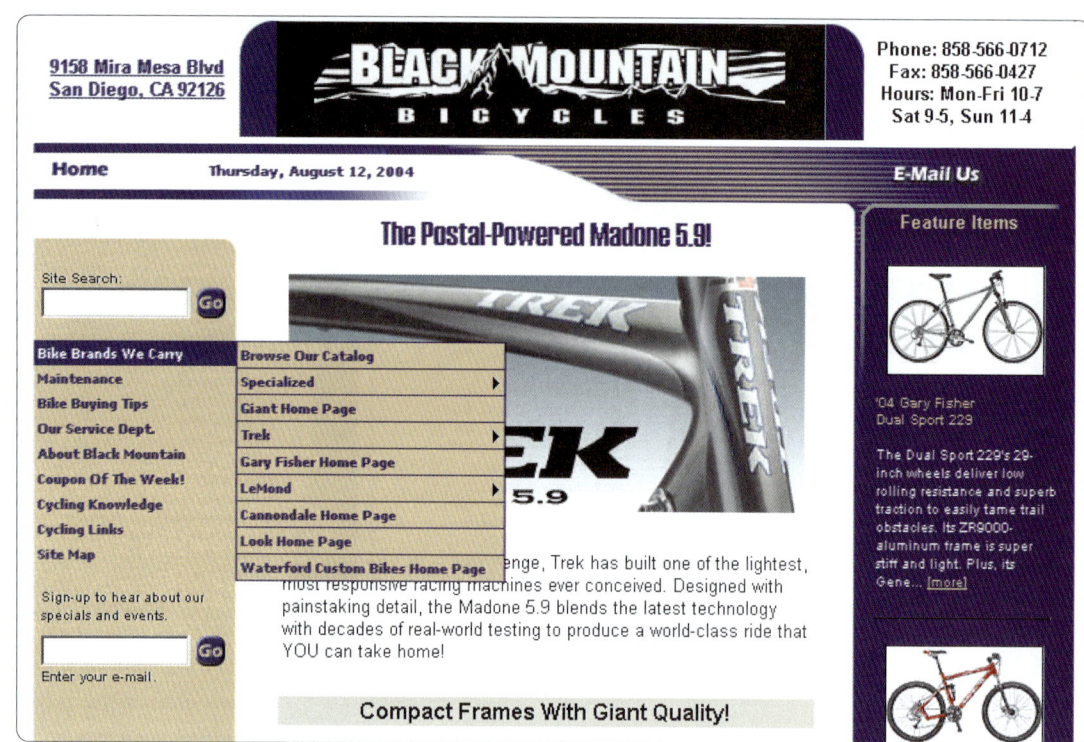

www.blackmountainbicycles.com

이 사이트는 자전거를 브랜드와 종류로 분류하여 폭 넓은 사용자들의 욕구를 충족시키려 시도하고 있다. 이미 이 브랜드를 알고 있는 사람들은 이름으로 원하는 페이지에 접근할 수 있고, 기능이나 다른 특징으로 제품을 찾고 있는 사람들은 종류로 검색할 수 있다. 불행하게도 이 사이트는 후자의 옵션을 쉽게 선택할 수 없게 되어 있다. 사용자들은 종류와 가격 같은 특징으로 제품을 찾아보기 전에 브랜드를 선택해야 한다.

(우측페이지 상단) **적당한 카테고리 분류**: 테스트를 진행하는 동안 샌디에고시 사이트를 사용한 사람들은 홈페이지에 있는 엄청나게 많은 링크에 거부감을 보이지 않았다. 짧고 의미 있는 제목으로 정리되어 있기 때문이다. 사용자들은 길고 상세한 개요보다 짧은 기사체의 링크를 선호한다. 하위 카테고리가 각 카테고리의 구체적인 내용을 제공하고 상위 카테고리를 설명하는 방법에 주목하기 바란다. 예를 들면, Community 같은 카테고리가 포함하고 있는 것이 항상 명확하지는 않기 때문에 우리는 일반적으로 이렇게 하지 말라고 조언한다. 하지만 이 사이트에서는 여섯 개의 하위 카테고리가 그것을 설명해주고 있기 때문에 명확하게 알 수 있다. 그렇지만 이 사이트는 일반적인 하위 카테고리를 더 많이 사용하고 있으며 이것은 자신에 대해 설명하지 않기 때문에 권장하지 않는다.

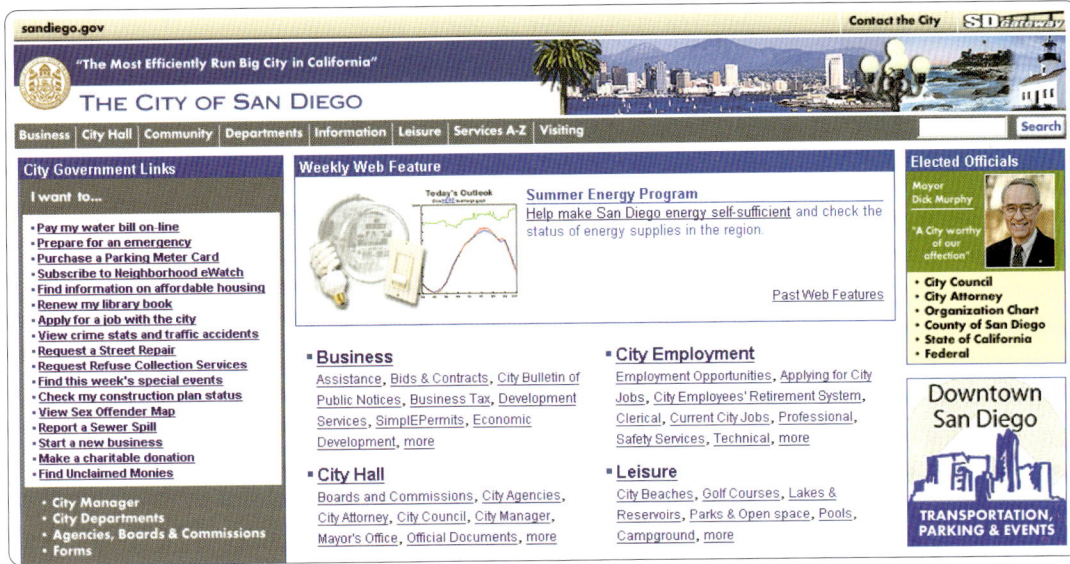

www.sandiego.gov

www.cummins.com

부적절한 카테고리 분류: 이 사이트를 테스트한 사용자들은 연료 전지 기술에 대한 정보를 메뉴의 끝 부분에 있는 Who We Are가 아니라 Products에서 찾을 것으로 기대했다. 이러한 잘못된 카테고리 분류는 사람들을 고생시키거나 정보가 이곳에 없다고 생각하게끔 만든다.

"길을 잃었어요. 도움이 되지 않는군요. 선택할 것이 없다고 생각해요. 둘러봐야겠어요. 상단 열에서는 쉽게 보이지 않습니다."

"저는 연료 전지 카테고리를 찾고 있는 중입니다. Products에는 없군요."

"시간이 조금 걸리는군요!"

내비게이션: 일관성 유지

내비게이션에 있어 일관성은 기초 개념이다. 일관된 내비게이션 구조를 유지하는 것은 사람들이 현재 위치와 선택 옵션을 알아보는 데 도움이 되고 짐작을 최소화한다. 내비게이션 요소는 사람들을 한 영역에서 다음 영역으로 이동하게 도와주는 발판 역할을 한다.

내비게이션이 바뀐다는 것은 사용자가 공중에 떠 있는 동안 발판이 사라지는 것과 같다. 바닥에 착지하면 발이 닿은 곳은 기대했던 곳과는 다른 곳이 된다. 이전 페이지의 좌측에 있던 내비게이션이 지금은 중앙에 있다. 카테고리가 바뀌었다. 뒤로 가기 버튼은 작동하지 않고 이전 페이지로 돌아가기 위한 쉬운 방법은 없다.

한 페이지에서 다음으로 넘어가면서 내비게이션이 점차 변경될 때 사용자들은 사이트를 사용하는 것에서 사용 방법을 알아내는 쪽으로 주의를 돌리게 된다. 신뢰할 수 없는 내비게이션을 가진 웹 사이트는 사용자들을 망설이게 만든다.

여러 개의 하위 사이트 또는 지부 사이트로 이루어진 거대한 웹 사이트는 이러한 실수를 범하는 오명을 안고 있다. 각 하위 사이트는 일반적으로 서로 다른 그룹에 의해 만들어지고 각 그룹의 조직과 느낌을 개별적으로 갖고 있다. 하위 사이트들이 서로 계획성 없이 연결될 때 사용자 경험에 문제가 생긴다. 각 하위 사이트들은 독립적으로 움직이기 때문에 사람들은 종종 동일한 것을 여러 번 요청해야 한다. 예를 들면, 기업 웹 사이트는 투자자 관계, 신문사 관계, 그리고 제품 항목이 자체적인 내비게이션 방식을 사용하고 겉모습이 완전히 다를 때 서로 다른 느낌을 준다.

좋은 내비게이션은 예측 가능하고 사람들이 사이트를 돌아볼 때 편안한 느낌이 든다. 정보가 웹 공간상에서 표현되는 방법의 느낌이 그대로 반영되기 때문에 그에 대한 사항을 연구하거나 기억할 필요가 없다. 상식과 질서가 있고 아이템의 위치에 대한 모호함이 거의 없다. 사용자들은 길을 잃게 되는 일이 없기 때문에 어디로든 갈 수 있다.

> 한 페이지에서 다음으로 넘어가면서 내비게이션이 점차 변경될 때 사용자들은 사이트를 사용하는 것에서 사용 방법을 알아내는 쪽으로 주의를 돌리게 된다. 신뢰할 수 없는 내비게이션을 가진 웹 사이트는 사용자들을 망설이게 만든다.

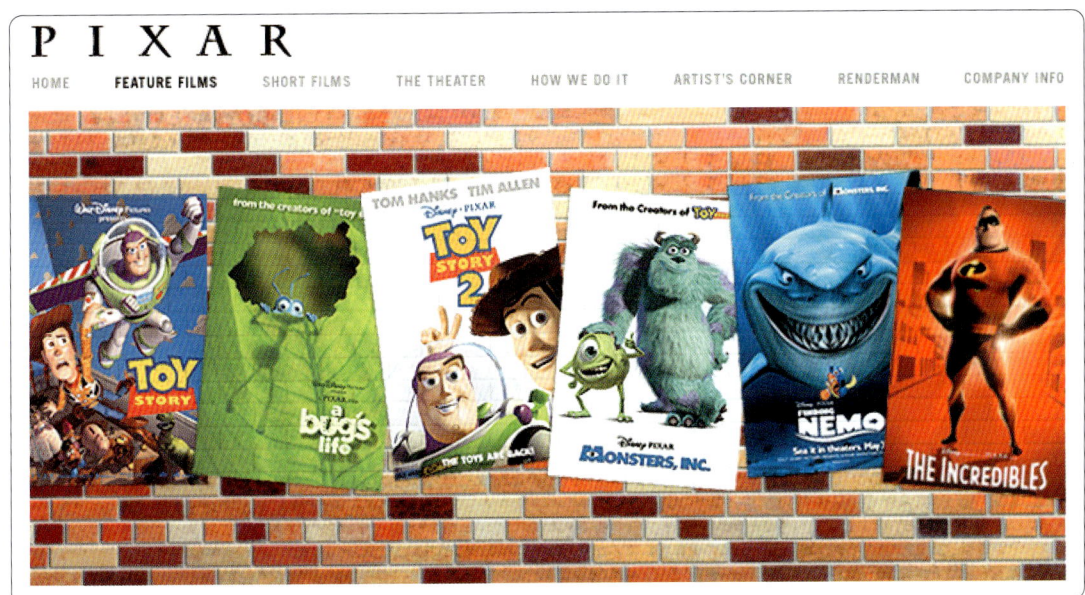

www.pixar.com

Pixar 사이트의 상단에는 간단한 내비게이션 영역이 항상 표시되고 사이트의 어느 곳을 가더라도 일관적이다. 사람들이 Feature Films 또는 About Us 에 있더라도 다양한 내비게이션 옵션을 어디에서 찾을 수 있는지 알고 있다. 테스터들은 확신을 갖고 사이트를 둘러보고 어느 곳에서든 다시 돌아올 수 있었다.

"모든 것이 위에 있다고 설명하는 것 같아요. 주위를 둘러볼 필요가 없어요. 아주 좋은 위치에 자리잡고 있군요. 눈을 화면 구석구석으로 돌리지 않아도 됩니다."

"클릭하는 모든 것이 서로 연결되어 있습니다. 사용하기 쉬운 웹 사이트 같군요."

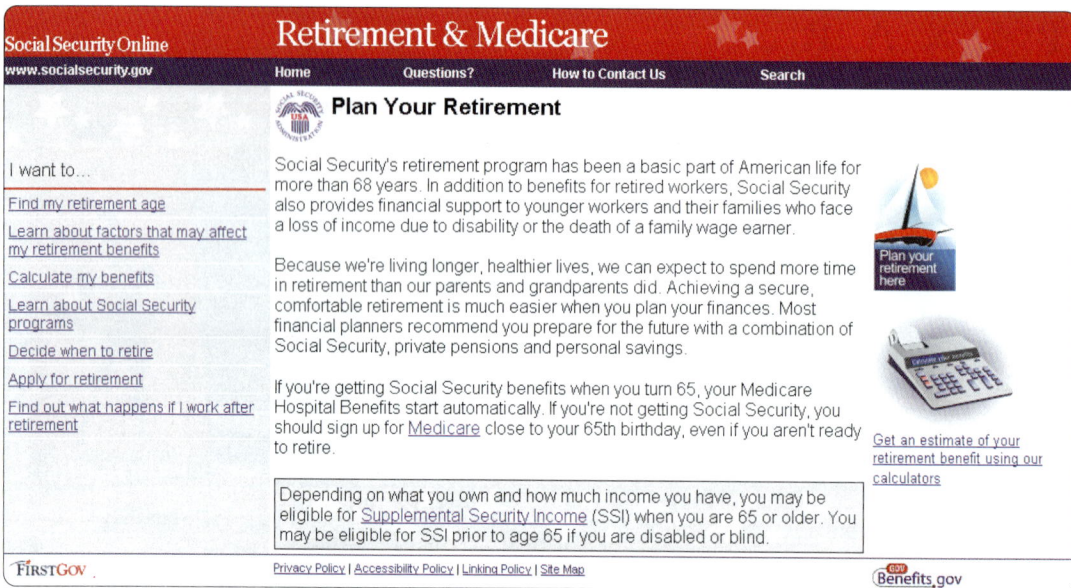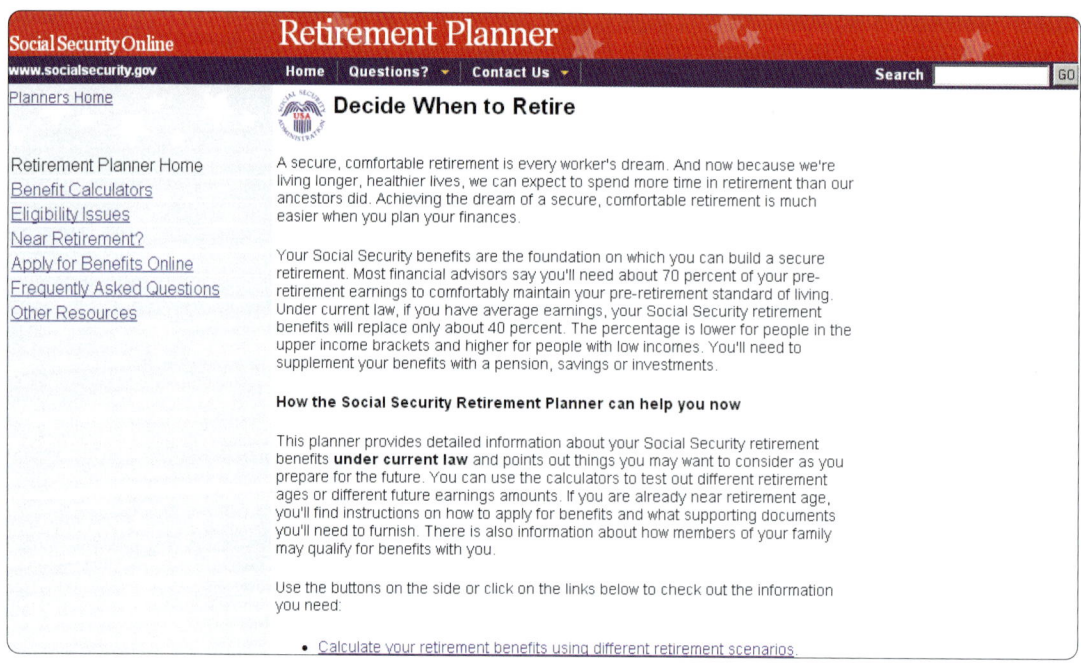

www.ssa.gov

(좌측페이지)　미국 사회 보장(U.S. Social Security)의 웹 사이트상의 겹치는 컨텐츠 영역과 일관성 없는 내비게이션 옵션은 문제를 일으킨다. 다르지만 비슷한 경로를 선택하면 다른 결과로 이어진다. 예를 들면, 퇴직 연령은 홈페이지에서 Plan Your Retirement를 선택하면 쉽게 찾을 수 있다. 하지만 다른 경로를 선택하여 Retirement Planner로 들어가면 퇴직 연령을 찾기가 어려워진다. 두 스크린샷 모두 Retirement Planner로 보이지만 첫 번째 예에서는 "Find My Retirement Age" 링크가 두드러져 보이지만 두 번째 예에는 없다. 두 화면을 비교하여 두 화면에서 겹치는 부분에 주목하기 바란다. 이와 같은 일정하지 않은 IA는 사람들이 무엇을 클릭했는지 그리고 남아 있는 선택 사항이 무엇인지 잊게 만든다. 그에 대한 코멘트는 다음과 같다.

"퇴직 연령은 쉽게 찾을 줄 알았는데 그럴 수 없었습니다. 내가 바보 같다는 느낌이 드네요."

"사용자에게 좀더 친숙했으면 좋을 뻔 했어요. 이곳에 처음 온 것처럼 낯설다는 생각이 드네요."

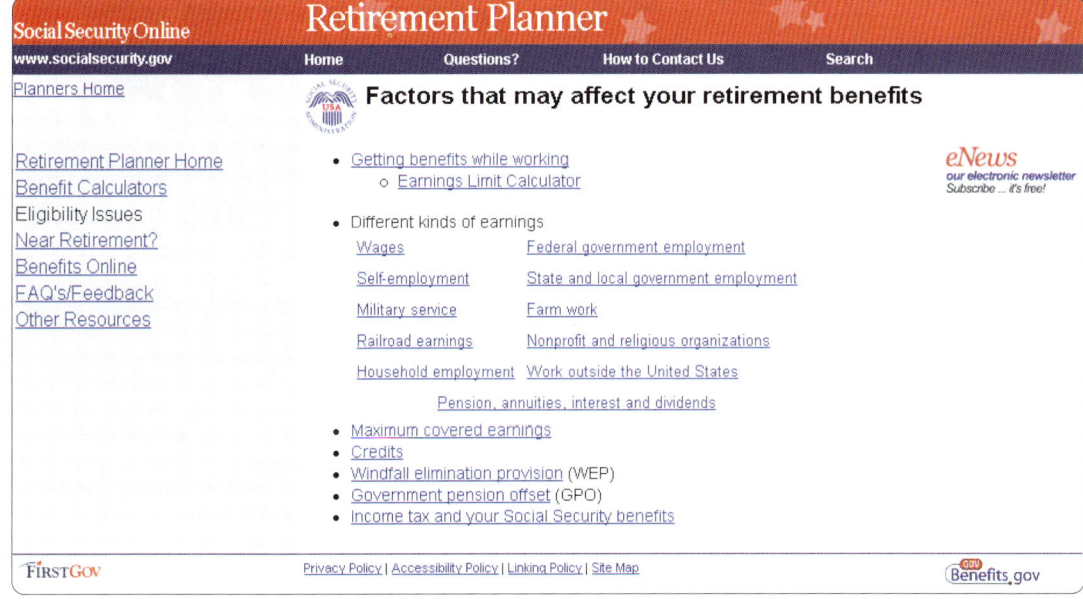

www.ssa.gov

이전 화면에서 방문객이 Learn About Factors that Affect Your Retirement Benefits를 클릭하면 이전 화면상의 선택 항목들은 사라지고, 다르지만 약간의 관련성이 있는 것처럼 보이는 이 화면으로 대체된다. 이것은 테스트 사용자들을 혼란스럽게 만들었다. 예를 들면, 이전 화면에서 Calculate My Benefits가 Benefit Calculators와 동일한지 확실하지 않았다. 다양한 링크를 따라 움직이면서 어느 것이 동일하고 어느 것이 새로운 정보인지 판단하는 동안 사용자는 심적 부담을 느끼게 된다.

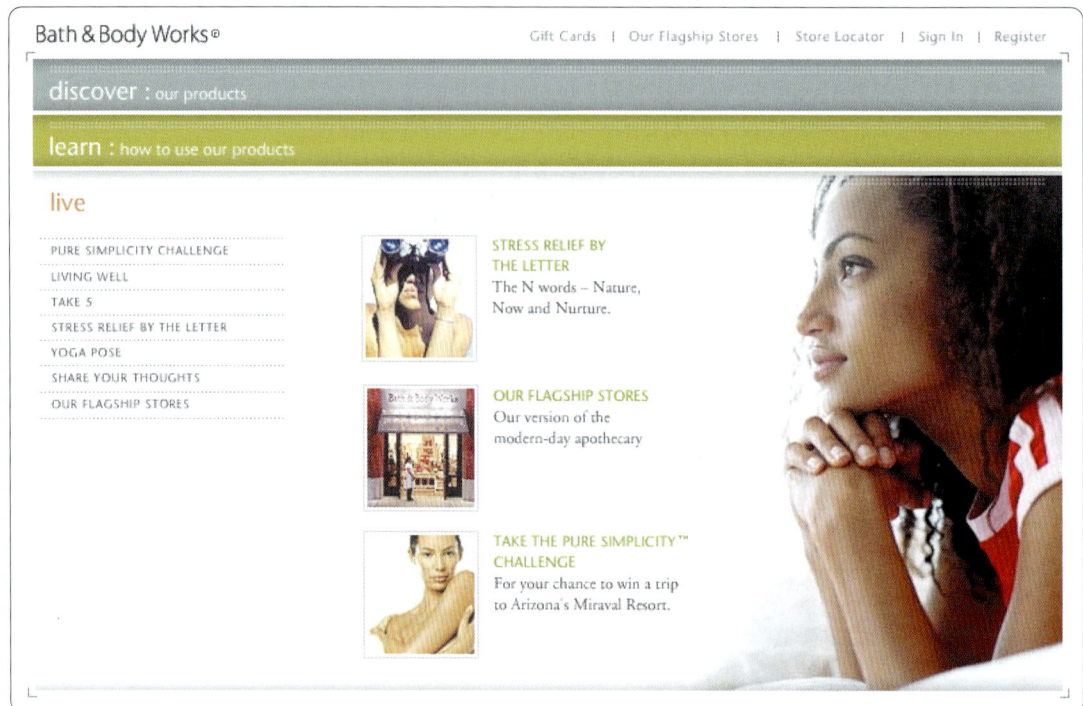

www.bathandbodyworks.com

이 사이트의 주 카테고리 아래에 있는 제목들은 사용자가 어느 카테고리를 선택하느냐에 따라 확장되거나 줄어든다. 세 개의 각 패널은 서로 다른 제목과 내비게이션 형식을 갖고 있다. 내비게이션의 극단적인 변화는 테스터들을 혼란스럽게 만들었다.

"길을 잃은 것 같군요. 제가 현재 어디에 있는지 모르겠어요."

"세 가지의 서로 다른 막대가 있군요. 정보를 얻기 위해 세 곳을 클릭하기보다 홈페이지상에 있었더라면 좀더 쉬웠을 거 같네요."

"원하는 것을 찾을 수 없으니 당황스럽군요."

"기억조차 나지 않아요. 제가 향수를 클릭했나요? 지금 제가 어디에 있는거죠?"

"뭐가 어디에 있는지 확실치 않아요. 다른 사이트에서 좀더 찾아봐야 겠어요."

(우측페이지 상단) 네슬레 사이트의 일관되지 않은 내비게이션 체계는 테스터들이 길을 찾기 어렵게 만들었다. 전 범위에 걸친 내비게이션은 서로 다른 항목에서 다르게 바뀐다. 예를 들면, All About Nestle 페이지에 있는 주 내비게이션은 상단과 측면에 표시된다. 하지만 Nutrition 페이지에 있는 주 내비게이션 요소는 상단에만 표시되지만 두 단계로 되어 있다. 이 사이트에 대해 사용자들은 다음과 같이 말했다.

"돌아다니는 것이 어렵고 서툴러서 돌아가려던 곳이 여기가 아닌데 이곳에 오게 됐네요. 저는 다른 스타일의 웹 사이트를 좋아해요. 쉽게 눈에 띄는 측면 막대가 좋아요. 여기는 상단에 막대가 두 개 있고 다른 곳에도 있군요. 정신이 하나도 없어요."

www.nestle.com

www.nestle.com

"이 사이트에서 원하는 것을 찾지 못하고 있어요. 만약 간식을 찾으려던 것이었다면 바로 떠났을 겁니다."

"필요한 것을 찾는 데 너무 많은 시간을 낭비했네요."

"정보가 정말 많군요. 일을 끝내는 데 생각했던 것보다 조금 더 걸렸습니다. 몇 개의 간단한 것을 찾는 것도 헷갈렸어요."

> 귀엽고 화려한 내비게이션은 피하라. 사람들은 그런 것을 좋아하지 않는다. 사용자들이 진짜 관심을 두는 영역을 위해 여러분의 창의력을 아껴라.

내비게이션: 멋진 요소를 경계하라

내비게이션은 목적을 위한 수단이다. 이것의 목적은 사람들이 필요로 하는 것을 신속하게 얻게 해주는 데 있다. 효율적으로 만들수록 사람들은 오랫동안 흥미를 갖게 된다.

주요 제목은 고정된 상태여야 하고 사람들이 대충 훑어보더라도 선택 항목을 볼 수 있게 한번에 모두 표시되어야 한다. 내비게이션이 천천히 로딩된다거나 회전이 끝나는 데 오래 걸린다면 시간 낭비일 뿐이다. 모든 동적 내비게이션은 조작하기 쉬워야 한다. 상당히 미세한 마우스 움직임에 반응하거나 변경되는 메뉴는 가치 있다기보다는 오히려 성가신 존재가 될 수 있다. 이러한 메뉴는 나이 많은 고객, 장애를 가진 사람들, 그리고 초보 웹 사용자들과의 거래 기회를 잃게 만든다.

사용자들은 스캐빈저 헌트(역자 주: 정해진 시간 내에 물건을 주워 모으는 게임)를 찾고 있는 것이 아니므로 중요한 내비게이션 항목을 숨겨서는 안 된다. 움직이는 목표를 따라 다닌다거나 무언가 클릭할 수 있는 것을 찾기 위해 사이트의 이곳 저곳으로 마우스 포인터를 움직이는 것("지뢰 찾기")은 즐거운 일이 아니다. 손재주가 없거나 마우스를 조작하는 것이 힘든 운동 능력에 문제가 있는 사람들에게는 더욱 어려운 일이다. 잠깐 표시되는 동안 설문 조사 항목을 보여주는 것이 훨씬 더 빠르다.

요컨대 귀엽고 화려한 내비게이션은 피하라. 사람들은 그런 것을 좋아하지 않는다. 사용자들이 진짜 관심을 두는 영역을 위해 여러분의 창의력을 아껴라.

어린이들은 지뢰 찾기를 좋아한다

사용자 테스트에서 6세에서 12세까지의 어린이들은 일반적인 경우에는 사용하지 않도록 권하는 지뢰 찾기를 좋아한다는 사실을 발견했다. 어린이들은 종종 웹 사이트를 게임으로 생각하고 사이트를 탐험하는 것을 좋아하며 숨겨진 것을 찾아낸다. 특히 그들은 숨겨진 것을 찾아내기 위해 멋진 그림 위로 마우스를 움직이는 것에 개의치 않았다.

하지만 10대로 넘어가면 지뢰 찾기에 대한 흥미를 잃는다. 10대들은 참을성이 없고 웹 사이트를 사용할 때 신속한 결과를 얻길 원한다.

일반적으로 10대를 위한 사용성 지침은 어른들을 위한 지침과 조금 다르고 어린이를 위한 지침은 어른들을 위한 지침과 상당히 다르다. 확실히 유사한 점이 많긴 하지만 타깃 고객이 어린이들이라면 해당 연령대의 고객층을 대상으로 별도의 테스트를 실시하는 것이 좋다. 별다른 언급이 없는 한 이 책에서 다루는 지침은 어른들을 위한 것이다.

www.wynnlasvegas.com

이 사이트에 있는 주 메뉴는 페이지를 가로질러 느리게 움직인다. 예를 들면, 만약 Reservation 을 원한다면 이 항목이 화면에 표시될 때까지 기다려야 한다. 포인터를 화살표 위로 움직이면 더 빨리 해결할 수 있지만 그렇게 하려는 사람이 있을까? 웹 사이트는 방문객들의 시간을 좀 먹지 않으면서 우아한 디자인을 유지할 수 있어야 한다.

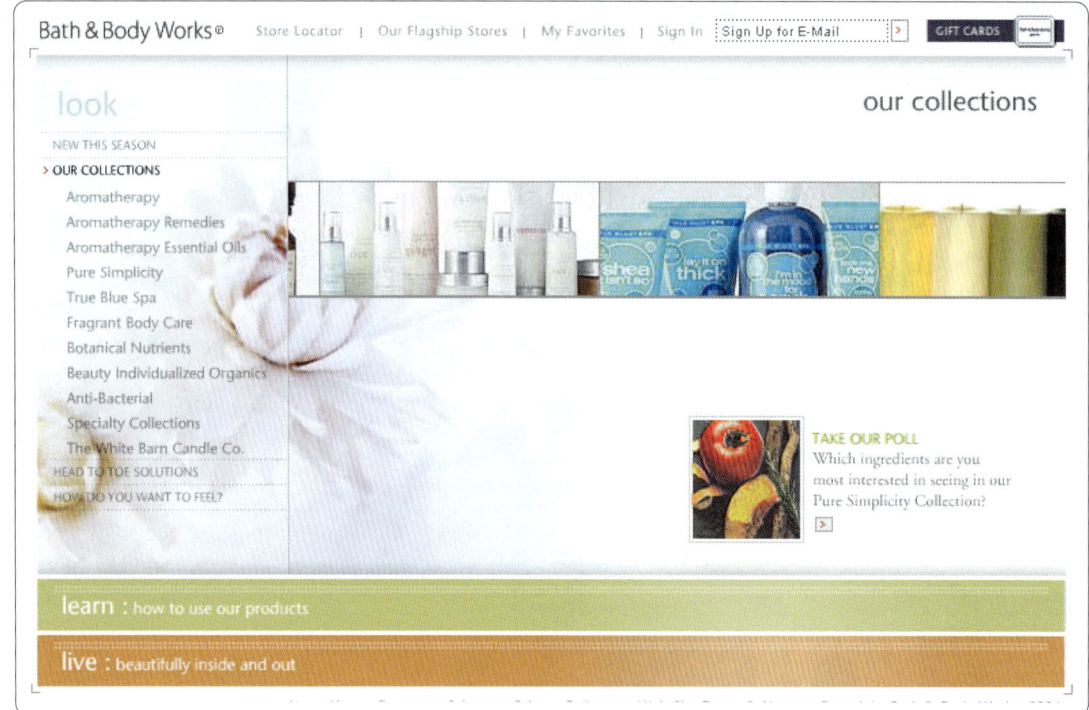

www.bathandbodyworks.com

과거의 디자인: 테스터가 페이지 위로 마우스를 옮겨 놓자 이 사이트에서 제공하는 제품이 함께 움직일 때 그들은 좌절감을 느꼈다. 움직이는 것을 제어하는 방법을 전혀 몰랐던 것! 일반적으로 사람들은 정보를 얻기 위해 마우스로 한 영역을 한번에 문지르듯 움직이는 것을 좋아하지 않는다. 일부 테스터는 이 같은 방법으로 제품을 사냥하는 것을 참지 못하고 포기하겠다고 말했다.

"너무 많이 움직이는군요. 아이템을 잡으려고 하면 움직이네요. 어지럽네요. 난 이런 것을 좋아하지 않아요."

"잡으려고 할 때 도망가버리니 잡고 싶은 마음이 생기지 않습니다."

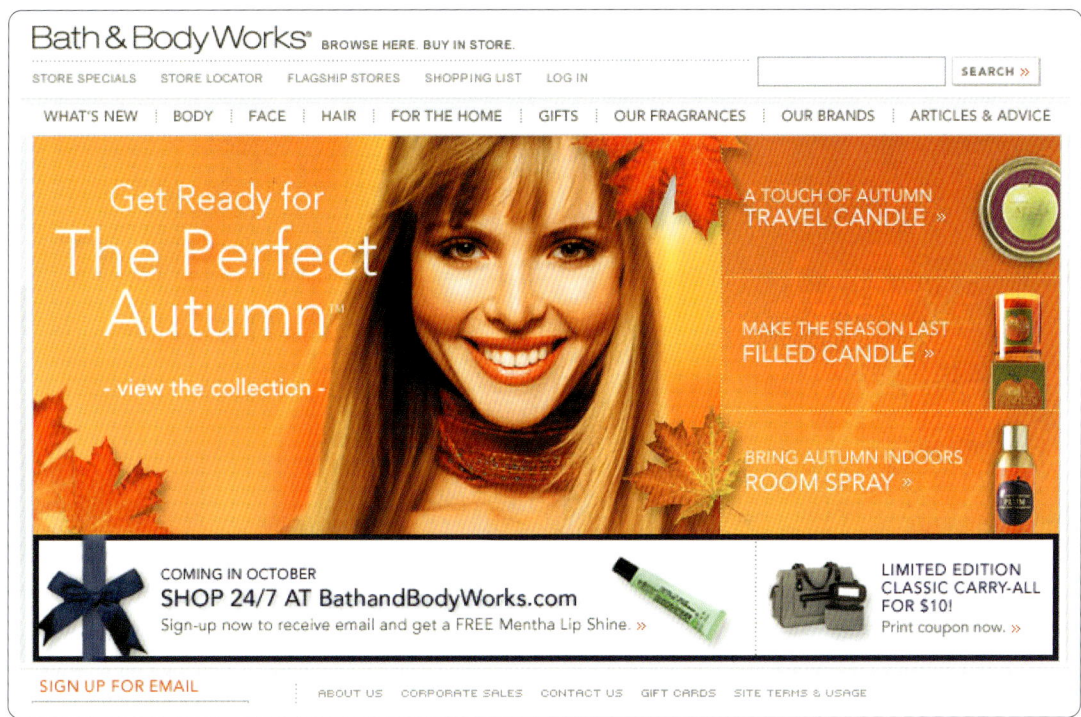

www.bathandbodyworks.com

새 디자인: Bath & Body Works 의 새로운 디자인은 우리가 사용자 테스트를 통해 발견한 몇 가지 사용성 문제를 해결한 결과 많이 개선되었다. 화려한 동적 상호작용 모델을 정적인 페이지로 대체했다. 사람들은 이제 더 이상 제품 정보를 얻기 위해 그림 위로 포인터를 옮길 필요가 없어졌다.

이전 디자인의 스크린샷을 포함시킨 이유는 그러한 디자인을 다른 사이트에서 아직도 사용하고 있기 때문이다. Bath & Body Works 가 해냈으니 여러분도 할 수 있다. 그들과는 달리 실패를 경험하지 않고도 사업에 성공할 수 있다.

www.dimewill.com

내비게이션 레이블이 숨겨져 있어 사람들을 헤매게 만든다. 예를 들면, 이 페이지는 문자열 꼬리표를 표시하기 위해 사용자가 포인터를 그 위로 옮기기 전까지는 아무것도 표시되지 않는다. 일부 테스터는 이 사실을 알아채지 못하고 이 페이지에서 무엇을 할 수 있을지 궁금해 했다. 사람들은 겉으로 노출되어 있어 단번에 선택 항목을 살펴볼 수 있는 것을 좋아한다.

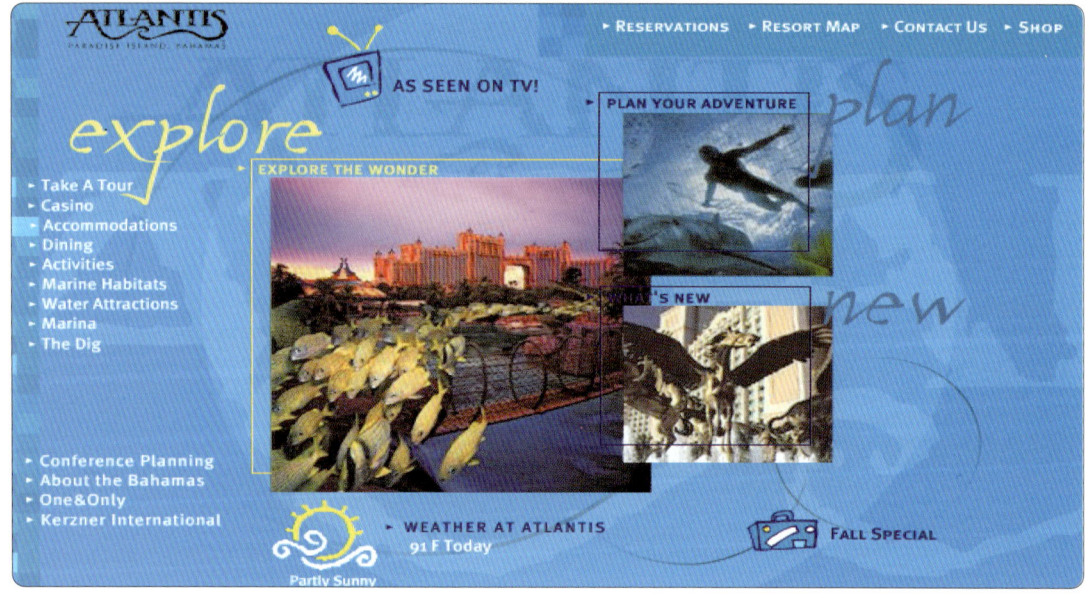

www.atlantis.com

이 사이트의 내비게이션 패널은 중앙에 있는 그림 위로 포인터를 올려놓을 때에만 표시된다. 테스터들은 필요할 때마다 내비게이션 메뉴를 꺼내야 한다는 것에 거부감을 느꼈다.

혼란은 줄이고 과잉은 피하고

같은 종류의 링크에 여러 개의 내비게이션 영역을 제공하지 않도록 주의한다. 카테고리가 중복되거나 구별하기 어려우면 인터페이스가 복잡해져 사용자들이 순서를 정하는 데 어려움을 느낀다. 사람들은 비슷한 이름을 가진 링크들의 차이를 알아내는 데 시간을 소비해야 한다. 그리고 동일한 것을 페이지 여기저기 배치하여 링크를 과도하게 강조하면 오히려 방문객은 호감을 잃게 된다. 실제로 페이지상에 객체를 적게 넣을수록 사람들이 그것을 볼 가능성이 높아진다. 많은 요소들이 서로 경쟁을 하면 모든 항목이 빛을 잃어버린다.

한 장소에 한 가지 특징을 넣는 것이 가장 좋다. 과잉을 줄이면 혼란을 최소화하여 사람들이 정보를 더 쉽게 찾을 수 있게 된다.

사본으로 속이지 마라

클라이언트들은 종종 각 링크들이 트래픽을 발생시킨다는 이유로 홈페이지 또는 사이트의 다른 곳에 여분의 사본 링크를 그대로 유지하고 싶어 한다. 그들은 가끔 링크가 반복되었을 때 해당 페이지의 트래픽이 증가했다는 통계 자료를 인용하기도 한다.

분명 그러한 통계는 주목할 만하지만 그들은 종종 그에 대해 오해를 한다. 방문객들이 그 링크들을 클릭하는 것은 맞지만 만약 단 한 개의 링크만 있었다면 사용자들이 목표를 찾지 못했을 것이라는 의미가 된다. 동일한 링크가 페이지의 상단과 하단에 있다고 가정해보자. 사용자들은 종종 페이지 상단에 있는 링크를 먼저 고려하지만 클릭하기 전에 페이지의 나머지 부분을 돌아보기로 결정한다. 페이지의 하단에 도달하여 상단에 있는 것 대신 하단의 두 번째 링크를 클릭할 수 있지만 만약 그것이 거기에 없다면 다시 위로 올라가 상단의 링크를 클릭하게 된다.

링크 사본이 목적지의 전체 트래픽을 증대시킬 수 있다는 것도 맞는 얘기지만 그것은 단지 해당 항목을 더 많이 홍보하고 더 많은 화면 공간을 거기에 할애했기 때문이다. 링크를 크게 만들어 페이지상에서 더 두드러지게 만들면 혼란스러움 없이 동일한 결과를 얻을 수 있다. 게다가 한 가지 아이템을 적극적으로 홍보할 때마다 페이지상에 있는 다른 아이템의 트래픽은 줄어들게 된다. 사용자들만 여러분에게 주의를 기울이므로 한 개의 링크로 더 많은 주의를 끌면 다른 곳은 그만큼 잃게 된다.

결과적으로 링크를 반복적으로 사용하면 얻는 것보다 잃는 것이 더 많아진다. 특정 페이지로 이동할 때 발생하는 트래픽은 늘릴 수 있다고 하더라도 그로 인해 혼란스러움을 경험하고 원하는 것을 찾을 수 없던 사용자들이 이전 페이지로 돌아가는 일은 없기 때문에 이때 발생하는 트래픽은 줄어들게 된다.

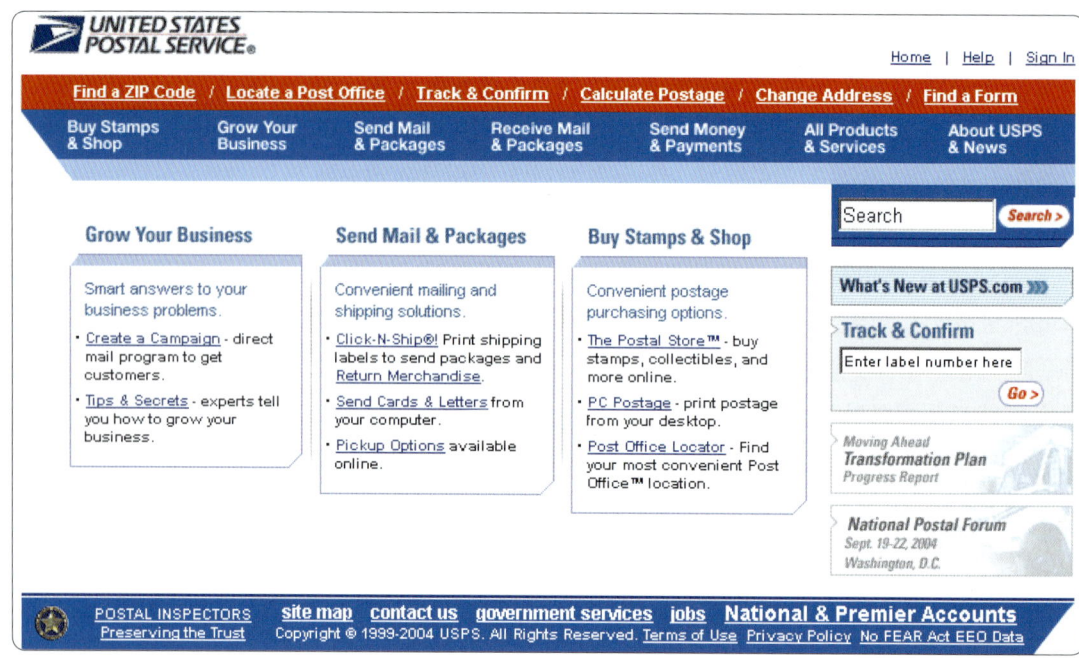

www.usps.com

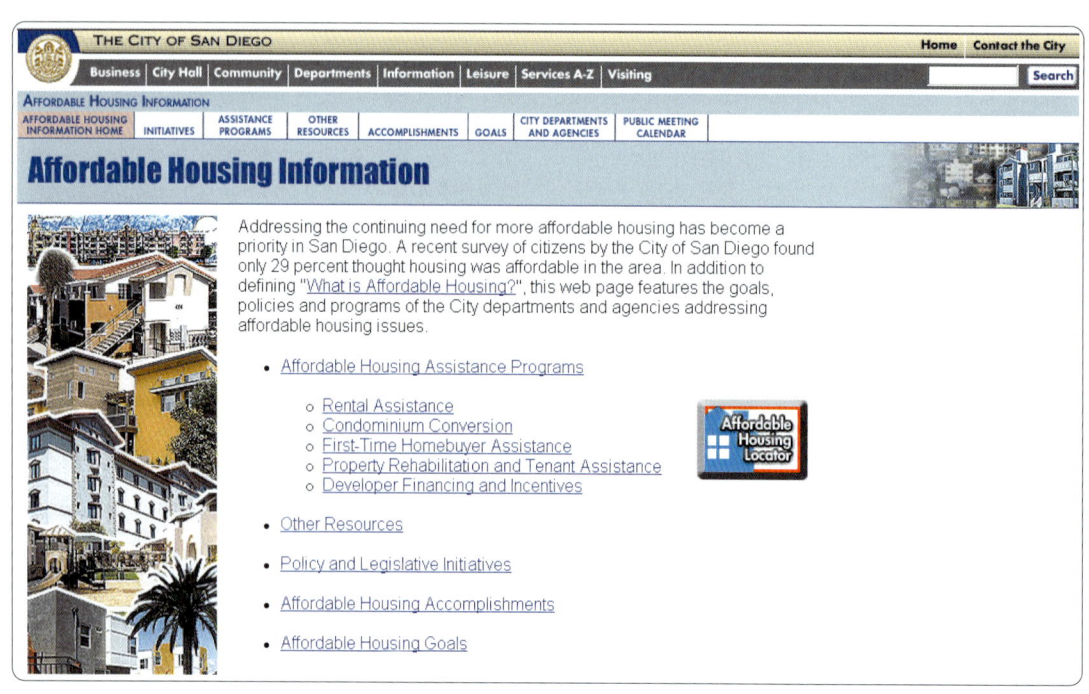

www.sandiego.gov

(좌측페이지 상단)   반복되는 링크들로 인해 USPS(United States Postal Service) 사이트가 복잡해졌다. 페이지 중앙에 있는 옵션은 상단의 파란색 영역에 있는 링크와 동일한 것이다.

(좌측페이지 하단)   샌디에고시는 페이지의 주요 내용 영역에 사용된 탭을 상단에서 반복해서 사용하고 있다. 하나의 확실한 장소에 내비게이션을 배치하고 나머지 영역은 다른 관련 컨텐츠에 할애하거나 여백으로 비워두는 것이 좋다.

www.escaladesports.com

Escalade Sports 웹 사이트는 문자열 목록과 그림(원형 다이얼) 등의 추가적인 내비게이션 방법을 제공하고 있다. 대부분의 테스터들은 살펴보기 쉬운 문자열 방식을 선호했다. 일부 사람들은 그림을 사용했지만 두 가지 방법으로 동일한 정보를 얻게 된다는 것을 발견하고 실망스러워 했다. 시간만 낭비했을 뿐이다!

> 정보가 담긴 이름을 제공하여 사람들이 링크들을 신속하게 구분할 수 있게 한다. 예를 들면, 링크의 이름을 More 라고 하면 사람들에게 더 많은 것을 얻게 될 것이라는 구체적인 정보를 제공하는 셈이 된다.

링크와 레이블 이름: 구체적으로

내비게이션의 꼬리표를 사용자들이 이해하기 쉽게 만들도록 한다. 사람들은 사이트를 돌아볼 때 일반적으로 커다란 컨텐츠 블록은 무시하고 사이트의 의미를 파악할 수 있는 링크를 하나씩 살펴본다. 사용자들이 살펴보는 시간을 최소화하기 위해 링크의 이름을 가급적 간결하고 구체적으로 지정해야 한다. 직접 만들어낸 단어나 카테고리 이름은 사람들이 이해하지 못하기 때문에 좋지 않다. 만약 그러한 독창적인 이름을 사용하려면 항상 그 의미를 설명해야 한다. 사람들은 의미 없는 말들은 보지 않고 지나가는 경향이 있다.

링크에 키워드나 정보가 담긴 단어로 시작하는 이름을 사용하여 기능을 강화해야 한다. 관계없는 단어는 제거한다. 예를 들어, 각 링크에 회사 이름을 반복적으로 사용하는 것 등은 인터페이스를 복잡하게 만들 뿐이다. 동일하거나 쓸데없는 구로 시작되는 이름의 링크는 사람들에게 차이점을 알아내기 위해 꼼꼼하게 읽어봐야 하는 수고를 필요로 한다.

Click Here 와 같은 너무 일반적인 지시 사항을 링크 이름으로 사용하지 않도록 한다. 대신, 정보가 담긴 이름을 사용하여 사람들이 링크들을 신속하게 구분할 수 있게 한다. 예를 들면, 링크의 이름을 More 라고 하면 사람들에게 더 많은 것을 얻게 될 것이라는 구체적인 정보를 제공하는 셈이 된다.

(우측페이지 상단)　**이전 디자인**: discover, learn, live 와 같은 모호한 단어와 카테고리 제목에 대해 테스터들은 불평했다. 어떤 테스터는 "live: with our products"의 의미가 무엇인지 궁금해 했다. 개요가 포함되어 있지만 사용된 단어는 너무 평범하고 명확하지 않았다. "how to have a healthy lifestyle"과 같은 레이블이 이보다 유용한 정보를 제공할 수 있다. 함정이 있는 이름은 사람들이 링크 뒤에 숨은 것을 예측하지 못하기 때문에 쓸모가 없다.
"제목을 보고 생각했던 것과 다르네요. 말하자면 Head to Toe Solutions 는 Body Wash 나 뭐 그런 비슷한 것으로 해야 할 것 같아요."
"진행이 어렵다고 생각합니다. 제가 찾고 있는 것을 빨리 찾을 수 있는 카테고리가 없어요."

(우측페이지 하단)　**새 디자인**: 이전 그림에서 설명한 테스트 결과를 반영하여 Bath & Body Works 는 사이트 디자인을 변경했다. 이 홈페이지는 learn 과 live 와 같은 모호한 카테고리 이름을 Face, Hair, Articles & Advice 와 같은 보다 직접적인 이름으로 교체했다. 상당히 바람직한 변화이다.

www.bathandbodyworks.com

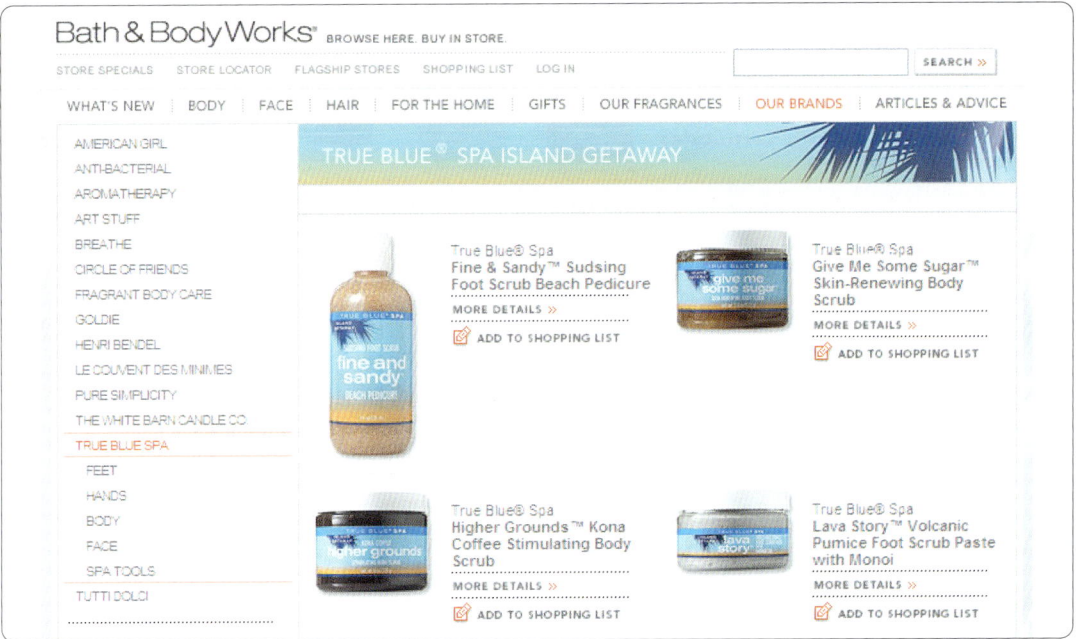

www.bathandbodyworks.com

www.bathandbodyworks.com

BBW는 지칠 줄 모른다. 이 장의 집필을 끝내자 이 회사는 다시 한 번 디자인을 개편했다. 이번에는 내용을 잘 알려주는 내비게이션 레이블을 사용했다. Face라는 레이블은 다른 대부분의 사이트에서 사용하기에는 너무 모호한 단어이지만 이 사이트에서는 무난해 보인다. 이 사이트에서조차 새롭고 명확한 Facial Skincare라는 레이블은 정보를 담고 있다는 느낌을 더욱 강하게 전달하여 사람들의 제품 구매 욕구를 한층 높여준다.

www.hmce.gov.uk

이전 홈페이지: 영국 정부의 국세청 사이트 홈페이지는 사용자들에게 포함된 정보가 무엇인지 정확히 알려주는 "Your customs allowances"와 "VAT refunds for visitors" 같은 설명적인 링크로, 여행객들의 흥미를 끄는 부가가치세 상환 등의 정보를 제공한다. 이 사이트는 페이지의 주요 영역에 일반적으로 사용되는 링크를 깔끔하게 배치하여 혼란스러움을 피하고 있다.

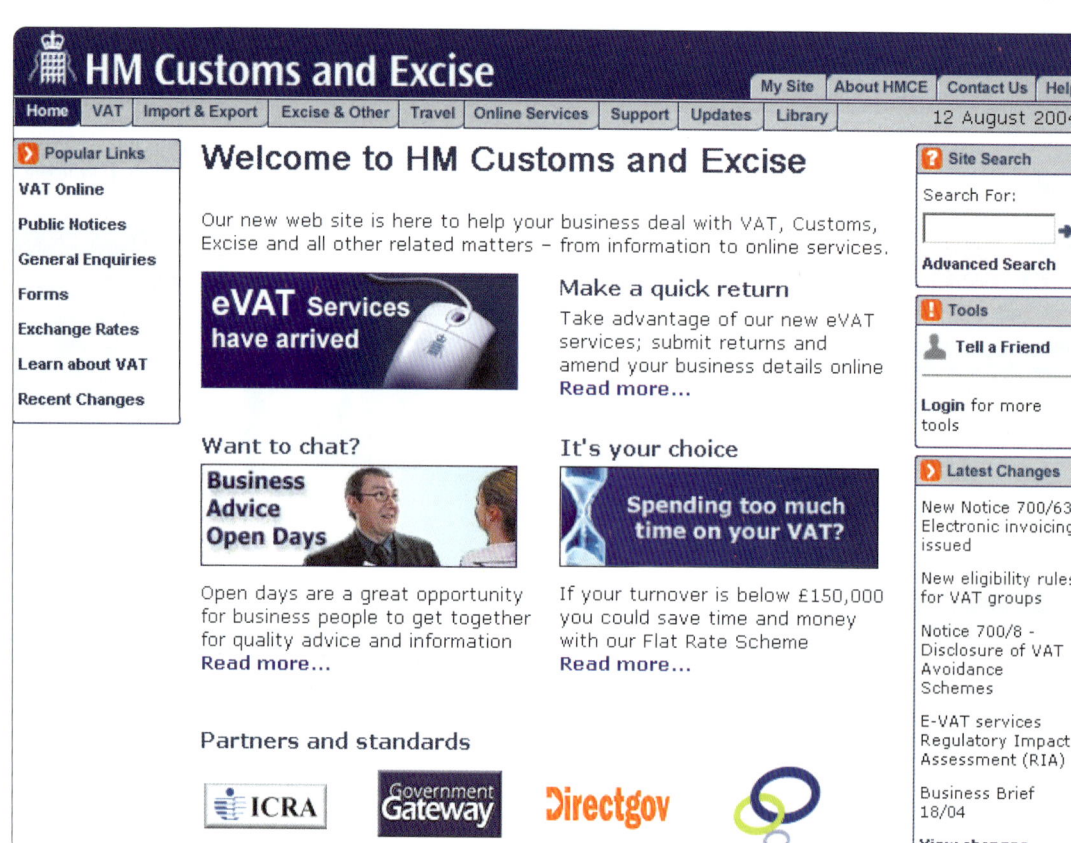

www.hmce.gov.uk

새 홈페이지: 불행하게도 새로 개편된 홈페이지는 제목, 링크, 그리고 내비게이션이 의미를 정확하게 전달하지 못하고 있기 때문에 사용성이 확실하게 떨어졌다. 예를 들면, "eVat Services"가 무엇인가? 만약 여러분이 휴가차 영국에 방문했다고 하면 부가가치세 환급을 받을 수 있는 방법을 알아보기 위해 어느 곳을 클릭하겠는가? VAT 라는 단어는 여기저기에 포함되어 있지만 어느 것이 최선의 선택일까? 이전 디자인에서는 "VAT refunds for visitors"라는 확실한 제목의 링크가 있었지만 현재에는 없다. 잘못된 변경 작업이다.

일반적으로 "e" 또는 "internet"으로 시작하는 이름을 사용하고 있다면 거의 항상 위험 신호라고 보면 된다. 사용자들은 웹 사이트에 방문할 때 이미 온라인상에 있다는 것을 알고 있으므로 주의를 끌기 위해 서비스 이름을 일부러 그렇게 만들 필요가 없다.

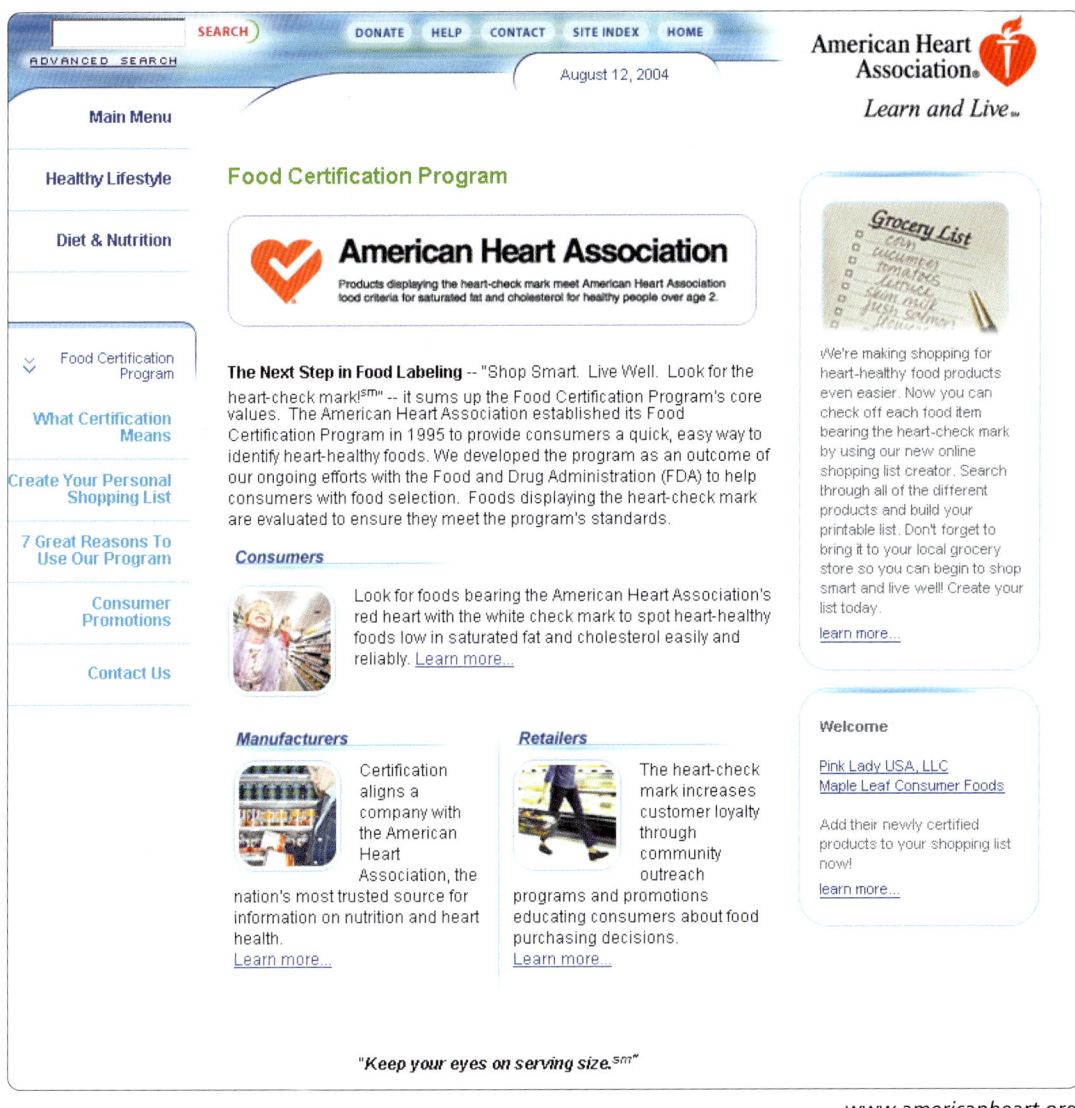

www.americanheart.org

American Heart Association 사이트 전역에 산재해 있는 일반적인 "Learn more" 링크는 해당 영역에 사용자가 흥미를 갖게 만드는 데에는 도움이 되지 않는다. 사람들은 의미의 골자를 파악하기 위해 링크를 신속하게 살펴볼 수 없다. 대신 캡션을 읽어보아야 하고 이 때문에 진행 속도가 필요 이상으로 느려진다. 정확한 정보를 담고 있지 않은 링크로 사람들을 괴롭히기보다는 명확하게 알려주는 것이 좋다.

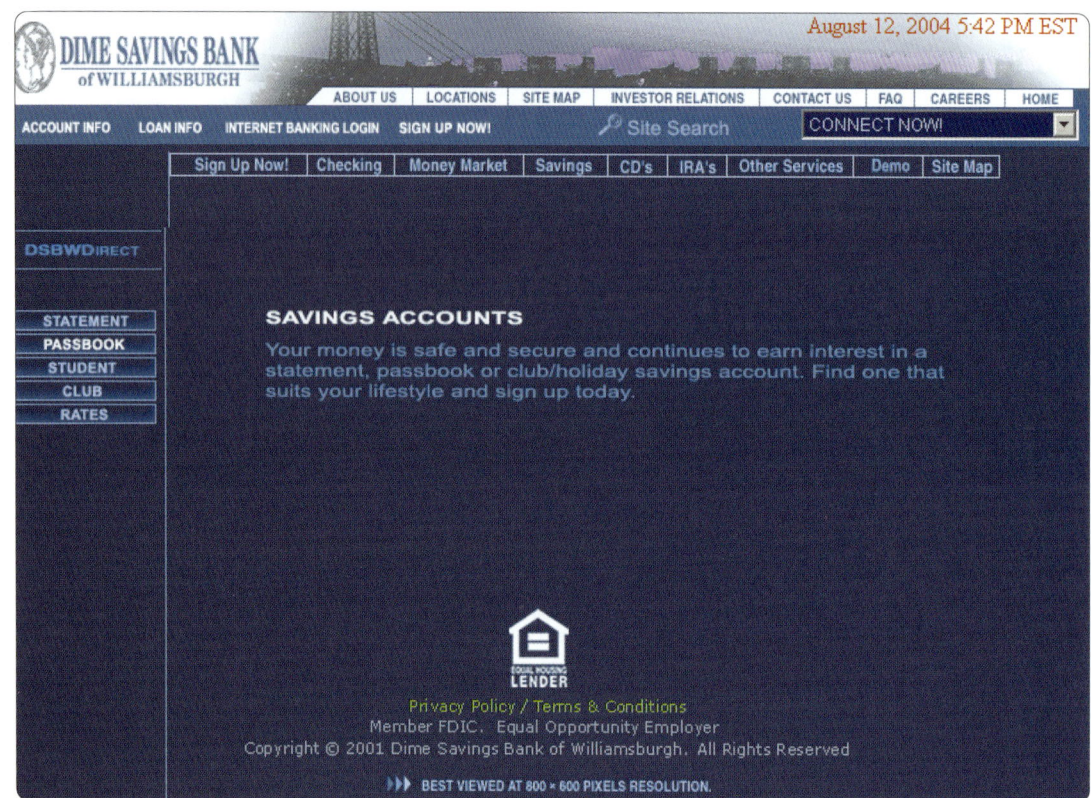

www.dimewill.com

사람들은 Club과 Passbook 같은 의미 없는 카테고리 이름들을 구분하기 어렵다는 것을 알게 된다. 각 항목을 클릭하지 않으면 선택 가능한 옵션을 볼 수도 없고 의미를 해석하는 것도 불가능하다.

(우측페이지 상단)　　**이전 디자인**: 이 자동차 사이트는 자동차들을 모델명으로 관리하고 있기 때문에 사용자들을 난처하게 만든다. 혼다 제품 모델에 익숙한 사람들에게는 문제없지만 그렇지 않은 사람들에게는 문제가 된다. 테스트에 참여한 사용자들은 서로 다른 모델의 자동차 종류에 대해 궁금하게 여겼다. 그들은 예를 들면 오디세이와 S2000의 차이를 모르고 있었다. 목록 아래에 All Models 링크가 있지만 많은 사람들이 보지 못하고 지나쳤다.

(우측페이지 하단)　　**새 디자인**: 혼다는 디자인 개편으로 내비게이션 카테고리를 약간 개선했다. 이전 화면에서 Odyssey라는 꼬리표가 붙어 있던 링크가 이제는 Odyssey Minivan이 되었고 S2000은 S2000 Roadster로 바뀐 점에 주목한다. 하지만 이런 정도의 변화는 반창고를 붙이는 것보다 못하다. 병을 치료하지 않고 상처에 반창고를 붙이기만 한 꼴이다. 여전히 사용자들이 모델별로 살펴볼 수 있게 만들기보다는 모델 간의 차이를 명확하게 설명하는 내비게이션 시스템을 디자인하는 것이 좋다.

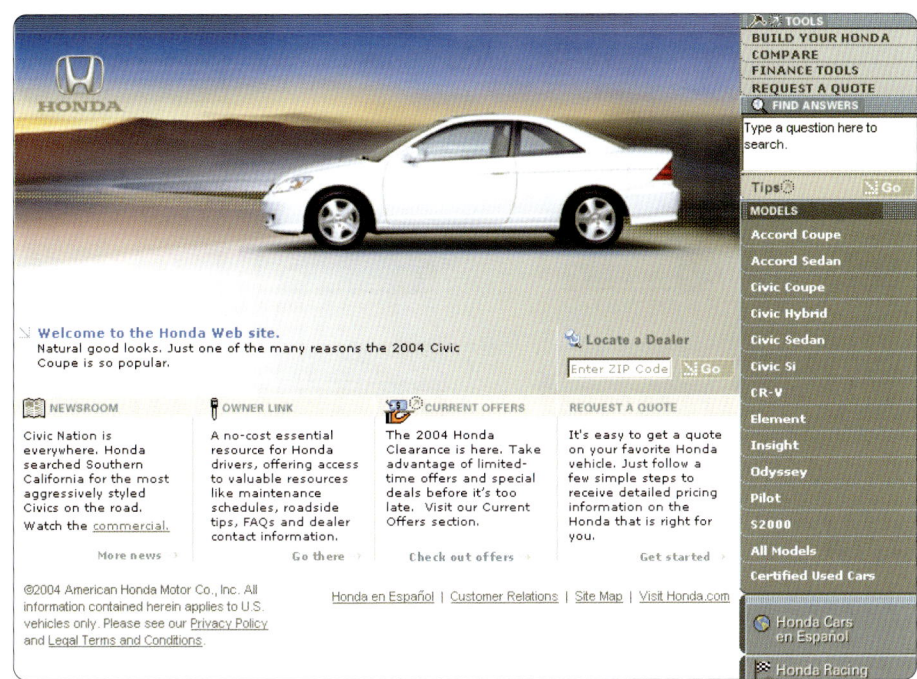

www.automobiles.honda.com

www.automobiles.honda.com

6: 내비게이션과 정보 구조

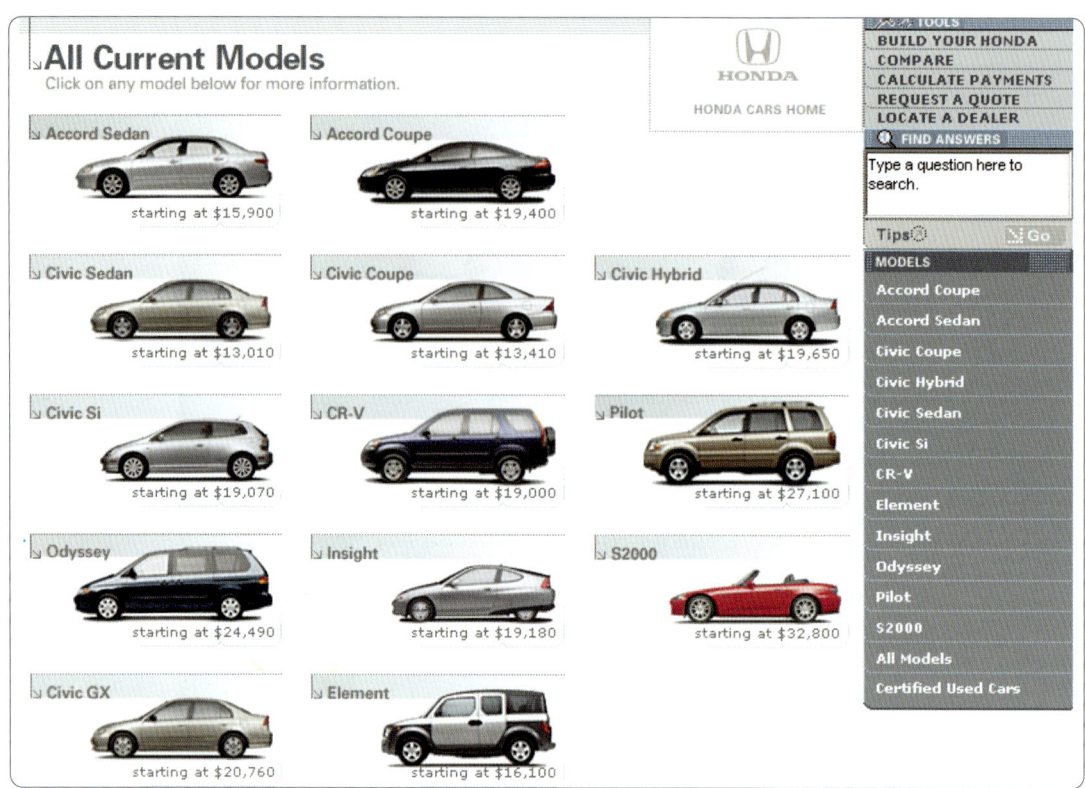

www.automobiles.honda.com

이 페이지는 가격과 사진 정보를 추가하여 다양한 모델을 자세히 설명하고 있다. 사진은 자동차의 유형을 파악하는 데 도움이 된다. 하지만 사진이 상대적으로 작고 여러 가지 모델의 모습이 비슷하여, 예를 들면 Civic Si가 미니밴인지 확인하기 어렵다.

(우측페이지 상단) 이 사이트는 사람들이 이해할 수 있는 용어를 사용하여 자동차를 잘 구분하고 있다. 사용자들이 포드의 모델명을 잘 알고 있을 것이라는 예상 대신 모델명보다 유용한 Pickup Trucks와 Mnivans/Vans와 같은 간단하고 익숙한 용어를 사용하고 있다.

(우측페이지 하단) 이 사이트에 있는 바닥재 유형은 재질이 아니라 제품군으로 정리되어 있다. 이러한 구성은 Anderson의 직원들에게는 적합하지만 제품을 속성으로 찾아보는 잠재 고객들에게는 적합하지 않다. Appalachian과 Biltmore 같은 이름은 사용자에게는 의미가 없을 수도 있다. 사이트 디자이너가 사이트를 둘러보는 방법을 알려줄 필요성을 느끼면 그것은 상호작용 디자인이 제대로 작동하지 않는다는 증거이다. 디자이너의 기대보다는 사용자들의 기대를 만족시켜야 한다.

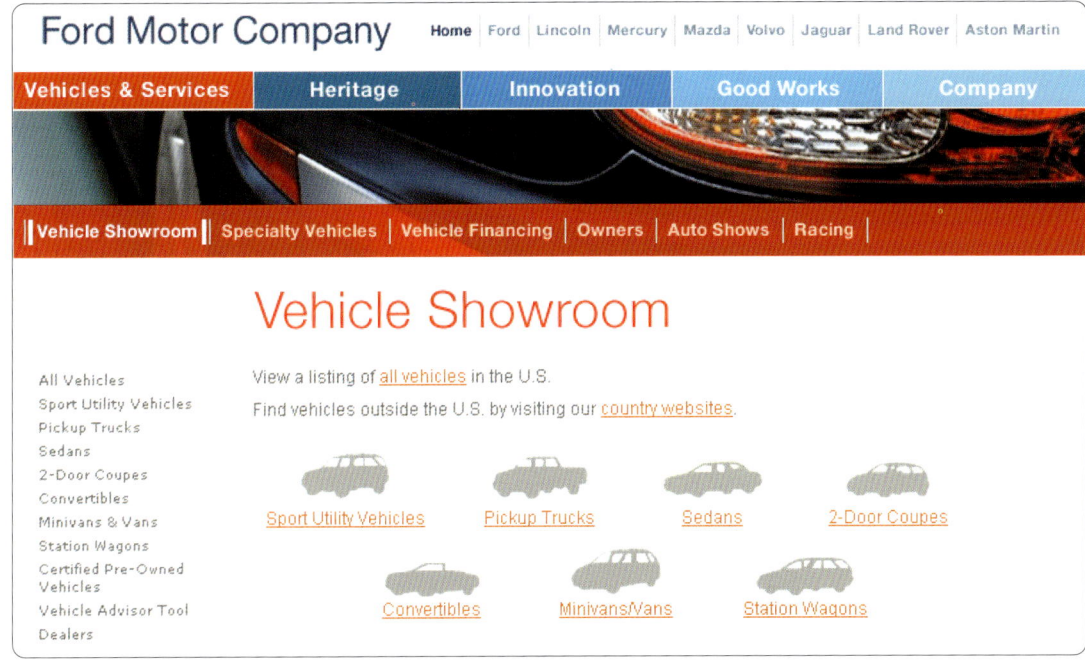

www.ford.com

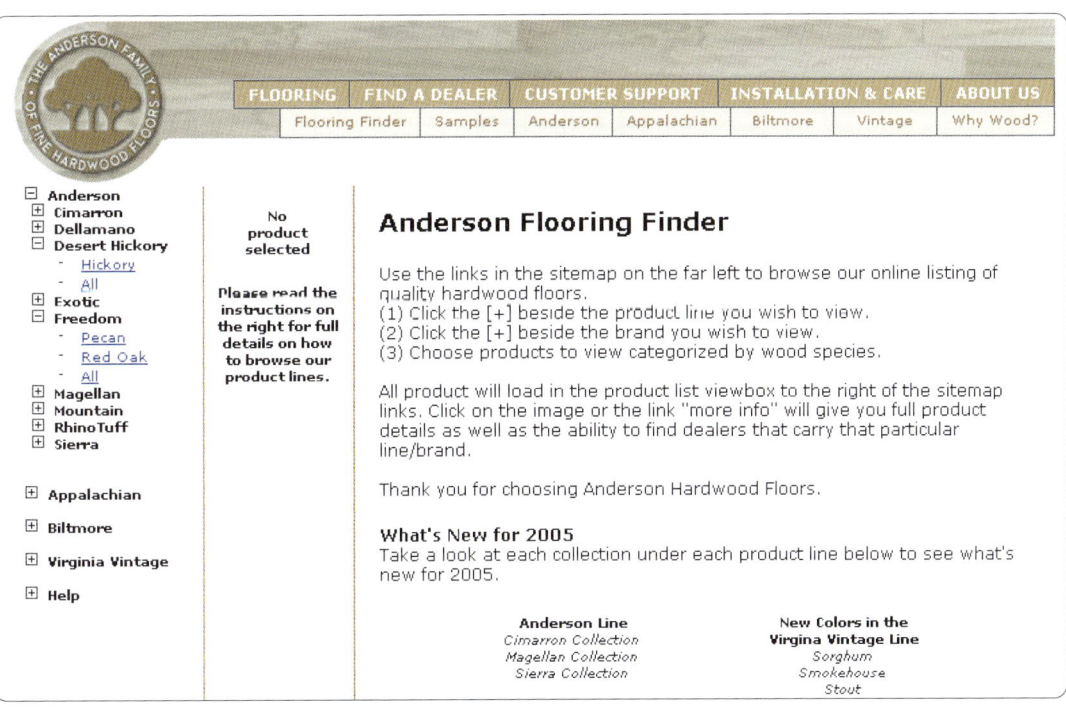

www.andersonfloors.com

> 메뉴 목록이 길수록 제어하기 어렵다. 사용자들이 목록을 따라 멀리 이동할수록 길을 잃게 될 가능성은 점점 높아진다.

수직 드롭다운 메뉴: 짧은 것이 아름답다

수직 드롭다운 메뉴는 제한된 화면상의 공간을 절약한다는 이유로 널리 사용되는 내비게이션 도구로 자리 잡았다. 사용자들도 여러 해가 지나면서 적응하게 되었다. 드롭다운 메뉴는 이점도 있지만 문제가 될 수도 있다. 특히 너무 긴 경우가 그렇다. 메뉴 목록이 길수록 제어하기 어렵다. 사용자들이 목록을 따라 멀리 이동할수록 길을 잃게 될 가능성은 점점 높아진다.

긴 목록은 선택 항목들을 구분하도록 설명을 추가할 많은 공간을 활용할 수 있는 표준 하이퍼텍스트 형식으로 표현하는 것이 좋다. 드롭다운 메뉴는 좁아지는 경향이 있어 설명이 담긴 카테고리 이름을 사용하기 어렵다. 의미가 가려지거나 명확하지 않은 기나긴 아이템 목록을 제공하기보다는 사람들이 상위 제목을 클릭한 다음 목록이 깔끔하게 정리되어 있고 각 선택 항목에 적당한 설명이 포함된 다른 페이지로 이동하게 만드는 것이 좋다.

다층 메뉴: 적을수록 좋다

플라이아웃 수평 메뉴는 제한적으로 사용하고 두 단계를 넘어가지 않도록 유지해야 한다. 그보다 많으면 페이지를 덮어버리고 사용이 어려워진다. 일반적으로 세 번째 단계는 문제의 징조가 보이고 네 번째 단계는 실제로 메뉴 조작이 불가능해진다. 레벨이 너무 많으면 계속해서 메뉴를 확장하는 자체 속성에 의해 결국 자신의 하위 메뉴를 가리게 된다.

사람들은 일반적으로 두 지점 간의 최단 거리는 직선이라는 가정하에 도구를 조작한다. 따라서 다층 메뉴에서 그들은 하위 레벨로 이동하기 위해 마우스를 대각선 방향으로 움직이려는 경향이 있다. 하지만 이렇게 움직이면 일반적으로 선택 대상을 잃고 이전 옵션 항목을 다시 선택해야 한다는 점에서 그들은 좌절한다. 이 문제는 랩탑에서 더 심각해진다. 랩탑의 터치 패드로 끌어서 클릭하는 조작은 더 성가시기 때문이다.

동적 메뉴는 사용자들이 원하는 항목을 선택할 수 있도록 페이지 길이를 넘지 않아야 한다. 세심함을 요구하고 아주 미세한 마우스 움직임에 열리고 닫히는 개성이 강한 메뉴는 제어하기 어렵다. 경험이 많은 사용자들은 이런 동적인 메뉴를 어려움 없이 제어할 수 있지만 평균적인 사람들에게는 어려운 일이다.

www.escaladesports.com

이 사이트에 있는 다층 메뉴는 제어하기 어렵다고 사용자들이 불평을 한다. 실수로 포인터를 제품 카테고리 영역 바깥으로 움직이면 예상치 못한 다른 메뉴가 표시된다.

www.americanheart.org

American Heart Association 웹 사이트는 두 단계로 제한한 플라이아웃 메뉴를 사용하고 있다. 게다가 항목을 선택할 때 마우스를 대각선 방향으로 움직이는 사람들도 어려움 없이 사용할 수 있다. 메뉴 바깥으로 살짝 나가더라도 표시된 메뉴는 그대로 유지된다.

www.blackmountainbicycles.com

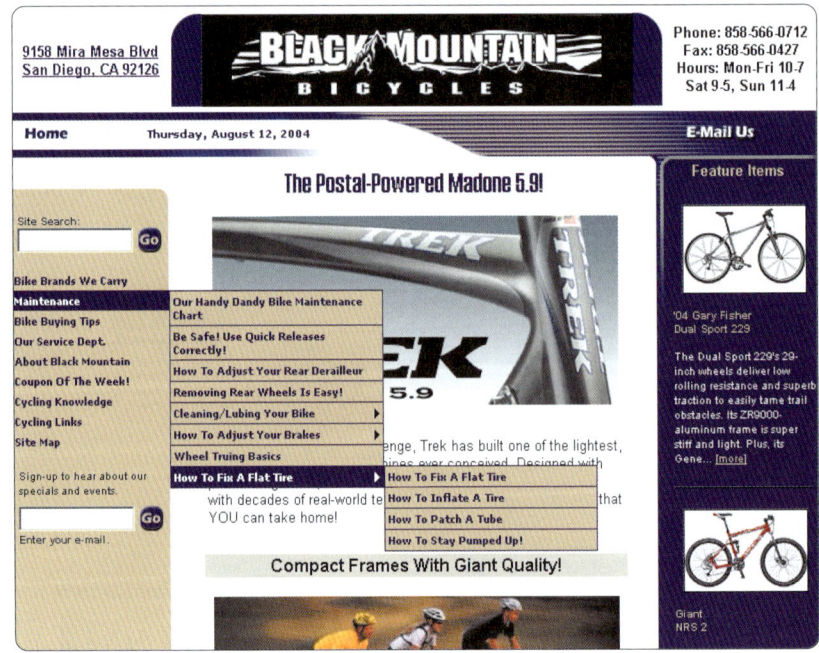

www.blackmountainbicycles.com

클릭 가능 영역

사람들은 사이트상의 어느 부분을 클릭할 수 있는지 모를 때 더 열심히 작업하고 고민해야 한다. 그들은 찾고 있는 것을 쉽게 잊어버리고 조기에 포기하거나 선택할 것이 없을 때 모든 옵션을 선택했다고 생각한다.

링크에 밑줄을 사용하고 파란색 링크 색상의 표준적인 사례는 해당 링크의 기능에 대한 시각적 실마리를 제공한다. 파란색은 여전히 클릭 가능성과 가장 강하게 연관되기 때문에 링크가 아닌 문자열에는 파란색을 사용하면 안 된다.

즉, 파란색은 항상 링크에만 사용할 수 있는 것은 아니다. 브랜드와 미적 감각과 같은 이유로 파란색 링크는 적합하지 않을 수도 있다. 굵은 체 문자열 역시 클릭 가능 상태를 표시한다. 링크임을 알리기 위해 포인터를 올려 놓았을 때 문자열을 두드러지게 보이는 것 역시 도움이 되지만 그렇게 하면 사용자들은 링크를 찾기 위해 화면 전역을 뒤져야 하므로 그것만 사용해서는 안 된다.

튀어나오게 보인다거나 다른 방법으로 돋보이게 만드는 그래픽 인터페이스 요소 역시 클릭 가능 상태를 표시할 수 있다. 사용자들은 일반적으로 표준 버튼 모양뿐만 아니라 다른 널리 사용되는 사용자 인터페이스상에서 클릭할 수 있는 모든 것을 클릭 가능한 것으로 생각한다.

요컨대 사람들이 클릭 가능한 것과 클릭할 수 없는 것을 쉽게 구분할 수 있게 해야 한다. 링크 위치를 찾기 위해 화면의 모든 부분을 클릭하게 만들어서는 안 된다. 링크에 일반적으로 클릭 가능 상태와 연계되는 시각적 방법을 사용한다. 주로 색상이 적용된 문자열과 밑줄 긋기를 사용한다. 링크를 표시하기 위해 손 모양 커서에만 의존하지 않도록 한다. 경험이 많은 사용자들조차도 포인터가 손 모양으로 바뀌는 것을 항상 알아차리는 것은 아니며 초보 사용자들은 포인터와 손 모양을 동일한 것으로 생각한다.

> 사람들이 클릭 가능한 것과 클릭할 수 없는 것을 쉽게 구분할 수 있게 해야 한다. 링크 위치를 찾기 위해 화면의 모든 부분을 클릭하게 만들어서는 안 된다.

(좌측페이지 상단) **이전 디자인**: 이것은 플라이아웃 메뉴의 과도한 사용예이다. 네 단계의 패널이 페이지 대부분을 가리고 있어 제어하기 어렵게 되어 있다. 디자인이 사용자들의 집중과 손재주를 요구하기 때문에 오류가 생길 가능성이 높다. 선택할 곳을 놓치거나 메뉴 바깥으로 나가면 처음부터 다시 시작해야 한다.

(좌측페이지 하단) **새 디자인**: Black Mountain의 새 디자인은 메뉴 단계를 네 개에서 세 개로 줄이는 방법으로 사이트를 개선했다. 이 시도로 이전보다 분명 개선되었지만 많은 수의 메뉴가 여전히 페이지의 상당 부분을 덮고 있어 마우스를 멀리까지 이동해야 한다.

제공성(Affordance)

"제공성"은 심리학 용어로 사람 또는 동물과 세계 간의 가능한 행동을 정의하는 데 사용된다. 우리의 동료 중 한 명인 도널드 A. 노먼(Donald A. Norman)은 그의 오래된 책인 The Design of Everyday Things에서 사용자 경험 세계에 이 용어를 적용했다.

기본적으로 디자인에서 "제공성"은 객체에 행할 수 있는 모든 것을 말한다. 예를 들면, 의자는 앉게 해주고, 버튼은 누르게 해주며, 손잡이는 디자인 유형에 따라 돌리거나 당기게 해준다. 도널드의 위대한 통찰력에 의하면 사용성이라는 점에서 볼 때 지각 제공성은 실제 제공성보다 중요하다. 그의 가장 유명한 예는 문(door)이다. 문은 어느 방향에서 여느냐에 따라 당기기 또는 밀기를 제공할 수 있다. 한 사람이 직접 행동을 취하기 전에 문을 열기 위해 당겨야 할지 밀어야 할지 알 수 있을 때 그것은 좋은 사용자 인터페이스이다. 다시 말해 사람이 단순히 쳐다보는 것만으로 문의 제공성을 알아낼 수 있다. 즉, 실제의 제공성을 찾아내기 위해 노력할 필요가 없다(그리고 문을 조작하기 위한 설명서도 필요 없다. "당기기" 또는 "밀기"에 대한 명쾌한 설명서가 함께 제공되는 문은 모두 잘못 만들어진 문이다).

화면 기반 사용자 인터페이스에서는 제공성의 개념을 조금 변경할 필요가 있다. 어떤 점에서는 화면의 모든 점은 마우스로 선택하여 클릭할 수 있기 때문에 클릭 기능을 제공한다. 하지만 실제로는 클릭했을 때 무언가가 일어나는 경우에만 화면 속 요소가 클릭 기능을 제공했다고 말한다. 그렇다면 핵심적인 논지는 클릭 가능한 요소가 클릭 기능의 지각 제공성을 갖고 있는지의 여부이다. 다시 말해 사용자는 단순히 쳐다보는 것만으로 클릭할 때 무슨 일이 일어나게 될 요소라는 것을 예측할 수 있을까? 만약 그렇다면 디자인은 일반적으로 사용자가 클릭 가능한 것이 무엇인지 고민하게 만드는 것보다 훨씬 더 높은 수준의 사용성을 갖고 있는 것이다.

우리가 이 개념을 논의할 때에는 클릭 가능한 객체가 사용자에 대한 클릭 능력의 지각 제공성을 갖고 있는지의 여부와 관련된 것이다. 이것은 사용자들이 어떤 화면을 보게 되더라도 선택 항목을 쉽게 인지할 수 있는지의 여부를 결정한다. 하지만 이에 반하는 측면도 있다. 클릭이 불가능한 화면 요소가 클릭 능력의 지각 제공성을 갖고 있을까? 만약 그렇다면 사용자들은 갖고 있지 않은 선택 항목을 갖고 있다고 믿을 것이고 클릭했을 때 아무 일도 일어나지 않으면 혼란스러워할 것이다. 이 문제를 피하려면 혼동을 일으키는 디자인 마커를 사용하지 않아야 한다. 예를 들면, 클릭할 수 없다면 버튼처럼 보이는 그래픽을 사용해서는 안 된다. 그리고 링크가 아니라면 문자열을 파란색으로 만들거나 밑줄을 그어서는 안 된다.

(우측페이지 상단) 사용자를 테스트하는 과정에서 사람들은 이 사이트에서 계좌를 온라인으로 신청할 방법이 없다는 점에 불만스러워 했고 은행 대리인에게 직접 연락을 취해야 한다고 생각했다. 그들은 오렌지색의 사각형 상자가 버튼이라는 것을 알아채지 못했다. 평평한 모양이었기 때문에 사람들은 단순히 그 옆에 있는 Contact 링크에 주의를 끌기 위한 고정된 그림이라고만 생각했다. 이 두 개의 링크를 비교해볼 때 밑줄이 있는 채색된 문자열은 클릭 능력의 지각 제공성을 갖고 있는 반면 평평한 상자는 그렇지 않다. 순전히 장식용으로만 보일 뿐이다. 대부분의 사용자들은 그 옆에 밑줄이 있는 문자열이 없더라도 Apply 그림을 무시했을 것이다. 하지만 상자가 클릭 능력의 강한 지각 제공성을 가진 무언가와 함께 있었다면 사용자들은 시선을 그곳으로 돌렸을 것이다.

(우측페이지 하단) 이 사이트상에 있는 파란색의 굵은 점 목록은 링크처럼 보여 테스트에 참여한 사용자들은 그것을 클릭했을 때 새 페이지로 이동하지 않는다는 것에 대해 당황했다. 아무것도 일어나지 않을 때 일부 사람들은 심지어 사이트의 기능에 문제가 있는 것으로 생각했다. 파란색은 클릭 능력의 강한 지각 제공성을 갖고 있다. 클릭할 수 없는 아이템에는 그것을 사용하지 않도록 한다.

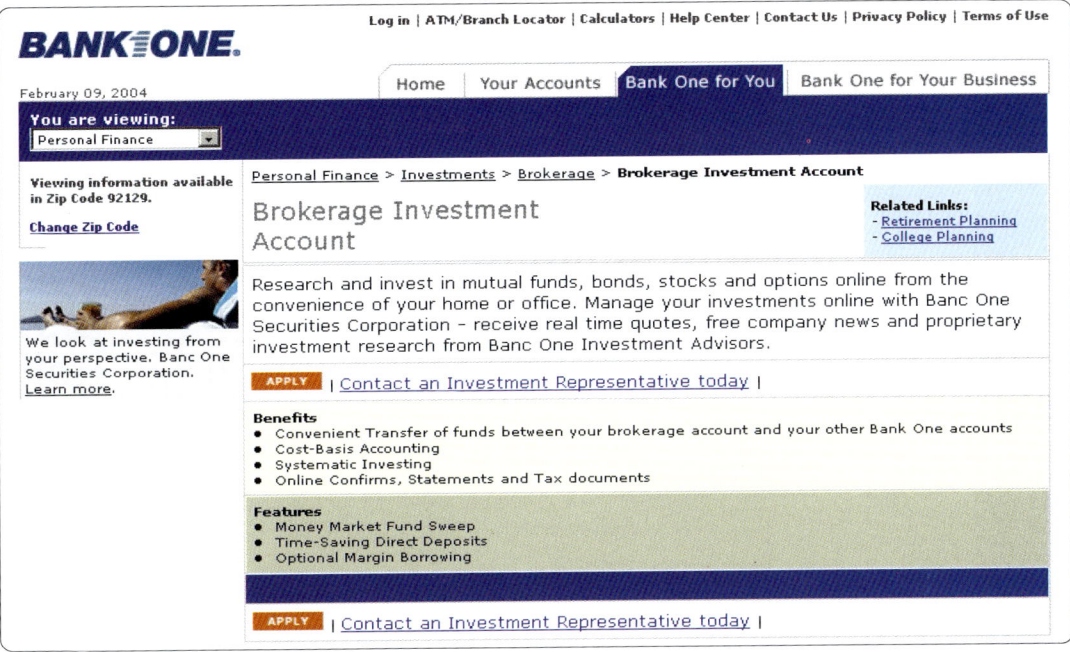

www.bankone.com

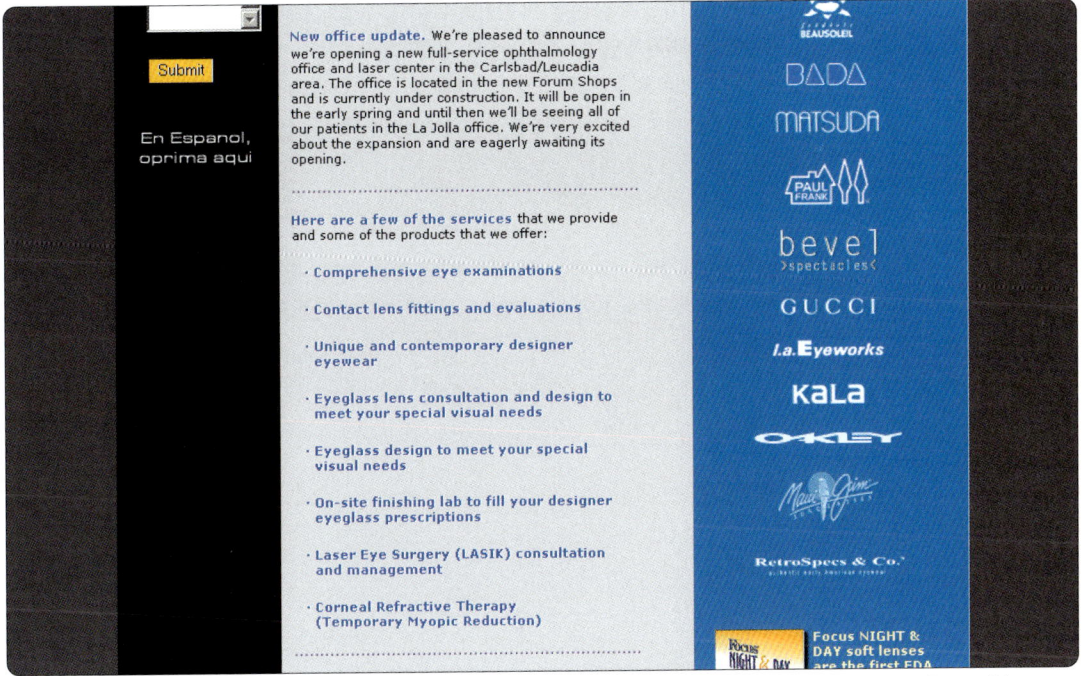

www.san-diego-vision.com

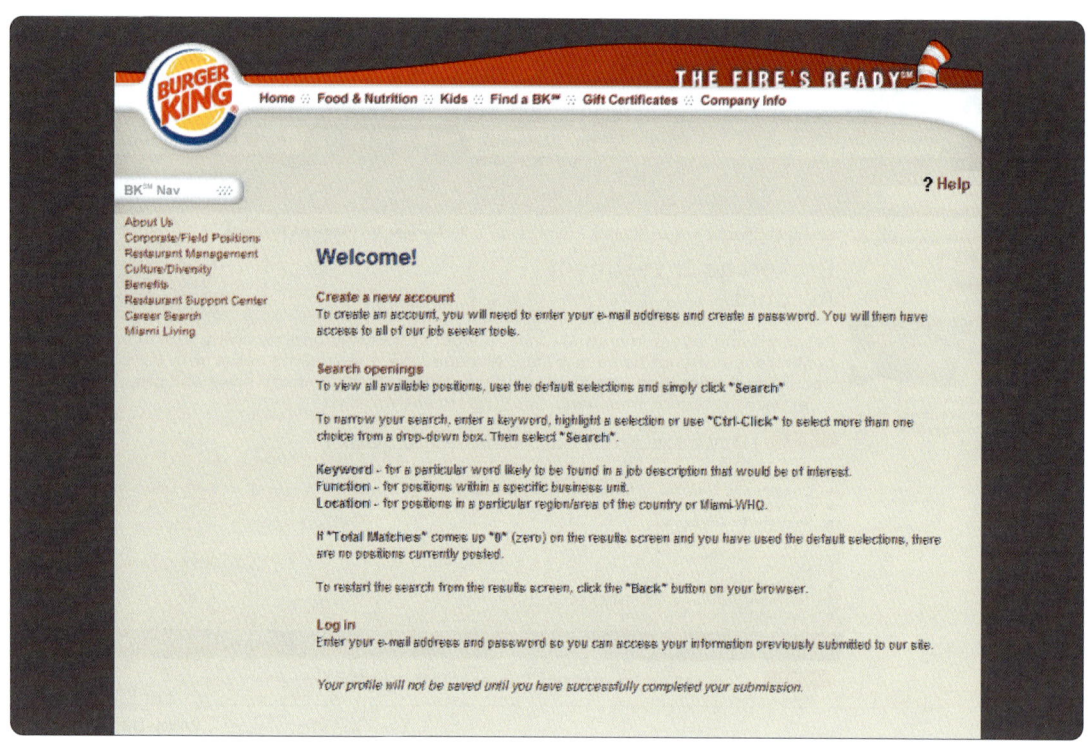

www.bk.com

테스트에 참가한 사용자들은 이 사이트의 제목들이 클릭 능력의 지각 제공성을 갖고 있지 않기 때문에 활성화되어 있다는 점을 몰랐다. 밑줄이 없기 때문에 사람들은 단순히 굵은체의 문자열로 된 제목인 것으로만 생각했다. 구인 정보를 얻으려면 Search를 클릭하라는 지시 사항이 있지만 사람들은 요청을 작동시킬 버튼을 찾지 못해 난처해 했다.

(우측페이지 상단)   이것은 시각적 이정표를 잘못 사용한 예이다. 가장자리가 사면 처리된 사각형 상자가 버튼처럼 보이지만 실제로는 버튼이 아니다. 다른 곳을 클릭하라는 지시 사항이 붙어 있다.

www.bk.com

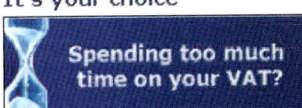

이 화면에서 어느 부분을 클릭할 수 있는지 알 수 있는가? 만약 그래픽이나 굵은체로 된 제목을 생각하고 있다면 틀렸다. 클릭할 수 있는 부분은 "Read more…" 문자열뿐이다. 클릭할 수 있는 문자열이 파란색으로 되어 있는 것은 좋지만 다른 파란색의 굵은체 문자열은? 서로 다른 대상을 나타내는 데 색상과 그래픽 처리를 일관되게 사용하는 것이 중요하다.

www.hmce.gov.uk

6: 내비게이션과 정보 구조

211

> 긴 직접 링크 목록은 홈페이지의 다른 목적을 소용 없게 만들 수 있다. 그러한 링크는 가장 중요한 사용자 작업들을 위해 남겨두어야 한다.

홈페이지에서 직접 연결

테스트를 진행하면서 경험한 가장 성공적인 디자인 전략 중 하나는 홈페이지에 우선순위가 높은 작업을 위한 매우 적은 수의 직접 링크를 배치하는 것이다. 정보 구조를 얼마나 잘 구성하고 그것을 내비게이션 시스템에 얼마나 잘 반영했는지 상관없이 사용자들은 여러 단계를 통해 이동할 때 길을 잃거나 조급해 할 수 있다. 직접 링크는 이것을 단축시키고 단순하게 만드는 방법이다.

불행하게도 홈페이지에 다량의 직접 링크 기능을 넣을 수 없다. 그렇게 하면 사용자들이 잘못된 링크를 클릭할 가능성이 높아지기 때문에 효과가 사라진다. 또한, 긴 직접 링크 목록은 사이트를 위한 사전 준비와 선택 가능한 옵션을 사용자에게 알려주는 것과 같은 홈페이지의 다른 목적을 소용 없게 만들 수 있다. 역설적으로 들릴지 모르지만, 상세한 내용을 커다란 그림 속에 넣어두면 사용자들은 그것을 찾지 못한다.

모질라가 파이어폭스 브라우저를 발표할 때, 그들은 상당수의 방문객이 새 소프트웨어를 다운로드 받기 위해 홈페이지를 방문하더라도 아무런 문제가 없을 것이라고 생각했다. 그래서 모질라는 홈페이지에 있는 가장 두드러진 디자인 요소에 이 작업에 필요한 직접 링크 기능을 추가했다. 불행하게도 다운로드 아이콘으로 보이는 화살표는 클릭할 수 없다. 하지만 대부분의 사람들은 그 아래에 있는 문자열 링크를 클릭하게 될 것이기 때문에 매우 작은 사용성 문제일 뿐이다. 또한, 이 사이트는 다른 세 가지의 주요 제품으로 연결되는 높은 우선순위의 작업에도 직접 링크를 사용했다.

이 홈페이지의 또 다른 좋은 요소는 사람들로부터 존경받는 소프트웨어 리뷰어인 월트 모스버그(Walt Mossberg)의 평가를 인용한 점이다. 외부 사람이 제품을 칭찬하면 신뢰도가 훨씬 높아진다. 그리고 이 그림에서 볼 수 있듯이 다른 누군가가 경쟁 제품에 대해 나쁘게 말하면 신뢰도는 훨씬 더 높아진다. 마지막으로 월 스트리트 저널의 웹 사이트에 있는 모스버그의 기사 전문을 링크로 연결하는 현명한 방법을 사용했다. 이것은 다른 사람들이 기사를 읽게 되더라도 모질라는 그에 대해 겁 먹지 않을 것이라는 자신감을 보여준다. 이러한 전략은 사용자들이 실제로 링크를 클릭하는 것과 상관없이 효과적이다.

www.mozilla.org

그러한 링크는 가장 중요한 사용자 작업들을 위해 남겨두어야 한다. 홈페이지의 각 개별 영역에 세 개에서 다섯 개 정도로 직접 링크의 수를 제한할 필요가 있다. 각 기능이 자체적인 직접 링크를 가진 여러 개의 영역에는 세 개 또는 그 이하가 가장 적당하다.

> **추가 정보**
>
> 이 장에서 언급한 연구에 대한 추가적인 내용은 www.nngroup.com/reports에서 찾을 수 있는 "intranet", "children", "teenagers" 항목을 참조하기 바란다.

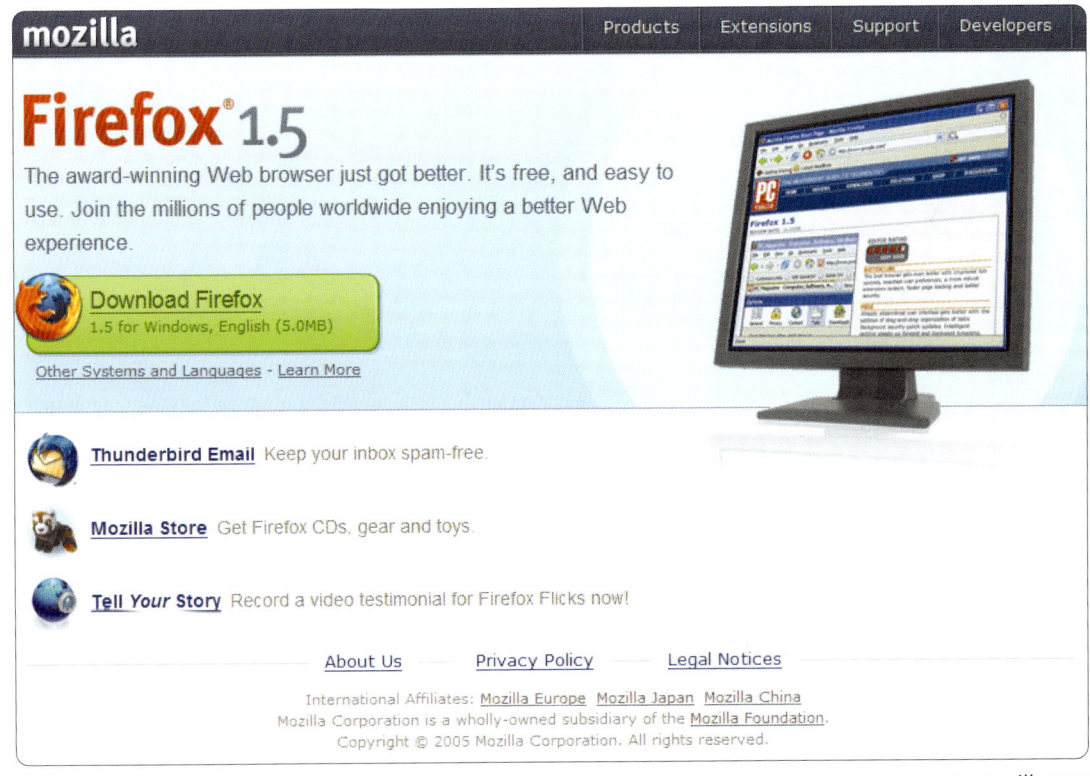

www.mozilla.com

파이어폭스의 다음 버전이 발표될 때, 모질라는 홈페이지를 단순하게 만들고 방문객들이 해야 할 일(새 버전 다운로드)을 명확하게 보이게 만들었다. 주요 버전 다운로드를 위해 커다란 바깥에 있는 Other Systems and Languages로 이동하게 만든 것이 돋보이는 또 다른 개선 사항이다. 이전 디자인에서 이 기능을 수행하는 링크는 커다란 영역 내에 있었는데, 이는 확실히 윈도우 영문 버전을 원하는 사람들에게 초점을 맞춘 것이었다. 다른 버전을 원하면 화면의 다른 곳을 찾아 봐야 했다.

본문 문자열: 10 포인트 규칙
- 나이는 문제가 아니다
- 하드웨어의 차이 극복하기
- 일반적인 화면 해상도

상대적 규격
- 시각 장애 사용자들을 위한 디자인

글꼴 선택
- 불확실할 때에는 Verdana를 사용한다

글꼴과 색상 혼합
- 문자열과 배경의 대비
- 일반적인 색맹

그림 문자

움직이는 문자열

7 타이포그래피: 가독성과 문자 가독성

타이포그래피와 색채 배합과 같은 예술적 요소는 웹 사이트의 첫인상을 좋게 만드는 데 중요한 역할을 한다. 타이포그래피는 회사에 대한 느낌과 사이트에서 할 수 있는 일에 대한 정보를 사람들에게 전달한다. 서로 다른 글꼴은 분위기를 의미할 수 있고 글꼴 크기와 색상은 내용을 강조할 수 있다. 사이트 전반에 걸쳐 명확한 느낌을 유지한다는 것은 웹 사이트에 가장 적당한 글꼴과 색상을 선택한다는 것을 의미한다. 이 정도는 기본이라고 생각한다고 절대 그렇지 않다.

> 커뮤니케이션 디자인의 주된 목표는 정보를 전달하는 데 있다. 의사소통에 적절한 타이포그래피를 선택해야 한다.

문자 가독성은 현대 웹 사이트에서도 여전히 문제가 되고 있다. 아무리 사이트의 겉모습이 좋더라도 사람들이 문자열을 쉽게 읽을 수 없다면 그 사이트는 실패한다. 이번 연구에서 다양한 연령층 및 시력도 각각 다른 사람들이 우리가 알려준 사이트에서 글을 읽으려고 애쓰는 모습을 여러 차례 볼 수 있었다. 어떤 사람들은 안경을 쓰기 위해 읽던 일을 멈춰야 했고 다른 사람들은 더 가까이에서 보려고 화면 쪽으로 몸을 기울이거나 눈을 찡그리기도 했다. 이것은 사용자들을 불편하게 만들므로 반드시 피해야 할 일이다.

올바른 타이포그래피와 색채 배합은 좋은 시각 디자인의 핵심적인 구성 요소이지만 우리는 웹 사이트 디자이너들이 사용자들의 요구 대신 브랜드, 개인적인 선호, 미적 감각, 또는 아무 생각 없이 그에 대해 결정하는 것을 보아 왔다. 그 결과는 다음과 같다.

- 너무 작거나 불분명하게 표시되는 문자열
- 크기를 쉽게 조절할 수 없는 문자열
- 배경 색상과 부적합한 대비를 갖는 문자열 색상
- 주변 디자인 요소에 가려지는 문자열

예술품처럼 대단한 볼 거리는 아니지만 이들 사이트 중 일부는 매우 재능이 있는 디자이너에 의해 만들어진 정말 아름다운 모습을 갖고 있다는 점에 대해 경탄을 금치 못한다. 만약 이들 사이트가 시각 디자인 작품으로 전시되기 위한 것이었다면 분명 칭찬받았을 것이다. 하지만 박물관 벽에 걸린 걸작과는 달리 웹 사이트는 엄청나게 많은 일반 사람들이 사용하는 곳이다. 가장 효과적이기 위해서는 몇 가지의 실용적인 지침을 따라야 한다.

팁: 의미 없는 문자(Dummy Type)의 단점

왜 그렇게 많은 웹 사이트들이 읽을 수 없는 문자열을 갖고 있을까? 사이트를 디자인하는 도중에 아무도 문자열을 읽지 않았다는 말인가?

안타깝게도 그에 대한 대답은 "그렇다"이다. 웹 사이트를 실제 내용과는 상관없이 디자인하는 것이 너무 일반적이다. 대신 디자이너는 페이지를 "lorem ipsum"으로 시작하는 의미 없는 문자열로 가득 채운다("lorem ipsum"은 단어와 문자가 가짜 라틴어처럼 보이지만 "Greek Text"로 알려진 말이다).

디자이너들이 내용이 완성되기도 전에 시각적인 부분을 작업하는 동안 문자열은 단순히 자리 채움 용도로 사용되는 것이 일반적이다. 하지만 문자 가독성 문제는 "lorem ipsum"을 보게 되었을 때 쉽게 과소평가될 수 있다. 의미 없는 문자열이 담긴 화면을 평가할 때, 단순히 "문자열은 이쪽에 배치해야 한다"라고만 생각한다. 만약 읽으려고 시도하지 않는다면 그것을 읽을 수 없다는 것을 눈치채지 못한다.

우리의 지침: 만약 웹 사이트를 디자인할 때 마지막에 넣을 컨텐츠가 없다면 의미 없는 문자열 대신 사이트를 대변하는 문자열이라도 넣어라.

사람들은 인쇄물과 웹 매체를 서로 다른 용도로 사용하므로 디자이너는 웹 사이트를 그에 맞게 조정해야 한다. 광고 게시판이나 잡지 표지는 정적이다. 독자는 그것을 단순히 바라보는 것만으로도 내용을 이해한다. 하지만 웹은 상호작용이 기본이다. 사람들은 웹에서 무언가를 해야 할 필요가 있으며, 이때 타이포그래피는 그러한 작업을 도울 수도 있고 방해할 수도 있다. 커뮤니케이션 디자인의 주된 목표는 정보를 전달하는 것이다. 의사 소통에 맞는 타이포그래피를 선택해야 한다. 선택한 서체는 읽을 수 있어야 하고 사이트의 특징과 분위기를 반영하는 것이어야 한다.

> **글꼴에 대한 네 가지 지침**
>
> - 10포인트 또는 그 이상의 크기를 갖는 일반적인 글꼴을 사용하라.
> - 배경을 복잡하게 만들지 마라.
> - 흰색 배경에 검은색 문자열을 사용하라.
> - 계속 움직이는 문자열, 전부 대문자로만 이루어진 문자열, 그림으로 만든 문자열의 사용을 최소화하라.

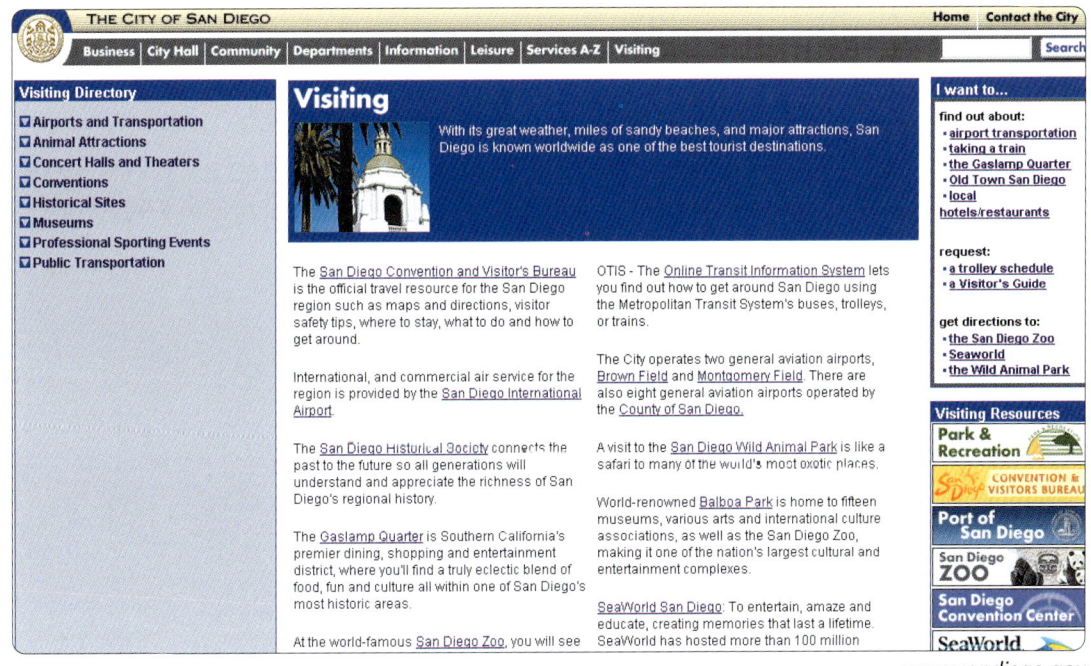

www.sandiego.gov

이 웹 사이트상에 있는 적당한 글꼴 크기와 문자열 색상 및 배경 색상의 높은 대비로 모든 연령의 테스터들이 편하게 읽을 수 있었다.

"읽기 쉬웠습니다. 글자도 제가 읽기에 충분할 정도로 컸습니다. 지난 몇 년 동안 더 이렇게 더, 더 할 수 있다는 것을 발견했습니다(화면에서 멀리 떨어지기 위해 몸을 뒤로 젖히는 행동). 저는 43세이고 이런 저한테 매우 신선하군요."

www.pixar.com

이 페이지에 있는 하얀색의 작은 문자열은 읽기 어렵다. 어떤 사람들은 글을 읽기 위해 의자에 앉아 화면 쪽으로 몸을 기울여야 했다. 가장 큰 문제는 작은 글꼴 크기이지만, 문자열과 배경 사이의 낮은 대비도 문제를 일으키고 있다.

"보기 어려워요. 글자가 정말 작군요."

www.hob.com

나이 어린 테스터들조차 이 사이트의 작은 문자열과 대비 문제에 대해 불평했다. 흰색 배경에 하늘색은 사람들이 정말 문자열을 읽어주기를 원한다면 결코 좋은 색 배합이라고 할 수 없다.

"글자기 더 크고 파란색이 아니라면 좀더 도움이 되었을 거에요. 노란색으로 하려고 했던 것 같군요."

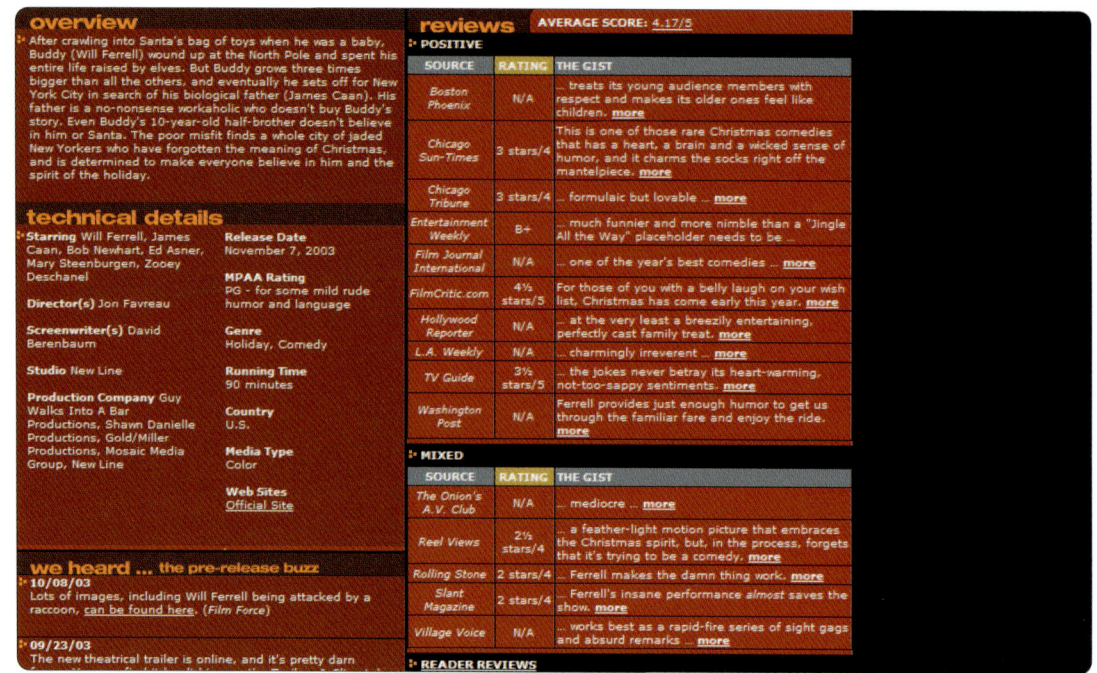

www.movies.com

글꼴 크기를 줄여 페이지에 더 많은 내용을 채워 넣는 것은 페이지를 복잡하게 만들고 읽기 어렵기 때문에 부작용이 생긴다. 눈이 피로하지 않고도 동일한 정보를 볼 수 있는 사이트도 있는데 누가 이렇게 복잡한 웹 사이트를 보려고 하겠는가?

"저는 작은 글씨로 쓴 글을 좋아하지 않아요. 눈이 아프거든요. 잠시만 보고 있어도 머리가 아파요."

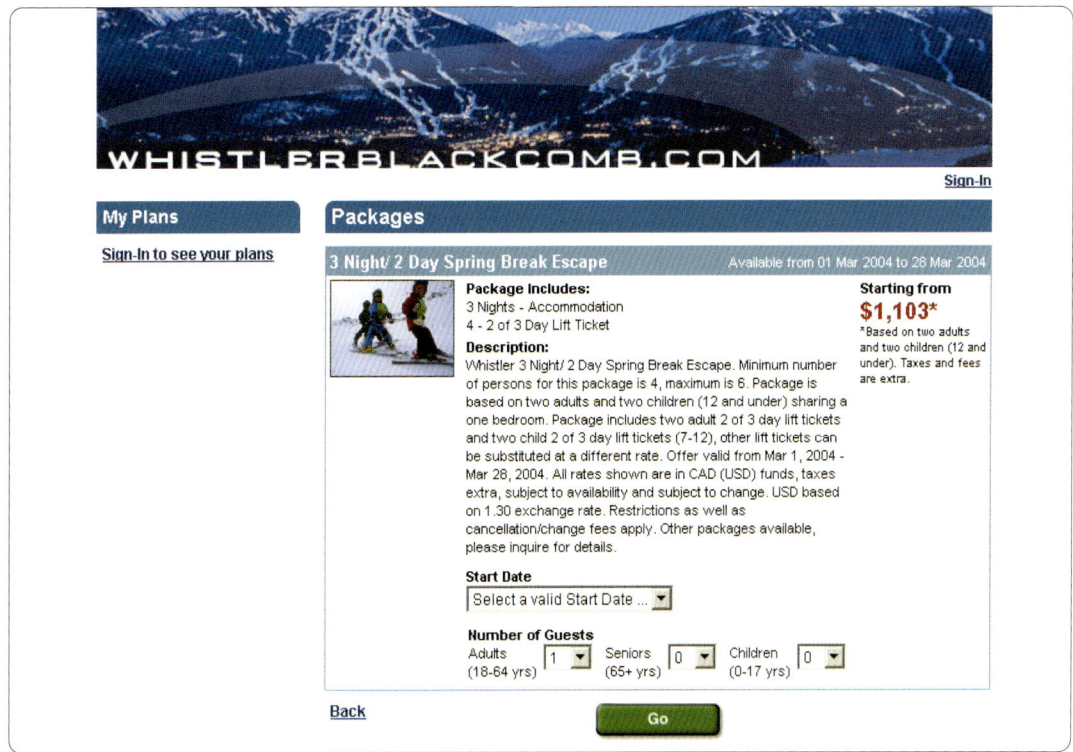

www.whistlerblackcomb.com

이 사이트는 전체적으로 좋은 대비를 갖고 있지만 사람들은 여전히 글꼴 크기에 불만스러워 한다. 사람들은 글꼴 크기를 크게 만들기 위해 왜 페이지를 더 크게 만들지 않았는지에 대해 이해하지 못하며 페이지의 측면에 있는 여백을 공간 낭비라고 생각한다. 이 웹 사이트를 1024 × 768 해상도의 화면에서 볼 때(가장 일반적인 화면 크기로 연구 중에 사용한 해상도), 사용자들은 브라우저 창 안에서 57만 개의 픽셀을 볼 수 있다. 이 페이지에서는 "Spring Break Escape" 패키지의 개요와 예약을 위한 링크에 겨우 119,000 개의 픽셀만 사용하고 있다. 다시 말해, 가시 영역의 겨우 21%만이 주요 내용에 활용되고 나머지 79%는 자리 채우기 용도의 그림에 양보되거나 또는 사용되지 않은 상태로 남아 있다. 이 사이트는 일부 테스터를 짜증나게 만들었다.

"저라면 글자를 이렇게 작게 만들지 않았을 거예요. 화가 나는군요. 제 눈은 보통 수준이니까 이건 최소 수준의 양일 수 있겠네요. 여긴 공간 낭비가 너무 심해요. 저라면 크기를 한 단계 또는 두 단계 정도 크게 만들겠어요. 돈 드는 일이 아니라면 그렇게 하는 것이 좋을 거예요."

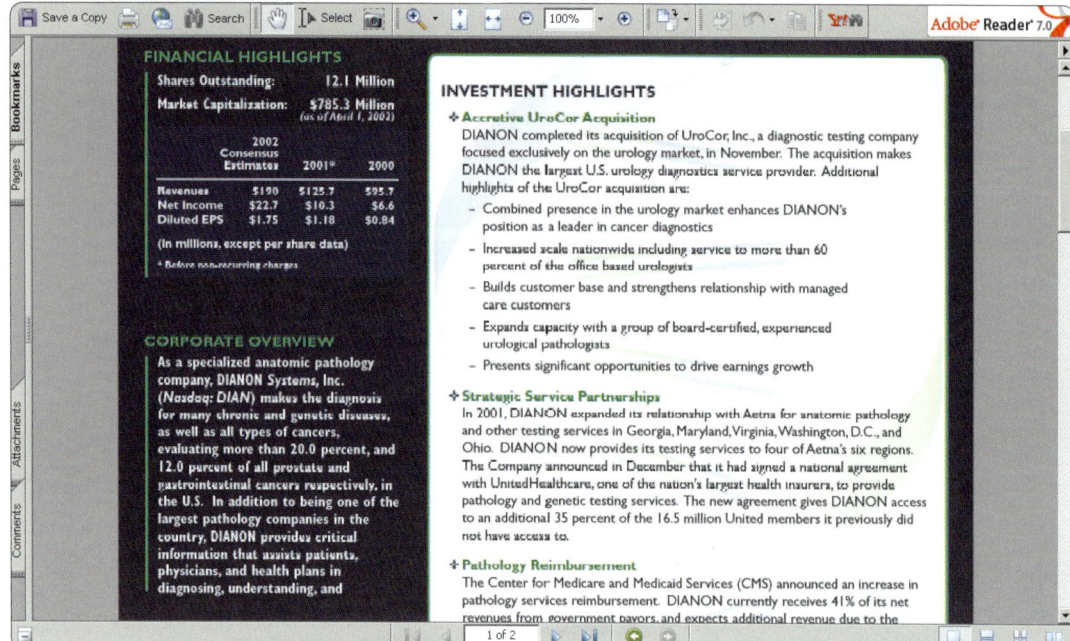

www.dianon.com

이 어도비 PDF 파일은 화면에 제대로 표시되지 않았다. 문자열 크기가 들쭉날쭉해서 읽기도 어렵고 크기도 100%가 아니다. 표시 방법이 비전문적으로 보였으며 결국 사람들은 이 사이트를 떠났다. 일반적으로 PDF는 인쇄용으로 디자인된 것이지 화면에 맞게 만든 것이 아니기 때문에 웹사이트에는 적합하지 않다.

"복잡해 보인다고 생각합니다. 작은 것들이 상당히 많이 있네요. 이 페이지에 있는 글꼴이든 스크립트이든 확실한 게 하나도 없어요. 흐리게 보입니다. 알아보기 어려워서 굳이 필요하지 않으면 사용하지 않을 겁니다."

본문 문자열: 10 포인트 규칙

클수록 더 좋을까? 한 가지 문자 크기 또는 서체는 모든 방문객들에게 어필하지 못하고 모든 상황에 적절하지도 않다. 어떤 사람들은 단순히 큰 글꼴보다 작은 글꼴을 선호하고 두 가지 모두 잘 읽을 수 있다. 하지만 시력이 낮은 사람들에게는 커다란 글자가 필요하다.

글꼴 크기를 선택할 때 일부 독자들이 떠나는 것을 막으려면 크게 하는 것이 최선이다. 최소한 본문 문자열은 10포인트여야 한다. 일반적인 시력을 가진 사람이라도 작은 글자는 뚜렷하게 보이지 않기 때문에 가독성은 급격히 낮아진다. 소문자는 특히 굵은체 또는 이탤릭체로 표현되는 경우 화면상에서 개성있는 모양을 잃어버리는 경향이 있다.

> 작은 글꼴 크기는 페이지에 더 많은 내용을 넣기 위한 해결책이 아니다. 문자열이 많을수록 읽기가 어려워진다. 빼곡한 문자열은 사람들을 사이트로부터 떠나게 만든다.

권장 문자열 크기

방문객 유형	크기
일반 방문객	10 ~ 12
고령 및 시력이 낮은 방문객	12 ~ 14
어린이나 이제 막 글을 깨친 사람	12 ~ 14
10대/청년	10 ~ 12

작은 글꼴 크기는 페이지에 더 많은 내용을 넣기 위한 해결책이 아니다. 그리고 내용이 많다고 해서 사람들이 더 읽는 것도 아니다. 실제로 사람들은 더 조금 읽을 것이다. 빼곡한 문자열은 사람들을 사이트로부터 떠나게 만든다. 디자인 업계에서 말하는 "more is less"라는 격언이 맞아떨어지는 예라고 할 수 있다. 글이 많을수록 더 읽지 않는다.

모든 것을 한 페이지에 집어 넣는 것보다 필요한 내용만을 현명하게 선택하는 것이 좋다. 만약 웹 사이트에 정말 공간이 부족하다면 규칙을 조금 변경해서 사람들이 거의 사용하지 않는 지점 네트워크, 저작권, 법적 사항 같은 영역의 글꼴을 작게 만들어 사용하는 것도 좋은 방법이다. 다른 부분들은 사람들이 편하게 읽을 수 있는 크기를 유지해야 한다.

공간 문제를 접하면 우선 글의 양을 줄이도록 한다. 만약 줄이는 것이 불가능하다면 그다지 중요하지 않은 글을 하이퍼텍스트로 연결할 수 있는 이차적인 페이지로 옮긴다. 초기 페이지는 모든 사람들이 필요로 하고 실제로 읽을 것 같은 정보에 초점을 맞춰야 한다.

팁: 안티 에일리어싱의 사용을 피하라

안티 에일리어싱은 벡터 기반 그림과 문자열의 가장자리에 보이는 계단 현상을 매끄럽게 만드는 기능이다. 디자이너들은 객체를 더 깔끔하고 우아하게 만드는 데 종종 안티 에일리어싱을 사용하지만 이것은 텍스트를 흐리게 만드는 새로운 문제를 야기할 수 있다. 12포인트 이하의 글꼴 크기에는 안티 에일리어싱을 사용하지 않아야 한다. 다른 경우라도 그림 파일의 크기가 늘어나고 다운로드 시간을 증가하여 사용자들을 짜증나게 하므로 최대한 제한적으로 사용해야 한다.

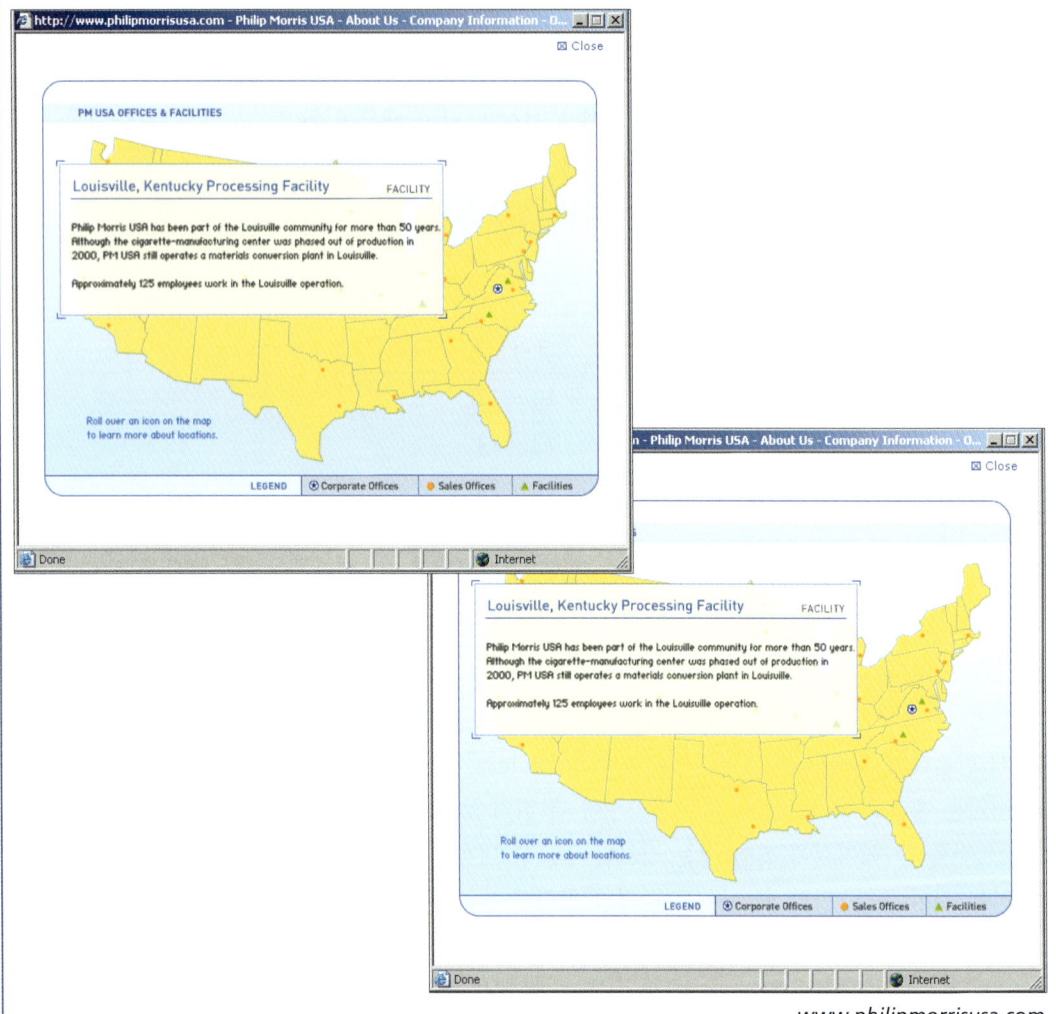

www.philipmorrisusa.com

두 가지 예의 가독성 차이를 비교해보자. 첫 번째 예의 문자열은 두 번째 예의 문자열에 비해 또렷하게 보인다는 점에 주목하기 바란다. 첫 번째 스크린샷은 일반 버전이고 두 번째 스크린샷은 안티 에일리어싱이 적용된 화면이다.

나이는 문제가 아니다

작고 흐릿한 문자열은 중년층과 고령층의 문제만은 아니다. 최근 10대들을 대상으로 한 연구에서 10대들 역시 부모 나이대의 사람들과 다를 바 없이 흐릿한 문자열을 좋아하지 않는다는 사실을 발견했다. 10대들은 재빨리 화면을 훑어보면서 주의를 끄는 중요한 요소를 찾아본다. 시력과는 상관없이 어려움 없이 페이지를 스쳐 지나가듯 보는 것을 선호한다.

안경, 컨택트 렌즈, 그리고 조도 수준 같은 환경적인 요소는 연령이나 시력에 상관없이 사람들이 글을 읽는 데 영향을 줄 수 있다. 다양한 환경과 물리적 여건의 제약이 있더라도 가독성이 좋은 문자열을 사용하면 의도한 대로 사용자들이 여러분의 인터페이스를 편하게 사용할 수 있게 된다.

www.pg.com

이 화면의 글을 읽을 수 있는가? 완벽한 시력을 가진 10대라고 하더라도 이 사이트의 작은 글자는 읽기 어려울 정도이다. 이탤릭으로 만들어진 작은 파란색의 글자는 배경과 뒤섞여 글로 보이지도 않는다.

www.mtv.com

나이 어린 사용자들은 이 사이트의 작은 글꼴 크기에 불평했다. 특히 어떤 사용자는 작은 글꼴이 위에 있는 여인의 사진 때문에 흐리게 보여 실눈을 뜨고 봐야 했다고 설명했다. 의자에 기대어 웹을 사용하면 정말 편하지만 사용 중에 피로함을 느끼면 정말 안 좋은 일이다.

"이것 좀 보세요. 보기 어렵군요. 실눈을 떠야 해요. 여기 이것들은 정말 작네요. 볼 수가 없어요. 조금 더 크게 할 필요가 있겠어요."

"글이 정말 작군요."

팁: 동일한 크기인데 더 작게 보일 때

서로 다른 서체를 비교하여 크기의 차이에 대해 말해보자. 동일한 크기의 글꼴이라도 서체에 따라 더 작거나 더 크게 보일 수 있다. 예를 들면, 12포인트의 조지아 글꼴은 같은 크기의 타임즈 뉴 로만 글꼴보다 더 크게 보인다.

This is how text appears in 12-points Georgia.

This is how text appears in 12-points Times New Roman.

하드웨어의 차이 극복하기

타이포그래피 선택 결정은 최신 컴퓨터에서 매우 오래된 컴퓨터까지 다양한 범위의 컴퓨터 시스템에서 문제가 없는 것으로 해야 한다. 웹 사이트는 하드웨어에 따라 화면에 다르게 표시된다. 최신의 멋진 모니터에서 또렷하게 보이는 문자열이라도 크기가 작은 경우에는 오래된 화면에서는 흐리게 보일 수 있다.

여러분이 갖고 있는 화면에서 글자가 잘 보인다고 해서 방문객들의 화면에서도 잘 보일 수 있는 것은 아니다. 컴퓨터 기술 산업 분야에서 일하는 사람들은 대부분 최신 시스템을 갖추고 있는 경우가 많다. 웹 사이트는 종종 커다란 모니터와 높은 해상도를 갖춘 강력한 시스템에서 만들어지고 테스트되기 때문에 동일한 장비를 갖고 있지 않은 세상의 나머지 부분을 쉽게 잊게 된다.

고급 시스템 사용자를 위해 디자인하는 것이 아니라면 상당한 비율의 사용자들이 오래된 모니터가 연결된 오래된 컴퓨터를 사용하고 있다고 생각해야 한다. 고령자, 10대, 그리고 어린이들은 기부받거나 물려받은 장비와 낮은 성능의 모니터를 사용하는 경우가 많다. 사무실에서 일하는 사람들은 작은 화면의 랩탑을 사용하거나 오래된 컴퓨터를 사용하는 일이 생각보다 많다. 대부분의 주요 방문객들이 오래된 장비를 사용한다는 것을 알고 있다면 또렷한 글꼴 형식과 큰 글꼴 크기를 사용하여 그들이 글을 제대로 볼 수 있게 해야 한다.

> 고급 시스템 사용자를 위해 디자인하는 것이 아니라면 상당한 비율의 사용자들이 오래된 모니터가 연결된 오래된 컴퓨터를 사용하고 있다고 생각해야 한다.

일반적인 화면 해상도

현재의 통계를 보면, 대부분의 사람들이 800×600 또는 1024×768 픽셀 해상도를 사용하고 있다고 한다. 이 통계에 따르면, 이보다 큰 화면 크기가 널리 사용될 미래에는 1024×768이 가장 일반적인 화면이 될 것이라는 동향도 보여준다.

다음 페이지에 있는 차트는 7년이라는 기간 동안 광범위한 표본 사용자들에 의해 사용된 모니터 크기의 변화를 보여주고 있다. 작은 모니터의 사용은 급격히 줄어들고 있지만, 그렇다고 커다란 모니터가 폭발적인 성장을 보이지도 않는다. 하지만 1600×1200 이상의 화면 해상도를 지원하는 모니터는 이미 하이엔드 업계에서 일반적인 흐름이 되었다. 커다란 모니터는 웹과 다른 일반적인 애플리케이션을 훨씬 효율적으로 사용할

화면 해상도의 경향

참고: 1999년부터 2005년까지의 그림은 경험상의 데이터이고, 2006년부터 2009년의 데이터는 추정값이다(데이터 출처: TheCounter.com (1999-2001), OneStat.com (2002-2005), W3Schools.com (2002-2005). 모든 사이트는 광범위한 사용자를 샘플로 선정했다).

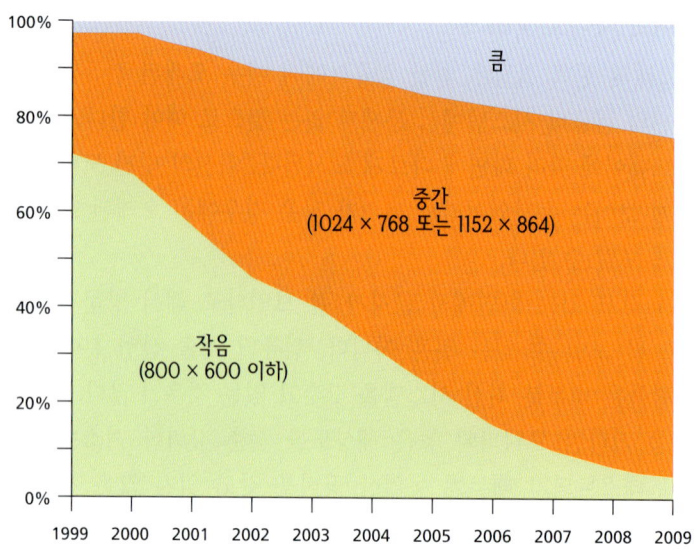

수 있기 때문에 일반 가정 사용자들에게도 보편적으로 보급될 것이다.

방문객에 대해 잘 알면 반드시 그에 대한 보상이 따른다는 점을 기억하기 바란다. 이러한 일반적인 경향이 여러분의 사이트 방문객을 정확하게 반영하는 것이 아닐 수 있다. 대부분의 방문객들이 사용하고 있는 장비에 대해 확실하게 알 수는 없지만 그에 대한 적절한 대응책을 찾아야 한다. 만약 여러분의 사이트가 융통성이 없고 특정 화면 해상도 설정을 요구한다면 일부 방문객은 여러분의 웹 사이트를 사용할 수조차 없을 것이다.

접근성은 모든 사용자들에게 영향을 미친다

인터페이스 디자인은 사용자를 무능하게 만들 수도 있고 능력 있게 만들 수 있다. 평범한 능력을 가진 사람들은, 장애를 가진 사람들이 제대로 만들어진 사이트에서 자유로움을 만끽할 수 있는 것처럼 성가신 인터페이스로 인해 난처함을 경험할 수 있다. 사이트를 쉽게 이용할 수 있도록 만들려면 다양한 수준의 고객들이 모두 접근하기 쉬워야 한다.

접근하기 쉬운 사이트는 방해가 되는 장애물을 제거한 곳이다. 장애물을 제거하면 사용자들은 장애를 극복할 수 있다. 예를 들면, 시력이 약한 사람들이 글꼴 크기를 조절하게 만들면 가독성이 좋아지므로 사람의 시력 자체는 그대로 유지되더라도 시각적 장애가 없어진다.

시각적 장애를 가진 사람들이 모두 사이트에서 제공하는 도움을 주는 기술을 사용한다고 추정하지 않도록 한다. 여기서 시각 장애란 시력이 약해지는 것부터 빛을 감지하지 못하는 것까지 매우 다양하다. 난시를 가진 사람들은 글을 읽는 데 도움을 주는 기술이 필요하지 않지만 글자 크기는 조절할 수 있어야 한다. 시력이 좋은 사람이라고 하더라도 낮은 해상도 설정의 화면을 사용하는 경우에는 글자 크기를 확대할 필요가 있다.

시각 장애의 수준은 일반적으로 나이가 들면서 함께 높아진다. 중년이 되면 이것은 웹 디자인에서 보다 일반적인 문제가 된다. 사람들은 누구나 살아가다 보면 어떤 점에서는 어느 정도의 시력 장애를 갖게 된다.

상대적 규격

우리는 문자열 크기 설정에 고정 글꼴 크기 대신 상대적인 크기(비율 또는 em 값)를 사용하도록 권장한다. 예를 들면, 제목은 반드시 14포인트 글꼴로 표시되어야 한다고 지정해서는 안 된다. 말하자면 본문에 사용된 문자열 크기의 140퍼센트가 되어야 한다. 이렇게 하면 사용자들이 글자를 크게 확대하더라도 제목은 여전히 본문의 글자보다 더 크게 보인다. 유동적인 디자인을 사용하면 페이지의 구조를 그대로 유지하면서도 글자 크기는 사용자의 브라우저 설정과 화면 해상도에 따라 달라지게 된다.

웹 페이지의 모양을 제어하는 방법 중 잘못된 것이 있다면 많은 디자이너들이 글꼴 크기를 설정하는 데 절대적인 측정 단위를 사용한다는 점이다. 글자의 절대 속성은 사용자들이 문자열 크기를 변경하는 것을 거의 불가능하게 만든다. 이것은 특히 사용자가 시각적 장애를 갖고 있을 경우 상당히 심각한 문제가 된다.

"모두에게 적용되는 한 가지 크기" 접근 방법을 사용하여 사용자들이 보는 것을 제어하려는 시도는 일반적으로 부작용으로 이어진다. 사람들은 글꼴 크기가 지정된 상태로 표시되어 있어, 사이트를 편안하게 사용하는 데 필요한 조정을 할 수 없게 했다는 점을 원망하게 된다. 자동차는 있는데 좌석을 조정할 수 없는 상황과 마찬가지이다. 화면은 사용자의 것이므로 사용자가 보는 것을 조정할 수 있게 해야 한다.

CSS(Cascading Style Sheet)의 기능을 끄는 방법이 있지만 평균적인 수준의 사용자는 이것이 무엇인지 또는 어떻게 사용하는지 모른다. 문제를 더 심각하게 만들려고 했는지 그 의도는 알 수 없지만, 마이크로소프트는 인터넷 익스플로러 버전 6의 도구 막대에서 글꼴 크기 조절 버튼을 제거해버렸다. 기술적으로는 그것을 다시 돌려놓는 것이 가능하지만 옵션이 숨겨져 있어 대부분의 사용자들은 그런 옵션이 있다는 것조차 알지 못한다.

시각 장애 사용자들을 위한 디자인

만약 여러분의 사이트가 노인과 시력이 낮은 사람들을 위한 것이라면 글자 크기 조정 방법을 알기 쉽게 제공해야 한다. 사람들이 브라우저에 있는 설정을 변경할 것이라고 기대해서는 안 된다. 대부분의 사람들은

상대적 크기의 규칙

1픽셀의 오차도 허용하지 않는 완벽한 레이아웃을 만드는 것은 쓸데없는 짓이다. 기본 모양을 정의하되 사람들이 그 설정을 무시할 수 있어야 한다. 제어를 유지한다는 것은 그 중 일부를 포기한다는 의미이다.

브라우저 설정을 어지럽히게 될 것 같아 이것을 사용하려 들지 않는다. 크기 조절 버튼을 페이지 내에 보이게 하면 사람들이 글자 크기를 쉽게 조정할 수 있게 된다.

모든 주요 웹 사이트에서는 글자 크기 버튼을 사용하지 않도록 권하고 있는데, 그 이유는 수익 발생에는 큰 영향을 미치지 않으면서 개발과 인터페이스는 복잡해지기 때문이다. 대부분의 경우 잘 보이면서 최종 사용자가 크기를 변경할 수 있는 서체를 주의 깊게 선택하여 사용하는 정도로 충분하다.

www.socialsecurity.gov

Social Security 사이트는 성인 방문객에게 적절한 디자인을 제공하고 있고, 커다란 글꼴 크기를 적당하게 사용하면서 독자들이 글자 크기를 조정할 수 있게 했다.

(우측페이지 상단) 불행하게도 Social Security 사이트의 문자열 크기를 변경하는 것은 간단하지 않다. 화면상에 표시되는 제어 장치를 제공하는 대신 사용자들이 브라우저 메뉴에서 크기를 변경하는 방법을 사용했는데, 이는 많은 노인들에게 너무 복잡한 방법이다.

(우측페이지 하단) **이전 디자인**: 이 사이트는 글자 크기 조절 옵션을 제공하고 있지만 아이콘이 너무 작고 희미하여 연구에 참여한 많은 사람들이 그것을 보지 못했다. 사람들이 조정하게 만들기보다는 편안한 기본 글꼴 크기를 제공하는 편이 더 낫다. 글꼴 크기 조정을 위한 아이콘에는 서로 다른 크기의 "A" 문자를 포함하고 있다(예를 들면, 크기가 작은 A는 글자를 작게 만들고 큰 A는 글자를 크게 만든다).

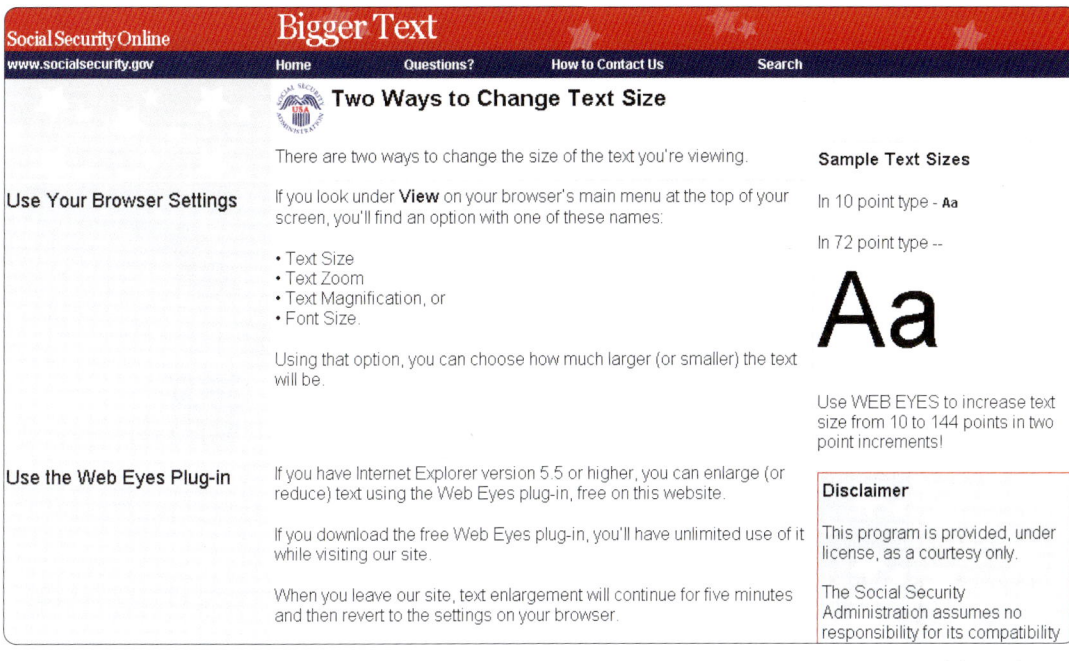

www.socialsecurity.gov

www.nestle.com

7: 타이포그래피: 가독성과 문자 가독성

www.nestle.com

새 디자인: 디자인이 변경된 네슬레 사이트의 기본 글꼴 크기는 이전 버전에 비해 개선된 부분이다. 큰 크기의 글자는 읽기 쉽다.

(우측페이지 상단)   이 웹 사이트는 상대적인 글꼴 크기를 사용하여 폭 넓은 방문객들의 요구에 맞췄다. 글자 크기는 일반 사용자에게 적합하게 설정되어 있지만 사이트는 큰 글자를 필요로 하는 사람들을 위해 추가적인 글자 크기 조절 기능을 제공하고 있다. 크기 조절 기능을 위해 서서히 커지는 A를 사용하고 있다는 점에 주목하기 바란다. 이러한 표시 방법은 대부분의 사용자에게 적당하다.

(우측페이지 하단)   이 사이트는 주요 타깃 고객에 적당한 서체를 사용하고 있다. 읽기 쉬운 문자열은 노인들은 물론 모든 연령의 사용자들에게도 적당하다. 게다가 이 사이트는 특별한 설정이 필요한 사람들을 위한 대비와 음성 옵션도 갖추고 있다.

www.wirednews.com

www.nihseniorhealth.org

글꼴 선택

모든 글꼴은 모두 다르게 만들어졌다. 웹 사이트를 위한 글꼴을 선택할 때 고객의 컴퓨터와 브라우저에서 사용할 수 있는 것인지 확인해야 한다. 그렇지 않으면 고객들의 시스템은 온라인 화면에 최적화되지 않은 기본 글꼴을 사용할 수 있으며, 따라서 사이트는 여러분의 의도대로 표시되지 않을 수도 있다.

모든 사용자가 어떤 시스템을 갖고 있는지 알 수 없기 때문에 유연한 디자인을 만들어 항상 웹 페이지상에 어떤 제어 기능이 유지되도록 해야 한다. 항상 대체 글꼴 목록을 선호도 순서로 제공해야 한다.

두 가지의 가장 일반적인 글꼴군은 세리프체와 산세리프체이다. 세리프 글꼴은 각 문자의 끝 부분에 횡단선(cross-line)이나 다른 장식, 그리고 멋진 변형 장식으로 꾸며져 있다. 산세리프 글꼴은 단조로우며 장식이 없으며, 세리프 글꼴에 비해 다양한 굵기를 갖고 있다. 세리프체는 상당히 섬세하기 때문에 서적과 잡지의 고품질 타이포그래피에 잘 어울린다. 실제로 가독성 연구에서 대부분의 사람들이 인쇄물상에 있는 산세리프 글꼴 문자열보다 세리프 글꼴 문자열을 더 빨리 읽는다는 것을 발견했다. 불행하게도 컴퓨터 화면은 인쇄물의 타이포그래피 품질을 제공하지 못하기 때문에 세리프 글꼴군의 섬세함은 전혀 멋져 보이지 않는다. 결과적으로 화면상에서의 읽기 연구에는 인쇄물로 진행한 연구와는 정반대로 산세리프 글꼴을 가장 빠르게 읽는다는 것을 발견했다.

다음 표는 대부분의 브라우저에 이미 설치되어 있는 글꼴에 대한 간단한 설명이다. 이 목록에 담긴 글꼴 이외의 것은 사용하지 않는 것이 현명하다.

일반적인 글꼴과 글꼴군

글꼴 이름	일반적인 글꼴군
Arial	Sans Serif
Arial Black	Sans Serif
Comic Sans MS	Cursive
Courier New	Mono Space
Georgia	Serif
Impact	Sans Serif
Times New Roman	Serif
Trebuchet MS	Sans Serif
Verdana	Sans Serif

불확실할 때에는 Verdana를 사용한다

현 기술 수준으로도 화면 해상도는 인쇄 해상도보다 훨씬 낮다. 화려하거나 섬세한 글꼴은 인쇄물에서는 멋져 보일 수 있지만 화면상에서는 깔끔하게 표현되지 않아 거칠어지고 문자열 선명도가 낮아진다.

온라인 표시를 고려하지 않으면서 특히 크기가 작은 서체를 사용하는 것은 웹 사이트에 해로울 수 있다. 온라인 표시에 최적화된 서체는 그대로 깔끔하게 보이는 경향이 있어 화면상에서 읽기 쉽다. 다음 표는 가장 일반적인 글꼴의 특성을 설명하고 있다.

일반적인 글꼴의 특성

글꼴 이름	온라인 가독성	특성/느낌
Arial	적당한 크기로 읽기 쉬움. 10포인트 또는 그 이상이 적당	현대적, 깔끔, 장식 없음. 일반적으로 모든 연령대 사람들이 좋아함
Comic Sans MS	화려한 표현으로 커다란 크기로도 온라인에서 읽기 어려움	친숙, 젊음, 재미있음, 자유로움 기술적이고 전문적인 웹 사이트에는 적당하지 않음
Georgia	온라인 읽기에 가장 좋은 디자인을 가진 세리프 글꼴. 일반적으로 글꼴 크기 10 이상이 좋다.	전통적인 모습이지만 타임즈 뉴 로만보다 현대적인 느낌이고 읽기 쉽다. 온라인용 세리프 글꼴 대체용으로 좋다.
Impact	일반적으로 인쇄물에 사용된다. 온라인용으로는 권장하지 않는다. 커다란 크기로도 가독성이 나쁘다.	굵은체. 내용 단락에 적합하지 않다. 짧은 제목에 제한적으로 사용될 수 있다.
Times New Roman	인쇄물에 적합하다. 화면상에서는 글꼴 크기가 줄어들면 가독성이 급격히 떨어진다. 12포인트 이상인 경우에만 좋다.	전통적인 모습. 전문적으로 보이고 싶다면 권장하지 않음. 일반적으로 모든 연령대의 사용자가 선호하지 않는다.
Trebuchet MS	적당한 크기에서 읽기 쉬움. 10 또는 그 이상의 크기가 좋다.	현대적, 단순함, 날카로움
Verdana	작은 크기로 사용하더라도 가장 읽기 쉬운 온라인 글꼴	현대적, 단순함, 전문적. 가독성이 가장 중요한 요소인 본문 문자열에 사용할 것을 권장한다. 사용자 선호도 높음

세리프와 산세리프 글꼴군 모두 온라인 읽기에 적합하게 고안된 글꼴을 갖고 있다. 그 중에서도 Georgia와 Verdana를 꼽을 수 있다. 일반적으로 산세리프 글꼴은 세리프보다 현대적인 느낌이 강하고 아주 작은 크기라도 읽기 쉽다. 어느 것을 사용해야 할지 모르겠다면 Verdana를 선택하는 것이 안전하다. 이 산세리프 글꼴은 모든 컴퓨터 시스템에서 공통적으로 사용되며 특히 작은 크기라도 읽기 쉽고 화면상에서 글자를 읽을 때 가장 편하게 읽을 수 있다. 만약 세리프 글꼴 쪽을 사용하고 싶다면 온라인에 적합한 Georgia가 현명한 선택일 수 있다. 많은 사람들, 특히 Georgia가 스타일 감각에 맞지 않는다고 생각하는 나이 어린 사용자들은 Verdana를 선호한다. 하지만 세리프 글꼴은 산세리프 글꼴에 비해 화면상에서 읽는 것이 약간이기는 하지만 적당하지 않기 때문에 여러분의 스타일을 고집하는 등 절대적으로 필요한 경우에만 Georgia (또는 다른 세리프 글꼴)을 사용하는 것이 좋다는 점을 기억하기 바란다.

화면과 인쇄물의 가독성은 언제 좋아질까?

현재 컴퓨터 모니터는 일반적으로 인치당 80~100dpi(dots per inch)를 표시하는 반면, 인쇄물은 레이저 프린터로 인쇄할 경우 일반 종이는 600dpi를 표시할 수 있고 잡지용의 광택성 종이는 3000dpi까지 표시할 수 있다. dpi 등급은 문자의 선명도와 직접적인 관계가 있다. 심각하게 낮은 해상도 때문에 컴퓨터 모니터는 기본적으로 흐릿하며 따라서 세리프 서체를 피하는 가장 큰 이유이다.

1984년에 나온 최초의 매킨토시에서 볼 수 있는 화면 해상도가 72dpi였으므로 화면은 이미 조금 더 나아진 편이다. 하지만 다른 PC 부품들만큼 빠른 속도로 개선된 것은 아니다. 평균적인 PC의 속도는 최초의 매킨토시 시스템에 비해 16,000배 빨라졌고 8,000배나 많은 메모리를 갖고 있다. 하지만 평균적인 컴퓨터 화면은 1984년의 매킨토시보다 겨우 약 네 배 정도 커졌고 dpi는 두 배 정도 향상되었다.

2025년이 되면 컴퓨터 화면이 거의 인쇄물의 타이포그래픽 품질과 비슷한 수준이 될 것으로 전망하고 있다. 특별한 애플리케이션을 사용하면 그보다 더 앞당겨 볼 수도 있다. 컴퓨터 모니터가 일단 인쇄물 수준이 되면 온라인 타이포그래피를 위한 사용성 권장 사항이 바뀔 것이고 세리프를 선호하는 글꼴의 사용 권장을 비롯하여 오래 전에 인쇄물을 위해 만들어두었던 것과 동일한 지침을 권하게 될 것이다.

글꼴과 색상 혼합

사이트에 사용하는 글꼴 스타일과 색상의 수를 제한하고 일관되게 적용하도록 한다. 질서 정연하게 만들기 위해 글꼴 스타일을 정교하고 효율적인 방법으로 사용하고 사이트상에 있는 계층적 요소와 교류하게 만들어야 한다. 그래픽적으로 유사하게 보이는 항목은 동일한 수준으로 강조해야 한다.

글꼴과 글꼴 속성을 다양하게 하면 사람들이 제목과 정보의 상대적인 중요도를 구분하는 데 도움이 될 수 있다. 특정 서체를 강조하기 위해 굵은체, 색상, 크기와 같은 서로 다른 속성을 적용한다. 하지만 이때 제한적으로 사용해야 한다. 모든 것이 두드러지면 아무것도 강조할 수 없다.

색상에도 같은 규칙이 적용된다. 사이트의 주요 영역에 네 가지 이상의 색상과 세 가지 이상의 서체를 사용하지 않거나 또는 일정하지 않거나 비전문적으로 보이지 않게 만들 것을 권장한다. 사람들은 협박 편지처럼 보이는 사이트를 믿지 않는다.

> 사이트에 사용하는 글꼴 스타일과 색상의 수를 제한하고 일관되게 적용하도록 한다. 사람들은 협박 편지처럼 보이는 사이트를 믿지 않는다.

www.nestle.com

이것은 글꼴 속성을 과도하게 사용한 사례이다. 어떤 서체가 왜 굵은체와 다른 색상으로 표현되었는지 그 이유가 명확하지 않다. 색상과 속성은 제한적으로 그리고 합당한 이유로 사용되어야 한다.

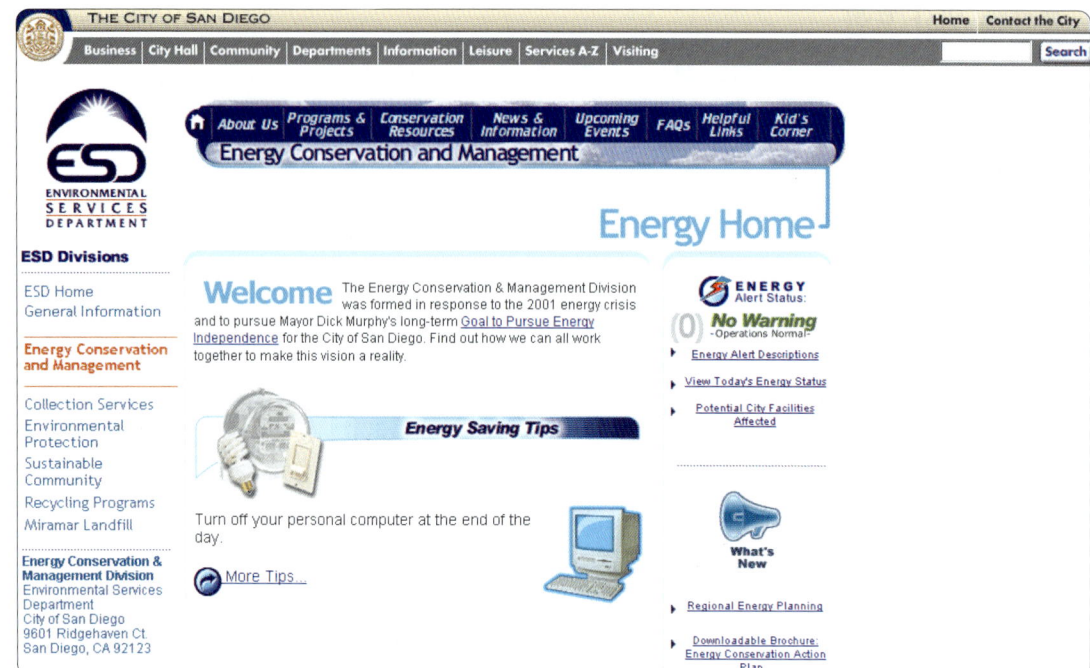

www.sandiego.gov

이 페이지에 있는 서로 다른 서체의 수를 세어보아라. 많은 꼬리표가 모두 시선을 끌고 있어 어느 것이 강조된 것인지 알기 어렵다.

(우측페이지 상단)　　사진과 그림, 그리고 배경 요소에 많은 색상과 글꼴 스타일이 뒤섞여 페이지가 너무 복잡해졌다. 페이지를 단순히 꾸미는 것이 아니라 교류하고 질서를 유지하기 위해 시각 디자인 요소를 현명하게 사용해야 한다.

(우측페이지 하단)　　이 사이트의 거래 조건은 모두 대문자로 되어 있어 문자열로 된 벽을 보고 있는 듯한 느낌이 든다. 우리는 사람들이 이용 약관 동의서를 읽지 않는 경향이 있다는 것을 알고 있다. 모든 문자를 대문자로 하면 더 읽지 않게 될 것이다.

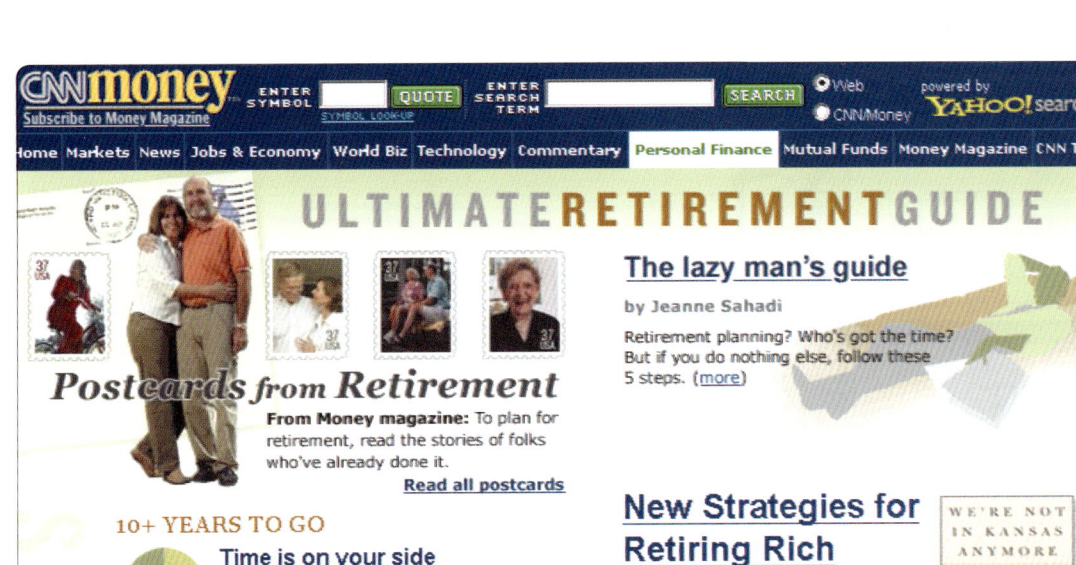

www.money.cnn.com

www.bedbathandbeyond.com

7: 타이포그래피: 가독성과 문자 가독성

www.cendant.com

모두 대문자로 된 파란색 문자열은 읽기 어려운 촘촘한 문자열 벽을 형성하고 있다. 세 개의 열 형식은 줄이 많아져 성가시게 만들고 "CLICK HERE FOR"라는 제목으로 시작되는 링크는 부적절한 부분이다.

대문자의 과잉 사용

문자열이 모두 대문자로 이루어진 경우 읽는 속도는 약 10% 정도 느려진다. 크기를 혼합하여 사용하면 문자열을 인식 가능한 모양으로 분해하는 반면, 대문자로만 되어 있는 단락은 동일한 높이와 모양으로 되어 있어 한 덩어리로 보인다. 또한, 모두 대문자로 만들면 유치하고 비전문적으로 보이거나 공격적으로 보이게 된다. 따라서 짧은 제목과 소리 지르는 경우를 제외하고는 사용하지 말아야 한다.

www.homedepot.com

회계 발표문 제목을 모두 대문자로 만들 필요는 없다. 혼합 문자 단어는 특히 대비가 낮은 문자열과 밑줄이 있는 링크인 경우 읽기가 쉽다.

문자열과 배경의 대비

올바른 서체 및 크기와 함께 올바른 색상 대비는 사이트의 문자 가독성과 가독성을 보장해준다. 온라인에서 읽기는 인쇄물에서 읽는 것보다 훨씬 더 어렵다는 점을 기억하기 바란다. 문자열과 배경 색상의 대비가 매우 높으면 읽기 쉬워진다.

흰색 배경에 검정색 문자열 또는 그와 유사한 대비는 가장 읽기 쉬운 형태이다. 일반적으로 어두운 색상이 문자열에 가장 적절하고 차갑고 낮은 채도의 색상이 배경에 가장 적절하다.

검은색 배경의 흰색 문자열이 흰색 배경의 검은색 문자열과 동일한 대비를 갖고 있음에도 불구하고 특히 글자 크기가 작을 경우 가독성은 그만큼 높지 않다. 색상이 반대가 되었을 때 흰색 가장자리는 번져 보인다. 이러한 효과를 극복하려면 일부 글꼴의 경우 문자열의 크기를 최소 12포인트 정도로 늘려야 한다. 만약 어두운 배경을 사용할 수 밖에 없는 상황이라면 검은색이 아닌 다른 어두운 색상을 선택하여 문제를 완화시킬 수 있다. 대비는 조금 더 낮아지더라도 번져 보이는 현상은 줄어든다.

흰색 배경에 옅은 회색과 같은 유사한 색상의 사용은 피해야 한다. 낮은 대비는 눈을 피로하게 만들어 불편함을 야기한다. 이 문제는 유사한 색조 또는 명암을 가진 배경에 있는 문자나 그림을 보는 것이 어려운 시력이 낮은 사람들에게 특히 심각한 문제가 된다.

자주색과 노란색 같은 번쩍거리는 색의 조합은 그 사용을 주의해야 한다. 그러한 색상은 기술적으로 높은 대비를 갖지만 밝은 색상은 컴퓨터 화면상에서 흔들리는 효과를 만들어내 읽기 어려울 수 있다.

복잡한 배경을 사용하는 것만큼 비전문적으로 보이게 만드는 것도 없다. 절대로 그렇게 하지 않도록 한다. 시각적으로 좋아 보이지 않을 뿐만 아니라 복잡한 배경 속에 있는 문자열은 가독성을 떨어뜨린다. 여러분의 체력은 아끼고 방문객들은 두통으로 고생하게 하지 않게 한다. 이번 테스트에 참여한 어떤 사용자는 다음과 같이 솔직하게 고백했다. "그들은 문자열에 잘못된 색상을 사용했어요. 배경은 밝고 문자열도 밝아서 보기가 어렵습니다. 가끔 색상이 눈 앞에 어른거려요. 눈에 정말 안 좋네요. 글을 읽기 위해 마우스로 끌어서 반전시켜야 한다는 건 따분한 일입니다."

> 어두운 색상이 문자열에 가장 적절하고 차갑고 낮은 채도의 색상이 배경에 가장 적절하다. 낮은 대비는 눈을 피로하게 만들어 불편함을 야기한다.

서로 다른 색상 조합의 가독성 수준

색상 조합	가독성 수준
흰색 배경에 검은색 문자열	높음: 대비가 가장 높다. 높은 차이 인식도
흰색 배경에 파란색 문자열	높음: 어두운 파란색을 사용하면 차이 인식도 높음
회색 배경에 검은색 문자열	중간: 색상 조합과 채도 수준에 따라 차이 인식도 중간~높음
파란색 배경에 흰색 문자열	낮음: 어두운 배경이 흰색 문자열을 압도하여 읽기 어려움
흰색 배경에 회색 문자열	낮음: 낮은 대비. 낮은 차이 인식도
회색 배경에 흰색 문자열	낮음: 낮은 대비. 낮은 차이 인식도
파란색 배경에 빨간색 문자열	매우 낮음: 두드러진 색상 조합은 흔들림 효과로 인해 눈을 피곤하게 만든다.
검정색 배경에 빨간색 문자열	매우 낮음: 두드러진 색상 조합은 흔들림 효과로 인해 눈을 피곤하게 만든다.

www.socialsecurity.gov

이 홈페이지는 상당히 많은 링크를 포함하고 있음에도 불구하고, 꼼꼼한 조직과 깔끔한 디자인으로 편하게 볼 수 있게 만들었다. 제목과 링크를 표시하기 위한 색상의 제한적인 사용으로 사이트에서 신경 쓴 부분에 사람들의 시선이 쏠리게 하고 있다. 문자열 뒤에 있는 배경 "워터마크" 이미지는 일반적으로 경고의 의미로 사용되지만 여기서는 정교하고 지나치게 혼란스럽지 않다.

"원하는 것을 쉽게 찾을 수 있게 색상을 사용하고 있어 좋네요."

Maria Sklodowska-Curie
1867-1934

Deutsch Version

Maria (Marie *Fr.*) Sklodowska-Curie (born in Warsaw, Poland, on November 7, 1867) was one of the first woman scientists to win worldwide fame, and indeed, one of the great scientists of this century. She had degrees in mathematics and physics. Winner of two Nobel Prizes, for Physics in 1903 and for Chemistry in 1911, she performed pioneering studies with radium and polonium and contributed profoundly to the understanding of radioactivity.

Perhaps the most famous of all women scientists, Maria Sklodowska-Curie is notable for **her many firsts**:

- She was the first to use the term radioactivity for this phenomenon.
- She was the first woman in Europe to receive her doctorate of science.
- In 1903, she became the first woman to win a Nobel Prize for Physics. The award, jointly awarded to Curie, her husband Pierre, and Henri Becquerel, was for the discovery of radioactivity.
- She was also the first female lecturer, professor and head of Laboratory at the Sorbonne University in Paris (1906).
- In 1911, she won an unprecedented second Nobel Prize (this time in chemistry) for her discovery and isolation of pure radium and radium components. She was the first person ever to receive two Nobel Prizes.
- She was the first mother-Nobel Prize Laureate of daughter-Nobel Prize Laureate. Her oldest daughter Irene Joliot-Curie also won a Nobel Prize for

A truly remarkable figure in the history of science !

www.staff.amu.edu.pl/~zbzw/ph/sci/msc.htm

사람들은 이 페이지의 빨간색 문자열이 특히 노란색 배경에서 눈부시고 읽기 어렵기 때문에 좋아하지 않았다. 밝은 색상을 보면 눈이 피곤해져 읽는 데 어려움이 있다.

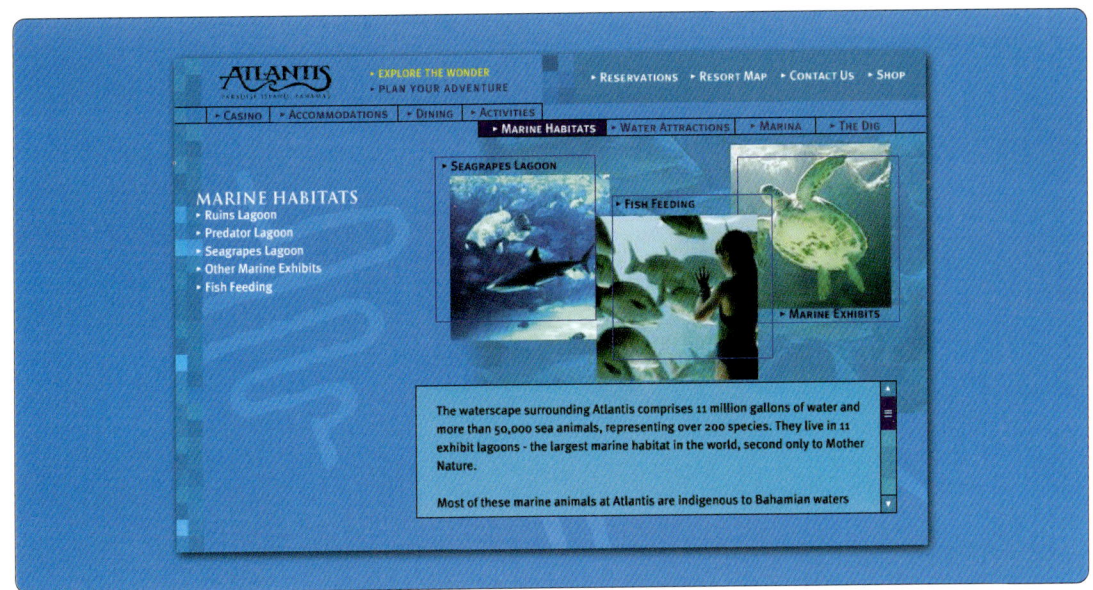

www.atlantis.com

이 사이트는 시각적으로 시선을 끌고 있지만 문자열이 너무 작고 대비가 부족하다. 어두운 색상의 배경 위에 있는 하얀색 문자열은 보통 시력을 가진 사람들이 보더라도 흐릿하게 표시된다.

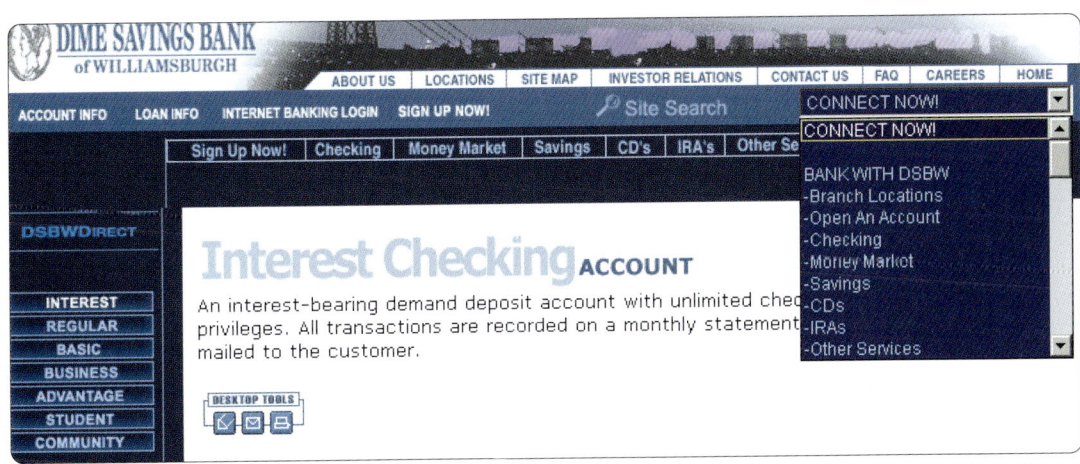

www.dimewill.com

사용자들은 문자열과 배경 색상이 너무 어둡고 대비가 낮아 이 사이트의 내비게이션 영역을 좋아하지 않았다. 드롭다운 목록조차도 낮은 대비를 갖고 있다. 읽기 어려울 뿐만 아니라 미적으로도 시선을 끌지 못한다.
"이런 어두운 색상은 매우 짜증나는군요. 파란색 위에 파란색이라니 거의 보이지 않아요. 시선을 끌지 못하네요. Interest Checking Account 도 거의 보이지 않습니다. 모든 것이 어둡고 음침한 것이 꼭 고담시 같군요."

7: 타이포그래피: 가독성과 문자 가독성   245

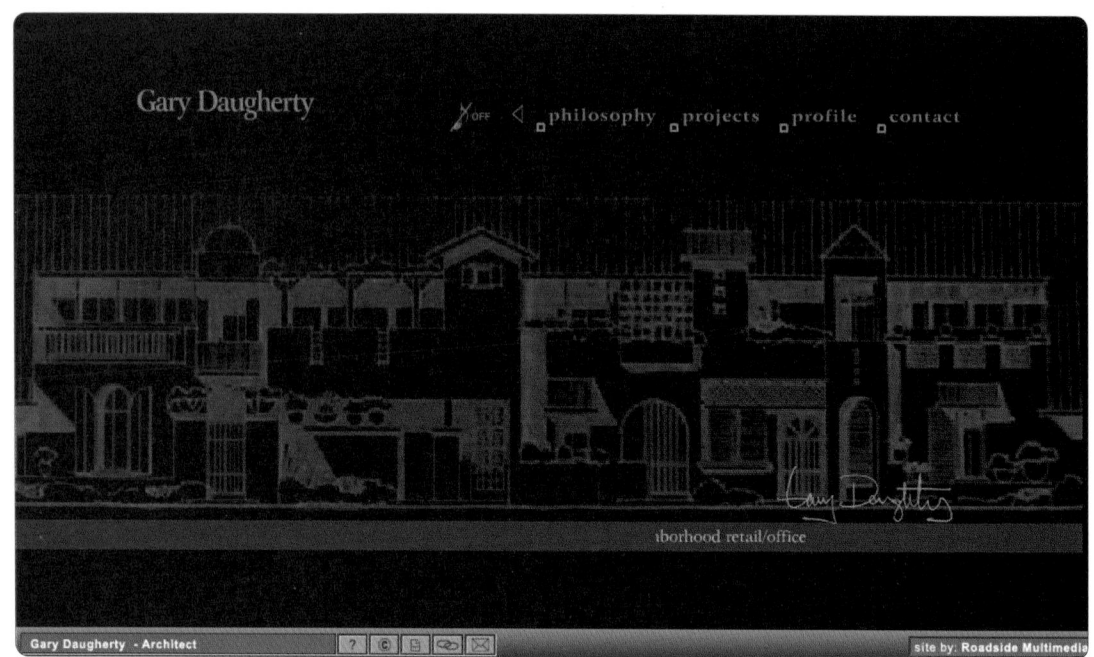

www.gdarchitect.com

여기서 극단적으로 낮은 대비 사례를 볼 수 있다. 만약 낮은 해상도의 모니터를 사용하고 있거나 화면 설정이 최적화되어 있지 않다면 이 페이지의 어떤 것도 못 볼 수 있다.

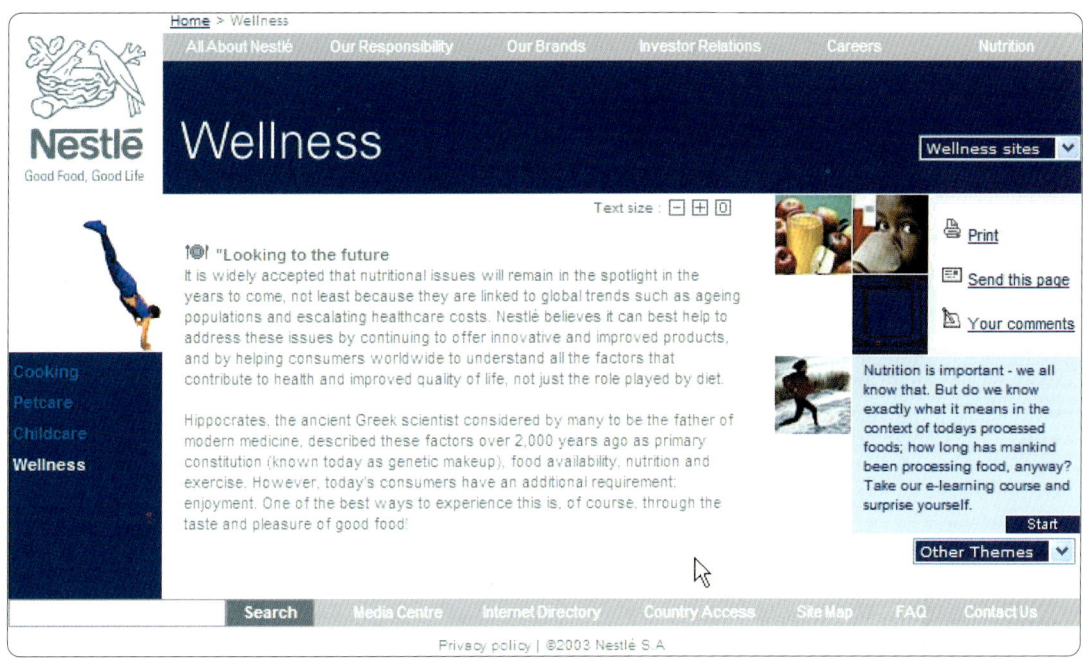

www.nestle.com

네슬레 사이트의 밝은 색상의 글자로 된 작은 문자열은 일부 테스터가 읽는 데 어려움을 호소했다.
"글이 돋보이지 않습니다. 흰색 배경의 밝은 파란색은 두드러지지 않네요. 화면에서 찾는 것을 보려면 자세히 봐야 돼요."

일반적인 색맹

전체 남성 중 8%와 전체 여성 중 0.5%는 특정 색상을 구별하지 못하는 일종의 색맹이라는 사실을 염두에 두어야 한다. 그 중에서도 적색/녹색 색맹이 가장 많다. 적색/녹색 색맹을 가진 사람들은 중파장과 장파장 범위에 속하는 색상을 구분하지 못한다.

특히 디자이너가 색상에 어떤 의미를 담으려고 할 때 표현되는 대로 사람들이 인식하게 되길 바란다. 녹색 배경에 빨간색 문자열과 같은 잘못된 색상 조합을 선택하면 적색/녹색 색맹을 가진 사람들은 문자열과 배경 색상이 동일하게 보이기 때문에 내용을 읽는 것이 불가능하다.

색상을 돋보이게 하는 두 가지 방법

- 가능하다면 검은색과 흰색 조합을 사용하거나 명암 차이가 큰 색상 조합을 사용한다. 선택한 색상이 잘 구분되는지 확인하는 쉬운 방법은 화면을 흑백으로 만들어보는 것이다. 페이지상의 중요한 요소는 흑백 상태에서도 여전히 구별할 수 있어야 한다.

- 중요한 정보를 구분하기 위해 색상을 사용할 때 이차적인 실마리를 제공한다. 사용하는 색상에 빨간색과 녹색이 포함되어 있는 경우에는 특히 더 필요하다.

7: 타이포그래피: 가독성과 문자 가독성

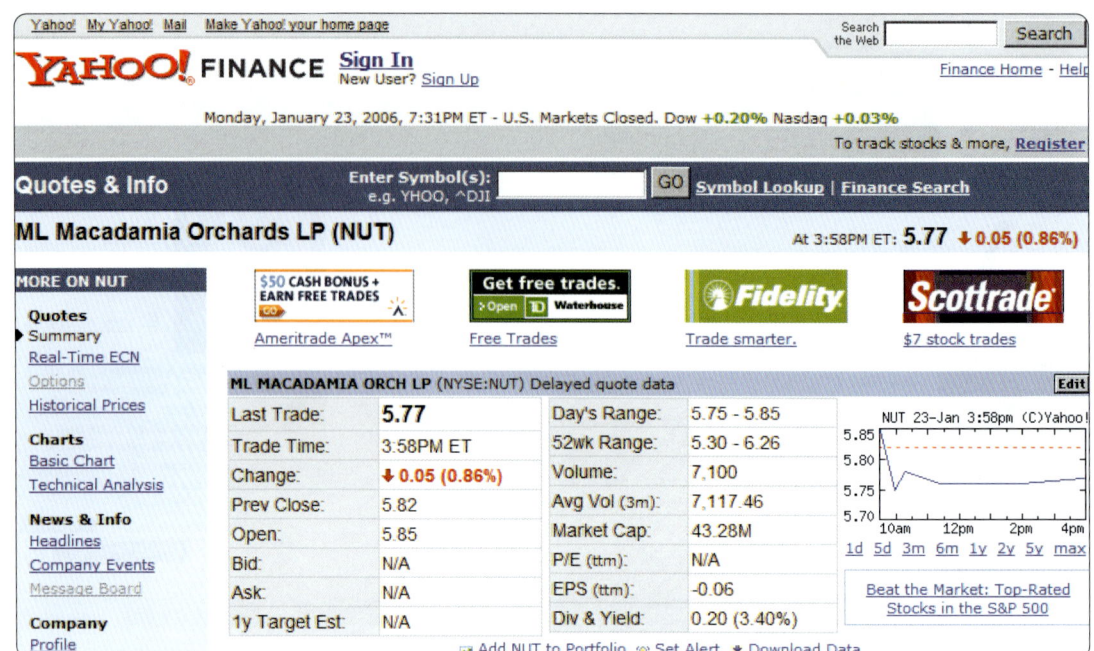

finance.yahoo.com

야후는 주가의 오르내림을 사람들이 재빨리 확인할 수 있는 색상 조합을 사용하고 있다. 페이지의 상단에 있는 녹색은 이 스크린샷을 얻은 날 일반 주식 시장이 오름세를 보였다는 것을 알리는데 도움을 준다. 만약 여러분이 색맹이고 녹색을 구분할 수 없다고 하더라도 이차적인 실마리가 되는 플러스 기호를 통해 여전히 내용을 해석할 수 있다. 주요 주식은 빨간색으로 표시되어 있는 것처럼 내림세를 보였다. 여기서도 아래를 향하는 화살표가 이차적인 실마리가 되어 색맹을 가진 사람들에게 도움이 된다. 우리는 원칙적으로 일관된 주석 사용을 선호한다. 화살표 또는 플러스와 마이너스 기호 등이 이것에 해당된다. 하지만 실제로는 두 개의 주석이 모두 명확하게 표시되어 있고, 사용자 인터페이스상의 이렇게 사소한 모순은 거의 사용성 문제를 일으키지 않는다.

그림 문자

그림 문자는 버튼처럼 짧은 문자열에는 적당하지만 글자가 많은 경우에는 적합하지 않다. 멋지고 비표준적인 글꼴을 사용하길 원하는 디자이너들은 가끔 문자를 그림으로 만들어 브라우저의 비호환 문제를 비껴가려고 시도한다. 현명하게 선택한 작은 영역에 그림 문자를 사용하는 것은 대부분의 경우 문제가 되지 않지만, 그래픽을 기반으로 한 웹 사이트는 몇 가지 이유로 문제가 될 수 있다.

- 그래픽은 파일 크기를 크게 부풀린다. 전세계의 절반에 이르는 곳에서는 아직도 전화 접속 연결을 사용하고 있으며 느리게 로딩되는 사이트를 위해 기다리는 사람은 없다. 로딩이 끝나기도 전에 사람들이 사이트를 떠나는 것이 일반적이다. 그림으로 된 버튼과 제목을 사용할 계획이라면 먼저 사이트에 얼마나 많이 사용할 것인지 계산하고 각 요소의 파일 크기를 모두 합해봐야 한다. 생각보다 상당히 용량이 커질 수 있다. 파일 크기를 줄이는 문제에 봉착하게 된다면 평범한 HTML의 저력을 과소평가해서는 안 된다. 물론 HTML 문자열로 변경하는 것이 더 쉽다.

- 그래픽 기반 문자열은 검색되지 않으며 많은 사람들이 웹 사이트에서 단어로 검색할 수 없을 때 불만을 토로한다는 이야기가 숱하게 들린다. PDF 문서와 그래픽 기반 컨텐츠를 가진 사이트는 고정적이기 때문에 브라우저에 있는 검색 기능을 사용하여 무언가를 찾는 것은 거의 불가능하다.

- 그래픽 기반 문자열은 선택할 수 없다. 사람들은 정보를 조사할 때 나중에 참고하거나 인쇄하기 위해 내용 일부를 선택하여 워드 같은 프로그램에 붙여 넣기를 좋아한다. 또한, 도로 정보를 얻기 위해 주소를 복사하여 지도 프로그램에 붙여 넣는 것도 일반적으로 행해진다.

- 그래픽 기반 문자열은 크기를 조절할 수 없다. 웹 사이트상의 문자열 크기를 조절할 수 있다고 하더라도 그림은 동일한 크기로 남게 된다.

- 화면을 음성으로 변환하는 프로그램은 아직 그래픽 기반 문자열을 읽을 수 없다. 음성 변환 프로그램이 그림 문자를 읽을 수 있도록 대체 문자열로 해당 그림을 설명해야 한다.

> 그래픽은 파일 크기를 크게 부풀린다. 전세계의 절반에 이르는 곳에서는 아직도 전화 접속 연결을 사용하고 있다는 점을 기억하기 바란다. 로딩이 끝나기도 전에 사람들이 사이트를 떠나는 것이 일반적이다.

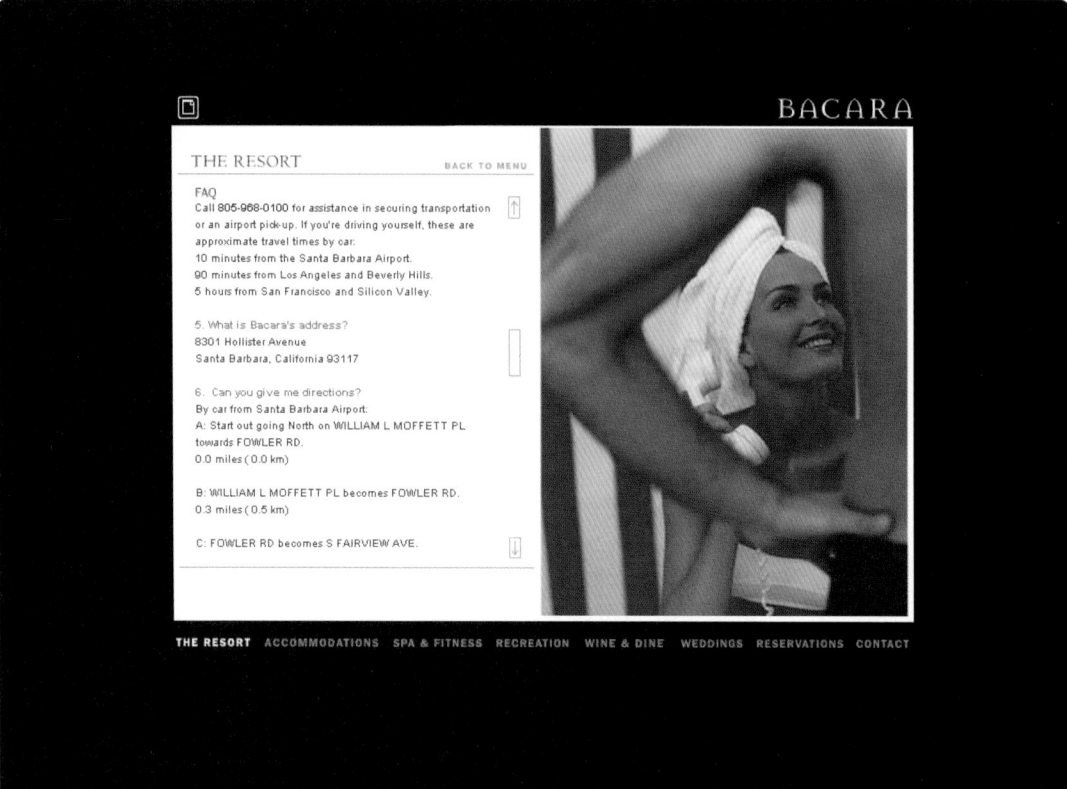

www.bacararesort.com

주소처럼 사람들이 복사해서 붙여 넣기를 원하는 영역을 선택 가능하게 만들어야 한다. 이 사이트의 플래시 기반 버전은 이 페이지의 내용을 선택할 수 없게 만들었다. 페이지를 인쇄용 버전으로 표시해주는 아이콘이 있지만 디자인이 너무 흐릿하고 페이지의 주요 영역에서 너무 멀리 떨어져 있어 보지 못하고 지나치게 된다. 게다가 브라우저 창의 기능을 제거하여 사람들이 브라우저를 제어할 수 없게 만들어버렸다.

움직이는 문자열

사람들은 깜박이거나 움직이는 문자열이 그들이 원하는 작업을 방해하기 때문에 매우 싫어한다. 또한, 사람들은 동적인 문자열을 광고로 생각하고 무시하려고 한다. 아이러니하게도 움직이는 문자열은 사람들의 시선을 끌기 위해 만들어진 전략 중 하나이지만 실제로는 사람들이 광고용이고 신뢰할 만한 가치가 없다고 생각하여 거들떠 보지도 않는다.

일본에서 진행한 연구를 통해 밝혀진 바와 같이 움직이는 문자열은 특히 국제적인 사용자들에게 문제가 된다. 그들은 읽으면서 가끔 외국어를 사전에서 찾아봐야 했는데, 이것은 정말 그 누구에게도 좋지 않다. 그들은 자신의 읽기 속도를 제어하길 원하는데, 동적인 문자열은 그 제어 권한을 박탈한다. 너무 느리게 움직이는 문자열 역시 지루하다. 사람들은 일반적으로 동적인 문자열보다 정적인 문자열을 더 빨리 읽을 수 있고 보지 못한 문자열이 다시 표시되길 기다리는 것을 싫어한다. 시력이 낮은 사람들 또는 뇌성 마비와 같은 두뇌 제어 능력이 부족한 상태의 사람들은 초점을 맞출 수 없거나 지속적으로 눈을 움직여 끊임없이 움직이거나 바뀌는 부분에서 시선을 떼지 않고 보지 못할 수도 있다.

> 사람들은 문자열이 깜박이거나 움직이는 것을 매우 싫어한다. 그들은 자신의 읽기 속도를 제어하길 원하는데, 동적인 문자열은 그 제어 권한을 박탈한다.

www.socialsecurity.gov

이번 연구에서 극소수의 사람들만이 U.S. Social Security 홈페이지의 상단에 있는 움직이는 문자열에 주목했다. 쳐다본 사람들은 한번에 매우 작은 내용 영역에 있는 소량의 문자열만 볼 수 있었고 읽기 속도가 빠르지 않은 사람은 다시 돌아오길 기다려야 했다. 스크롤되는 문자열은 흥분을 자극하고 짧은 소식을 전하는 뉴스 사이트와 같은 특별한 장소에서는 효과적일 수 있다. 하지만 직접적인 내용을 원하고 즐거움을 찾으려는 것이 아닌 특정 타깃을 대상으로 하는 Social Security Administration에는 적합하지 않다.

> **추가 정보**
>
> 24개의 웹 사이트를 10대를 대상으로 진행한 테스트에 대한 더 자세한 정보는 www.nngroup.com/reports를 방문하여 "Teenagers"를 참조하기 바란다.

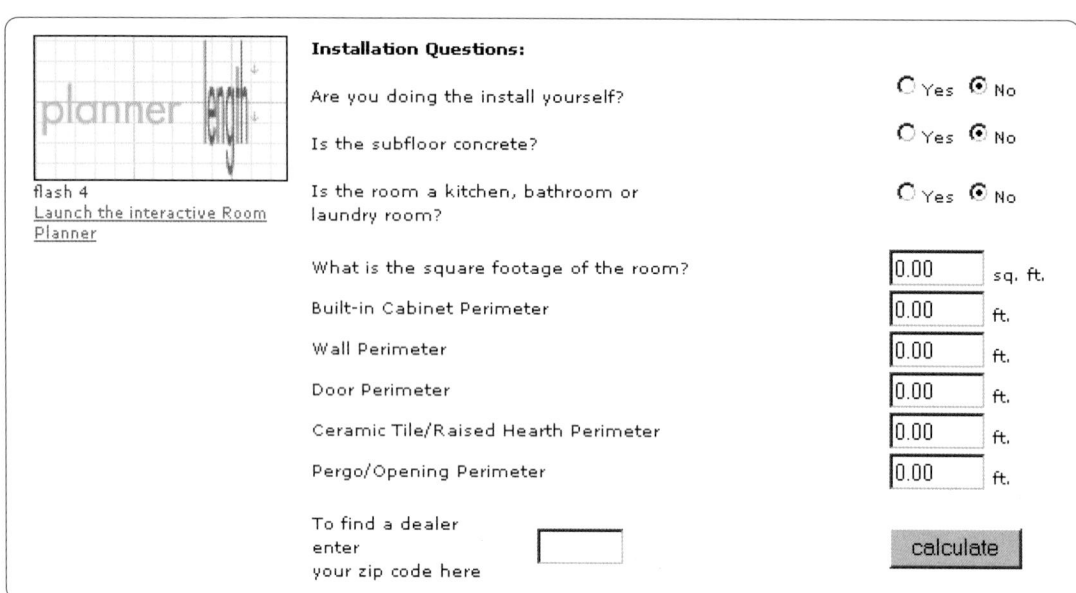

www.pergo.com

우리는 테스트에 참가한 사람들에게 새 주방 바닥을 설치하는 데 필요한 것을 찾아보라며 Pergo.com 을 사용하도록 요청했다. 사이트에는 공간 크기를 계산하는 데 도움이 되는 기능에 사람들의 시선을 끌기 위해 사용하는 "room planner", "set up room size", "length", "width" 와 같은 움직이는 문자열과 커다란 애니메이션 그래픽이 포함되어 있다. 하지만 아무도 그것을 발견하지 못했다. 한 불쌍한 사용자는 손으로 주방 바닥 크기를 계산하면서 이 사이트를 저주했다. Room Planner 애플리케이션의 사용성 테스트를 하기 위해 우리는 실제로 사람들을 직접 그 사이트로 안내해 주어야 했다.

IT 대한민국은 ITC(Info Tech Corea)가 함께 하겠습니다.
www.itcpub.co.kr

잘못된 글쓰기로 웹 사이트를 망치는 경우

웹 사용자들의 읽는 방법 이해

독자를 위한 글쓰기
- 간단한 용어 사용
- 홍보용 과대 광고 축소
- 요점 정리와 내용 축소

가독성을 위한 문자열 구성
- 키워드 강조
- 간결하고 설명적인 제목과 헤더 사용
- 굵은 점과 숫자 목록 사용
- 단락은 짧게 유지

8 웹을 위한 글쓰기

몇 가지 예외가 있지만 대부분의 사람들은 웹이 아름답기 때문에 방문하는 것이 아니라 웹을 활용하기 위해 방문한다. 물론 시각적으로 호소력이 있는 사이트를 갖는 것도 좋지만 무엇보다 내용이 가장 중요하다. 아무튼 사람들이 검색 엔진에 검색어를 입력할 때 미적 감각으로 입력하는 것이 아니라 정보를 찾고 있는 것이다.

좋은 글쓰기는 페이지의 모양, 사이트에 소비하는 시간, 그리고 판매량에서 현저한 차이를 가져온다. 사이트 사용성의 본질적인 규칙은 디자인을 준비하는 데 든 노력만큼 내용을 작성하는 데도 공을 들여 준비해야 한다는 것이다. 고객들은 혼동 대신 명쾌함을 선택한다.

성공적인 웹 사이트를 만드는 데 있어 효과적인 글쓰기의 역할을 과소평가하지 않도록 한다. 목표 지향적인 사람들인 웹 사용자들은 목적지에 도달하여 흥미롭거나 유용한 정보를 찾아내고 다음 목적지로 이동하길 원한다. 그들은 요점을 파악할 수 없는 문자열의 바다를 헤치고 지나갈 시간도 없고 그럴 의향도 없다. 오로지 그들을 유혹할 수 있는 방법은 명확하고 튼실한 정보를 보유하는 것이며, 그러한 정보에 대해 효율적이고 직관적인 접근 방법을 제공하는 것이 그들을 만족시키는 데 있어 중요한 요소이다.

잘못된 글쓰기로 웹 사이트를 망치는 경우

부주의하게 엉터리로 작성한 컨텐츠는 일반적으로 사용자들이 제품을 선택하는 것 같은 기본적인 웹 작업을 완료할 수 없게 만든다. 이번 연구에서 우리는 사람들이 목적을 갖고 사이트의 올바른 영역에 도착했지만 복잡한 컨텐츠로 인해 포기하는 경우를 봤다. 그들은 장황한 컨텐츠에 당황하며 멍하니 화면을 바라볼 뿐이었다. 그리고 정보를 몇 번이나 읽은 뒤에도 여전히 내용을 이해하지 못했다.

사용자들은 그들이 원하는 답을 쉽게 찾을 수 있는 사이트를 발견하면 그곳을 믿고 다시 방문하는 경향이 있다. 사람들에게 방해가 되지 않는 좋은 디자인은 그들의 지적 욕구를 충족시키는 데 도움이 된다. 시각적으로 세련된 사이트는 컨텐츠에 대한 호기심과 흥미를 자극하는 데에 도움이 될 수 있지만 정보 자체로서의 가치가 거의 없거나 아예 없는 디자인은 고객들을 유지하지 못한다. 실제로 Poynter Institute에서 진행한 시선 추적 연구(www.poynter.org/eyetrack2000)에서 온라인 뉴스 컨텐츠의 경우 시선이 그림에 도달하기 전에 제목과 텍스트에 먼저 도달한다는 사실을 발견했다. 컨텐츠는 웹 사이트에 있어 중심이 되어야 한다.

(우측페이지 상단)　내용을 잘 설명하는 글이 시선을 끈다. 이 휴양지에서 가능한 활동을 설명하는 명확하고 짧은 광고가 사용자에게 깊은 인상을 남겼다. 매력적인 색조와 명확한 개요는 사람들에게 우호적인 느낌을 주었다. 사진은 멋지고(그리고 문자열은 그림이 없었다면 효과가 없었을 것이다) 글은 사람들에게 이 휴양지에 방문했을 때 그들이 경험하게 될 것에 대해 구체적인 인상을 주기 때문에 계약을 성사시키는 데 결정적인 역할을 한다.
"여기 이와 같은 설명에서 문법과 구두법이 매우 잘 되어 있습니다. 신뢰할 만한 회사라는 좋은 느낌을 받았습니다. 누군가에게 내용을 평가하고 교정을 보게 한 것 같습니다."

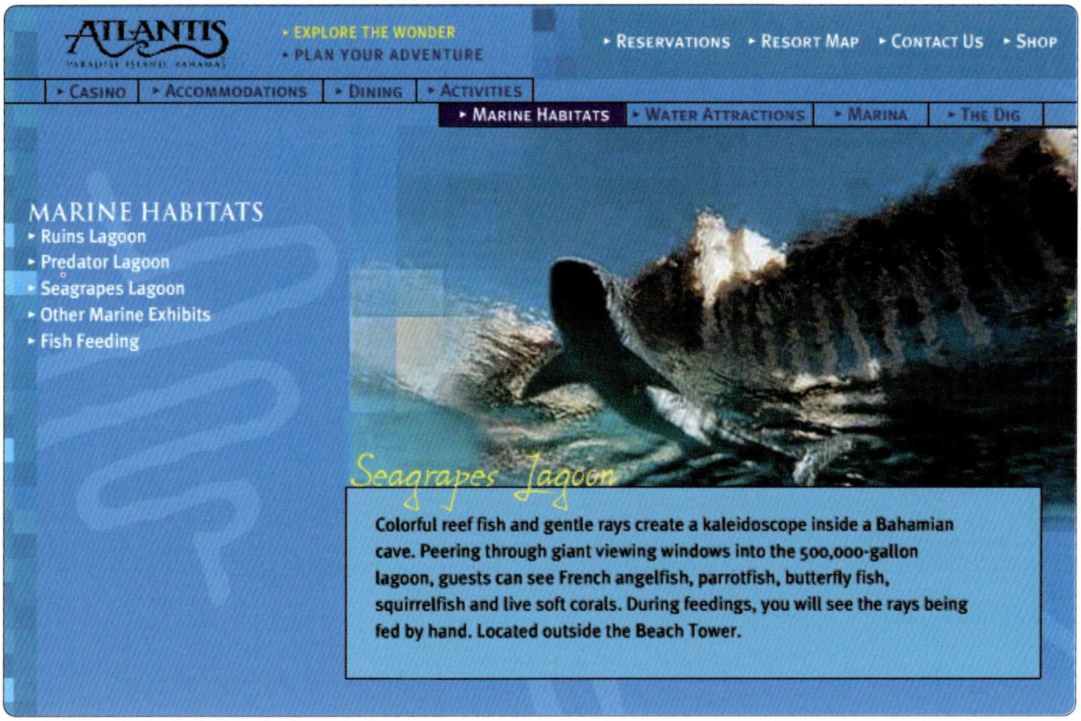

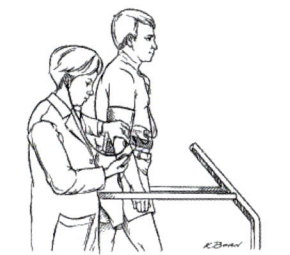

www.atlantis.com

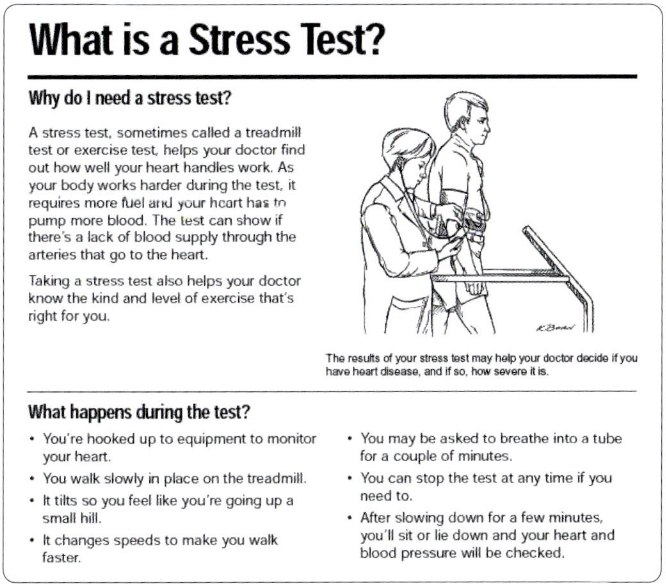

What is a Stress Test?

Why do I need a stress test?

A stress test, sometimes called a treadmill test or exercise test, helps your doctor find out how well your heart handles work. As your body works harder during the test, it requires more fuel and your heart has to pump more blood. The test can show if there's a lack of blood supply through the arteries that go to the heart.

Taking a stress test also helps your doctor know the kind and level of exercise that's right for you.

The results of your stress test may help your doctor decide if you have heart disease, and if so, how severe it is.

What happens during the test?

- You're hooked up to equipment to monitor your heart.
- You walk slowly in place on the treadmill.
- It tilts so you feel like you're going up a small hill.
- It changes speeds to make you walk faster.
- You may be asked to breathe into a tube for a couple of minutes.
- You can stop the test at any time if you need to.
- After slowing down for a few minutes, you'll sit or lie down and your heart and blood pressure will be checked.

www.americanheart.org

사람들은 이 제목을 설명하기 위해 사용된 레이아웃과 언어가 이해하기 쉽다고 생각했다. 사족은 빼고 본질적인 내용만 남겨 놓았다.

"이건 적당하고 명확하여 이해하기 쉬웠습니다. 글은 적당한 곳에 굵은 점을 사용하여 구분을 해 놓았으며 간결한 표현을 사용했네요. '당신의 심장을 관찰하기 위해 장비에 연결했습니다.' 이건 일상적인 용어에요."

불행하게도 American Heart Association 사이트의 모든 페이지가 명확하게 작성된 것은 아니었다. 예를 들면, 이 협회의 줄기 세포에 대한 정보는 여러 번 반복되고 있다. 주요 논지로 고객에게 다가서는 것이 아니라 협회의 정책과 기금과 같은 이차적인 정보를 반복하여 보여주고 있다. 보조물의 세부 사항에 대한 지나친 강조는 사람들에게 협회의 진의에 의문을 던졌다. 줄기 세포 치료의 잠재력에 대한 정보를 제공하는 것이 아니라 사이트는 줄기 세포 연구의 확장에 대한 정치적인 장애 요소에 초점을 맞추고 있고 사용자들 눈에는 그들의 이익만을 도모하는 것처럼 보였다. 게다가 "adult"와 "pluripotent"와 같은 단어에 굵은체를 사용한 것에 대한 정황 설명이 없어 추상적으로 보이기 때문에 고객들의 이해에 도움이 되지 않는다. pluripotent 의 의미를 아는 사람이 거의 없음에도 불구하고 이 사이트는 이 단어의 정의를 제공하지 않고 있다.

"확실한 것은 American Heart Association 이 배아 줄기를 포함한 모든 연구에 대해 지원을 받지 못한다는 사실이군요. 이미 앞에서 얘기한 내용이에요. 게다가 American Heart 가 여러 사람들에게 유용한 연구에 투자하고 있다고 주장하는 것처럼 들리네요. 왜 저런 얘기를 하는지 모르겠어요. 자축하는 것 같네요."

"이 사이트를 몇 분 동안 봤는데 처음 보기 시작했을 때보다 나아진 게 하나도 없습니다. 이보다 쉽고 자세한 내용을 찾으려면 다른 사이트로 가는 것이 낫겠어요. 결과적으로 저는 American Heart 를 싫어하게 되었습니다."

컨텐츠를 만드는 사람들은 일반적으로 사용자들이 웹 사이트에서 제공하는 제품과 서비스의 특징을 이해한다고 생각하지만 그것은 잘못된 생각이다. 예를 들면, 투자 사이트에 방문한 많은 사람들은 "중개 수수료", "출자금", 그리고 "뮤추얼 펀드"와 같은 금융 업계에서 일하고 있다면 낯익은 이러한 구체적인 용어에 당혹스러워 한다. 만약 잠재 투자자가 더 많은 정보를 얻기 위해 사이트에 방문했지만 정보를 찾을 명확한 방법도 없는데다 낯선 용어들로 마치 폭탄이라도 맞은 듯한 기분이 들면 다른 곳으로 발길을 돌리게 될지도 모른다.

→ Investments

Brokerage
Manage your investments online with Chase Investment Services Corp. – and receive real-time quotes, free news, and online trading of mutual funds, stocks and options.

College Planning
It is never too early to begin planning for your child's or grandchild's college education. Chase Investment Services Corp. offers many ways to start saving today.

JPMorgan Funds
Access JPMorgan Funds. Get fund information, investor tools and online account access.

Annuities
Annuities offer a combination of features and benefits that you may not find with other investment products.

Retirement Planning
The tax-deferred earnings potential of an IRA makes it a wise choice for many investors at all income levels – and making your retirement investment decisions online makes it even easier.

Rollover IRAs
Try our useful investment tools and articles to find out what you might do today to help make your financial dreams come true.

Forms and Disclosures
Investment forms are available as downloadable PDF files.

Mutual Fund Investing
Learn more about mutual fund investing and how your investments are affected by breakpoints and revenue sharing.

www.bankone.com

많은 사람들은 이 사이트에 있는 다양한 투자 옵션의 차이를 이해하는 데 어려움을 겪었다. 장황한 글과 이해할 수 없는 금융 용어로는 제품 결정에 대한 확신을 줄 수 없다. 예를 들면, Rollover IRAs에 대한 설명은 투자 방법과 규약에 대해 두서없이 설명하고 있지만 직접적으로 이 옵션이 실제로 무엇인지는 알려주지 않는다.

"여기 있는 것이 모두 생소하네요. 좀더 읽어보고 다른 사람과 얘기를 해봐야겠어요. 여기 있는 말은 이해하기에 너무 어렵군요."

"이 사이트는 제게 정말 많은 정보를 주었습니다. 이해는 절대 못하겠지만요."

웹 사용자들의 읽는 방법 이해

웹은 사용자에 의해 유도되는 매체이며 이곳에서 사람들은 시간을 절약하기 위해 정보 검색 전략을 채택한다. 그들은 직선적인 방법으로 정보를 검색하지 않는 경향이 있다. 대신 해답이 근처에 있다는 강한 신호를 보내는 시각적인 실마리에 의존한다. 사람들은 이러한 영역에 주의를 집중하고 다른 곳은 무시한다.

사람들이 웹상에서 정보를 절대 읽지 않는다고 할 수는 없다. 하지만 얼마나 많은 사람들이 자신의 목적에 적절한 양의 정보를 실제로 읽어보고 그들이 필요로 하는 정보의 수준은 어느 정도일까? 일반적으로 사람들은 핵심적인 부분을 찾아내기 위해 대충 훑어본 다음 필요하다면 더 자세한 정보를 얻기 위해 페이지를 샅샅이 뒤져본다. 연구 과제와 같은 상세한 정보가 필요한 사람들 역시 페이지를 살펴보지만 원하는 내용이 담긴 페이지상에서는 더 신중하게 내용을 읽어본다.

만약 사람들이 목표로 정한 정보에 대한 실마리를 재빨리 알아챌 수 있다면 기분 좋게 흔적을 쫓기 시작한다. 하지만 즉각적으로 중요한 것을 찾아내지 못하거나 그런 느낌을 받지 못하면 경로(또는 페이지)를 포기하고 다른 방법을 찾게 된다. 간혹 이것은 이전 페이지로 돌아가 다른 것을 선택한다는 의미도 된다.

하지만 사용자들이 너무 실망하면 그 사이트를 완전히 떠나 다시는 돌아오지 않을지도 모른다. 여러분이 자신의 컨텐츠가 매우 흥미롭고 중요하다고 생각하는 것과는 상관없이 방문객들이 여러분의 의도를 쉽게 알 수 없게 사이트를 만들면 결정적인 내용이 있어야 했던 곳에서 그들의 열의는 순식간에 사라져 버린다.

웹 사이트에 있어 이것은 어떤 의미일까? 사람들이 웹에서 읽는 방법에 맞게 글을 써야 한다는 것이다. 그들의 주의를 끌고 유지하기 위해 컨텐츠를 인간의 행동 양식에 맞게 디자인하고 훑어보고 이해하기 쉽게 맞춰야 한다.

팁: 웹 전문 필자 고용

웹에서는 누구라도 출판사가 될 수 있다. 이렇게 굉장한 동등 요인으로 기회를 얻는 것은 상당히 쉽지만 불행하게도 이런 이유로 많은 조직들은 유용성에 대한 심각한 고민 없이 웹 사이트에 정보를 쌓아두기만 한다. 좋은 컨텐츠는 항상 그러한 잡동사니 속에서 스스로 떠오른다.

만약 여러분에게 이미 숙련된 웹 필자 또는 편집자가 없다면 이 일에 적당한 누군가를 고용해야 한다. 온라인 컨텐츠와 인쇄물은 글쓰기 스타일이 서로 다르므로 두 가지 분야를 모두 성공적으로 소화할 수 있는 필자는 없다. 웹 필자는 문법, 구두법, 문장 구조를 확인하는 것 외에 컨텐츠를 강화하고 웹 사이트의 가독성을 개선할 수 있는 구성 방법에 대해 제안할 수 있다.

사람들이 웹에서 읽는 방법에 맞게 글을 써야 한다. 컨텐츠를 인간의 행동 양식에 맞게 디자인하고 훑어보고 이해하기 쉽게 맞춰야 한다.

> **사람들이 훑어보는 이유**
>
> 사용자들이 여러분의 컨텐츠를 꼼꼼하게 읽어준다면 인생은 정말 멋질 것이다. 그렇다면 그들은 그것이 좋은지 모르는 것일까?
>
> 그렇다. 그들은 모른다. 여러분이 제공한 컨텐츠가 실제로 유용하고 가치있는 것이라고 해도 사이트에 처음 방문한 사용자라면 거의 모를 것이다. 훑어보는 작업은 유용한 컨텐츠를 찾아내는 데 효율적인 방법이다. 훑어보는 데는 지적 능력을 덜 요구하므로 사용자들은 유익한 영역에 주의를 기울일 수 있게 된다.
>
> 2장에서 상세하게 다룬 기본적인 정보 수집 이론에서는 사용자들이 인터넷에 소요하는 전체 시간에 비해 얻는 것의 비율을 극대화한다고 설명하고 있다. 독자가 상세하게 살펴볼 필요가 있다고 생각하는 모든 주제는 수백 개의 웹 사이트에서 관련 내용을 무한한 수준으로 갖고 있을 가능성이 높다. 이렇게 셀 수 없이 많은 정보에 직면하면 사용자들은 그것을 훑어보고 우선순위를 매겨야 한다. 매우 짧은 시간 내에 그대로 머물러서 정보를 더 읽을 것인지 아니면 다음 사이트로 이동할 것인지 결정한다.

독자를 위한 글쓰기

사용자들을 위한 글을 쓰기 위해 사용자들의 관심사, 문화, 욕구, 한계에 대해 그들과 맞춰야 한다. 정보는 타깃으로 한 독자들이 소화할 수 있는 형식으로 걸러지고 해석되어야 한다. 예를 들면, 의사들은 흡연이 환자들에게 미치는 생리학적인 효과와 심리학적인 효과를 이해해야만 환자를 다룰 수 있다. 또한, 그들은 흡연의 효과를 환자들에게 전문적이지 않은 용어로 설명할 수도 있어야 한다. 따라서 의학적 조언을 제공하는 사이트는 환자에게 적합해야 한다. 어떤 주제를 다루든 전문 지식이 없는 고객들을 위해 글을 써야 한다면 기술적이거나 업계에서 사용하는 용어는 피해야 한다.

한편 방문객을 폄하하는 듯한 실수를 저질러시는 안 된다. 예를 들면, 10대들을 대상으로 진행한 연구에서 그들은 어른들이 멀게 느껴지고 어른들의 입장을 이해할 수 없다며 불평했다. 그들은 사이트가 도덕적인 판단에 대해 다룬다거나 특히 불성실한 언행을 사용하는 사이트를 매우 싫어했다. 어른들이 멋있게 보이려고 한다거나 그들을 낮추는 투로 말할 때 나이 어린 사람들은 그것을 민감하게 받아들일 수 있다. 이번 테스트 결과 10대들은 자신과 연계될 만한 그림을 좋아한다는 것을 알아냈다. 관련 그림이나 사진을 글과 함께 지원하는 것 역시 그들의 관심사를 알아내고 유지하는 데 중요한 요소였다. 하지만 다량의 문자열과 쓸모 없는 예에 직면하게 되었을 때 그들의 열의는 급속히 식어버렸다.

> **팁: 방문객에 대해 알기**
>
> 의도하는 방문객들은 누구인가? IT 전문가, 10대, 학부모? 목적으로 하는 방문객이 누구인지 알아내면 효율적으로 생각을 교류할 수 있고 올바른 주제와 분위기에 초점을 맞출 수 있게 된다. 독자들은 자신의 관심사를 지적하는 컨텐츠를 원하고 자신들이 좋아하는 방법으로 자신들의 수준에 맞게 얘기해주길 원한다.

TheInsite.org에는 형제 간의 충돌을 해결하는 방법에 대한 항목이 있다. 이 주제가 처음에는 10대 테스터들 사이에서 상당한 흥미를 끌었지만 많은 참가자들은 사이트가 사용하는 용어가 너무 객관적이라고 생각되었기 때문에 조언에 대해 의심하기 시작했다. 이것은 어른들 분위기에 맞게 작성된 글로 10대에게는 적합하지 않았다. 일부 사용자들은 "Use 'I feel' statements"라는 문장을 보고 비웃었다. 그들은 "cool off"와 "listen"과 같은 용어가 더 나았을 것이라고 대답했다. 또한, 사용자들은 이 사이트의 질이 떨어진다는 것을 입증할 만한 결정적인 예를 얻을 것으로 기대했다.

"저는 이것이 엄청난 거짓말이라고 생각해요. 누구도 이렇게 하지 않아요. 얼른 정신차려서 보다 현실적으로 만들어야 해요."

"이 웹 사이트는 서로 함께 살아가는 방법에 대한 예를 보여주지 않기 때문에 만족스럽지 않았어요."

www.whitehouse.gov

10대 학생들은 자신들과 관련된 컨텐츠가 없을 것이라고 단정하고 애초부터 정부 관련 사이트를 피한다. 사용자들은 사이트가 간단한 용어를 사용하고 동종임을 인정할 만한 주제를 다룬다면 관심을 가질 수도 있을 것이라고 제안했다.

"우리는 어른들과 동등하게 대우받는 것을 좋아해요. 단순히 덜 복잡한 말만 사용하면 되죠. 10대들은 어른들과는 다른 방법으로 정보를 찾아요. 복잡한 말을 사용하는 대신 천천히 진행하죠. 대부분의 사람들은 뭔가를 찾으려고 웹 사이트에 가요. 그들은 그것을 이해하길 원하죠. 어른들은 주제를 다르게 이해할 수 있고 다른 관점에서 볼 수 있어요. 그들은 우리보다 경험도 더 많고 생각도 다르죠."

> 복잡한 말을 사용한다고 해서 더 지적으로 보인다거나 사용자들에게 더 많은 점수를 얻게 되는 것도 아니다. 대부분의 사람들은 회화체를 선호한다.

간단한 용어 사용

사용자들의 시간과 읽기 능력 수준을 감안하여 글을 단순하고 명료하게 유지해야 한다. 복잡한 말을 사용한다고 해서 더 지적으로 보인다거나 사용자들에게 더 많은 점수를 얻게 되는 것도 아니다. 대부분의 사람들은 문어적인 표현보다 인간적이고 직접적인 회화체를 선호한다. 가독성을 극대화하기 위해 그들의 읽기 수준에 맞는 글을 써야 한다.

내용을 중복해서 쓰면 안 된다. 중복되는 말은 사람들이 필요로 하는 정보를 찾는 데 애를 쓰게 만들고 복잡한 용어와 한껏 치장한 단어들은 사용자들로부터 외면당한다. 긴 단어 대신 짧은 단어를 선택해야 한다. 예를 들면, "carcinogenic(발암성의)"라는 용어 대신 간단하면서 설명이 담긴 "causes cancer"를 선택하는 것이 좋다.

좋은 웹 쓰기를 위한 세 가지 지침

- 전문용어를 피하라. 여러분의 조직이나 업계에서 사용하는 용어는 일반적으로 고객들에게 익숙한 말이 아니다. 간단한 용어는 멋지거나 독창적이지는 않지만 이해하기 쉽다.
- 두문자어를 피하라. 정부 기관 웹 사이트는 특히 모든 페이지에 두문자어가 산재해 있다는 오명을 안고 있으며 정부 관계자들은 방문객들이 그 의미를 모두 알고 있을 것으로 생각한다.
- "happy as clam" 또는 "caught with your pants down"과 같은 풍자, 말장난, 진부한 표현은 웹상에서 쉽게 해석되지 않으며 독자를 혼란스럽게 만들기 때문에 사용하지 않도록 한다. 방문객들은 직접적인 컨텐츠를 얻기 위해 여러분의 사이트를 방문하는 것이지 두뇌 테스트를 하러 오는 것이 아니다. 웹은 진정한 전세계적 매체이고 관용어는 국경을 쉽게 넘지 못한다는 점을 기억하기 바란다.

(우측페이지 상단) 이 사이트는 제품 개요에 농담을 섞어 설명하려고 시도하고 있다. 불행하게도 일부 사람들은 농담으로 받아들이지 않았다. 여행에서 가장 중요한 것을 "taco sauce"로 언급한 것은 그다지 재미있어 보이지 않는다.

"여기는 접어서 떼어낼 수 있는 뒷좌석은 여러분이 매우 좋아하는 taco sauce를 포함한 여행에서 가장 중요한 것에 맞게 설정할 수 있게 해준다고 되어 있는데 무슨 소린지 모르겠어요."

(우측페이지 하단) Social Security Administration 웹 사이트에서 테스터는 퇴직 연령과 세금 면제 총액과 같은 기초적인 질문에 대한 답을 찾는 데 어려움을 겪었다. 해답이 나온 페이지를 보고 있을 때조차도 "삭감 총액(Total Reduction)"과 "총 삭감 비율(Total % Reduction)"과 같은 난해한 용어를 해석할 수 없었기 때문에 도움이 되지 않는다고 생각했다. 이것은 개념을 설명하기 위해 직접적인 언어 대신 내부 전문용어를 사용한 예이다.

"저는 이해하지 못했어요. 여기서는 일반적인 용어로 얘기하지 않았어요. 이것은 마치 일반 사람들에게 그리스어로 말하는 것과 같아요."

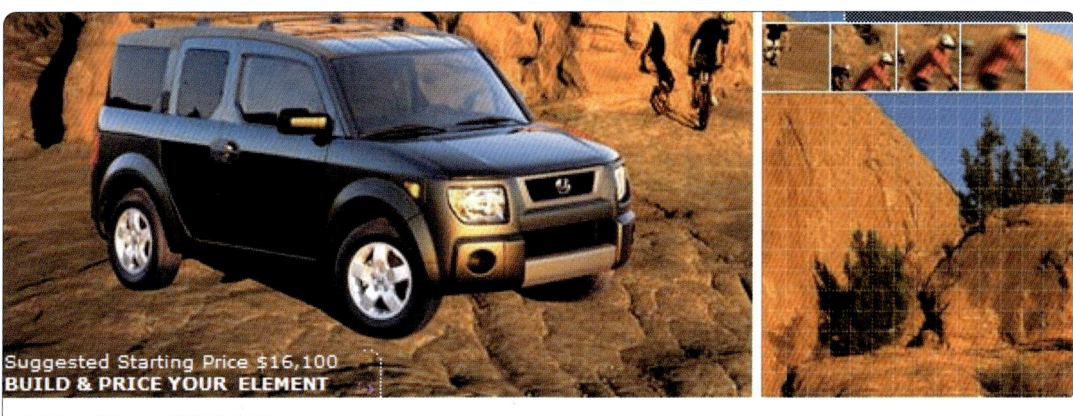

Suggested Starting Price $16,100
BUILD & PRICE YOUR ELEMENT

Big on function and versatility, the Element gets you (and your stuff) where you need to go.
The removable flip-up rear seats let you configure the Element to fit most road-trip essentials, including your favorite taco sauce. And you can expect quick, simple loading of bikes, boards and more with the clamshell tailgate and side cargo doors. So grab your friends, stow your gear and get gone. Playtime just got easier.

automobiles.honda.com

Social Security Online
www.socialsecurity.gov

Full Retirement Age is Increasing

Home   Questions?   How to Contact Us   Search

Find Your Retirement Age

No matter what your full retirement age is, you may start receiving benefits as early as age 62.

Full Retirement age goes from 65 to...66...67

Note: If you were born on January 1st of any year you should refer to the previous year in the chart below.

Year of Birth	Full Retirement Age	Age 62 Reduction Months	Monthly % Reduction[1]	Total % Reduction[1]	Monthly % Reduction (spouse[2])	Total % Reduction (spouse[2])
1937 or earlier	65	36	.555	20.00	.694	62.50
1938	65 and 2 months	38	.548	20.83	.679	62.92
1939	65 and 4 months	40	.541	21.67	.667	63.34
1940	65 and 6 months	42	.535	22.50	.655	63.75
1941	65 and 8 months	44	.530	23.33	.644	64.17
1942	65 and 10 months	46	.525	24.17	.634	64.58
1943--1954	66	48	.520	25.00	.625	65.00
1955	66 and 2	50	.516	25.84	.617	65.42

www.socialsecurity.gov

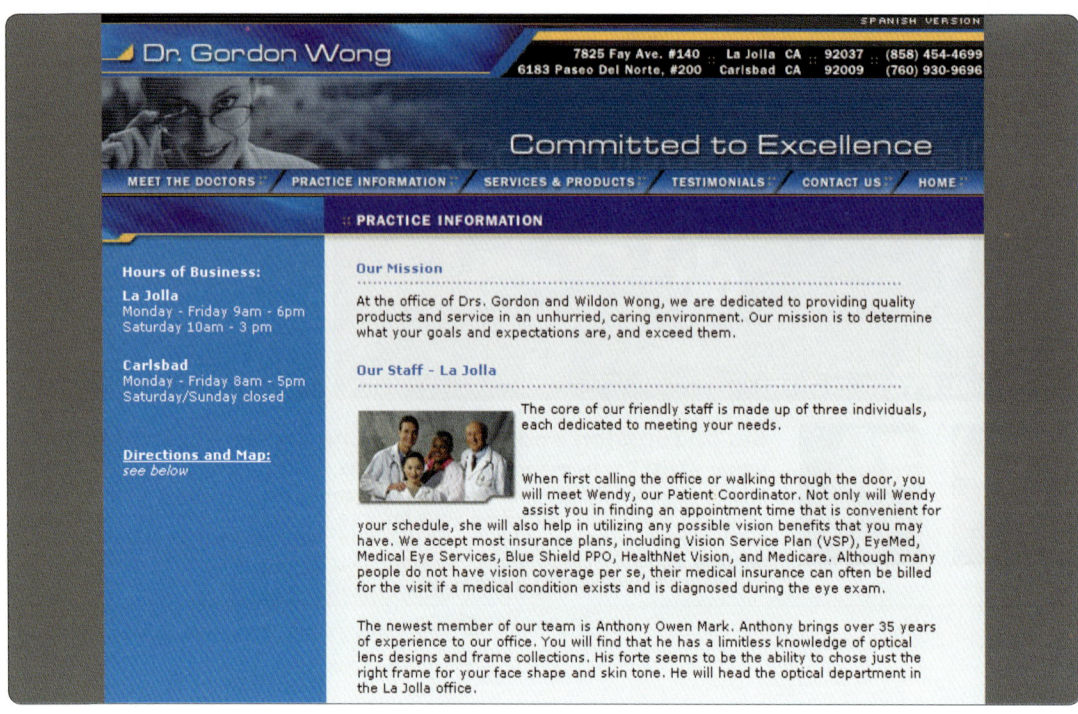

www.san-diego-vision.com

이것은 잘못된 단어의 사용으로 사람들이 정보를 잘못 이해할 수 있다는 것을 보여주는 실례이다. "Practice Information"이라는 제목의 탭은 방문객을 조직에 대한 정보가 있는 곳으로 데려다 준다. 의료계에 종사하는 사람들은 일반적으로 "Practice"라는 단어를 이런 식으로 사용하지만 일반 사람들은 "Practice" 안에는 기업 정보가 있을 것으로 생각하지 않는다. 그들은 널리 사용되는 "About Us"와 같은 용어를 찾고 있었다.

낮은 문해 능력 지원

일곱 개의 정부와 세 개의 정부 간 조직이 공동으로 진행한 연구인 국제 문해 능력 조사(International Adult Literacy Survey)에서 산업화된 국가에서조차 문해 능력이 낮거나 읽기 이해 능력이 부족한 성인이 상당한 비율을 차지한다는 결과가 나왔다.

전체적인 문해 능력이 가장 높은 스웨덴에서 참가자 중 28%가 낮은 문해 능력 범위에 포함되었다. 즉, 8등급 읽기 수준 또는 그 이하의 수준에 해당한다. 미국의 국가교육통계센터(National Center for Education Statistics)에서 진행한 2003년 연구에서 16세 이상의 미국인의 43%가 그와 같은 분류에 속한다는 것을 발견했다.

대부분의 사람들이 명확하고 간단한 말을 선호하지만 특히 읽기 능력이 낮은 사이트 방문객들에게는 그것이 반드시 필요하다. 문해 능력이 낮은 사람들은 웹을 적게 사용하는 경향이 있지만 여전히 웹이 필요하고 쉽게 접근할 수 있어야 한다. 문해 수준이 다른 선진국보다 낮은 미국과 영국에서는 문해 능력이 낮은 웹 사용자의 수가 30%에 달한다. 웹 사용이 계속 증가하는 추세이므로 이 비율도 계속 높아질 것이다.

특히 여러분의 사이트가 폭 넓은 일반 사람들을 대상으로 하고 있다면 낮은 문해 능력을 가진 사람들을 충족시키는 것이 우선시 되어야 한다. 우리는 특히 홈페이지, 카테고리 페이지, 그리고 제품 페이지와 같은 노출이 잦은 페이지에 6등급 읽기 수준에 맞게 글을 쓰라고 조언하고 있다. 사이트의 깊숙한 내부 페이지에는 8등급 읽기 수준으로 쓸 수 있다. 글이 간단한지 평가하기 위해 좋은 웹 컨텐츠 편집자를 고용하거나 공개되어 있는 많은 가독성 도구 중 한 가지를 사용한다. 읽기 수준이 너무 높으면 적은 음절의 간단한 단어와 짧은 문장과 단락을 사용하여 읽기 수준을 낮춰야 한다.

홍보용 과대 광고 축소

사용자들에게 강매하려 해서는 안 된다. 사람들은 사실적인 언어를 선호한다. 지나치게 판촉적이거나 과장되게 들리는 것은 무엇이든 흥미를 두지 않는다. 신빙성이 웹에서 중요한 요소이며 조직들은 그것을 얻고 유지하는 데 노력할 필요가 있다. 상당히 자축하는 듯한 표현은 이기적으로 들리며 사람들은 불쾌감을 갖는다. 멋진 주장은 사람들이 하던 일을 잠시 멈추고 정확성을 평가한 다음 과장 광고에서 사실을 구분하려고 시도한다. 사람들에게 사실을 알려주는 데 충실하며, 결정은 그들에게 맡긴다. 좋은 컨텐츠를 사용하면 자연스럽게 판매로 이어진다.

> 사용자들에게 강매하려 해서는 안 된다. 사람들에게 사실을 알려주는 데 충실하며, 결정은 그들에게 맡긴다. 좋은 컨텐츠를 사용하면 자연스럽게 판매로 이어진다.

www.accenture.com

만약 이 회사에 대해 들어본 적이 없다면 이 홈페이지는 실제로 무슨 일을 하는지 이해하는 데 도움이 되지 않는다. "High performance. Delivered"는 실질적으로 모든 종류의 사업을 설명할 수 있는 표어이다. 이와 유사하게 페이지의 중앙에 강조된 인용구는 의미 없는 마케팅 잡담의 또 다른 실례이며 이 기업이 제공하는 서비스 또는 제품을 제대로 설명하지 못한다. 마케팅 수준을 낮추고 설명적인 문장을 사용하면 사용성을 개선하고 신뢰도를 높일 수 있다.

Accenture가 제공하는 서비스에 대한 설명이라고 해서 더 나을 것도 없다. 마케팅 전문 용어가 전달하는 취지를 흐리게 만들고 서비스를 명확하게 설명하지도 못했다. 다시 말하지만 이 글은 어떤 종류의 사업에도 적용할 수 있다.

Global Home ▸ Research & Insights ▸ Services

Services

Committed to delivering innovation, Accenture collaborates with its clients to help them achieve high performance. Our professionals leverage leading-edge technologies and tools to identify new opportunities and drive business process improvements.

www.accenture.com

팁: 자찬을 할 시기와 장소

주목할 만한 업적을 강조해야 하는 경우에는 약간의 자찬을 하는 것도 괜찮다. 이때 지나치게 강조하지 않으면서 알 수 있게 표현하는 것을 목표로 삼아야 한다. 만약 주목할 만한 상을 받았다면 그리고 여러분의 회사가 그리 알려지지 않은 회사라면 앞으로 사용자들에게 어떤 의미가 될 것인지 간단하게 언급한다. 하지만 너무 오래 되었거나 디자인 회사가 아님에도 불구하고 디자인 관련 과거 수상 내역과 같은 관련 없는 목록을 만드는 것은 피해야 한다.

사이트의 기업 영역 이외의 장소와 "About Us"와 "Investor Relations"와 같은 사람들이 직설적으로 말하기를 기대하는 항목에서는 광고하지 않도록 주의해야 한다. 이들 영역에 접근한 사람들은 회사에 대해 구체적인 사실을 찾고 있다. 완곡한 마케팅 용어는 사실과 멀어 기업의 신뢰성에 의심을 갖게 된다.

글쓰기 실례: 이전과 이후

다음 각 실례를 통해 어떤 방법으로 글을 간결하고 이해하기 쉽게 쓸 수 있는지 보여주고 있다. 화산으로 이어지는 개선된 경로는 어린이와 10대를 포함한 일반인들에게 보다 적합하게 되었다.

www.health.gov :
기초 식품군 내에 포함되는 영양소가 많은 다양한 음식과 음료를 섭취하는 반면, 포화 지방과 전이 지방, 콜레스테롤, 당류 첨가, 소금, 그리고 알코올의 유입을 제한하는 식품을 선택하라.

더 짧고 간단한 버전 :
다양한 기초 식품군에 해당하는 다양한 음식물을 섭취하라. 다이어트를 위해 포화 지방과 전이 지방, 당류 첨가, 소금, 그리고 알코올의 섭취를 제한하라.

질문: 화산은 어떻게 만들어지나요?

www.space.com :
화산은 마그마 방 또는 뜨거워 녹아버린 바위가 끓어 지표로 분출될 때 만들어집니다. 마그마 방은 균열이 있는 곳이나 위쪽에 있는 바위의 약한 부분을 뚫고 나갈 정도로 강한 압력이 생길 때까지 수백 년간 밀폐된 상태로 유지됩니다.

www.encarta.msn.com 에 있는 간단한 버전 :
화산은 지구가 내부에 있는 열을 밖으로 내보낼 필요가 있을 때 만들어집니다. 지구의 지표 아래 깊은 곳에 있는 바위가 녹아 액제 마그마가 됩니다. 마그마는 지구 안쪽에서 바깥으로 분출되어 지구의 표면에 있는 화산에서 치솟아 오릅니다.

이 글은 뇌졸중 환자를 위한 치료 옵션에 대한 수준 높은 개요를 찾고 있는 고객들에게는 좋은 설명이 된다. 내용은 일반 용어로 설명한 의학 개념과 함께 칭찬받을 만한 정도로 명확하게 되어 있다. 그렇지만 안타깝게도 미국에서 고등학교 졸업 수준을 넘어서는 약 12등급의 읽기 수준으로 작성되었다.

요점 정리와 내용 축소

결론으로 시작하고 이어서 그것을 지원하는 내용을 담도록 한다. 이러한 구조적 관례는 저널리스트들에게 역삼각형 방식으로 알려져 있다. 이렇게 하면 독자들에게 신속하게 요점을 제공할 수 있고, 그 다음 독자들이 읽어보기로 결정하면 자세한 내용을 조사하게 된다. 하지만 만약 글의 첫 부분이 따분하고 초점이 맞지 않으면 사람들은 내용이 어떻든 간에 읽기를 중단할 가능성이 높다.

웹에서 사람들은 일반적으로 동일한 페이지상에서 많은 시간을 들여 머무르기보다는 하이퍼링크를 클릭하여 주제에서 주제로 이동하는 것이 더 건설적이라고 생각한다. 방대한 양의 컨텐츠로 사이트 방문자를 압도하기보다는 서로 다른 페이지에 정보를 분산시키는 것이 좋다. 우선 요점으로 시작한 다음 사람들이 더 깊이 파고들기 쉽게 만들어야 한다. 컨텐츠를 분산시키면 스캔 능력과 완벽함을 희생시키지 않으면서 일반 웹 사용자와 진지한 연구원들 모두를 만족시킬 수 있다.

즉, 컨텐츠를 너무 세세하게 잘라 서로 분리된 것처럼 보이게 해서는 안 된다. 동일한 페이지 내에 밀접하게 관련된 정보를 담음으로써 사용자들이 불완전한 한 부분에서 다른 부분으로 건너 뛰지 않도록 해야 한다. 페이지 내에 매우 밀접한 정보가 포함되어 있으면 사람들은 스크롤 하는 것에 개의치 않는다.

긴 문서를 세분해야 하는 경우에는 단순히 내용을 잘라 각 페이지의 하단에 일반적인 Continue(계속 또는 다음) 링크를 넣는 것으로는 충분하지 않다. 대신 "부사장의 대답" 또는 "경기 3일째"와 같은 다음 링크를 클릭했을 때 얻게 될 정보에 대한 실마리가 담긴 링크를 만들어야 한다.

팁: 두 문장 테스트

누군가가 페이지에 있는 첫 두 문장을 읽었을 때 여러분이 전달하기를 원하는 정보를 얻을 수 있는지 자문해보라.

짧고 친절하게

우리의 조언: 길고 두서 없는 글에 독자는 실망한다. 일반적으로 웹 컨텐츠의 단어 개수는 일반적인 글에 사용되는 양의 절반 정도가 적당하다.

양을 줄이는 것은 실제로 해보면 그리 녹록하지 않다. 글의 핵심 부분만 남기고 잘라내는 데에는 용기와 연습이 필요하다. 하지만 단어수를 줄인다고 해서 중요한 내용을 버리라는 것은 절대 아니다. 제대로 줄임으로써 동일한 정보를 남으면서 실퍼보기 쉽게 정리된 컨텐츠는 결국 독자들에게 더 유용하다.

만약 해외 여행에서 갖고 돌아올 수 있는 것이 무엇인지 알고 싶다면 이 페이지는 사람들에게 도움이 되지 않는다. 사람들은 이 사이트에서 뒤엉킨 내용으로 고생해야 했다. 초반의 몇 단락에는 질문에 대한 답이 제공되어 있어야 하지만, 여기서는 제한된 몇몇 사용자들에게만 적용할 수 있는 구체적인 상황과 결론을 담았다. 이렇게 상세한 내용이 중요한데도 도입부에 포함되어 있지 않다. 굵은체로 표시된 "along with any vehicle used to transport them"이라는 글은 필자에게는 다소 중요한 내용일 수 있겠지만 독자에게는 그렇지 않다.

"우선 너무 많은 정보 때문에 상당히 괴롭군요. 글이 정말 많아요."

www.hmce.gov.uk

이 사이트에 방문한 테스터는 정보가 제대로 구성되어 있지 않고 설명도 부족했기 때문에 IRA 계좌가 무엇인지 이해하는 데 어려움을 느꼈다. 이 사이트는 요점을 언급하기 전에 상세한 설명을 했고 결국 혼동을 야기했다. 첫 문장은 계좌를 설명하려고 시도했지만 정의가 너무 일반적이어서 다른 많은 계좌에도 적용할 수 있는 내용이었다. 게다가 "Traditional"과 "Roth IRA" 계좌의 차이점도 명확하지 않다. "Employer's Qualified Pension Plan"과 "mandatory distribution"과 같은 복잡한 전문 용어는 사람들이 올바른 제품을 선택하는 데 방해한다.

www.dimewill.com

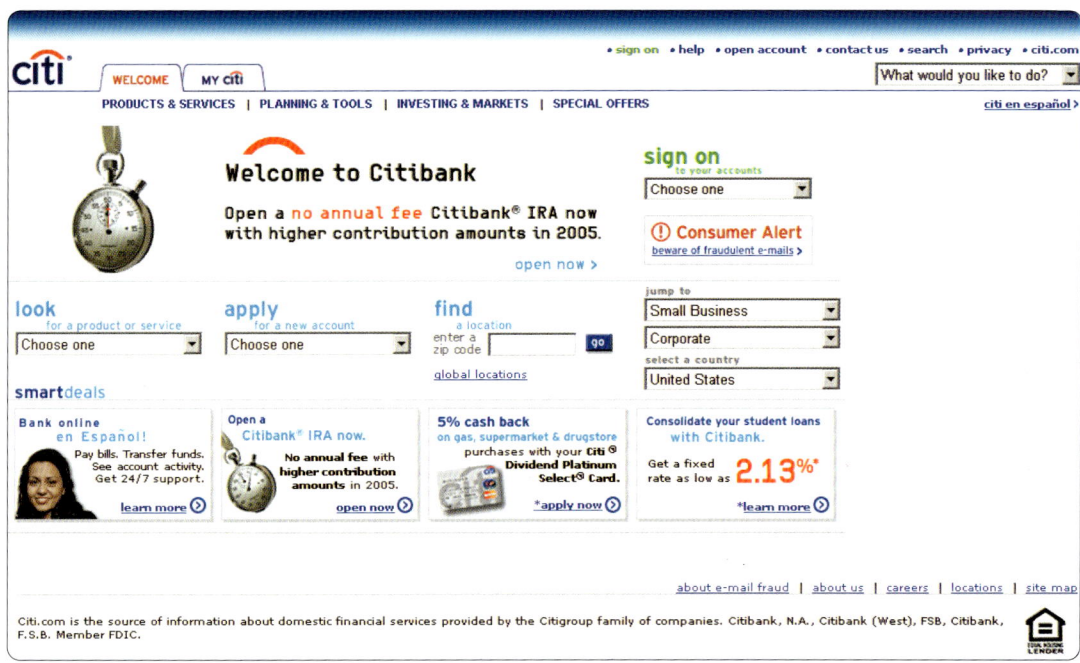

www.citibank.com

실제로 사이트에 찾아온 사람을 환영(welcome)할 필요는 없다. 이것은 괜한 트집처럼 보일 수 있지만 요지는 가급적 불필요한 용어는 줄여야 한다는 것이다. 단어가 여기 저기에 분산되어 서서히 늘어남에 따라 사이트는 불필요하게 복잡해졌다. 또한, "look", "apply", "find"와 같은 통용어를 사용하고 있다는 점에 주목한다. 이러한 용어는 사람들의 궁금증을 증폭시킬 뿐이다. 무엇을 찾으라는 말인가? 어디에 적용하라는 말인가? 무엇을 찾아야 하는가? 이보다는 설명적인 구를 사용하는 것이 훨씬 낫다.

설명적인 레이블 사용하기

Citibank 웹 사이트에서 몇 개의 레이블 제목을 선택하여 올바른 이름으로 통신을 개선하는 방법을 알려주기 위해 그 이름을 변경했다. 원래의 레이블은 독창적이고 멋지지만 의미를 담아내지는 못했다. 개선된 버전은 사람들이 굳이 힘들여서 생각을 하지 않아도 의미하는 바를 알 수 있다.

원래의 레이블	제안된 레이블
Look	Products and Services
Apply	Apply for an Account
Find	Locations

8: 웹을 위한 글쓰기

무의미한 헤더는 사용하지 않도록 한다. "Know What?"과 "What Now?"는 개념상으로는 귀여울 수 있지만 결코 유용하지 않다.

(우측페이지 상단) "Click here to"와 "Click here for"와 같은 단어의 반복 사용은 페이지를 혼란스럽게 만들어 링크를 신속하게 살펴보고 중요한 것을 찾아보는 데 방해가 된다. 대부분의 사람들은 이제 링크를 찾는 방법을 알고 있으므로 클릭하라는 지시 사항을 없애고 대신 정보를 담은 단어로 링크를 만들면 좋다.

(우측페이지 하단) "Palm Beach County"라는 단어를 지나치게 많이 사용함에 따라 사람들은 이 사이트의 핵심적인 용어로 시선을 돌리지 못하고 결국 페이지를 살펴보기 어려워 했다. 방문객들은 이미 Palm Beach County 항목에 들어와 있는 것을 알고 있으므로 그것을 반복해서 사용하는 것은 아무 의미도 없다.

www.bocaraton.com

이 그림에서 핵심적인 용어는 무엇인가? 이 디자인에서는 링크가 가장 두드러지게 표현되어 있음에도 불구하고 최소한의 정보도 담고 있지 않다. 링크를 제거하여 화면을 단순하게 만들고 시간과 날짜 같은 가장 중요한 정보를 클릭 가능하게 만드는 것이 더 좋다. 페이지의 제목은 이미 목록의 모든 항목이 'O' by Cirque Du Soleil에 대한 것이라는 사실을 알려주므로 반복해서 사용할 필요가 없다.

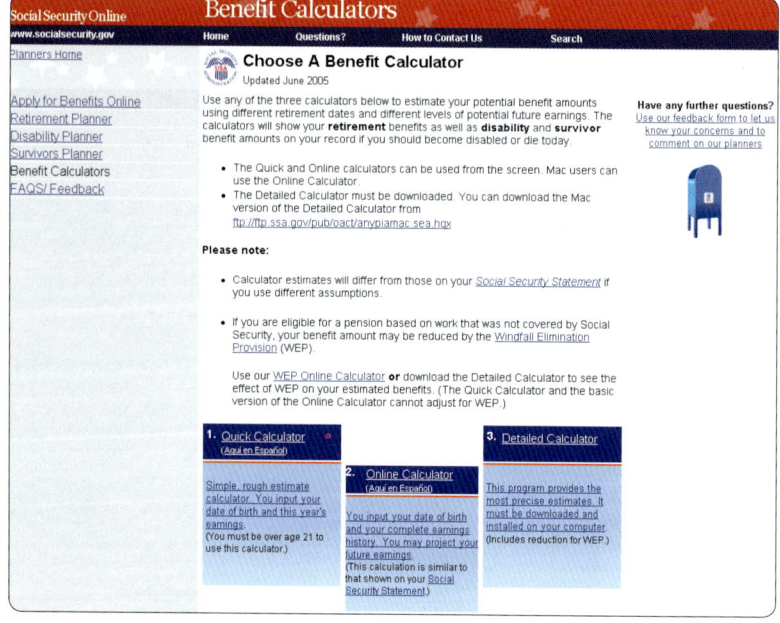

www.bellagio.com

제목은 계산기를 선택하라고 말하지만 주요 페이지는 선택 사항을 명확하게 보여주지 않으며 계산기의 이름은 도움이 되지 않는다. 추가 설명과 팁이 페이지를 혼란스럽게 만들고 있고 사람들이 원하는 도구는 볼 수 있는 브라우저 창 아래에 숨어 있다. retirement 와 disability 와 같은 굵은체로 표현된 단어들은 유용한 정보를 제공하지 않는 임의의 단어에 시선을 집중시킨다.

www.socialsecurity.gov

가독성을 위한 문자열 구성

현재 정착된 웹 포맷 기법은 사이트에 담긴 글의 가독성을 현저하게 개선하는 시각적인 실마리를 제공해주므로 사람들이 페이지를 신속하게 살펴보고 원하는 영역에 접근할 수 있게 도와준다. 가장 일반적이고 효과적인 관례는 다음과 같다.

- 키워드 강조
- 간결하고 설명적인 제목과 헤더
- 굵은 점 목록과 번호를 매긴 단계
- 짧은 단락
- 웹 페이지에서 가장 중요한 부분을 첫 두 문장 내에 포함시키기

키워드 강조

주의 깊게 선택된 키워드를 강조하면 독자의 시선을 페이지의 특정 영역으로 끌어올 수 있다. 굵은체 또는 채색된 문자열과 같은 디자인 처리 방법을 사용하면 7장에서 자세하게 설명했던 것처럼 중요한 요소가 강조되어 사용자들의 시선을 끌게 된다.

문장 전체 또는 긴 어구를 강조하면 독자의 읽기 속도가 느려지므로 요점과 연결되는 단어와 어구를 추려내야 한다. 색상 또는 굵은체로 너무 많은 항목을 강조하면 효과가 줄어든다. 결국 아무것도 두드러지지 않고 페이지의 모습은 복잡해진다.

사용성 극대화하기

1998년 존 목스(John Morkes)와 제이콥 닐슨은 전문적인 정보를 웹 지침에 맞게 재구성하는 것이 어떻게 사용성을 현저하게 개선할 수 있는지 시연하기 위한 연구를 진행했다. 그들은 B2B(Business to business) 웹 사이트에 등록된 백서의 두 버전을 비교했다. 하나는 최초의 형식이었고 다른 하나는 웹에 적합한 간결한 글을 사용한 것이었는데, 상당히 놀라운 결과를 얻었다. 개정한 버전이 모든 사용성 매개 변수에서 현저하게 높은 점수를 얻은 것이다.

최초 버전에 비해 웹에 최적화된 버전에서 독자들은 다음과 같은 효과를 보였다.

- 작업을 80% 더 빠르게 완료
- 80% 더 적은 오류
- 100% 더 많은 사실 기억
- 웹 사이트에 대한 만족도 점수 37% 상승

일반적으로 하이퍼링크와 연계된 디자인 처리 방법(파란색, 밑줄, 굵은체)은 자동으로 두드러져 보인다. 실제로 이 정도만으로도 충분하므로 다른 추가적인 강조가 필요 없는 경우도 있다.

굵은체의 단어를 적절하게 사용하면 독자의 시선을 중요한 영역으로 끌어와 페이지를 신속하게 훑어보고 정보를 쉽게 얻을 수 있게 해준다.

Statistics
Coronary heart disease is America's No. 1 killer. Stroke is No. 3 and a leading cause of serious disability. That's why it's so important to reduce your risk factors, know the warning signs, and know how to respond quickly and properly if warning signs occur.

Heart Attack Warning Signs
Some heart attacks are sudden and intense -- the "movie heart attack," where no one doubts what's happening. But most heart attacks start slowly, with mild pain or discomfort. Often people affected aren't sure what's wrong and wait too long before getting help. Here are signs that can mean a heart attack is happening:

- **Chest discomfort.** Most heart attacks involve discomfort in the center of the chest that lasts more than a few minutes, or that goes away and comes back. It can feel like uncomfortable pressure, squeezing, fullness or pain.
- **Discomfort in other areas of the upper body.** Symptoms can include pain or discomfort in one or both arms, the back, neck, jaw or stomach.
- **Shortness of breath.** This feeling often comes along with chest discomfort. But it can occur before the chest discomfort.
- **Other signs:** These may include breaking out in a cold sweat, nausea or lightheadedness

If you or someone you're with has chest discomfort, especially with one or more of the other signs, don't wait longer than a few minutes (no more than 5) before calling for help. Call 9-1-1... Get to a hospital right away.

Calling 9-1-1 is almost always the fastest way to get lifesaving treatment. Emergency medical services staff can begin treatment when they arrive -- up to an hour sooner than if someone gets to the hospital by car. The staff are also trained to revive someone whose heart has stopped. Patients with chest pain who arrive by ambulance usually receive faster treatment at the hospital, too.

www.americanheart.org

간결하고 설명적인 제목과 헤더 사용

주요 페이지는 검색 엔진 목록에서 연결되는 링크 역할을 수행하기 때문에 제목이 특히 중요하다. 사용자들은 빠른 속도로 목록을 훑어보기 때문에 페이지의 제목은 몇 개의 단어만을 사용하여 요점을 담아내야 한다. 시선 추적 연구에서 사용자들은 검색 목록의 첫 마디만 읽는다는 사실을 발견했다. 따라서 정보를 담은 키워드를 제목의 뒷부분에 넣는 것은 좋지 않다.

시선 추적 연구에서 사용자들은 검색 목록의 첫 마디만 읽는다는 사실을 발견했다. 따라서 정보를 담은 키워드를 제목의 뒷부분에 넣는 것은 좋지 않다.

주어진 페이지 내에서 효과적인 제목과 부제로 독자의 시선을 끌고 내용의 요점을 알려주어야 한다. 제목은 내용의 조직을 위한 길잡이 역할을 수행하면서 글을 제어하기 쉬운 덩어리로 분리하고 읽고 이해하기 쉽게 만들어야 한다. 길잡이의 주 용도는 독자들을 찾고 있는 컨텐츠가 있는 곳을 알려주는 것이다. 그렇게 하려면 충분히 짧으면서도(최대 60글자) 의미를 담고 있어야 한다. 멋지거나 독창적인 제목을 쓰고 싶은 유혹에서 벗어나야 한다.

> **체계적인 제목을 위한 세 가지 지침**
>
> - 주요 제목은 본문보다 크고 굵게 표시해야 한다.
> - 부제는 주 제목보다 작지만 여전히 본문에 비해 두드러져야 한다.
> - 제목을 좌측으로 정렬하고 문장 또는 제목의 첫 글자를 대문자로 한다. 제목 전체를 대문자로 만들어 중앙에 정렬한 것보다 읽기 쉽다.

www.americanheart.org

"Go Red For Women"과 "911"과 같은 멋진 제목은 내용을 적당하게 설명하지 못한다. 중요한 의미가 설명에 포함되어 있지만 대부분의 사람들은 설명을 보는 데 시간을 들이지 않는다는 점을 명심하기 바란다. 제목이 명확하고 굵은체이고 그래픽으로 되어 있을 때 의미가 명확하지 않다면 사람들은 그것을 무시한다. 조금도 호소력이 없는 글은 개선할 여지가 있다.

"Notice 1: A Customs guide for travelers entering the UK"라는 제목으로 페이지에 포함되어 있는 정보를 알아내는 것은 어려운 일이다. 많은 사람들은 "Notice 1"이 무엇인지 또는 "A Customs guide"가 무엇을 의미하는지 모른다. 사용자들은 장황한 링크들과 모호한 날짜 및 용어의 사용으로 당황하게 된다.

"혼란스럽네요. 날짜 변경과 안내문은 너무 많고 제목과 그다지 연관되지도 않는군요. 무언가가 변경되는 시기에 대한 내용은 많지만 찾고 있는 내용이 담긴 목록은 없습니다. 허가서와 날짜에 관한 설명은 너무 많고 정말 필요한 정보에 대한 설명은 없군요."

"사용자에게 친숙한 환경이 아니네요. 제가 원하는 건 일반적인 질문에 대한 답변 목록이에요. 여기 내용은 문서와 버전에 대한 것뿐입니다. 글이 너무 많아 혼란스러워요."

"모두 정부 관련 전문 용어군요. 일반인들을 대상으로 한 사이트라면 정부 관료들이 사용하는 용어가 아니라 일반적으로 사용되는 정보가 필요합니다. 다른 사람한테 전화하고 싶어지는군요."

굵은 점과 숫자 목록 사용

일련의 단계 또는 항목을 설명할 때 굵은 점 또는 번호를 매긴 목록을 사용하도록 한다. 항목들 간에 특별한 순서가 없는 경우에는 굵은 점을 사용하고, 단계별 지시 사항, 순서가 있는 항목들, 그리고 숫자를 참조하는 항목에는 번호를 매긴 목록을 사용한다.

수직 목록은 각 항목 주위에 많은 여백을 두어 눈을 편하게 하고 각 항목 그 자체로 두드러져 보인다. 결과적으로 한 칸 들여 쓴 목록보다 효과적이어서 요점을 참조하고 이해하는 것이 훨씬 쉬워진다. 이와 유사하게 번호를 매기거나 굵은 점을 사용한 수직 목록은 사건이나 아이디어를 순서대로 담는 데 효율적이다. 이 두 가지의 비교 연구는 사용성을 47%나 개선할 수 있다는 사실을 보여준다.

> 사건이나 아이디어를 순서대로 담는 데에는 수평으로 연결된 목록보다 수직 방향 목록이 효율적이다. 이 두 가지의 비교 연구는 사용성을 47%나 개선할 수 있다는 사실을 보여준다.

> 이들 두 가지의 서로 다른 포맷을 비교하고 두 번째 실례에 목록으로 나열된 온천 서비스가 읽기 쉽다는 점에 주목한다. 제공하는 서비스를 수직 목록으로 정리하면 사용자들이 한 줄 들여 쓴 목록보다 쉽게 내용을 살펴볼 수 있게 된다.

www.hyatt.com

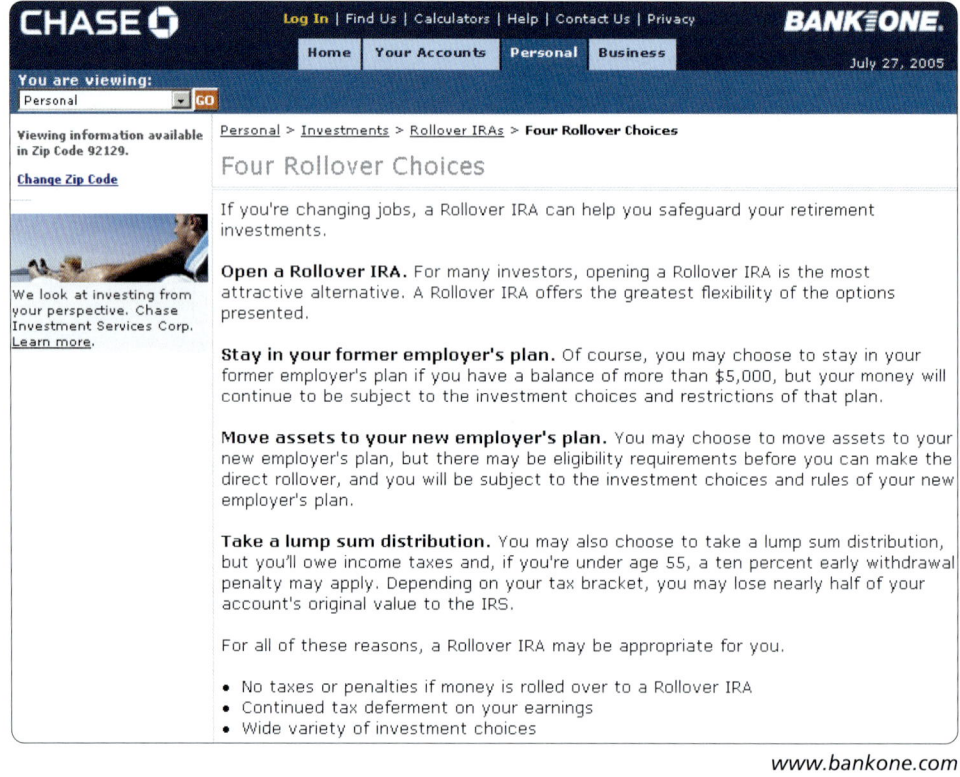

www.bankone.com

이곳에 있는 글은 지금까지 살펴본 다른 예들보다 개선된 상태이다. 문장은 일반적으로 짧고 단순하며 핵심 용어는 굵은체로 되어 있어 옵션들이 두드러져 보인다. 도입 문장을 사용하고 각 옵션에 번호를 매겨 사람들에게 각 항목이 옵션이라는 것을 명확하게 알 수 있게 하는 것이 좋다.

목록 표현을 위한 일곱 가지 지침

- 네 개 또는 그 이상의 항목을 강조해야 할 때에는 수직 목록을 사용하라. 이보다 더 짧은 목록일 경우에는 일반적으로 의미가 없다.
- 명확한 설명이 담긴 도입 문장 또는 어구로 목록을 시작하라. 목록에 있는 각 항목이 완성된 문장으로 되어 있다면 도입 문장은 서술형일 필요가 없다.
- 수직 목록은 들여 쓰고 줄이 넘어가면 굵은 점이 아니라 문자열이 시작하는 부분에 맞춰 시작하라.
- 굵은 점 사이에 너무 많은 여백을 두면 안 되고 문자열로 시작하라. 굵은 점 사이의 차이가 너무 벌어지면 글을 읽기 어렵다. 연결을 위해 눈이 더 멀리 이동해야 한다.
- 가급적 "a", "an", 또는 "the", 그리고 반복되는 단어를 목록 항목의 도입부에서 생략하라.
- 목록의 각 항목에는 동일한 구조의 문장을 사용하라.
- 목록을 지나치게 많이 사용하면 효율성이 떨어질 수 있다.

> Goods you buy in the EU
>
> **You do not have to pay any tax or duty in the UK on goods you have bought tax paid in other EU countries for your own use and transported by you, but please remember the following:**
>
> - 'Own use' includes goods which are for your own consumption and gifts. You cannot bring back goods for payment, even payment in kind, or for re-sale. These would then be regarded as held for a commercial purpose.
> - You may be breaking the law if you sell goods that you have bought. If you are caught selling the goods, they will be taken off you and for serious offences you could get up to seven years in prison.
>
> If you bring back large quantities of alcohol or tobacco, a Customs Officer may ask you about the purposes for which you hold the goods. This particularly applies if you have with you more than the following amounts:
>
> - 3200 cigarettes
> - 200 cigars
> - 110 litres of beer
> - 90 litres of wine
> - 400 cigarillos
> - 3 kg of smoking tobacco
> - 10 litres of spirits
> - 20 litres of fortified wine (such as port or sherry)
>
> These questions and checks could be about:
>
> - The frequency of your travel
> - The amount and type of goods purchased
> - The reason for purchasing goods
> - The method of payment used
> - Levels of consumption
> - Whether all your goods are openly displayed or concealed.
> - Any other relevant circumstances.
>
> The Officer will take into account all the factors of the situation and your explanation. If you are unable or you refuse to provide a satisfactory explanation the Officer may well conclude that those goods are for commercial purposes and not for your own use.

www.hmce.gov.uk

굵은 점 목록은 도움이 될 수 있지만 너무 자주 사용하면 효율성이 떨어진다.

팁: 동일한 구조의 문장 사용

각 항목은 일관된 형식의 문장 구조를 가져야 한다. 너무 다양한 표현은 문법에 맞지 않으며 독자들을 혼란스럽게 한다. 다음의 예를 살펴보자. 세 개의 문장이 모두 서로 다른 형식의 말로 시작하고 첫 번째 항목에만 도입 문장이 사용되고 있다. 개정된 목록은 각 문장이 유사한 형식의 말(이 경우 동사)로 시작되고 도입 문장을 완성하고 있기 때문에 자연스럽다.

비병렬 구조

Students sign up for newsletters to:

- Find out what's new
- How other people in their age group are doing
- Contests

병렬 구조

Students sign up for newsletters to:

- Find out what's new
- See what other people in their age group are doing
- Enter Contests

> **추가 정보**
>
> 이 장에서 언급한 연구에 대한 더 자세한 정보를 얻으려면, www.useit.com/papers로 가서 "webwriting"을 참조하고 www.nngroup.com/reports에 있는 "teens"를 참조한다.

단락은 짧게 유지

가독성을 개선하는 또 다른 방법은 내용을 작은 덩어리로 분리하는 것이다. 주위에 여백이 많은 짧은 단락은 빽빽한 문자열보다 가까이하기 쉽다. 소화할 수 있을 정도로 짧아진 정보는 사람들이 자연스러운 단락을 보고 다루기 쉬운 조각으로 구분된 정보를 얻게 하는 방법으로 살펴보는 것을 용이하게 만든다.

단락을 얼마나 길게 또는 얼마나 짧게 만들어야 한다는 명확한 규정은 없지만 다섯 개 이하의 문장으로 유지하는 것이 가독성을 높이는 데 도움이 된다. 각 단락은 한 개의 주제 문장과 한 개의 견해를 포함해야 한다. 한 개의 단락에 견해가 너무 많으면 복잡성이 증가하여 독자들이 주요 견해를 해석하기 어렵게 된다. 사람들은 주제 문장을 읽은 후 단락의 나머지 부분을 읽을 것인지 결정할 수 있어야 한다.

이것은 개요(overview)라고 보기 어렵다. 거대한 문자열 벽이 독자들을 겁먹게 한다. 정보를 작은 단락으로 분리하면 컨텐츠에 접근하기 쉬워진다.

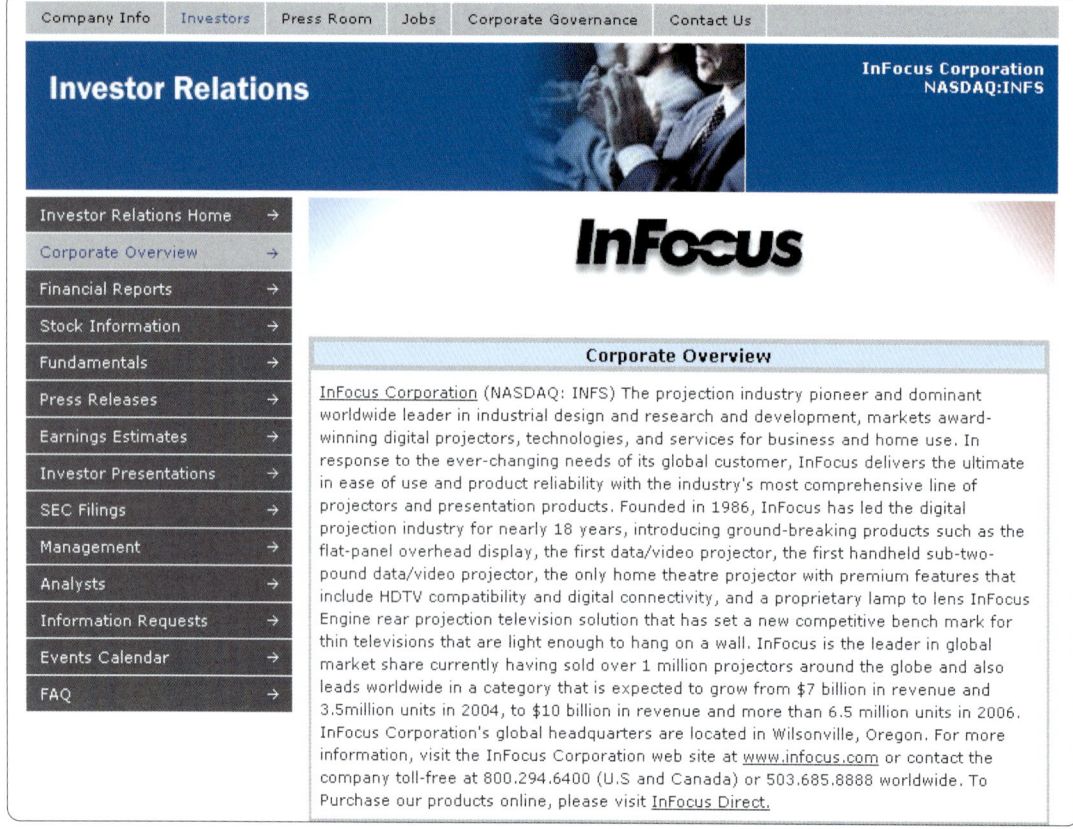

www.infocus.com

Behaviors

Interesting Facts:

- Sagebrush grows slowly. Dense stands of sagebrush -- which take 25 or perhaps even 100 years to recover from fires -- can be the most important to sage-grouse.
- Though more than 170 species of birds and mammals live in sage-steppe grasslands, sage-grouse are one of the only bird species that extensively eat sagebrush.

Voice: When flushed, a coarse "wut" or "kak, kak, kak" call. Males also coo and make popping vocalizations by expelling air through esophageal pouches during courtship.

Diet: Sagebrush almost exclusively during winter, and forbs (small flowering plants) in other seasons, while chicks eat insects and forbs. Unlike many other birds, sage-grouse are not adapted to digest seeds, and do not eat wheat, corn or other agricultural grains. They will, however, eat alfalfa, dandelion and other introduced forbs.

Habitat Type: Sage-grouse are found on prairies and mountain foothills, primarily in areas dominated by sagebrush, forbs and grasses, in habitats known as "sage-steppe." The best sage-grouse habitats are in mature sagebrush stands, often 30-100 years old, with a dense under story of native perennial grasses and flowering plants. These arid lands are characterized by a blanket of sagebrush and scant rainfall and snow. These birds require various types of sagebrush, ranging from tall, well developed sage for shelter and food during deep winter snows, to dense sage thickets with lush native grasses beneath for nesting. Sage-grouse chicks need healthy, wet meadows and creek areas rich in insects, forbs and other plants.

Range: Gunnison sage-grouse are found in Colorado and Utah, while the greater sage-grouse are found in parts of 11 western states and two Canadian provinces: California, Nevada, Oregon, Washington, Idaho, Montana, North Dakota, South Dakota, Wyoming, Colorado, Utah, Alberta and Saskatchewan.

Breeding: Each spring the males gather on a traditional display ground, called a lek, to court the females. They have ornate and competitive springtime mating rituals. Up to 100 males may be seen

www.nwf.org

아주 좋은 글쓰기 스타일이다. 명확한 글, 간단한 단어, 그리고 살펴보는 것을 쉽게 만드는 웹 포맷 기법을 적당히 사용하고 있다.

가격을 표시하라
- 변명은 금물
- 추가 비용 노출

고객의 신뢰를 얻어라
- 제품 설명하기
- 사진과 제품 삽화를 제공하라
- 단계별 제품 페이지
- 진실을 보여라

비교 구매 지원
- 세분과 정렬

고품질 내용으로 판매 지원

9 | 명확한 제품 정보 제공하기

모호한 제품 정보 때문에 얼마나 많은 온라인 판매가 실패했는지 알면 놀랄 것이다. 전성기에 웹상에서의 쇼핑은 매장에서 쇼핑하는 것보다 편리했어야 했지만 상품 정보가 불충분하거나 찾기 어렵거나 또는 아예 없기 때문에 그렇지 않을 때도 많았다. 기업들이 돈을 벌려는 목적이 있는 지조차 의심스러울 정도로 말이다.

제품을 온라인에서 판매하거나 홍보하려면 사람들에게 구매 결정을 하는 데 신뢰를 줄 수 있는 정보를 제공해야만 한다. 이 장은 온라인상의 제품 소개에서 볼 수 있는 가장 일반적인 문제점에 대해 설명하고 고객들을 위한 판매 지원 전략을 확실히 제공한다.

> 온라인 쇼핑에서는 제품을 손으로 직접 만져보거나 꼼꼼하게 살펴볼 수도 없고, 구매에 도움을 줄 수 있는 판매원도 없다. 따라서 웹 사이트는 가능한 한 제품을 손쉽게 찾을 수 있도록 구성하여 이러한 약점을 극복해야 한다.

온라인에서 물건을 구매하는 것에는 많은 잠재적 이점이 있다. 사람들은 자신의 상황과 일정에 맞게 제품을 알아보고 가격을 비교할 수 있다. 상점에서 상점으로 이동하는 데 시간을 낭비하지 않아도 된다. 게다가 구매에 대한 압박도 없고 길을 가로 막는 판매원도 없다. 그럼에도 불구하고 많은 전자상거래가 편리하지도 않고 쉽지도 않다. 좋은 제품 정보를 찾다 보면 막다른 골목에 들어서게 되어 좌절하기 십상이다.

우리는 이번 연구에서 사람들이 올바른 제품 영역에 도달하지만 가장 기초적인 질문에 대한 해답을 찾지 못하고 결국 포기하는 것을 발견했다. 가격은 얼마인가? 어떤 모양인가? 내가 필요로 하는 기능은 있는가? 내가 갖고 있는 물건과 함께 사용할 수 있는가? 물론 효율적인 내비게이션과 편리한 구매 과정은 고객들이 온라인에서 제품을 구매할 수 있게 도와주지만, 명확한 제품 정보야말로 온라인상에서 그것을 사고 싶게 만드는 데 있어 가장 중요한 요소이다.

이러한 모든 편리함에도 불구하고 온라인 쇼핑에서는 소매상들이 일반 상점에서 경험하지 못하는 문제에 직면하게 된다. 제품을 손으로 직접 만져보거나 꼼꼼히 살펴볼 수도 없고, 구매에 도움을 줄 수 있는 판매원도 없다. 따라서 웹 사이트는 사람들의 질문을 미리 예상하고 그들에게 원하는 해답을 쉽게 찾을 수 있다는 확신을 주고, 가능한 한 제품을 손쉽게 찾을 수 있도록 구성하여 이러한 약점을 극복해야 한다.

일반 상점을 찾는 고객과는 달리 온라인 고객은 단순히 클릭 한번만으로 다른 어떤 곳으로도 갈 수 있다. 그들은 특히 다른 온라인 대안이 있는 경우 질문에 대한 해답을 찾기 위해 상점 주인을 부르는 일은 거의 없다. 독점적인 제품이나 서비스를 제공하는 것이 아니라면 실망한 고객은 전화번호를 찾아 전화가 연결되길 기다린다거나 귀찮은 전화 메뉴에 매달리지 않고 사이트를 떠나 경쟁사로 발길을 돌리게 된다.

이 장만으로 전자상거래의 모든 부분을 망라하는 사용성을 다루지는 못한다. 그와 관련된 문제를 다루는 일련의 보고서를 갖고 있기는 하다. 여기서는 제품을 사이트에서 직접 판매하는지 여부와 상관없이 유용한 정보를 고객에게 제공하는 방법에 초점을 맞춘다.

가격을 표시하라

고객 설문 조사에 의하면 사람들이 어떠한 제품이나 서비스에 대해 가장 먼저 알고 싶어하는 것 중 하나가 바로 가격이다. 제품 사진이나 설명은 호기심을 자극할 수는 있지만 사람들이 가장 우선적으로 생각하는 것은 역시 가격이다. 솔직해져야 한다. 사용자들이 가격 정보를 쉽게 얻을 수 있게 해야 한다.

가격은 한번에 몇 가지 정보를 사람들에게 알려줄 수 있다.

- 제품의 가치
- 제품을 구매할 만한 돈을 갖고 있는지의 여부
- 올바른 장소에서 쇼핑을 하고 있는지의 여부

가격이 보이지 않으면 사람들은 제품이 틀림없이 비쌀 것이라고 생각한다(종종 부정적인 의미로). 제품이 처음 언급되는 장소에 가격을 표시하면 올바른 가격 카테고리에 들어온 것인지에 대한 우려를 다소 완화시킬 수 있다.

가격은 또한 제품을 비교하는 데 핵심적인 요소이다. 사람들이 일단 구매 후보로 정하고 나면 가격은 구매 결정에 결정적인 역할을 한다. 이 두 가지 제품은 비슷하게 보이는데 가격이 왜 다를까? 이러한 추가적인 기능에 돈을 지불할 가치가 있을까?

또한, 가격은 구매자들이 필요로 하는 올바른 장소로 안내할 수도 있다. 예를 들면, 만약 어떤 사람이 500명의 직원이 있는 회사를 위해 복사기를 구매하려고 한다면, 소기업을 위해 만들어진 시스템의 가격과는 상당히 다를 것으로 예상된다. 기업 규모가 클수록 대형 복사기를 필요로 하며 이것은 가격이 더 높다는 것을 의미한다. 반대로, 만약 사용자가 몇 명밖에 안 되는 소기업을 위해 구매하려고 한다면 가격 카테고리는 상당히 낮을 것이다. 초기에 가격을 알면 상황에 맞는 항목을 신속하게 찾고 필요없는 것은 제외시키는 데 도움이 된다.

인터넷 신용 사기가 순식간에 널리 퍼졌을 때 고객들은 구입을 하기 전에 기업이 믿을 만한지 알려줄 수 있는 추가적인 보증 장치가 필요했다. 가격에 대해 정직하고 명확한 입장을 갖는 것이 사업으로 돈을 버는 데 있어 매우 중요하다. 사람들은 가격을 숨기는 기업을 믿지 못한다. 예

> 인터넷 신용 사기가 순식간에 퍼졌을 때 고객들은 구입을 하기 전에 기업이 믿을 만한지 알 수 있는 추가적인 보증 장치가 필요했다. 가격에 대해 정직하고 명확한 입장을 갖는 것이 사업으로 돈을 버는 데 있어 매우 중요하다.

> **팁: 가격을 표시하는 장소**
>
> 가격은 제품 목록과 제품 페이지에 명확하게 표시되어야 한다. 고객들이 가격 정보를 얻기 위해 제품 링크 또는 사진을 클릭하게 해서는 안 된다. 제품 목록에서 제품 페이지로 오고 가게 만드는 것은 사용자에게 불편한 일이다.

를 들어, 일반 상점에 가서 설치형 타일의 가격을 물어봤지만 판매원은 신용 카드를 건네주기 전까지는 가격을 알려줄 수 없다고 말한다고 가정해보자. 또 다른 상점에서는 판매원이 최종 구매 가격뿐만 아니라 재질과 서비스에 따른 가격까지 알려준다고 가정해보자. 어느 상점에서 구매를 하고 싶을까?

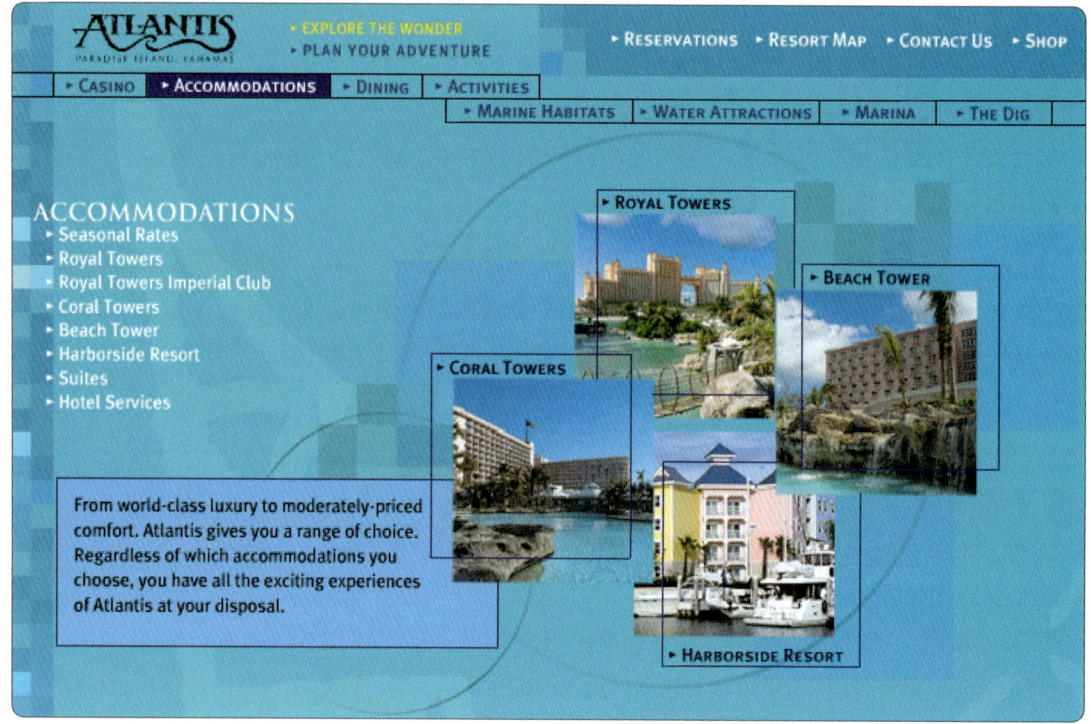

www.atlantis.com

사람들은 이 휴양지의 그래픽 표현이 눈 앞에 펼쳐지자마자 가격에 대해 알고 싶어했지만, 가격 정보를 얻을 만한 곳이 없었다. 숙박에 대한 내용이 담긴 부분에 Seasonal Rates 라는 작은 링크가 있었지만 Towers 를 위한 링크와 함께 묶여 있었기 때문에 사람들은 그것을 찾아내지 못했다.
"정말 좋아 보이는군요. 하지만 대체 비용이 얼마죠?"
"가격이 나와 있지 않네요. 결정적인 부분이 빠져 실망스럽습니다. 가격도 알 수 없고 예약 방법도 나와 있지 않네요."

(우측페이지 상단)　이 사이트에서는 가격을 보려면 각 항목을 모두 클릭해야 하기 때문에 제품을 구입하는 데 번거롭다. 가격은 깊은 곳에 있는 제품 페이지가 아닌 카테고리 단계에서 보여주어야 한다.

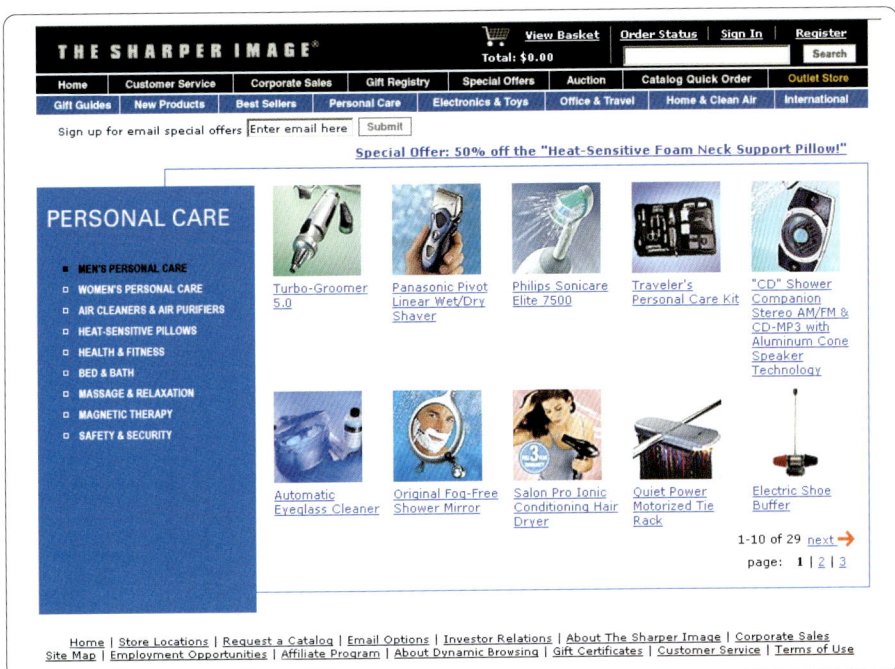

www.sharperimage.com

www.leefit.com

이 사이트는 모든 가격을 생략했다. 가격이라는 것은 상점마다 다르므로 예상 가격은 없는 것만 못하다. 가격은 제품의 질을 알려줄 수 있다. 예를 들면, 브랜드 이름과 디자이너 이름이 있는 옷은 가격이 비싼 경향이 있다. 이 브랜드가 낯설면 사람들은 제품의 가격이 예산에 맞는지 그리고 자신의 패션 감각에 맞을지 의심을 하게 된다.

9: 명확한 제품 정보 제공하기

변명은 금물

기업들은 가격을 온라인상에 노출하지 않는 이유에 대해 다양한 변명을 한다. 경쟁사가 그들의 가격을 알게 되는 것을 원치 않는다거나 고객에 따라 가격이 다르다거나 가격 변동이 심하다는 등이 그 이유이다. 이러한 모든 변명이 합리적일 수도 있지만 고객에게는 전혀 도움이 되지 않는다. 가격을 표시하지 않는 것은 고객들의 욕구에 거슬리는 행위이며 쇼핑에 대한 부정적인 생각을 갖게 된다.

비용 문제에 직면했을 때 고객을 속이려 하지 마라. 온라인 거래를 지속적으로 이어가려면 고객들의 신뢰를 얻어야 하고 광고한 내용을 지지하는 기업들은 고객들에게 점수를 따게 된다.

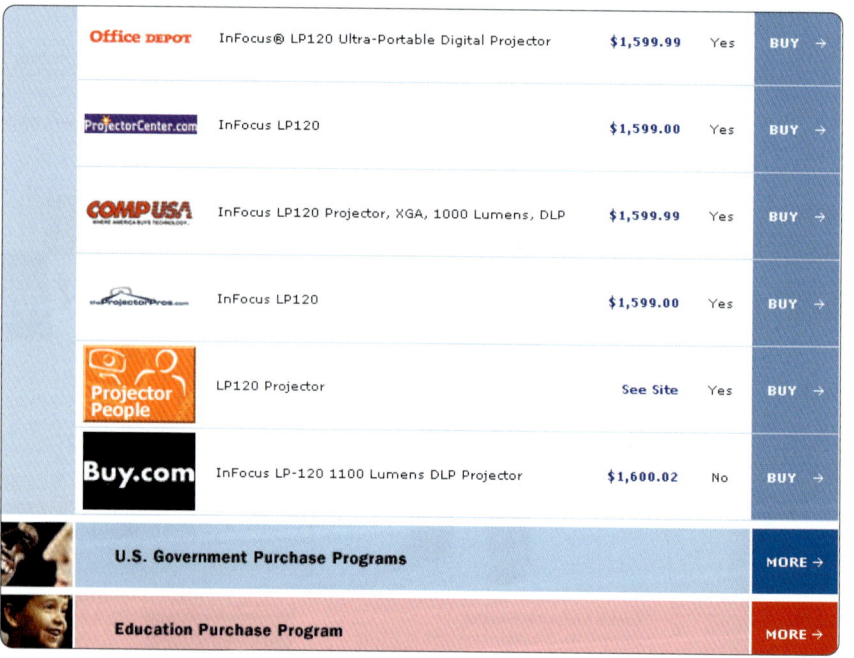

www.infocus.com

이 사이트는 제품에 대한 업체 가격을 공개하고 있어 매우 바람직하다. 정부 기관은 자체적인 물품 구매 프로그램을 갖고 있지만 가격을 표시하면 가격 범위에 대해 고려하게 된다.

사람들은 Fairmont Chateau Whistler 스키 휴양지 사이트에 있는 January White Out 패키지 광고에 있는 가격을 보자마자 관심을 보였다. 하지만 링크를 따라가보니 가격은 5일에 C$1,049였던 것이 1박에 $529로 변경되어 있었다. 일관성이 없는 가격 정보는 기업의 신용에 해를 끼친다.

팁: 대략적인 가격이라도 없는 것보다 낫다

만약 온라인에서 제품의 실제 가격을 제공할 수 없다면 대략적인 가격 또는 가격 범위라도 제공해야 한다. 많은 경우 사용자들은 최종 가격이 달라질 것이라는 점을 이해하며 대략적인 가격을 받아들인다. 예를 들면, B2B(Business to Business) 영역에서, 대규모로 거래하는 고객들은 일반적으로 일반인에게는 공개하지 않는 특별한 가격을 협상한다. 그러한 업체를 위한 구매자들은 제시된 가격을 지불할 필요가 없다는 것을 알고 있지만 여전히 대략적인 가격을 필요로 한다. 또한, 특정 서비스에 한해 가격 구성이 다양해질 수 있다. 예를 들면, 이사 전문 업체는 일반적으로 웹 사이트에 고정된 가격을 제시할 수 없다. 하지만 방이 세 개인 가정이 도시 내에서 이사하는 경우 또는 외국으로 이사하는 경우 등의 예를 들어 일반적인 이사 비용을 인용할 수는 있다.

9: 명확한 제품 정보 제공하기

추가 비용 노출

세금과 배송비와 같은 추가적인 비용은 장바구니의 첫 페이지와 같은 곳에 가급적 빨리 노출해야 한다. 사람들이 최종 결제 비용을 보기 위해 결제 과정 끝까지 기다릴 것으로 기대하지 않도록 한다. 대부분의 사람들은 정확히 비용이 얼마인지 모른다면 양식에 정보를 채워 넣거나 개인 정보를 제공하는 데 시간을 낭비하지 않으며 예상치 못한 추가 요금은 달갑지 않은 일이다.

예를 들면, 이번 테스트에서 KitchenEtc.com에서 꽃병을 구매했던 사용자는 배송 요금과 보험 비용이 명확히 기재되어 있지 않았기 때문에 구매에 대해 걱정스러워 했다. 그녀는 경험이 많은 인터넷 구매자였고 이렇게 숨겨진 비용에 속는 것을 원치 않았다. 그녀는 총 비용을 볼 수 없는 이 사이트에서는 구매를 원치 않았다.

그녀는 "배송에 대한 언급이 없었어요."라고 말했다. "일반적으로 유리 제품은 보험이 필요하고 무겁죠. 그래서 배송 요금도 비쌀 수 있어요. 이 웹 사이트에 다시 가게 될지 모르겠어요. 배송 비용이 얼마인지 그에 대한 언급이 없으니 걱정스러울 수밖에요."

같은 이유로 만약 배송 요금이 무료라거나 할인된 요금이라면 그에 대한 언급이 있어야 한다. 고객들이 세금이 적용되었는지 알 수 있어야 한다. 사람들에게 합리적으로 돈을 절약할 수 있는 방법을 알려주는 것은 부끄러운 일이 아니다. 고객들이 추가 비용에서 돈을 절약할 수 있으면 여러분에게 호의적일 수 있다.

이 사이트에서는 고객들이 등록하고 배송 정보를 완벽하게 입력하기 전까지는 총액을 알 수 없다. 고객들이 가는 길에 그러한 장애물을 만나면 그들은 떠나버린다.

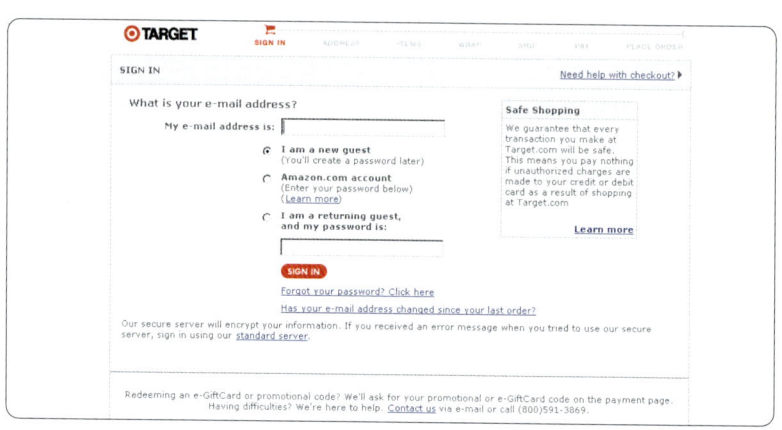

www.target.com

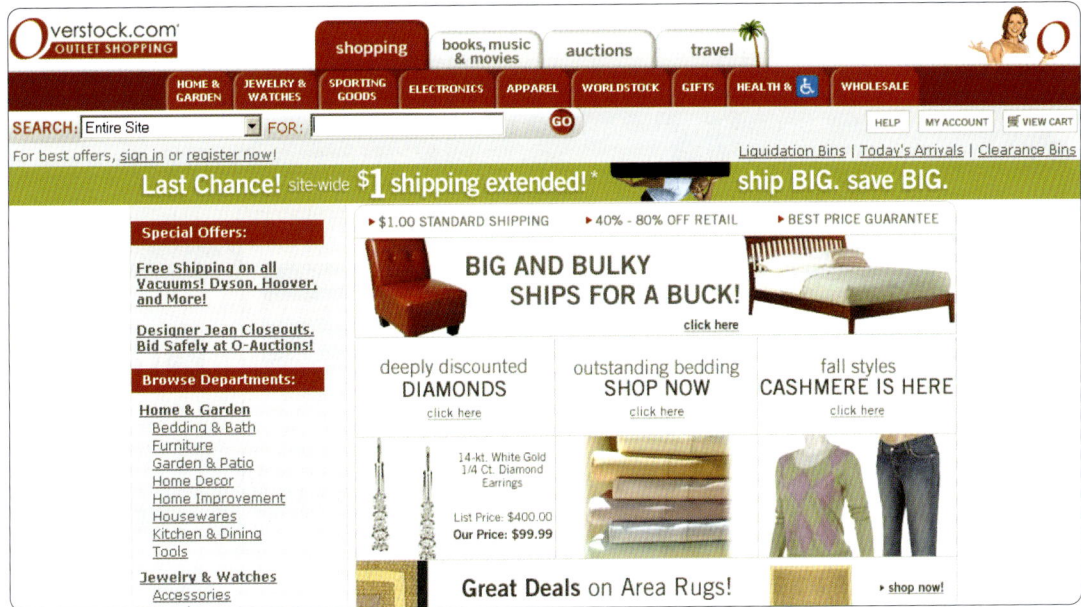

www.overstock.com

이 사이트는 홈페이지에 $1 배송 요금을 두드러지게 광고하고 있으므로 모호함이 없어 고객들은 자유롭게 쇼핑에 초점을 맞출 수 있게 된다.

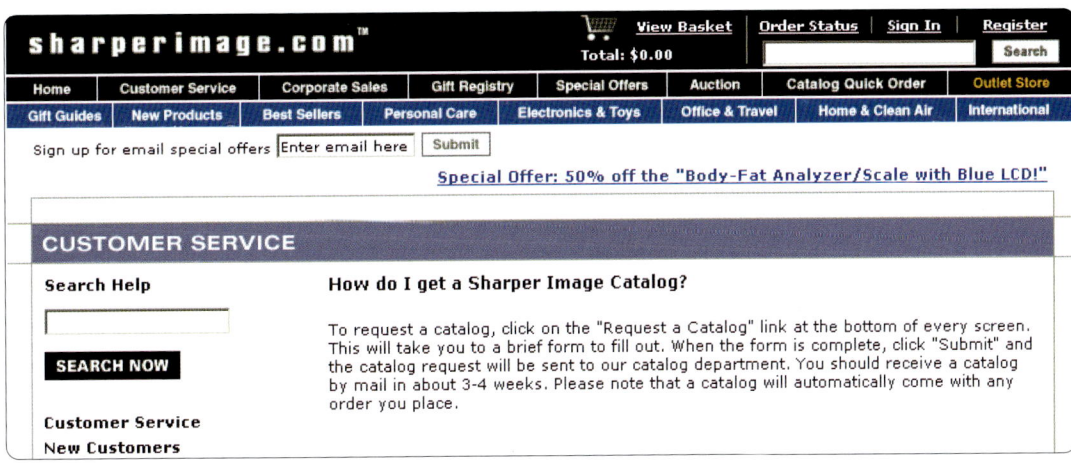

www.sharperimage.com

만약 무료로 제공하는 아이템이 있다면 그것이 관례상 무료라고 하더라도 확실하게 표시해야 한다. 많은 기업들은 자신의 웹 사이트에 대한 카탈로그를 무료로 제공하면서도 이를 명확하게 알려주지 않는다. 연구 참가자 중 한 명은 사이트가 가격을 언급하지 않아 돈을 지불해야 한다고 생각했기 때문에 카탈로그 요청을 거절했다.

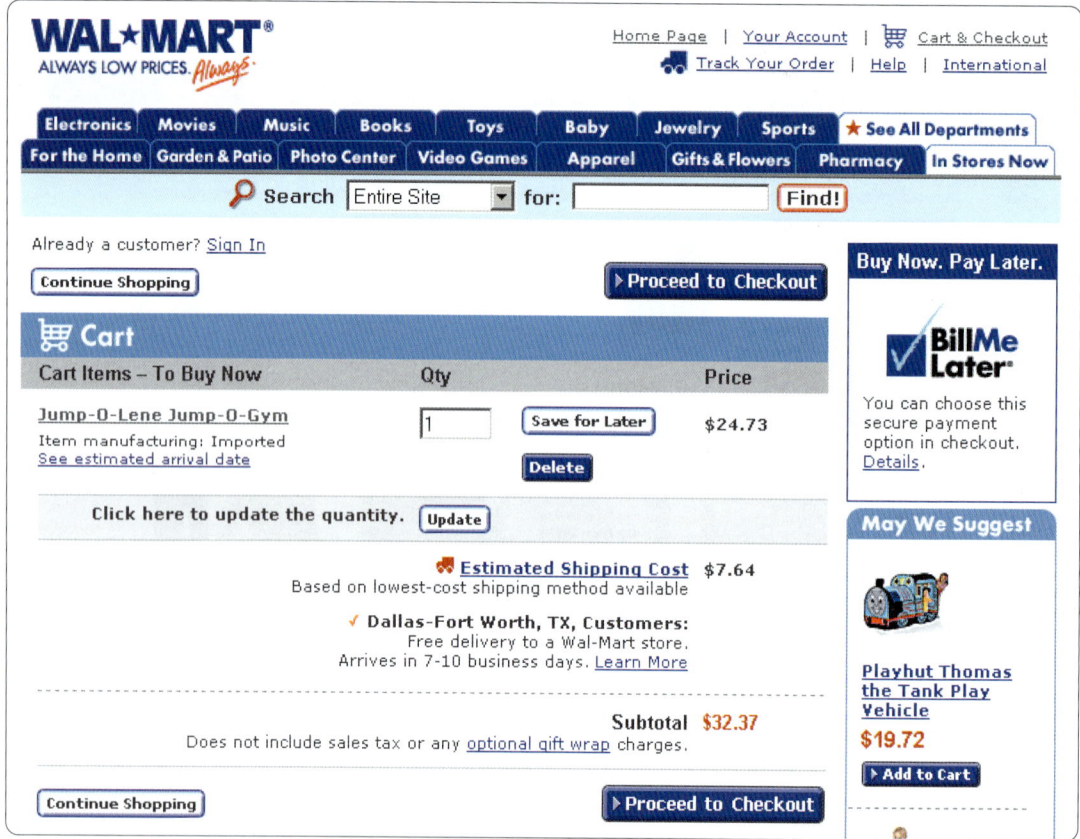

www.walmart.com

이 사이트는 개인 정보 입력을 요구하기 전에 장바구니에서 예상 배송 비용을 보여준다. 고객들이 구매하겠다는 약속을 하기 전에 불필요한 단계를 줄이는 것은 즐거운 쇼핑 경험을 이끌어내기 위한 현명한 전략이다. 물론, 확실한 최종 비용은 결제를 하기 전에 표시되어야 하며 배송 주소를 입력한 직후가 가장 좋다.

고객의 신뢰를 얻어라

너무 많은 웹 사이트들이 판매하는 제품과 서비스의 정확한 개요 대신 홍보용 과장 광고에만 치중하고 있다. 고객들은 제품이나 서비스를 명확하게 설명하고 그림을 포함하는 사이트를 신뢰하게 되지만 처음부터 너무 자세히 나와 있으면 질리게 된다. 정보가 너무 많을 때에는 여러 개로 분리할 것을 제안한다. 주의 깊게 배치된 약간의 자찬과 확실한 평가 역시 고객들의 신임을 얻는 데 도움이 된다.

제품 설명하기

피상적인 제품 설명은 온라인 판매에 실패하는 또 다른 요인이다.
다음은 일반적으로 저지르는 실수이다.

- 제공하는 제품에 대한 불충분한 설명
- 모습을 보여주기에 부적합한 사진의 제공

제품 설명은 사람들에게 제품이나 서비스에 대한 분별력을 인식할 정도로 상세할 필요가 있으며 이는 선택 대상을 구분하는 데 도움이 된다. 명확한 제품 설명이 사람들이 자신 있게 구매 결정을 내리는 데 중요하다.

8장에서 설명한 웹을 위한 글쓰기 규칙은 제품 정보를 표현하는 데도 적용된다. 간결하게 하라. 불필요한 말이나 모호한 언어를 없애기 위해 부지런히 움직여야 한다. 폭 넓은 방문객을 위해 일반적이고 일상적인 용어를 사용해야 한다.

온라인상에서 글을 읽을 때 사용자들은 지어낸 말이나 전문 용어를 사용하는 링크나 내비게이션 항목처럼 이해할 수 없는 정보는 읽지 않고 그냥 지나간다. 사람들에게 간과되는 컨텐츠를 갖고 있다는 것은 어느 사이트에서든 좋지 않다. 하지만 사용자가 제품 정보를 읽지 않는다는 것은 더 큰 문제이다. 사람들이 무언가를 이해하지 못할 때 그들은 그것을 최악이라고 생각한다. 예를 들면, 만약 은행이 당좌 예금 계좌의 설명에 "POS"라고 부르는 무언가를 위해 1달러를 지불해야 한다고 설명하면 사용자들은 POS가 무슨 의미인지 모르기 때문에 이러한 수수료를 상당히 많이 내게 될 것으로 생각하게 된다(마찬가지로 여러분 역시 모를 수 있으므로 간단하게 설명하면 POS는 "Point of Sale"의 약어이며 슈퍼마켓이나 다른 상점에서 은행의 신용 카드로 지불할 때 부과되는 잠재적 수수료를 의미한다).

이 은행에서 제공하는 다양한 당좌예금 계좌의 차이를 알아내는 것은 쉬운 일이 아니다. 개요에는 너무 많은 업계 용어가 포함되어 있어 잠재 고객들이 옵션을 이해하는 것은 실제로 불가능하다. 이곳의 표현은 은행 업계에서 일하고 있는 사람들은 완벽히 이해할 수 있지만 일반 고객들은 아니다. 예를 들면, 이번 테스트 참가자는 ATM/Master Card Check Card, Relationship balance, Telephone Banking, 또는 POS를 어떻게 해석해야 하는지 몰랐다.

"조금 확실하지 않네요. 사람들은 ATM이 뭔지 모릅니다. 이것이 데빗 카드 같은 건가요? 아니면 신용 카드 같은 건가요? 조금 헷갈리네요. 이 부분을 명확하게 해주면 도움이 될 것 같습니다. foreign ATM이 대체 뭐지요?"

불완전한 정보는 사람들의 제품에 대한 열의를 식혀 버린다. 할인 제품을 제공한다는 것은 멋진 일이지만 이 사이트는 사람들이 믿고 구매할 만큼 충분한 정보를 제공하지 않았다. 그들은 이 가격에서 제공받을 수 있는 것이 무엇인지 확실하게 설명할 수 없었다. 예를 들면, "Modified American Dining Plan"에 포함되는 것은 무엇인가? 무엇을 제공받을 수 있는지 모르면 비싼 가격표가 붙은 상품일수록 사람들은 구매하지 않는 경향이 더 높다.

"뭔가 구체적인 것을 원할 때는 모호한 정보 모음을 보느니 전화로 얘기할 수 있는 다른 곳으로 가서 상세한 설명을 듣는 것이 더 낫습니다."

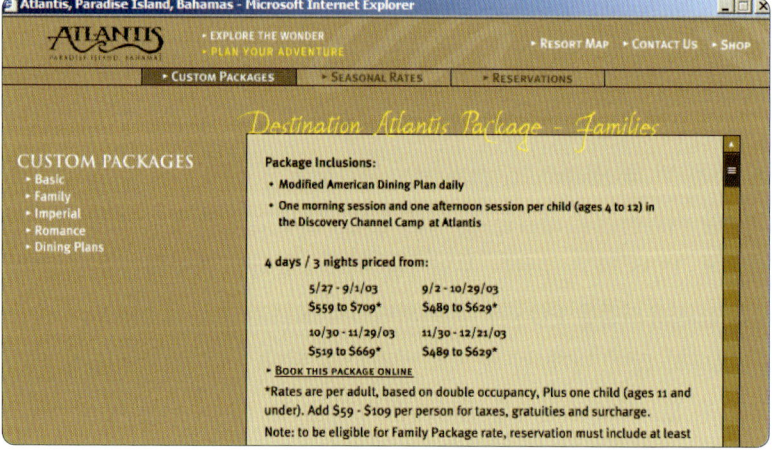

Showing 31 - 38 of 38 Latin events found in Los Angeles & Surrounding Areas			
			prev (31 - 38)
Fri, 10/07/05 08:15 PM	**Juan Gabriel**	Gibson Amphitheatre at Universal CityWalk Universal City, CA	**Find Tickets** On Sale Now
Sat, 10/08/05 08:00 PM	**Charo**	Spotlight 29 Casino Coachella, CA	**Find Tickets** On Sale Now
Sat, 10/08/05 08:15 PM	**Juan Gabriel**	Gibson Amphitheatre at Universal CityWalk Universal City, CA	**Find Tickets** On Sale Now
Wed, 10/12/05 07:30 PM	**Juan Gabriel**	Save Mart Center Fresno, CA	**Find Tickets** On Sale Now
Sun, 10/16/05 08:15 PM	**Ana Gabriel**	Gibson Amphitheatre at Universal CityWalk Universal City, CA	**More Info** Presale Begins: Wed, 08/24/05 10:00 AM
Sat, 10/22/05 08:00 PM	**El Grupo Fantasma**	Roxy Theatre Hollywood, CA	**Find Tickets** On Sale Now

www.ticketmaster.com

앞으로 상연할 공연에 대한 설명을 제공받을 수 없도록 되어 있다. 예를 들면, 설사 Charo 의 공연에 관심을 갖더라도 목록에서 클릭할 수 없다. 파란색의 단어는 클릭할 수 있는 것처럼 보이지만 그럴 수 없다. 왜 사람들이 이곳에 오기 전에 원하는 것을 이미 알고 있으리라고 생각하는가? 이것은 엄청난 기회를 잃게 된다.

> 사용자들이 제품을 정확히 볼 수 있도록 사진을 확대할 수 있어야 한다. 상세한 모습을 확실히 보거나 재질을 확인할 수 있게 하면 구매자들에게 온라인 구매에 필요한 신뢰감을 줄 수 있다.

사진과 제품 삽화를 제공하라

제품을 정확하게 표현해야 할 때, 의미 있는 삽화와 그림은 제품이 어떤 모습인지 보여주므로 글로 된 설명을 보완하는 역할을 한다. 웹 페이지상의 공간은 매우 제한적이므로 그림의 개수를 고려해야 한다. 귀중한 공간을 장식용 이미지 또는 그래픽으로 낭비하지 않도록 한다. 대신, 고객들이 관심을 갖고 있는 관련 세부 사항을 보여주는 그림을 선택하여 고객들의 온라인 행동 양식을 지원해야 한다. 그림의 크기와 해상도를 가급적 낮게 설정하여 사이트를 효율적으로 유지해야 하지만 고객들이 중요한 요소를 편안하게 이해할 수 있을 정도로 충분히 상세해야 한다.

사용자들이 제품을 정확히 볼 수 있도록 사진을 확대할 수 있어야 한다. 상세한 모습을 확실히 보여주거나 재질을 확인할 수 있게 하면 구매자들에게 온라인 구매에 대한 신뢰감을 심어줄 수 있다. 대부분의 사이트가 이 지침을 따라 확대 기능을 제공하면 좋겠지만 사이트에 따라서는 이 기능을 잘못 사용하고 있는 곳도 있다.

최악의 실수는 사용자가 "enlarge photo(사진 확대)" 버튼을 클릭했을 때 동일한 사진이 표시되는 것이다. 그러한 아무 의미 없는 링크와 버튼은 시간 낭비일 뿐이고 사용자들의 혼란만 가중시키게 된다.

많은 사이트에서 사용자가 사진을 확대하는 데 1분 정도의 시간이 소요된다. 사용자가 커다란 사진을 요청할 때 진짜 거대한 사진을 보여준다. 사람들은 기꺼이 다운로드가 완료되길 기다린다. 고객들이 사용하는 가장 일반적인 화면 크기에 맞게 사진을 만드는 것이 가장 좋다(이 글을 쓰고 있는 시점에는 1024 × 768). 경우에 따라서는 거대한 사진을 스크롤할 필요 없이 사용자들이 필요로 하는 부분만 상세하게 볼 수 있도록 확대해서 제공하는 편이 낫다.

자동차 사이트 시승하기

우리는 사람들에게 두 어린 자녀를 둔 가족에게 적절한 자동차를 찾아보라며 Honda Automobiles 사이트(http://automobiles.honda.com)를 이용해 볼 것을 요청했다. 이 작업은 생각과는 달리 쉽지 않았다. 모호한 특징 목록과 제품 설명 때문에 사람들은 차를 선택하는 데 힘들어 했다.

사용성 연구를 통해 혼다 사람들이 해답을 원하는 일반적인 질문을 알아내는 데 도움을 얻었다. 사용자들의 설명을 몇 가지 들어 보자.

"자동차에 에어컨이 없다는 것을 알아내는 데 10분이나 걸릴 것이라고는 생각치도 못했습니다."
"외장 패키지에 뭐가 포함되는지 나와 있지 않네요."
"사용하고 있는 오디오 시스템의 브랜드를 모르겠어요."
"DX와 EX, 혼다에 대해 전혀 모르겠습니다."
"정면 에어백에 대해 아는 것도 없는데, 알려줄 만한 곳도 찾지 못하겠습니다."

초기 페이지는 대역과 제한된 공간을 독식하는 것을 피하기 위해 작은 사진을 사용해야 한다. 즉, 다운로드 시간을 알아내고 페이지 부피 할당량을 확인해야 한다. 광대역 시대라고 하더라도 느린 응답 시간은 여전히 일반적인 문제이다. 커다란 파일은 로딩 시간이 너무 길어질 수 있고 최악의 경우 컴퓨터가 멈출 수 있으므로 느린 연결을 사용하는 사람들에게 민감하게 대처할 필요가 있다. 사람들이 그림이 다운로드 받길 기다리는 데에도 한계가 있다. 그들은 공 들일 만한 가치가 없다고 생각하면 오랫동안 기다려주지 않는다.

> **그림에 관한 다섯 가지의 큰 실수**
> - 그림이 너무 작아 적당한 세부 사항을 보여주지 못하는 경우
> - 그림이 충분하게 확대되지 않아 세부 사항을 보여주지 못하는 경우
> - 설명과 너무 동떨어진 곳에 확대 이미지를 보여주는 경우
> - 크기 비교를 할 수 없는 경우
> - 제품의 중요한 부분을 보여주지 않는 경우

www.crutchfield.com

Crutchfield는 사이트에 사진을 두 단계로 확대하는 기능을 제공하고 있다. 큰 사진에는 사용자에게 제공할 헤드폰의 스타일과 이 위성 라디오의 제어판에 대한 얼마나 충분한 상세 정보가 포함되어 있는지 주목한다. 물론 이렇게 큰 사진은 두 가지 이유에서 주요 제품 페이지에 넣을 수 없다. 다운로드에 너무 오랜 시간이 소요되고 다른 제품 정보를 보여줄 공간이 너무 줄어든다. 하지만 사용자가 큰 사진을 요청했을 때 상세한 사진을 보여주면 판매하기가 더 쉬워진다.

아마존은 반지의 상세한 모습을 보여주는 깔끔한 확대 사진을 제공한다. 게다가 이 사이트는 제품을 다른 반지 제품과 함께 표시하여 사용자가 상대적인 크기를 볼 수 있다. 옆에서 찍은 사진을 함께 표시하여 두께를 알 수 있게 했으면 더 나았을 것이다. 그리고 작은 제품인 경우 사진에 사용자가 크기를 알고 있는 동전과 같은 물건을 포함시키면 크기를 쉽게 짐작할 수 있게 된다.

사진이 너무 작아서 충분히 자세한 모습을 볼 수 없다. 더 자세하게 보여주면 더 큰 그림을 보기 위해 각 항목을 클릭하지 않고도 선택할 제품의 차이를 빨리 알아챌 수 있게 된다. 초기 페이지의 사진은 작아야 하지만 각 제품의 두드러진 특징을 보여줄 정도의 크기는 되어야 한다.

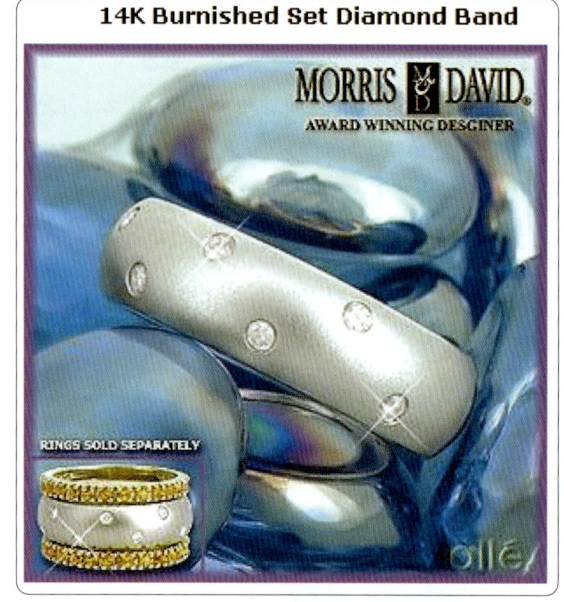

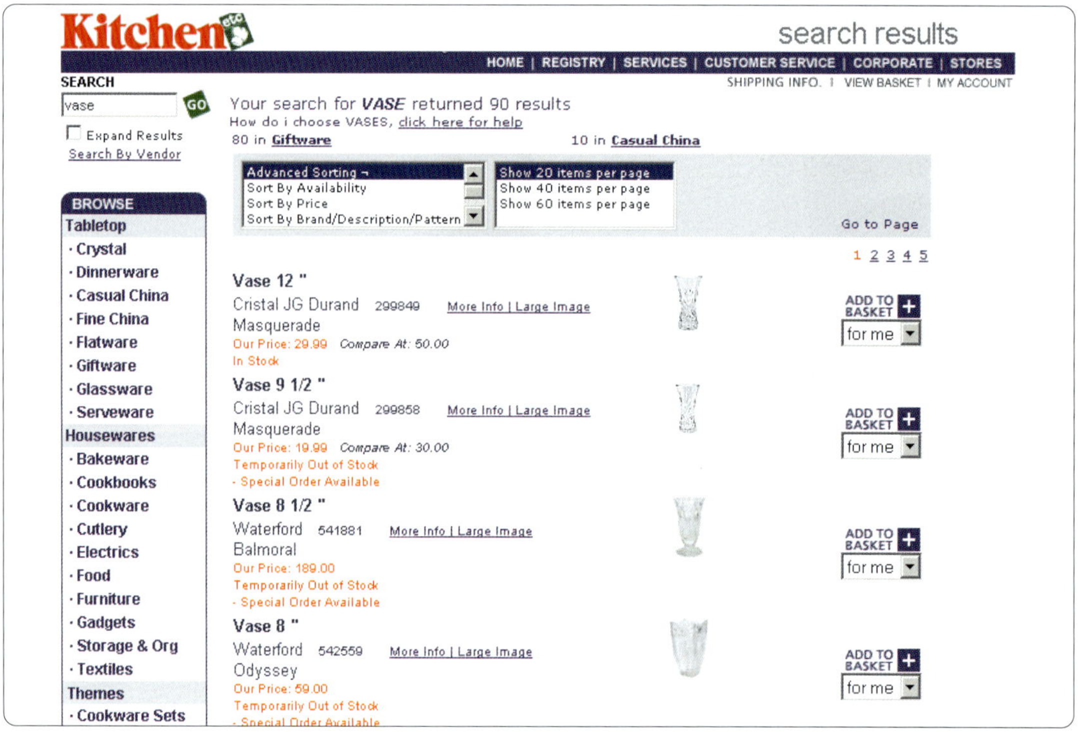

www.amazon.com

www.kitchenetc.com

3.5" SATA Hard Drive Solution

ExDrive II SATA35 - Aluminum External hard drive kit for 3.5" SATA or SATA II hard drive
ExDrive SATA35 is the simplest and most affordable external hard drive kit for SATA or SATA II hard drive. Constructed with strong aluminum and comes bundled with a unique AC/DC power adapter, a 3-foot heavily shield external Serial ATA data cable, the Addonics ExDrive SATA35 drive kit easy turns any 3.5" Serial ATA hard drive into an external Serial ATA hard drive
More Info...

ExDrive SATA35 - External hard drive kit for 3.5" SATA or SATA II hard drive
ExDrive SATA35 is the simplest and most affordable external hard drive kit for SATA or SATA II hard drive. Comes bundled with a unique AC/DC power adapter and a 3-foot heavily shield external Serial ATA data cable the Addonics ExDrive SATA35 drive kit easy turns any 3.5" Serial ATA hard drive into an external Serial ATA hard drive
More Info...

The Saturn ExDrive (SED) - The new generation of external hard drive kit with many improvements. The SED for SATA hard drive is the first hard drive kit in the market that enables any SATA hard drive to be used as an external hard drive via USB, Firewire, CardBus/PCMCIA or External SATA connection.
More Info...

www.addonics.com

이곳의 썸네일 사용은 방문객들이 각 제품의 세부적인 차이를 알아볼 수 없기 때문에 의미가 없다. 작은 사진으로는 포함된 글자를 알아볼 수 없고 제품들이 모두 비슷해 보인다.

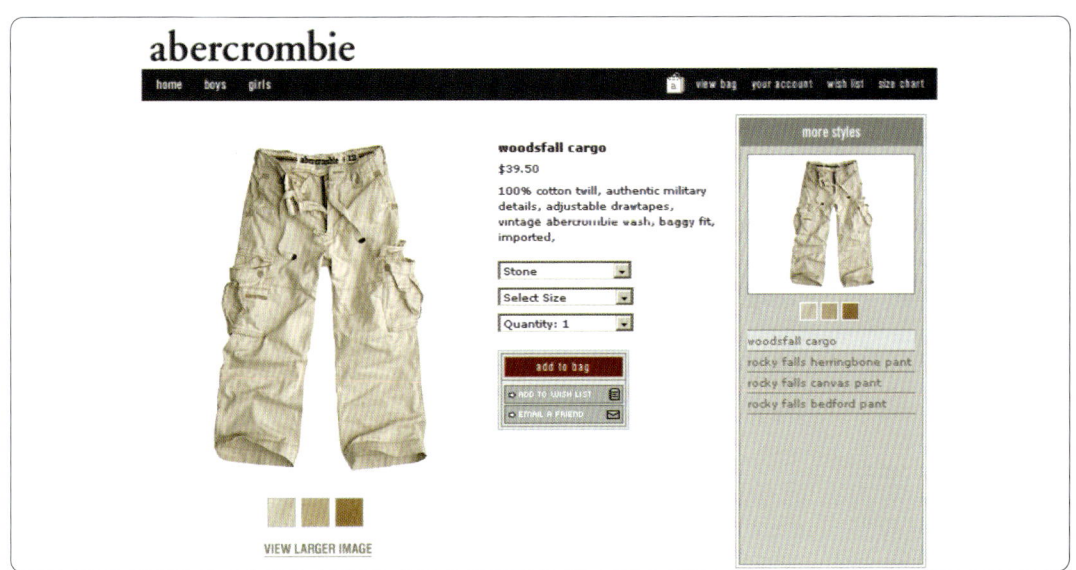

www.abercrombie.com

뒷면을 볼 수가 없다. 사람들은 바지의 뒷모습이 어떻게 생겼는지 알고 싶어 한다. 주머니가 있는지, 그리고 주머니에 덮개가 있는지. 구김이 많은 천으로 만들어진 바지일까?

9: 명확한 제품 정보 제공하기

이 사이트는 사람들이 알고 싶어하는 제품의 모습을 사진으로 보여주고 있다. 구슬을 자와 함께 표시하면 크기도 알 수 있다. 고객들에게 목에 착용했을 때의 모습이 어떤 느낌인지 알려주기 위해 사람이 착용하고 있는 사진을 포함시키는 것이 더 이상적이다.

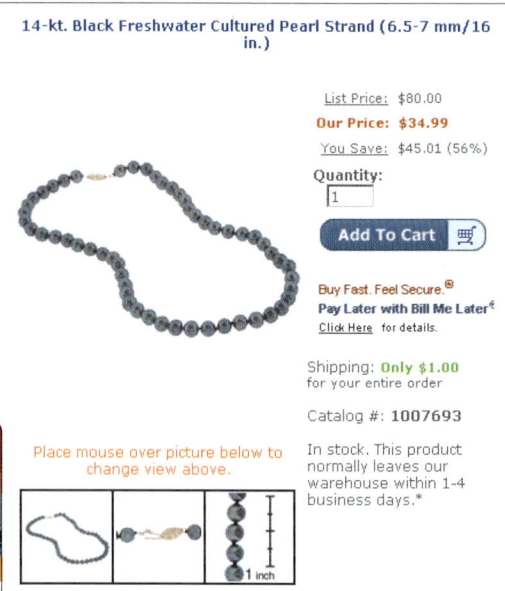

www.overstock.com

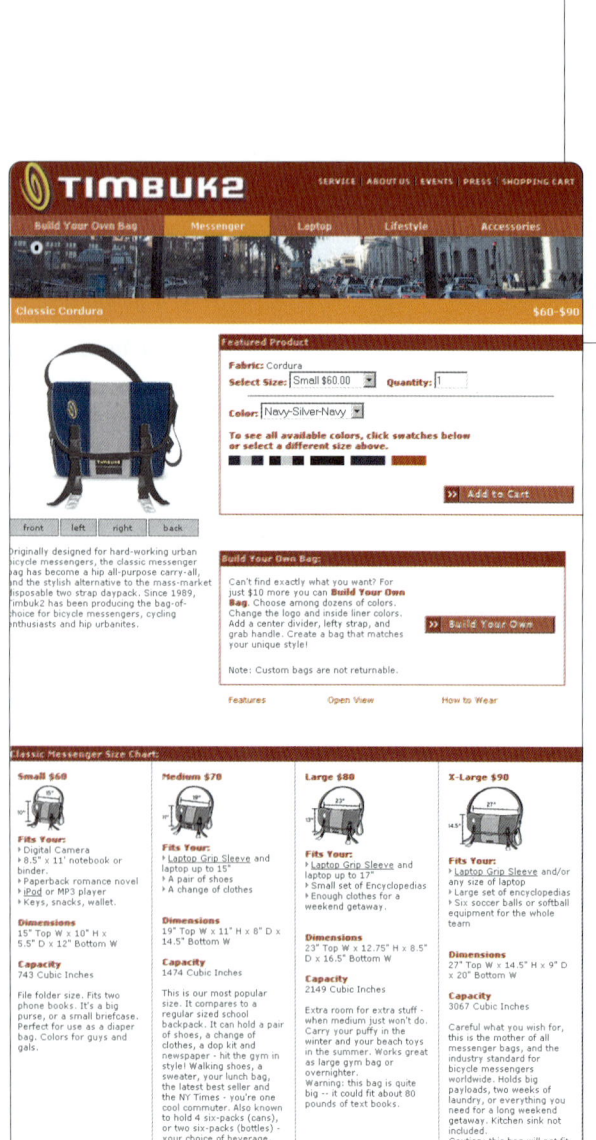

www.timbuk2.com

Cordura 라는 천이 대체 무엇이고 가방의 내부는 어떻게 생겼을까? 천의 재질을 알 수 있도록 가까이에서 찍은 사진과 내부를 볼 수 있는 사진을 제공하는 것이 좋다. 사이트의 신뢰도를 높이기 위해 페이지 하단에 가방의 상세 규격 정보를 담은 것은 바람직하지만 너무 아래쪽에 있고 Select Size 라는 입력 항목과 너무 떨어져 있어 알아보기 힘들다.

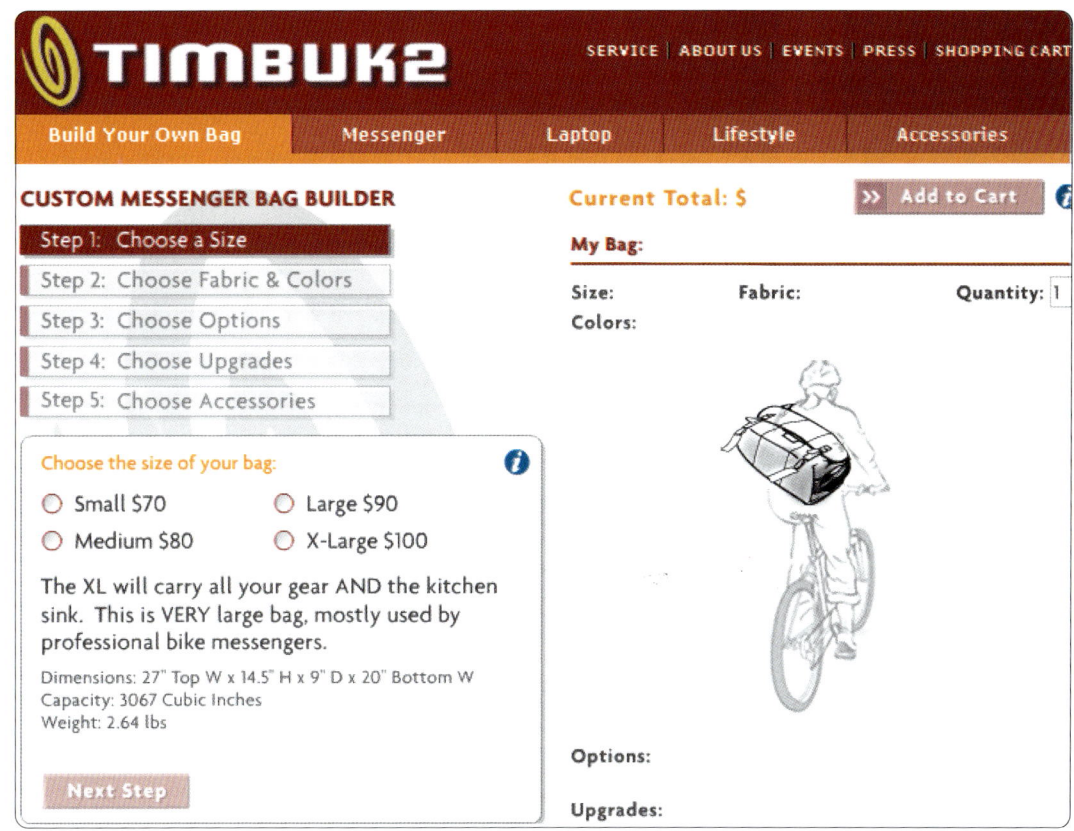

www.timbuk2.com

간단한 밑그림은 사람들이 가방 크기를 선택하는 데 도움을 줄 수 있다. 이렇게 사람이 가방을 매고 있는 낮은 해상도의 단순한 그림은 상대적인 크기를 충분히 알 수 있게 해준다.

> 고객을 당황스럽게 하지 않도록 한다. 핵심적인 내용을 먼저 보여주고 고객들이 구체적인 정보를 알아보기 쉽게 정보를 단계별로 제공한다.

단계별 제품 페이지

제품에 대한 적당한 특성과 세부 정보를 표시한다는 것은 고객들을 당혹스럽게 만든다는 의미가 아니다. 한번에 모든 세부 사항을 표시할 필요는 없다. 핵심적인 내용을 먼저 보여주고 고객들이 구체적인 정보를 알아보기 쉽게 정보를 단계별로 제공하도록 한다. 고객들에게 웹 사이트의 전혀 다른 부분에서 관련 정보를 찾도록 해서는 안 된다. 제품 페이지는 다음과 같은 다른 모든 제품 관련 주제에 연결되는 링크를 포함하고 있어야 한다.

- 제품 세부 정보
- 사진, 삽화, 데모
- FAQ
- 사용자 평가와 전문가 평가
- 문제 해결과 보수 관리
- 주변 장치와 부속물
- 제조사 정보
- 쿠폰/환불

제조사의 사이트는 제품에 대한 세부적인 정보를 항상 제공해야 한다. 사람들이 충분한 제품 정보를 찾지 못했을 때 제조사 사이트를 찾아보는 것이 일반적이므로 충분한 제품 정보를 제공하면 소매점 사이트에 정보가 부족하더라도 판매로 이어질 수 있다.

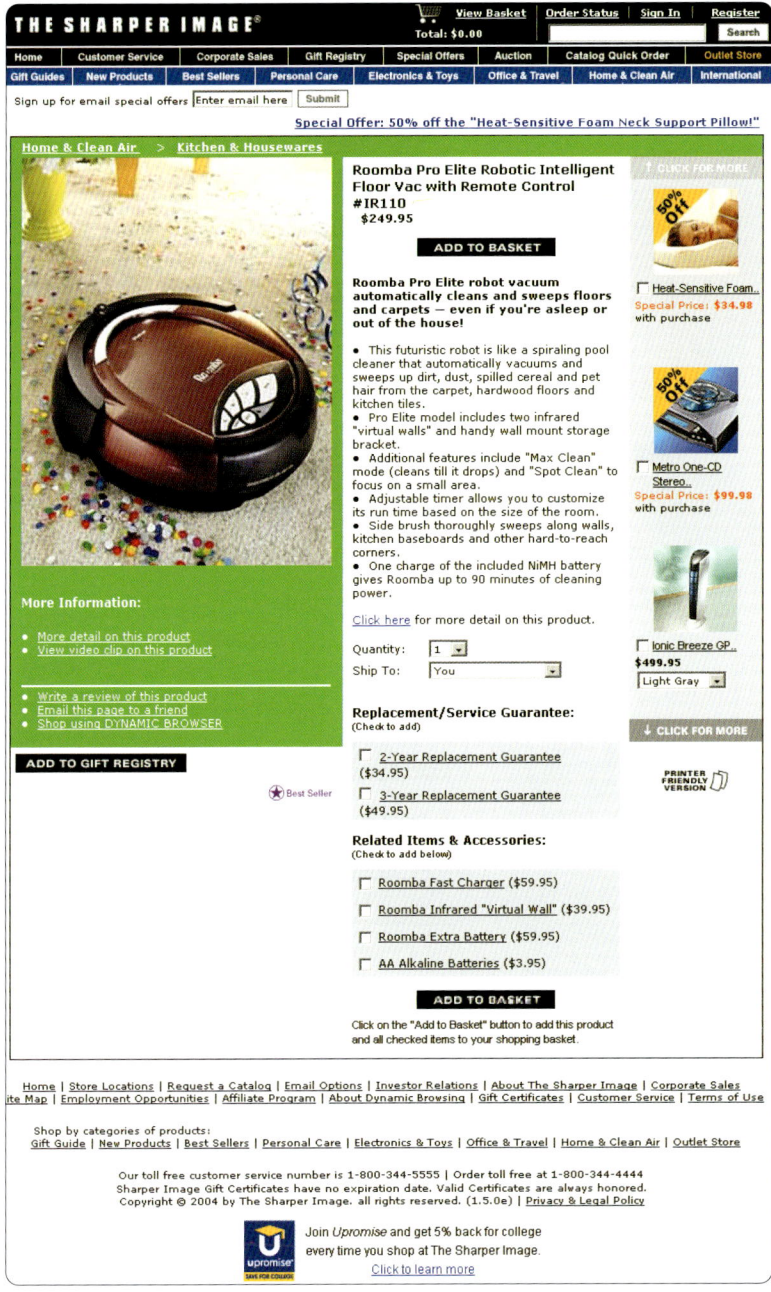

이것은 효과적인 제품 페이지의 좋은 실례이다. 굵은 점 목록은 제품에 대한 수준 높은 개요를 보여주고 링크는 관심을 갖는 고객들이 더 자세한 정보를 찾아볼 수 있게 한다. 관련된 부속물을 제공하는 것 역시 판매를 촉진하는 좋은 방법인 동시에 고객들에게도 도움이 된다. 각 부속물 가격을 표시하는 것 역시 판매에 플러스 요인이다.

www.sharperimage.com

여기에 또 다른 좋은 제품 페이지가 있다. 자세한 제품 정보로 연결되는 링크는 한 곳에 모여 있고 두드러져 보인다. 이 페이지는 고객들을 당혹스럽게 하지 않으면서도 충분한 세부 정보를 제공하고 있다. 또한, 구매 과정 초기에 배송 비용을 보여주는 것 역시 구매를 촉진시키는 요소이다.

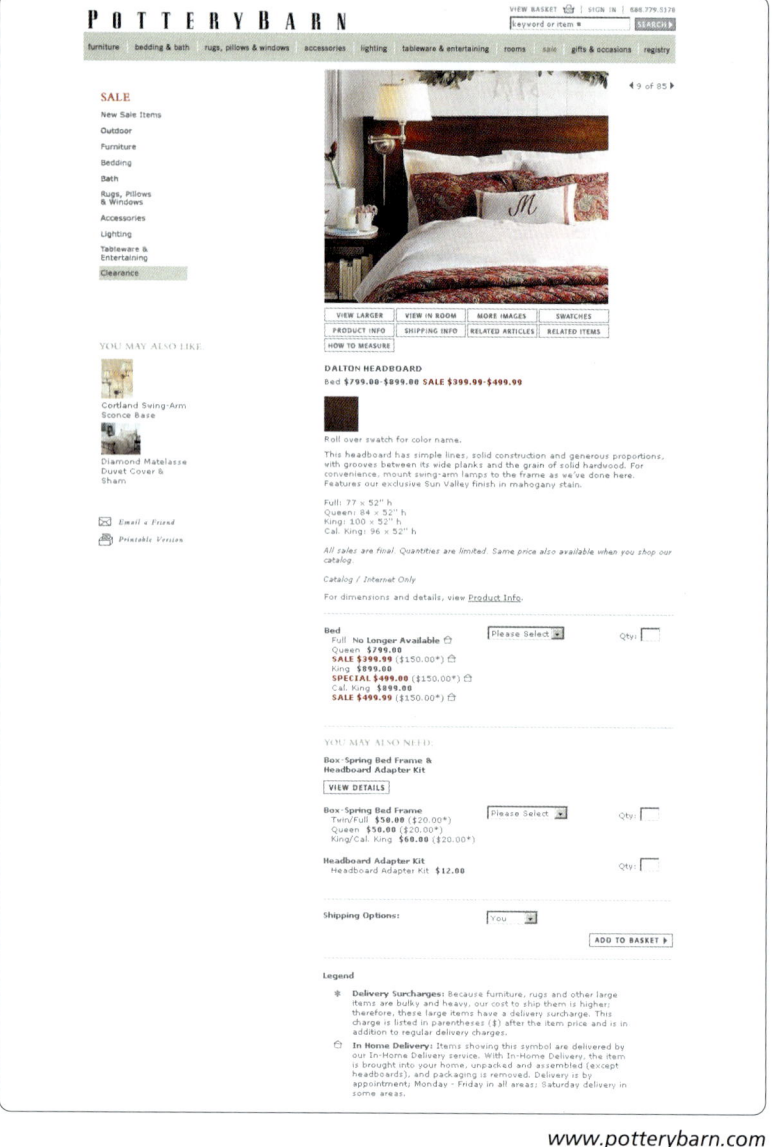

www.potterybarn.com

Crutchfield 는 판매하고 있는 상당히 복잡한 전자제품에 대한 풍부한 정보를 제공한다. 하지만 한 화면에 사용자를 당황스럽게 할 정도로 많은 정보를 담는 대신, 이 사이트는 정보를 단계별로 제공하기 위한 하이퍼링크를 사용하고 있다. 초기 화면(여기서 볼 수 있는)은 너무 자세한 듯한 개요를 제공하고 있다. 추가적인 정보는 제품 정보 영역에 탭이나 "request a copy of the manu-facturer's warranty"와 같은 링크를 통해 얻을 수 있다. 물론 이 전략은 링크를 통해 제공되는 추가 정보가 명확한 경우에만 제 역할을 할 수 있고 이 페이지에 있는 링크는 실제로 자가 설명적이다.

www.crutchfield.com

이 제품 페이지는 표면적인 정보만 제공할 뿐 고객들이 실제로 궁금해 하는 세부 정보로 연결되는 링크가 없다. 간략한 개요는 고객들이 구매 결정을 하는 데 필요로 하는 구세적인 정보를 제공하지 못한다. 페이지는 새로운 고객과 다시 찾는 고객 모두를 지원해야 하지만 보수 관리 설명서, 보증서, 대체용 부속과 같은 관련 자료가 없다. 사람들은 일반적으로 제품 페이지가 특정 제품이나 서비스에 대한 완벽한 정보를 갖고 있는 곳으로 생각한다. 고객들이 그러한 정보를 찾지 못할 때 그들은 이 사이트에는 그것이 없다고 생각한다.

www.cummins.com

9: 명확한 제품 정보 제공하기

이 사이트에서 야영지를 믿고 선택하는 것은 실제로 불가능하다. 각 야영지를 위한 일반적인 설명으로는 사람들이 각 선택 옵션 간의 차이를 구분하기 어렵다. 사람들이 각 항목을 클릭하여 얻게 되는 추가적인 상세 정보는 노력을 들일 만한 가치가 없으며 거의 이해할 수 없는 수준이다. 일반적인 야영객은 코드나 Environmental-Large와 같은 설명의 의미를 모른다.

www.reserveamerica.com

한 야영지의 세부 정보를 얻기 위해 클릭하더라도 다음 페이지는 추가적인 유용한 정보를 거의 제공하지 않는다. 여전히 Environmental Sites 또는 DISP 의 의미 또는 야영지의 모습을 알 수 없어 난처할 수밖에 없다. 자동차에 대한 정보 역시 이해할 수 없다. 야영지에는 자동차를 갖고 들어갈 수 없다는 의미일까? 명확하고 완전한 정보가 없다면 사람들은 온라인 예약 작업을 포기할 것이다.

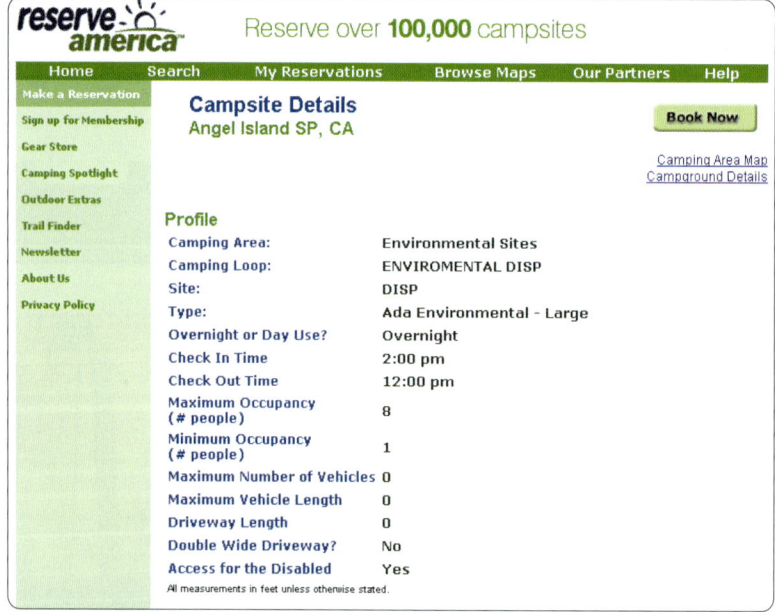

www.reserveamerica.com

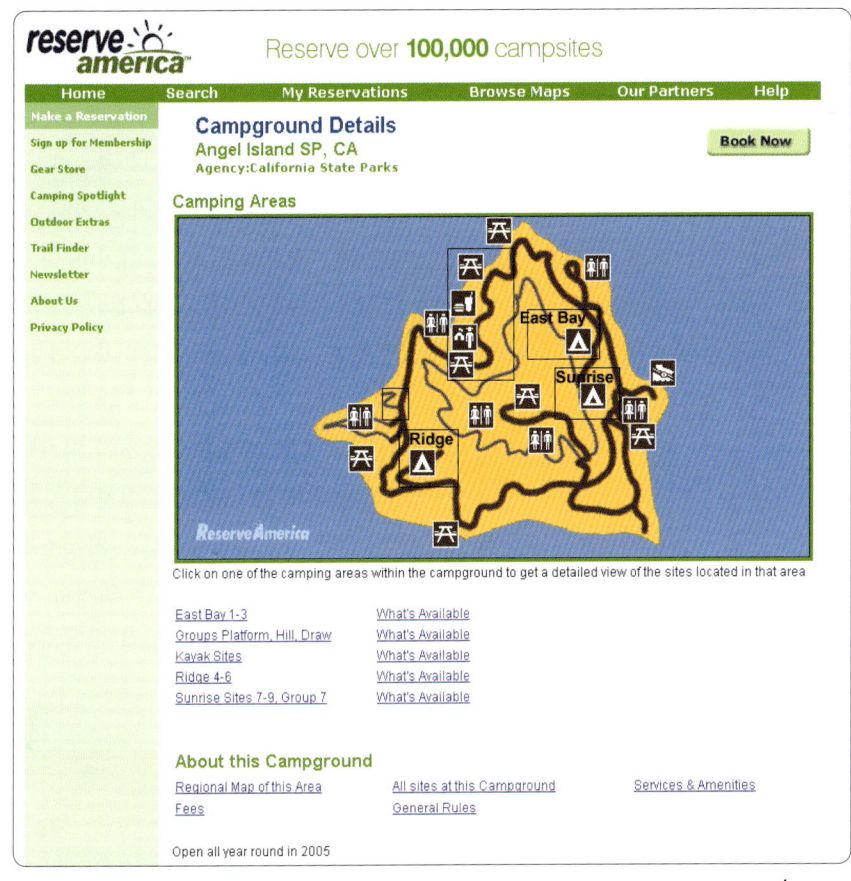

www.reserveamerica.com

Campground Details 링크를 클릭한다고 하더라도 링크의 이름은 내용과 연결되지 않는다. East Bay와 Groups Platform의 차이를 누가 알겠는가? 이 시점에서 대부분의 사람들은 하던 일을 멈추고 사이트를 떠나거나 도움을 얻기 위해 누군가에게 전화를 걸 것이다.

진실을 보여라

제품과 서비스의 품질에 대한 수상과 공인 내역을 알려주는 것은 기업의 신용도를 높이고 온라인상에서 신뢰를 쌓는 좋은 방법이다. Press Release(보도 자료) 항목에 단순히 목록으로 나열하기보다는 적당한 제품 페이지에 직접 최근 수상 내역을 언급하는 방법을 고려하는 것이 좋다. 주요 수상 내역은 About Us 영역에도 표시해야 한다. 하지만 너무 오래된 수상 내역은 담지 않는 것이 좋다. 그러한 정보는 페이지를 혼란스럽게 만들 뿐 아니라 최근에는 두드러진 일을 한 것이 없는 것처럼 보이기 때문에 신뢰도에 해를 끼칠 수도 있다.

만약 제품이 신문이나 다른 존경받는 웹 사이트에서 우호적인 평가를 얻었다면 그 평가에서 특징적인 부분을 인용하고 그곳으로 연결되는 링크를 추가해야 한다. 사용자들이 평가 내용 전체를 읽는 것을 걱정스러워 하지 않는다는 자신감을 보여주기 때문에 그러한 링크는 엄청난 신뢰도를 더해주게 된다. 대부분의 사용자들은 링크를 클릭하지 않겠지만 링크는 여전히 그 부분에 신경을 쓰게 만든다.

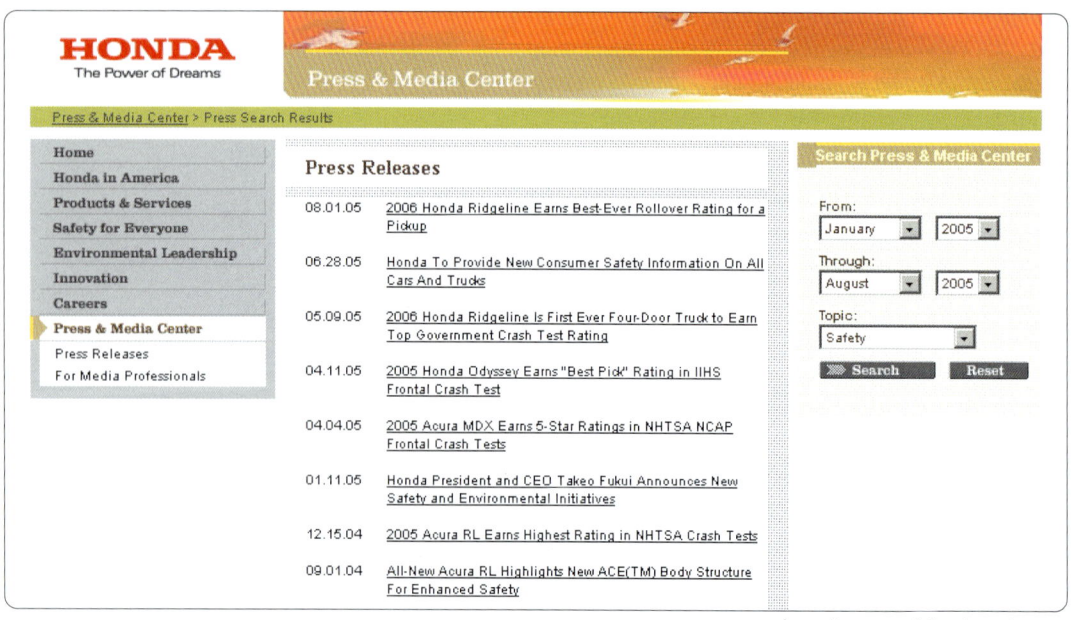

http://automobiles.honda.com

Honda 는 중요한 업적을 두드러지게 표현하여 유리한 방향으로 고객들을 끌어들일 수 있는 좋은 기회를 놓쳐버렸다. 제품과 안전에 대한 페이지 같은 다른 관련된 페이지에 안전과 관련된 수상 내역에 대해 언급하는 것이 도움이 된다.

비교 구매 지원

사람들이 일단 사이트에 들어왔다면 절반은 성공이다. 남은 것은 사이트에 계속 남아 관심을 갖게 만드는 것이다. 일부 웹 디자이너는 가급적 제품을 많이 보유하고 있으면 사람들에게 최고의 탄력성을 부여하여 결국 그들에게 최고의 쇼핑 경험을 제공하게 된다고 생각하고 있다. 하지만 사실은 그 반대이다. 다시 한 번 말하지만 적을수록 좋다. 구분하는 데 많은 노력을 해야 하는 많은 수의 비슷한 제품을 갖는 것보다 적당한 수의 선택 항목을 갖는 것이 더 좋다. 사람들은 선택의 범위가 지나치게 넓은 것을 좋아하지 않는다. 몇 개의 제품을 비교하는 것과 10 또는 20개의 제품을 비교하는 것 중 어느 것이 더 쉬울까? 각 제품의 고유한 특징을 모두 추가하면 어떠한 근거를 기준으로 결정하기가 어려워진다.

> 다시 한 번 말하지만 적을수록 좋다. 사람들은 선택의 범위가 지나치게 넓은 것을 좋아하지 않는다.

이 그림은 선택 가능한 신용 카드의 일부만 보여준다. 화면을 스크롤할수록 많은 유사한 정보가 제공된다. 선택 항목을 제공하는 것은 좋지만 너무 많은 선택 항목을 보유하면 사용자는 겁에 질려 유용한 비교를 할 수 없게 된다.

"저는 이 은행이 너무 많은 카드를 제공한다고 생각합니다."

"웹 사이트에 카드가 너무 많아 당황스러워지기 시작했습니다."

www.bankone.com

선택의 폭을 줄이고 나란히 놓아두고 비교할 수 있게 해서 사람들이 쉽게 구매 결정을 내릴 수 있게 만들어야 한다. "나란히"가 효과적인 말이라는 점에 주목한다. 사람들은 장황한 내용을 힘겹게 살펴보거나 제품을 비교하기 위해 서로 다른 제품 페이지를 오고 가는 것을 원치 않는다는 점을 명심해야 한다. 비교하기 좋게 만들어진 표는 유사한 제품의 차이를 비교하는 가장 효율적인 방법이다.

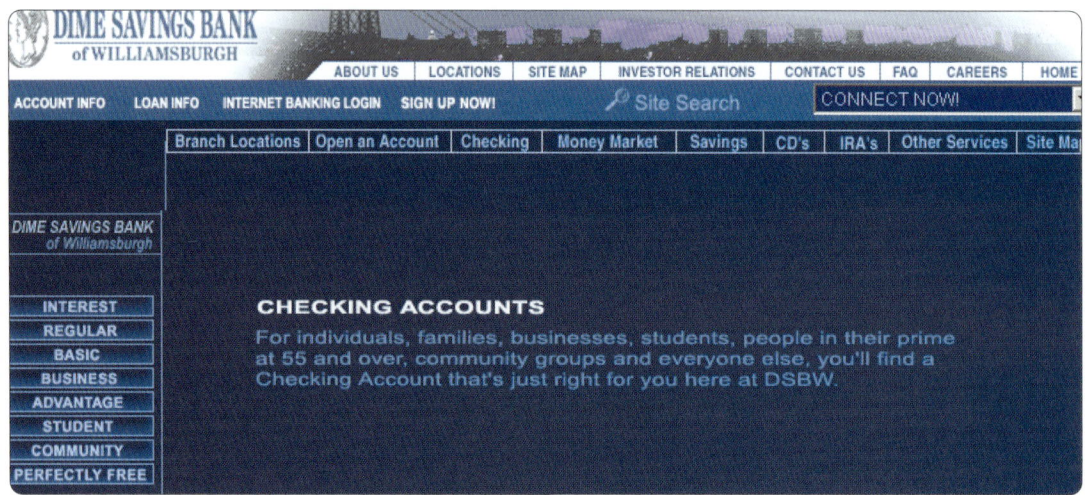

www.dimewill.com

사람들은 유사한 계좌를 비교하기 너무 어렵고, 생각했던 것보다 많은 노력을 기울여야 한다는 점에 대해 불만스러워 했다. 이 사이트에는 잠재 고객들이 선택 항목 간의 차이를 구분하기 쉽게 만들어주는 비교용 표가 없다. 대신, 사람들은 좌측에 있는 목록에 표시된 계좌 유형을 선택하여 각 제품에 대한 정보를 읽어보아야 했다.

"여기 보면 제게 맞는 당좌 예금 계좌를 찾아보라고 되어 있지만 어느 것을 봐야 하는지 나와 있지 않습니다. 각 항목을 하나씩 모두 열어봐야 했습니다. 모든 내용을 하나의 페이지에 담을 수 있었을 텐데 말이죠. 그렇게 하면 각 계좌의 장점과 단점을 모두 볼 수 있었을 것입니다. 제가 만약 약간의 구체적인 내용을 찾고 있는 것이라면 얻는 것에 비해 읽을 내용이 너무 많습니다. 차트를 사용하는 것이 더 나을 거예요. 관심을 잃게 만드네요."

"저한테 맞는 것을 어디서 찾을 수 있는 거죠? 제게 맞는 것을 찾는 데 할 일이 너무 많아요. 오 맙소사. 주절주절주절."

"각 페이지를 개별적으로 찾아보게 하는 것보다 모든 계좌에 대한 간결한 설명을 굵은 점 목록으로 만들어 한 장소에 모아 두었어야 합니다. 그렇게 했다면 나란히 비교하기 좋았을 거예요."

Honda Automobiles 웹 사이트에 있는 비교용 표를 살펴보자. Accord를 찾고 있던 고객은 이렇게 질문할 수 있다. "다양한 모델 간의 차이가 뭐지?" 사이트에 있는 서로 다른 표들은 그에 대한 답을 조금씩 다른 각도에서 제공하고 있다.

WHICH ACCORD SEDAN FITS?

There are many choices when it comes to the Accord Sedan. Click a trim level below, and decide which one is right for you.

Starting MSRP	Trim Level
$16,295	DX
$17,995	Value Package
$19,775	LX
$22,200	EX
$23,800	EX with Leather
$23,950	LX V-6
$25,800	EX with Leather and Honda Satellite-Linked Navigation System™
$26,850	EX V-6

http://automobiles.honda.com

이것은 Accord Sedan 홈페이지에서 얻은 옳지 못한 실례이다. 중요한 구분 요인은 비용이지만 DX, LX, EX가 의미하는 바를 설명해주지 않는다. 이 차트는 가격 차이로 어떤 것을 얻게 되는지 알려주지 않고 있다. 사람들은 여기서는 쉬운 해답을 찾을 수 없을 것이다. 그들은 각 항목을 클릭해봐야 하고 각 항목의 특징을 기억하여 직접 비교 자료를 만들어야 한다.

"저 같으면 EX와 DX의 차이를 보여주는 사진을 원했을 거에요. 특히 EX에 더 많은 돈을 지불해야 한다면 무엇을 더 얻게 되는지 알고 싶을 거에요."

"소비자 입장에서 좀더 쉽게 비교할 수 있었으면 좋겠습니다."

LX | Starting at $19,300.00
For the ultimate combination of performance and value, the Accord LX Sedan should be at the top of everyone's list. In addition to the DX features, there's a remote entry system with power window control, air conditioning, cruise control, power mirrors and door locks, and another 4 speakers for the AM/FM/CD audio system. Also available are side airbags.

Manual Transmission: $19,300.00
Manual Transmission with Front Side Airbags: $19,550.00
Automatic Transmission: $20,100.00
Automatic Transmission with Front Side Airbags: $20,350.00

EX | Starting at $21,700.00
The Accord EX Sedan provides an extra level of refinement and comfort. Inside, you'll find standard front side airbags, an AM/FM/6-disc in-dash changer and 6 speakers, steering-wheel-mounted audio controls, premium interior trim, ambient console lighting and a driver's seat with power height adjustment. Outside, there are 16" alloy wheels, 4-wheel disc brakes with electronic brake distribution and a power moonroof with tilt feature.

Manual Transmission: $21,700.00
Manual Transmission with Side Curtain Airbags: $22,000.00
Automatic Transmission: $22,500.00
Automatic Transmission with Side Curtain Airbags: $22,800.00

LX V-6 | Starting at $23,300.00
The Accord LX V-6 Sedan has a 240 hp, 24-valve VTEC® V-6 engine, one of the most powerful V-6 engines in its class. It offers all the standard features of the 4-cylinder LX Sedan, plus 4-wheel disc brakes with electronic brake distribution, front side airbags, 16" wheels with full covers, a Traction Control System (TCS), an AM/FM 6-disc in-dash changer and a driver's seat with 8-way power adjustment.

V-6 Automatic Transmission: $23,300.00

http://automobiles.honda.com

이전 것보다 이것이 더 낫다. 이 버전은 각 자동차에 대한 자세한 설명을 제공하고 있지만 형식이 너무나 형편 없다. 글이 한데 뭉쳐 있어 사람들이 정보를 훑어보고 차이점을 재빨리 알아내기 어렵다.

이것이 가장 좋다. 매우 잘 만들어진 비교표의 좋은 예이다. 깔끔하고 간결한 디자인 덕택에 살펴보기가 쉽다. 하지만 설명을 하이퍼텍스트로 만들면 표의 기능을 더욱 개선할 수 있었을 것이다. "Drive-by-Wire Throttle System"과 같은 용어의 의미를 알 수 없으므로 자세한 설명이 필요하다. 추가 스크롤이 필요한 긴 표인 경우에는 헤더를 반복적으로 사용하여 설명을 유지해야 한다. 목록은 기업의 관점이 아니라 고객의 관점을 기반으로 한 우선 순위 순서로 나열해야 한다는 점을 명심하기 바란다.

http://automobiles.honda.com

세분과 정렬

만약 웹 사이트가 모든 종류의 제품과 서비스로 넘칠 정도로 가득하다면 사람들이 관련된 것만 볼 수 있도록 선택 항목을 세분하여 모든 제품을 고려하지 않아도 되게끔 만들어야 한다. 유용한 것과 쓸모 없는 것을 분리하면 비교 구매가 훨씬 쉬워진다.

(우측페이지 상단) Staples 는 제품 목록의 부피를 줄여 고객들이 찾고 있는 것에 초점을 맞출 수 있게 다양한 정렬 매개 변수를 제공한다. 굵은 점이 있는 짧은 설명은 가장 큰 특징을 두드러지게 만들어 아이템을 쉽게 구분할 수 있게 해준다. 하지만 프로젝터인 경우 루멘과 해상도 같은 사람들이 궁금해하는 다른 특징으로 정렬할 수 있는 옵션을 제공하는 것이 더 좋다. 휴대성은 여행객들에게 중요하므로 무게는 또 다른 중요한 기준이 된다.

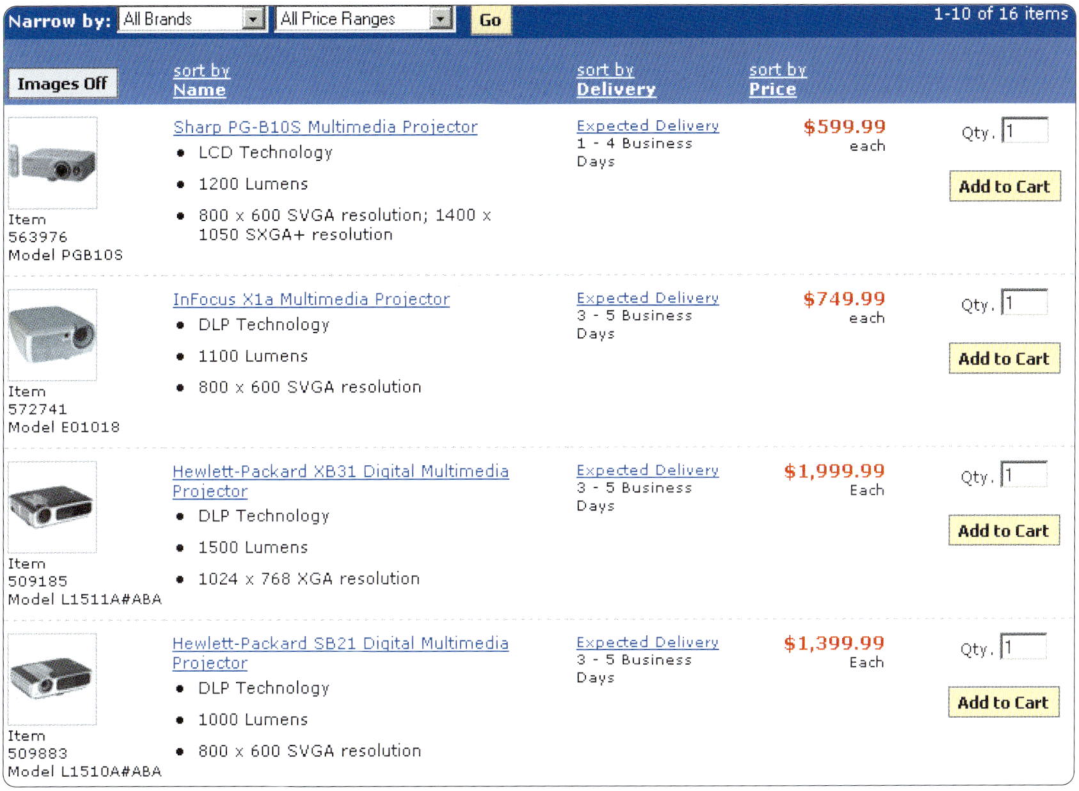

Narrow by: All Brands
All Price Ranges
Go
1-10 of 16 items
Images Off
sort by Name
sort by Delivery
sort by Price
Sharp PG-B10S Multimedia Projector
LCD Technology
1200 Lumens
800 x 600 SVGA resolution; 1400 x 1050 SXGA+ resolution
Item 563976 Model PGB10S
Expected Delivery 1 - 4 Business Days
$599.99 each
Qty. 1
Add to Cart
InFocus X1a Multimedia Projector
DLP Technology
1100 Lumens
800 x 600 SVGA resolution
Item 572741 Model E01018
Expected Delivery 3 - 5 Business Days
$749.99 each
Qty. 1
Add to Cart
Hewlett-Packard XB31 Digital Multimedia Projector
DLP Technology
1500 Lumens
1024 x 768 XGA resolution
Item 509185 Model L1511A#ABA
Expected Delivery 3 - 5 Business Days
$1,999.99 Each
Qty. 1
Add to Cart
Hewlett-Packard SB21 Digital Multimedia Projector
DLP Technology
1000 Lumens
800 x 600 SVGA resolution
Item 509883 Model L1510A#ABA
Expected Delivery 3 - 5 Business Days
$1,399.99 Each
Qty. 1
Add to Cart

www.staples.com

Sort results by: Relevance
Relevance
Price Low to High
Price High to Low
1 2 3 4 5 6 next
Item # List Price Our Price Units Availability Compare
409931 $226.99 $169.99 each In Stock
Apollo Multimedia Projector Cart, 35"H x 24"W x 18"D, Black
Quantity
Add To Cart
Add To List
Item # List Price Our Price Units Availability Compare
955664 $1,295.00 $895.99 each In Stock
NEC® VT47 LCD Multimedia Projector
$Rebate
Quantity
Add To Cart
Add To List
Item # List Price Our Price Units Availability Compare
951432 $1,795.00 $1,195.99 each In Stock
NEC® VT470 Multimedia Projector
Quantity
Add To Cart
Add To List

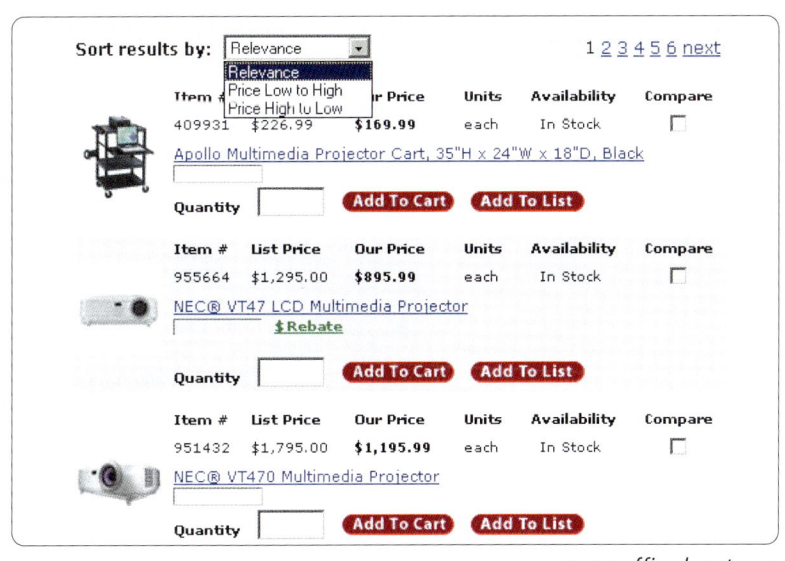

www.officedepot.com

이 사이트의 비교 구매는 정렬 옵션이 제한적이기 때문에 성가신 면이 있다. 가격은 확실히 중요한 기준이지만 서로 다른 구매 결정 요인을 갖고 있으므로 유일한 기준이 될 수는 없다. 사람들은 제품 특징을 살펴보기 위해 한번에 한 항목씩 클릭해가면서 쓸모 없는 것과 유용한 것을 분류해야 한다. 40개 이상의 제품을 그렇게 해야 한다고 상상해보라. 끔찍하지 않는가?

세 페이지가 넘는 비교 차트는 부피가 너무 크다. 점을 올바른 행과 열에 맞춰 보는 것은 진절머리 나는 일이다. 최상단행에 있는 헤더용 아이콘은 너무 작고 설명용으로도 부족하다. 사람들은 각 아이콘 위에 마우스 커서를 올려 놓아야 설명을 볼 수 있는데 50개 이상의 항목에 그렇게 하기에는 너무 일이 많다. 이 경우 중요한 특징을 기반으로 목록을 선별하는 것이 유용하다.

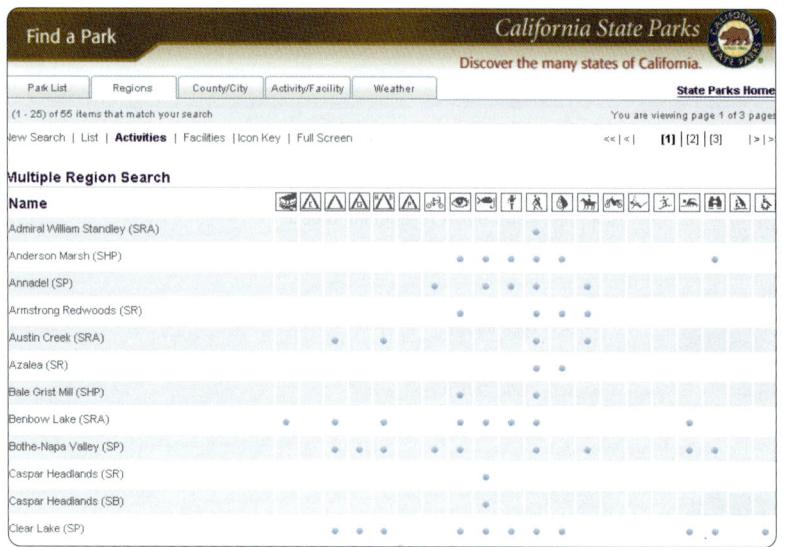

www.parks.ca.gov

이 사이트는 원하는 특징을 기반으로 야영지를 선택하는 방법을 제공하고 있다. 불행하게도 옵션이 너무 깊이 숨겨져 있어 연구에 참여한 사람들은 그런 것이 있다는 것조차 몰랐다(참고: Activities 항목은 Any가 아니라 All이 기본값으로 설정되어야 한다). 세 개의 Go 버튼은 사람들이 각 항목에 연계된 버튼을 눌러야 하는지 명확하게 표시되어 있지 않아 혼란을 가중시킨다.

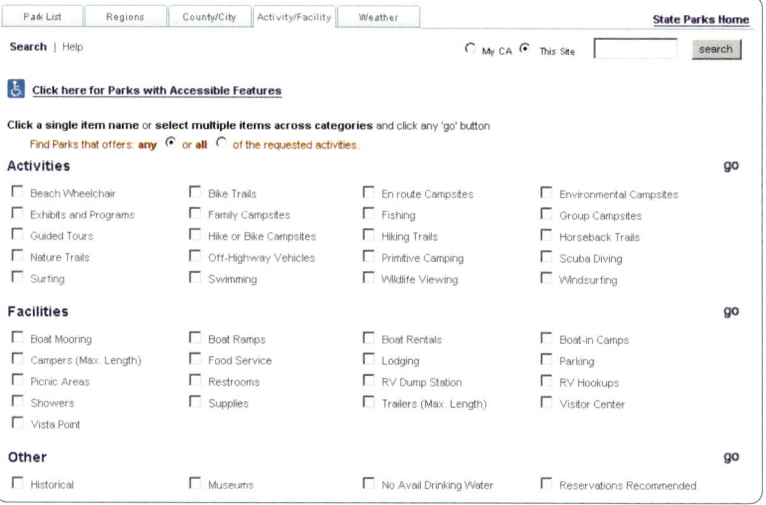

www.parks.ca.gov

고품질 내용으로 판매 지원

기업들은 허위 광고와 강매 전술이 웹 고객들을 떠나게 만든다는 메시지를 쉽게 받아들이려 하지 않는다. 일부 기업은 고객들이 이러한 지원을 위해 제품을 평가하고 사이트에 정보성 글을 등록한다고 이해하고 있다. 확실히 이러한 글과 다른 컨텐츠는 제품의 판매도 지원한다. 하지만 고객들은 늦은 밤 TV에서 흘러나오는 강요하는 듯한 광고 형식이 아니라 웹에 적합하고 사실에 입각한 간결하고 유익한 경우에 정말 유용하다는 것을 알게 된다. 마케팅 용어의 사용은 최소한으로 줄여야 한다. 컨텐츠는 명확함이 생명이다.

제품이나 서비스를 사람들로 북적이게 만들 가장 좋은 장소 중 하나는 관련된 정보가 있는 페이지이다. 컨텐츠 내에 잘 융화된 제품 구매 링크나 광고는 사람들이 가장 필요로 할 때에 눈에 띄기 때문에 유용해 보인다. 안타깝게도 연구 중에 접한 일부 사이트는 정보 성향이 강한 글을 제공하는 일을 멋지게 해냈지만 제품을 판매할 기회를 얻지 못했거나 사람들에게 그것을 팔고 있다는 것조차 알려주지 않았다.

사람들은 항상 사이트의 홈페이지에 가장 먼저 방문하는 것은 아니라는 점을 명심한다. 검색 엔진은 사이트 내의 구체적인 페이지가 있는 깊은 곳으로 직접 이동시켜 주는 일이 많기 때문에 사람들은 제공하는 제품이나 서비스를 전혀 모를 수도 있다. 제품 페이지에 있는 글 속에 제품에 대한 언급 또는 링크를 배치하면 사람들의 관심사와 관련된 제품을 제공하고 있다는 것을 알려주게 된다. 사람들은 질문에 대한 해답을 찾게 되면 사이트를 더 둘러볼 필요가 없게 된다.

정보성 글이 필요한 네 가지 이유

- 여러분의 전문 지식과 도움을 주는 이유를 고객들에게 보여주면 신뢰도가 높아진다.
- 대체 제품 간 차이를 구분하는 데 도움이 된다.
- 고객들의 구매 결정에 도움이 될 만한 정보를 제공한다.
- 검색 엔진 노출을 개선하고 사이트의 트래픽을 높이는 키워드를 포함한다.

그들에겐 제품이 없다. 진짜로?

이번 연구를 진행하는 동안 사람들은 막 태어난 새끼 고양이에게 적당한 식품을 찾기 위해 pg.com(Procter & Gamble 사이트)에 방문했다. 그런데 놀랍게도 방문한 사람들 대부분이 이러한 간단한 작업조차 완료할 수 없었다. 오랫동안 사이트를 둘러본 뒤에 그들은 사이트가 고양이용 식품을 제대로 알려주지 않고 있다고 생각했다.

"May we recommend a product for your cat?"이라는 제목의 링크가 있었다. 하지만 이 링크는 좌측 여백 끝부분에 있었기 때문에 사람들은 별로 중요하지 않은 정보라고 생각했다. 이 링크가 본문 내에 있어서 눈에 잘 띄었다면 도움이 되었을 것이다.

신뢰를 얻으려면 사람들이 올바른 장소에 도달하기 쉽게 사이트를 만들어야 한다. 사이트의 윗부분에는 "Pet Nutrition & Care"라는 두드러지고 명확한 링크가 있고 링크를 따라 들어가서 보는 글은 흥미롭고 충분한 정보가 포함되어 있다. 사이트의 검색 엔진은 "kitten food"와 관련된 글을 찾아 주었다. 하지만 제품 링크는 페이지상에 있는 다른 요소들로 가려져 있었고 사람들은 홍보하고 있는 제품을 실제로 판매하고 있다는 사실을 깨닫지 못한 채 사이트를 떠났다.

P&G 사이트는 연구에 참가한 사람들이 관심을 가질 만큼 글이 잘 쓰여져 있지만 고양이에게 먹일 것을 알아보고 있는 많은 사람은 이 회사가 아무것도 판매하고 있지 않다고 생각하게 되었다. "All Pet Nutrition & Care Products" 링크는 페이지 하단에 있었기 때문에 눈에 띄지 않았다. Feature Products라는 제목 역시 관련 글로 연결하기 위해 존재하는 것처럼 보이는 Does Your Cat Have a Sensitive Stomach? 라는 글 아래에 있었기 때문에 이 회사가 제품을 만들고 있는 사실에 대한 실마리가 되지 못했다.

www.pg.com

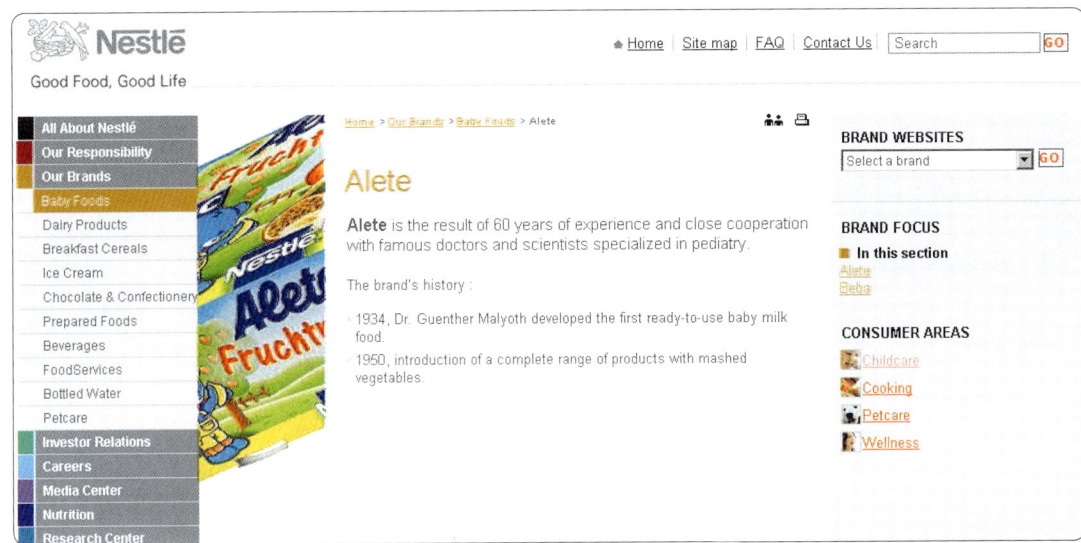

www.nestle.com

사람들은 네슬레 웹 사이트에서 제품을 추천해주지 않는다는 점에 실망했다. Baby Foods 항목은 서로 다른 브랜드에 대한 표면적인 정보만 제공하고 있다. 네슬레는 소비자 관련 질문을 무시하고 브랜드 자체에만 초점을 맞추는 실수를 범했다. 예를 들면, Alete 라는 유아용 음식 브랜드를 선택하면 브랜드의 역사만 볼 수 있을 뿐이다. 사람들은 제품, 찾고 있는 유형의 아기에게 맞는 제품에 대한 정보, 그리고 장점을 알 수 있을 것으로 기대했다.

"제품에 대한 것이 아니라 모유를 먹이는 것에 대한 정보를 제공해주고 있군요. 저는 아기의 연령, 우유 제품 같은 것을 기준으로 한 카테고리를 찾고 있는데 말이죠."

"이 사이트는 실제로 많은 정보를 제공해주지 않는군요."

"사이트에 있는 유아용 식품에 대해 조금 읽어봤지만 아무것(더 상세한 정보)도 찾을 수 없었습니다. 클릭할 수 있는 것도 없습니다."

"이런 정보는 좋아하지 않습니다. 많은 것을 설명해주지 않네요."

> **추가 정보**
>
> 전자 상거래 사용성에 대한 207개의 디자인 지침은 이 장에서 인용한 것처럼 www.nngroup.com/reports에 이 있는 "ecommerce"를 참조하기 바란다. B2B 사이트에서 발견한 복잡한 제품 표시 방법에 대한 지침은 "b2b"를 참조하기 바란다.

스크롤은 필수적인 디자인인가?　　　　사용자의 기대를 만족시켜라

사용자를 한 단계씩 안내하기　　　　여백 활용

연계된 항목 묶기
- 조잡한 입력 양식

10 페이지 구성 요소의 표현 방법

기업은 웹상에 메시지를 담을 브라우저 크기만한 캔버스를 갖고 있다. 사람들은 한눈에 볼 수 있는 것을 기반으로 웹 사이트에 대한 느낌을 갖지만 첫 화면에 모든 것이 있으리라는 보장은 없다. 아이템이 굵은체로 되어 있고 깜박인다고 하더라도 보지 못할 수 있다. 웹 사용자들은 특정 아이템은 특정 영역에 있을 것으로 기대하고 다른 것은 무시한다는 경험을 통해 웹을 배워 왔다. 사용자의 행동 양식과 기대 수준을 이해하면 그들을 만족시킬 수 있는 레이아웃을 만들어 여러분이 제공하는 메시지를 잘 전달할 수 있다.

"클릭 3회 규칙(Three-Click Rule)"이 혼란을 바로 잡을 때

일부 사람들의 지지를 받고 있는 클릭 3회 규칙은 웹 사이트에 있는 모든 정보는 홈페이지에서 3회 이내의 클릭으로 도달할 수 있어야 한다는 내용이다. 하지만 이것은 우리의 사용성 지침에 포함된 적이 없다.

실제로 사용자들이 전자상거래 사이트에서 제품을 찾는 능력은 디자인 변경 후 600% 상승하여 제품은 홈페이지에서 세 번이 아니라 네 번의 클릭으로 얻을 수 있었다. 한번의 클릭이 더 추가 되긴 했지만 개편된 디자인은 사용자들이 클릭할 장소에 대해 생각하지 않아도 되었기 때문에 더 빨라졌고 다루기도 쉬워졌다.

클릭 3회 규칙은 직관적으로 보이며(사용자들의 시간을 존중하는 좋은 방법) 이것이 사용성 신화의 단계에 도달한 이유이다. 하지만 이번 테스트에서 단 한 가지 이유로 사용성 지침이 될 수 없었다. 즉, 사용자를 포기하게 만드는 것은 사용자를 어렵게 만든다는 전체적인 문제점이다. 개별 클릭이 추가적인 문제점이 므로 경로가 길수록 짧은 경로보다 문제가 더 많은 것뿐이고 그 외에는 모두 동일하게 남는다. 하지만 나머지 모든 것이 동일할 수는 없다. 각 클릭에 대해 더 생각해야 하고 잘못된 링크를 클릭하면 그 자체로 더 큰 문제가 되며 이것은 일반적으로 정확한 링크를 클릭하는 데 추가적인 시간을 들이는 것보다 더 문제가 된다. 대규모 웹 사이트를 억지로 클릭 3회 규칙에 끼워 맞추 려고 하면 일반적으로 이해하기 어렵고 너무 많은 것이 담긴 내비게이션 시스템을 갖게 된다.

웹 디자이너는 상당히 제한적인 공간 속에 회사 또는 조직에 대한 풍부한 정보를 담아야 한다. 사용자에게 있어 가장 우선순위가 높은 정보를 강조하는 것은 사용자들의 관심을 끄는 데 가장 중요한 요소이다. 사용자 테스트를 하면 여러분의 고객을 이해할 수 있기 때문에 그들의 욕구에 맞추어 사이트를 디자인할 수 있게 된다.

일반적인 페이지 레이아웃 실수에는 다음과 같은 사항이 포함된다.

- 페이지가 우선순위 순서로 구성되어 있지 않다.
- 상호작용이 과도하게 복잡하고 안내문이 제공되어 있지 않다.
- 관련 영역이 가까운 곳에 모여 있지 않다.
- 구성 요소가 적당한 순서로 정렬되어 있지 않다.
- 구성 요소가 사람들이 기대하는 장소에 배치되어 있지 않다.
- 페이지에 너무 많은 구성 요소가 포함되어 있다.

페이지 구성 요소를 표현하는 방법을 위한 사용성 지침을 따르면 이러한 실수를 피할 수 있다.

스크롤은 필수적인 디자인인가?

2장에서 사용자의 스크롤 행동 양식을 분류하여 설명했듯이 대부분의 사용자들은 대부분의 경우 스크롤하지 않는다. 그 이유 중 어느 정도는 대부분의 페이지가 스크롤할 만한 가치가 없기 때문이다. 그리고 사용자들은 첫 화면에서 올바른 장소에 도착했다는 것을 명확하게 알 수 없고 읽을 가치가 없다고 판단되면 분명 스크롤하지 않을 것이라고 단언할 수 있다.

사용자들은 페이지 내에서 분위기를 읽는 경향이 있다. 그들은 필요한 것이 있다면 내비게이션을 확인하기 위해 페이지의 좌측이나 상단도 보게 된다. 그들은 스크롤 막대를 찾기 위해 페이지의 우측 여백을 보는 일은 거의 없으며 특히 사용할 생각이 없다면 결코 쳐다보지 않는다(이 것은 또한 사용자들이 마이크로소프트 윈도우와 같은 시스템 내에서 새 창이 열리면 작업 표시줄에 확실히 또 다른 탭으로 표시되는데도 불구하고 창이 열렸다는 자체를 발견하지 못하는 이유이기도 하다). 또한, 사람들은 해야 할 별다른 이유가 없다고 생각하면 페이지의 맨 아래를 보지 않는 경향이 있다. 그들은 긴 페이지의 아래쪽에 있는 항목은 중요하지 않다고 생각하므로 멀리까지 스크롤하지 않는다.

여러분은 사람들에게 브라우저의 스크롤 막대가 바로 그곳에 있다고 설득하고 싶을지도 모른다. 하지만 사람들이 효과적으로 정보를 얻으려면 화면의 모든 부분에 주의를 기울일 수 없다는 점을 기억해야 한다. 그들은 불필요한 정보에서 유용한 것을 구분하고 정보가 있을 것이라는 강력한 실마리를 제공하는 영역으로 이동하면서 나머지는 무시하게 도와주는 전략을 채택한다. 페이지에 넣는 요소의 양이 줄어들수록 그것을 보게 될 가능성이 높아진다.

www.grand-canyon.edu

브라우저의 스크롤 막대는 무언가가 더 있다고 알려주고 있음에도 불구하고 화면 하단에 있는 지나친 여백은 "완료의 환상(Illusion of Completeness)"을 만들어낸다. 이 용어는 우리의 동료인 브루스 "톡" 톡내찌니가 만들어낸 것으로 페이지에 보이지 않는 더 많은 정보가 있음에도 불구하고 완료된 것처럼 보이는 페이지 디자인을 말한다. 대부분의 사람들은 이 페이지에 세 화면 분량의 정보가 더 있다는 것을 알아채지 못한다.

> 페이지상에 매우 중요한 요소를 배치하면 사람들에게 스크롤해야 하는지의 여부를 알려줄 수 있다.

일반적으로 가장 중요한 정보를 우선적으로 표시하는 안전한 방법은 스크롤을 제한하는 디자인을 만드는 것이다. 하지만 일부 웹 사이트는 페이지 끝까지 스크롤하게 하도록 경고성 조언을 사용하거나 페이지를 스크롤할 수 없게 만들기도 한다. 이러한 방법은 페이지를 내용이 전혀 없는 내비게이션용으로 전락시키는 결과를 가져올 수 있다. 사용자가 스크롤할 가치를 느낄 수 있는 올바른 시각적 실마리와 설명문을 제공하는 것이 더 좋다. 페이지에 중요한 요소를 배치하면 사람들이 스크롤 여부를 결정할 수 있게 된다.

스크롤에 대한 네 가지 규칙

- 만약 사람들이 무언가가 특별한 장소에 있을 것이라고 생각하면 그들은 그 아이템을 다른 곳에서 찾아보거나 하지 스크롤하지 않는다.
- 화면의 가시 영역 하단에 여백이 있으면 사람들은 일반적으로 그 부분을 페이지의 끝으로 생각하고 브라우저의 스크롤 막대가 정보가 더 있다는 것을 알려준다고 해도 더 이상 스크롤하지 않는다.
- 사람들은 일반적으로 광고는 페이지의 끝부분에 배치되기 때문에 브라우저의 가시 영역 하단에 광고처럼 보이는 요소가 있으면 페이지의 끝이라고 생각한다.
- 화면 하단 바로 위에 헤더 또는 컨텐츠와 같은 지표를 배치하면 아래에 내용이 더 있다는 것을 강하게 암시한다.

www.pepsi.com

화면을 수평으로 가로지르는 여백과 그림은 아래에 더 많은 정보가 있음에도 불구하고 페이지의 끝부분처럼 보인다. Corporate Info 링크를 찾고 있는 사람들은 가시 영역 아래쪽에 숨겨져 있어 "완료의 환상"을 만들어 내기 때문에 보지 못하고 지나칠 수 있다.

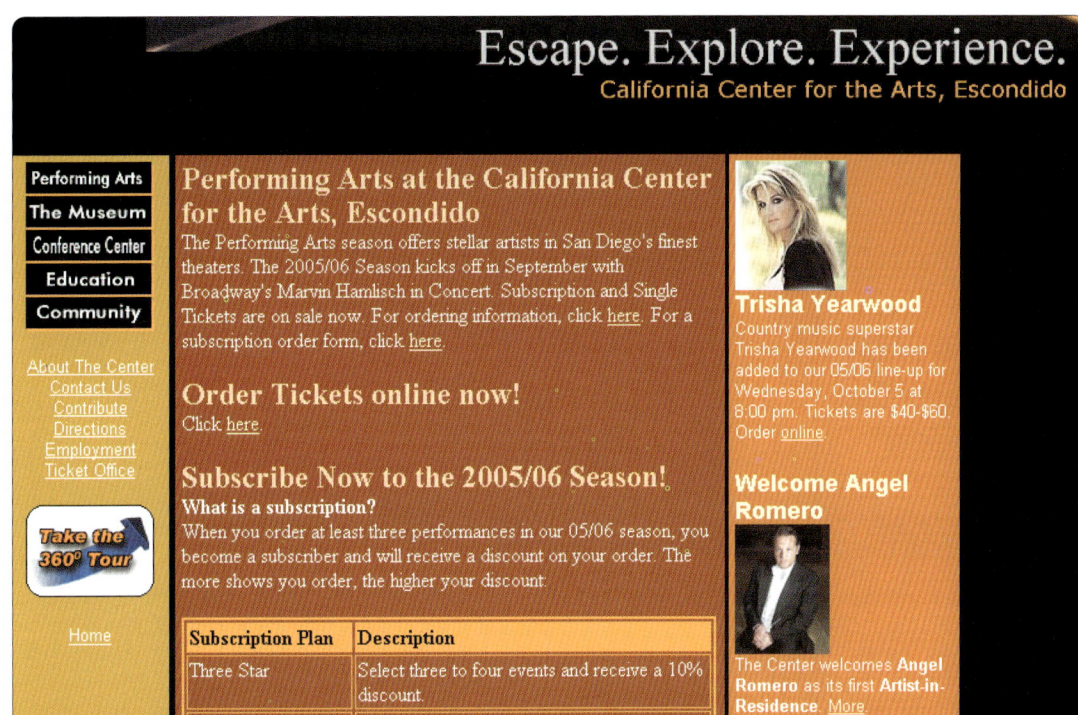

www.artcenter.org

이벤트 달력을 찾으려면 어디로 가야 할까? 표를 구매할 수 있는 다수의 링크가 있지만 상연 예정 공연의 전체 목록을 보여주는 표는 없다. 정보가 존재하지만 도달하려면 네 개의 화면 아래쪽으로 스크롤해야 한다. 이곳의 문제는 페이지에 내용이 확실히 더 있다는 것을 알 수 있기 때문에 완료의 환상이 아니다. 문제는 정보가 가시 영역 아래에 있다는 것 자체가 부적절하다는 점이다. 만약 부모님에게 다음 주에 열리는 모짜르트 공연을 보여드리고 싶다면 페이지의 상당히 아래쪽에 있는 정보의 유형에 표시되는 별 다섯 개짜리 가입 서비스에는 눈길이 가지 않을 것이다.

이 사이트의 Corporate Overview는 실제로 개요가 아니다. 극단적으로 긴 페이지는 하이퍼링크를 사용하는 데 적합하지 않다. 사용자들에게 글로 쌓은 벽을 보여주어서는 안 된다. 내용을 단계별 페이지로 구분하는 것은 세부적인 정보를 표현하는 효과적인 방법이다.

www.pixar.com

www.pixar.com

우리가 이전 스크린샷을 검토한 후 Pixar는 Corporate Overview 페이지를 개편했다. 새 디자인은 분명 개선되었지만 문장은 여전히 편집을 요하고 정해진 형식이 없어 살펴보기 어렵다. 하지만 사이트의 신뢰도를 위해 주요 항목들은 내비게이션 링크로 구분되어 정보를 다루기 쉽게 보이도록 했다.

긴 페이지를 짧고 작은 부분으로 구분하는 것보다 좋은 구성이 있는데, 그와 같이 만들면 밀접한 관련이 있는 정보를 한데 모은다는 이점이 있다. 한 페이지상에 연결되는 기사를 표시하면 정보가 더욱 응집력이 있는 것처럼 보이고 불필요한 작업을 줄일 수 있다. 스크롤하는 것은 다음, 다음, 다음을 클릭하는 것보다 덜 힘들다. 물론 극단적으로 긴 내용은 하이퍼링크를 활용하여 단계적으로 구분할 수 있다. 이것이 웹의 장점이다.

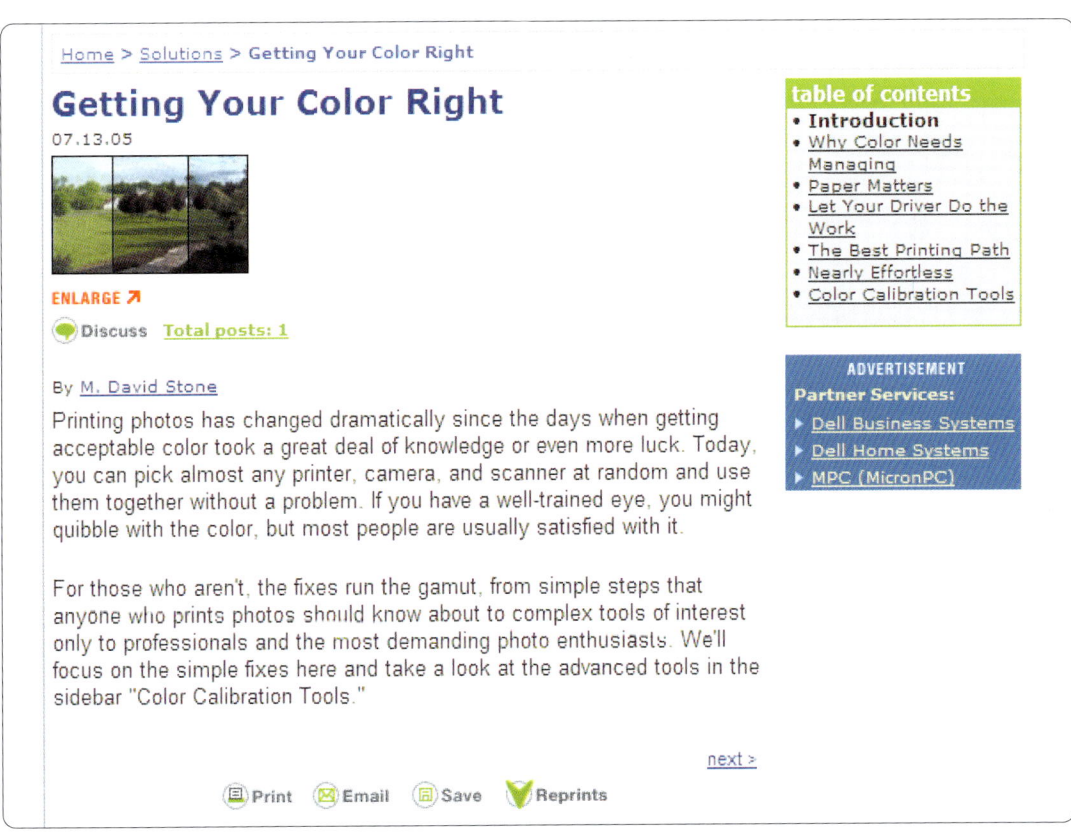

www.pcmag.com

화면 하단의 하단에 있는 Next 링크에서는 무엇을 제공하는지 사람들에게 알려주지 않는다. 글이 계속된다는 의미일까 아니면 다음 글로 이동하게 된다는 의미일까? 화면의 우측 상단에 있는 컨텐츠 목록은 기사의 특정 항목으로 이동해주는 데는 도움이 되지만 사람들이 시선을 두지 않는 영역에 배치되어 있다.

스크롤을 조금밖에 할 수 없는 영역에 내용을 밀어 넣는 일은 피해야 한다. 작은 공간으로 스크롤하게 만드는 것은 강제로 작은 구멍을 통해 들여다 보게 하는 것과 같다. 눈의 피로도를 줄이고 특히 내용이 많이 있다면 즐거운 마음으로 읽을 수 있도록 스크롤 가능 영역의 크기를 극대화해야 한다. 스크롤 영역이 좁을 때 생기는 또 다른 문제는 스크롤 막대가 매우 빠르게 움직이는 경향이 있어 사람들이 중요한 정보를 놓칠 수 있다는 점이다.

www.atlantis.com

여기서 볼 수 있는 작은 스크롤 가능 영역으로 읽는 것이 불편하다. 테스트에 참여한 사람들조차 더 많은 내용을 읽어 보기 위해 사이트의 크기를 늘리려고 시도했다.

사용자를 한 단계씩 안내하기

상호작용에 여러 단계가 필요할 때 사용자들이 기대하는 직선적인 작업을 통해 안내해야 하지만 너무 많은 옵션으로 그들을 당황스럽게 해서는 안 된다. 목표는 그들에게 만족스런 경험을 시켜 주는 것이다. 사람들은 각 클릭이 원하는 결과에 합당한 속도로 가까워지게 해준다면 여러 페이지를 클릭하는 것에 대해 개의치 않는다. 사람들의 기대에 일치하는 상호작용은 즐겁게 느껴진다. 실제로 웹 사이트에 대한 좋은 경험을 가진 사람들은 작업을 수행하는 데에 있어 실제로 소요되는 시간보다 적은 시간(또는 클릭)이 소요된다고 생각한다.

사람들에게 다음 페이지로 이동하기 위해 복잡한 문제를 풀게 하지 않도록 한다. 구조적인 작업 과정을 만들면 단계를 지나치는 등의 실수를 피하는 데 도움이 된다. 특정 기능에 여러 단계가 필요하다면 직선적인 구조를 갖는 단계로 구분하면 사람들이 다음 단계에 대해 알게 된다.

사람들은 구매했거나 작업을 위해 필요한 소프트웨어는 배우기 위해 노력하지만 웹의 사용에 있어서는 노력하지 않는다. 만약 사이트가 그들이 필요로 하는 것을 즉시 지원하지 않으면 다른 경쟁사 사이트로 눈길을 돌리게 된다. 복잡한 인터페이스를 이해하려고 시도하기보다 경쟁사의 웹 사이트에서 쉽게 해답을 찾게 된다. 이 사실을 반드시 명심하도록 한다. 만약 사용하기 귀찮아 보이면 사람들은 도망가버린다는 것을 말이다.

> 각 클릭이 원하는 결과에 가까워지게 해준다면 사람들은 여러 페이지를 클릭하는 것에 대해 개의치 않는다. 실제로 웹 사이트에 대한 좋은 경험을 가진 사람들은 작업을 수행하는 데 실제로 소요되는 시간보다 적은 시간이 소요된다고 생각한다.

팁: 마법의 수에 주의

클라이언트들은 가끔 내비게이션 항목이나 사람들을 A 지점에서 B 지점으로 이동시켜 주는 클릭의 용인할 수 있는 수가 있는지 물어보곤 한다. 그러한 마법의 수는 없다. 하지만 간혹 사람들은 그러한 것이 있다는 내용의 1956년 인지심리학자 조지 밀러(George Miller)의 인간의 기억에 대한 연구를 잘못 사용하는 경우가 있다. 밀러는 인간이 약간의 도움을 얻어 한번에 정보 조각을 일곱 개에서 ±2개까지 기억할 수 있다고 제안했다. 이 규칙은 웹 디자인에는 적용되지 않는다. 밀러의 연구는 단기 기억의 한계에 대한 연구일 뿐이다. 웹 사이트 내비게이션은 일반적으로 인식과 해석의 문제이지 기억의 문제가 아니다.

테스트 사용자들이 이 사이트에 방문했을 때 다음에 해야 할 일이 무엇인지 이해할 수 없었다. 이 사이트에 있는 복잡한 상호작용 모델로 인해 성공적인 온라인 예약을 할 수 없었다. 지시 사항은 "Set your options, then click 'Search'"라고 되어 있지만 사람들은 그것이 무슨 의미인지 몰랐다. 가장 두드러진 클릭 가능 요소는 녹색의 Search 버튼이었고 아무것도 선택되어 있지 않은 상태로 클릭하면 알아들을 수 없는 오류 메시지를 표시한다. 사람들은 참가자를 한번에 한 명씩 선택하여 각 패키지를 설정해야 한다는 것을 알지 못했다. 구성진 직선적 작업 흐름을 갖고 있었다면 이러한 상호작용을 행할 수 있었을 것이다.

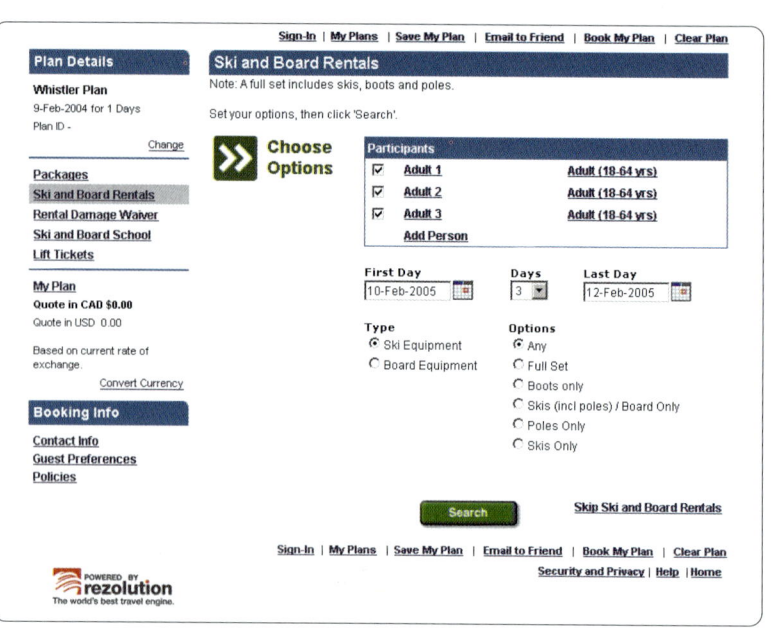

www.whistlerblackcomb.com

City of San Diego 웹 사이트는 사람들의 도로 보수 요청을 온라인에서 받고 있다. 불행하게도 요청 과정이 너무 불편하게 되어 있어 테스터들은 결국 포기했다. 그들은 지도를 제어하는 방법과 동일한 정보를 두 번 요청하는 작업에 대해 이해하지 못했다. 사람들은 거리 이름을 수동으로 입력해야 했을 뿐 아니라 그것을 지도에서 찾아야 했다. 이러한 추가 작업은 지도가 입력 양식과 어떻게 연관되어 있는지 이해할 수 없었기 때문에 많은 혼란을 야기했다.
흥미롭게도 대부분의 사람들은 지도를 사용하는 방법 대신 문자열을 입력하는 방법을 선택했고 멋진 지도가 문제를 일으키는 경향이 있다고 말했다. 그들은 문자열을 직접 입력하는 것이 더 효율적이고 오류 발생 확률이 낮다고 생각했다.

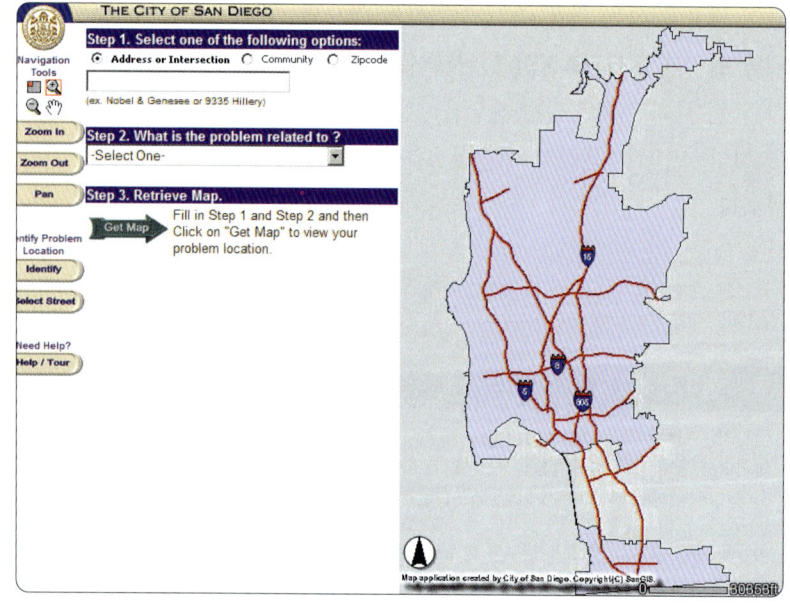

www.sandiego.gov

웹 사이트에는 간혹 인터페이스를 설명하는 지시 사항이 포함되어 있다. 진행 과정에 슬쩍 집어 넣는 것이 도움이 된다. 하지만 인터페이스를 설명하기 위해 지시 사항을 단계별로 추가하는 것은 디자인이 어딘가 잘못되었다는 것을 시사한다. 좋은 상호작용 디자인은 지시 사항을 필요로 하는 일이 거의 없다. 표현 자체가 설명해주고 있기 때문이다.

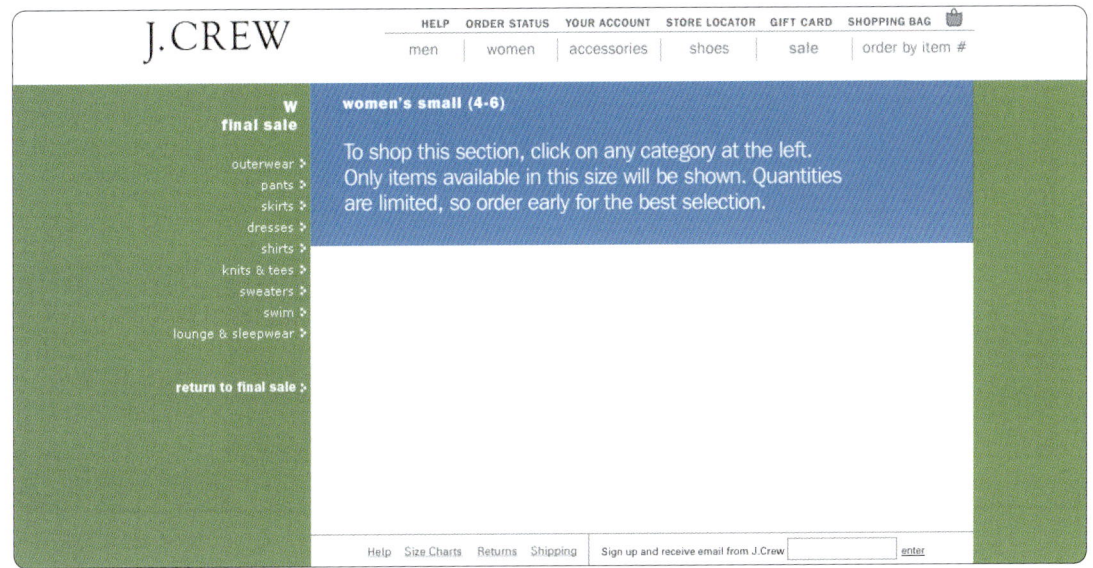

www.jcrew.com

이 인터페이스는 불필요한 지시 사항으로 복잡해졌다. 고객들이 이 페이지를 보면 그들은 멈춰서 파란 영역에 있는 문자열을 읽고 무슨 의미인지 이해해야 한다. 이 상황에서 사람들이 이미 알고 있는 것을 말해줄 필요는 없다. (1) 카테고리를 클릭하면, (2) 그들의 크기만 표시된다. 방문한 사람들은 이미 그렇게 될 것으로 생각하고 있다. 쓸모 없는 지시 사항으로 왜 사람들을 느리게 만드는가?

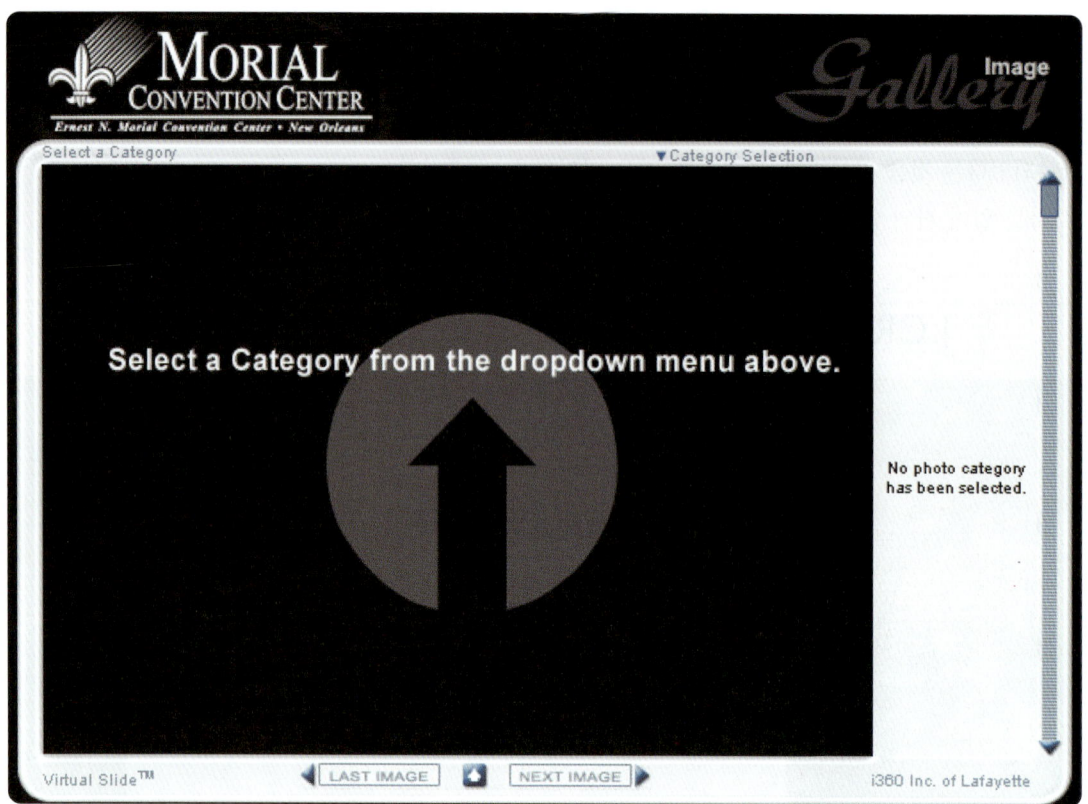

www.mccno.com

Morial Convention Center 웹 사이트에 있는 내비게이션 메뉴는 완전히 숨겨져 있다. 사이트의 상호작용 모델은 보이지 않아서 지시 사항이 필요하다. 사용자들이 선택할 수 있는 것을 보이게 하려면 화면 공간을 조금만 더 넓히면 된다. Next Image 와 같은 사람들에게 내용은 알려주지 않으면서 제목만 가진 버튼의 사용은 재고할 필요가 있다. 사람들은 무언가를 얻게 될 것이라는 모호한 희망을 갖고 뭔가를 클릭할 시간이 없다.

연계된 항목 묶기

연계된 항목들을 한데 묶어 놓으면 눈에 띄기 쉽다. 동일한 영역 내에서 관련된 객체를 찾는 것은 일반적인 행동 양식이다. 만약 있어야 할 것이 그곳에 없다면 사람들은 종종 존재하지 않거나 뭔가 잘못되었다고 생각한다. 예를 들면, 만약 사람들이 제품 규격을 찾아보고 있다면 그들은 제품 설명 부근에 시선을 둘 것이다. 만약 찾고 있는 것이 페이지의 다른 곳에 있다면 대부분 그것을 찾아내지 못할 것이다.

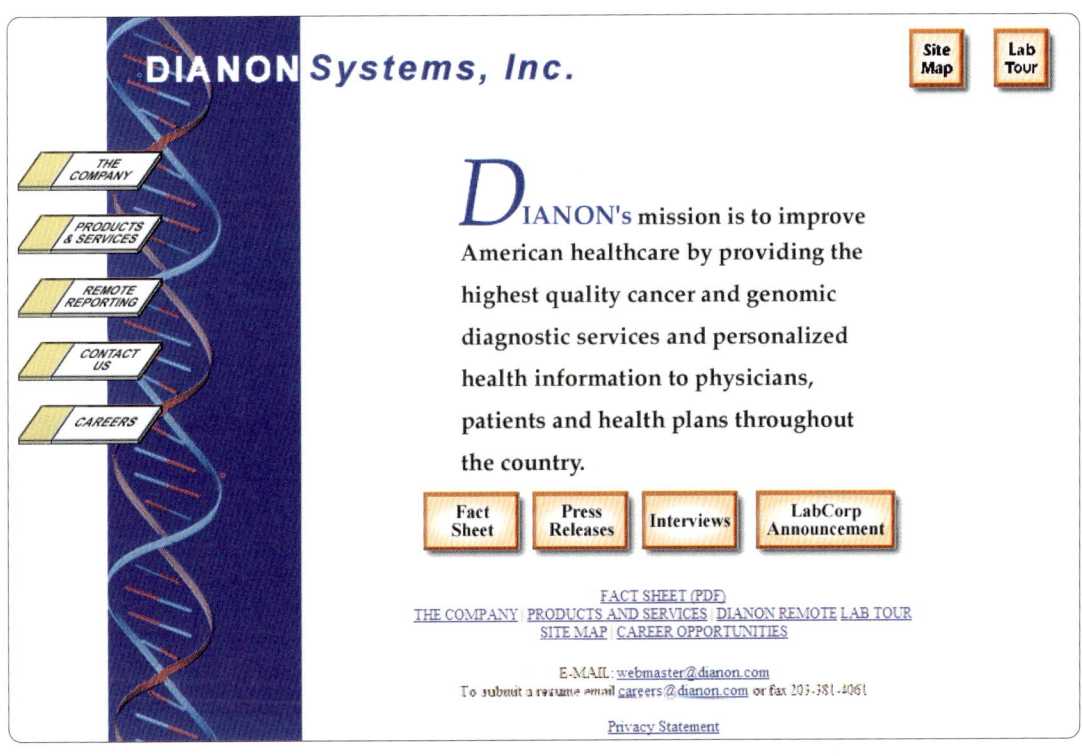

www.dianon.com

내비게이션 영역이 명확한 계층적 순서 없이 이 페이지의 전역에 분산되어 있다. 예를 들면, 기업 정보는 페이지의 좌측, 하단, 상단에 있다. 유사한 항목을 서로 다른 곳에 배치하면 사람들은 이렇다 할 목표 없이 그것을 찾아 헤매게 된다.

"모든 부분이 납득할 수 없게 구성되어 있네요. 최악의 사이트라고 생각합니다. 홈페이지를 보면 옵션이 좌측, 하단, 상단 모서리에 있습니다. 그리고 어디로 가게 될지 명확하게 알려주는 것이 하나도 없습니다."

California State Parks 웹 사이트에 있는 Icon Key 는 긴 페이지의 너무 아래쪽에 있어 많은 사람들이 그런 것이 있다는 것을 몰랐다. 아이콘 범례를 페이지의 상단과 하단 모두에 표시하면 더 나은 시각적 실마리를 제공하게 된다. 하지만 아이콘의 의미가 명확하지 않기 때문에 문자열 링크가 보다 적절한 것이다.

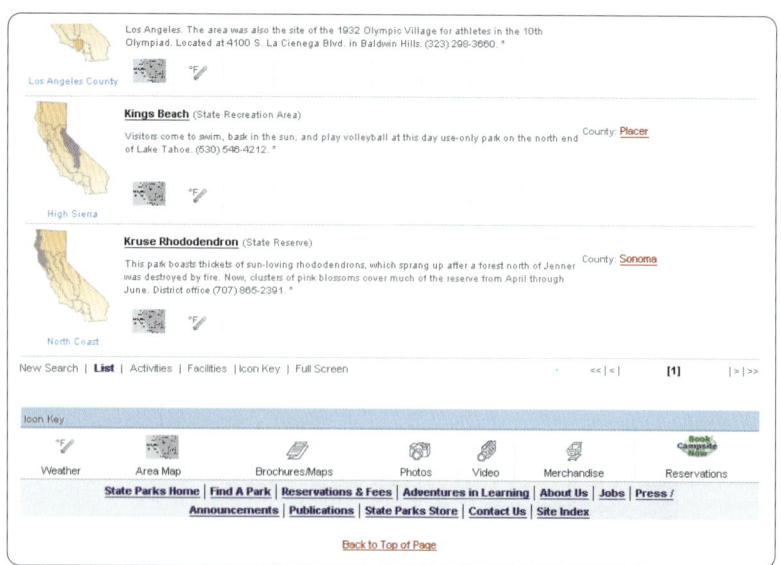

www.parks.ca.gov

테스트에 참여한 거의 모든 사용자는 Devil Mail 사이트에 가입하는 작업에서 어려움을 겪었다. 가입 버튼이 페이지의 가시 영역 아래에 있었기 때문이다. 로그인 영역은 페이지의 유일한 입력 가능 영역으로 표시되어 있었기 때문에 사용자들은 그곳에서 가입하려고 시도했다. 완료의 허상이 다시 찾아왔다.

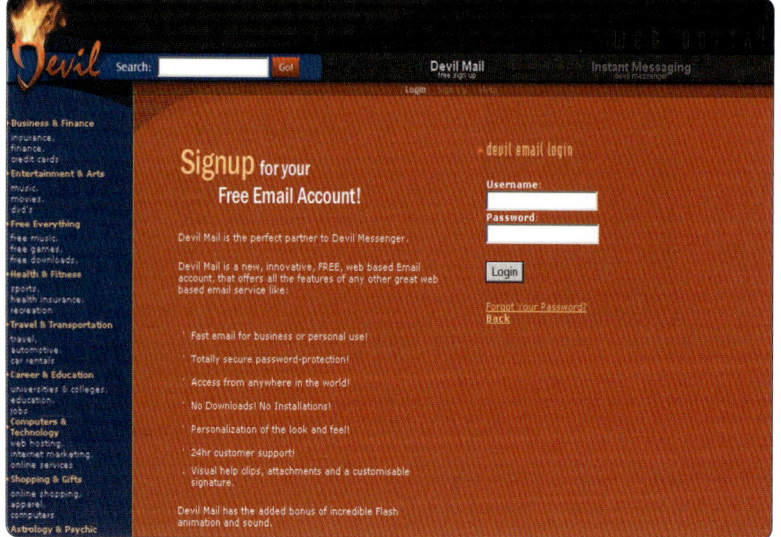

www.devil.com

웹 애플리케이션에서 입력 영역은 결과 영역에 가깝게 배치해야 한다. 두 영역이 서로 너무 멀리 떨어져 있거나 동일한 가치 영역 또는 작업 영역 내에 없을 경우 결과물을 시야에서 놓치게 될 수 있다.

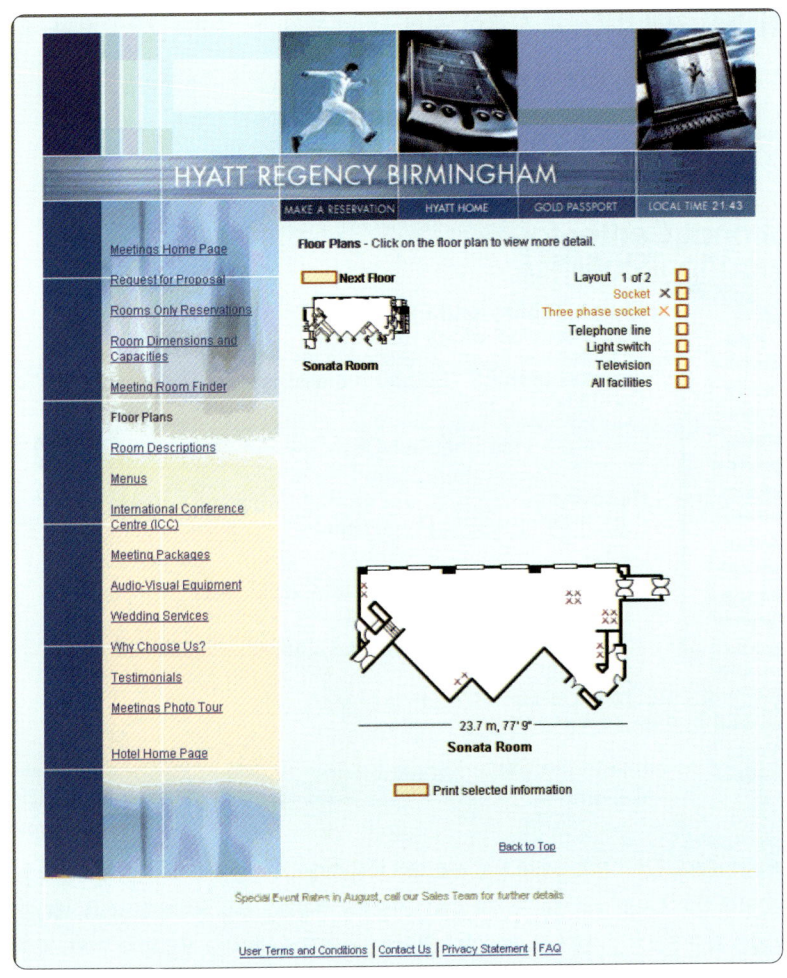

www.birmingham.regency.hyatt.com

이 작은 온라인 애플리케이션은 회의 계획자가 행사에 적합한 회의실을 선택하는 데 사용된다. 사용자가 방의 기능(말하자면 전등 스위치) 목록과 상호작용하면 선택한 기능의 위치를 보여주기 위해 다이어그램이 갱신된다. 하지만 Floor Plan 다이어그램은 입력 영역에서 상당히 떨어진 아래쪽에 있어 사람들은 내용이 갱신되더라도 눈치채지 못했다. 게다가 800 × 600 화면 크기로 보고 있던 사람들은 Floor Plan이 화면 가시 영역 아래로 밀려 내려가기 때문에 아예 보지 못했다. 완료의 환상이 작은 화면을 사용하는 사람들에게 페이지의 가시 영역 내에 있던 Small Room 다이어그램이 전부인 것으로 생각하게 만들었다(스크린샷의 아래쪽 절반을 가리고 그 이유를 직접 알아보자).

화면 돋보기를 사용할 정도로 시력이 낮은 사용자들은 화면에 표시되는 모든 설명을 볼 수 없고 설명을 보기 위해 다양한 영역으로 돋보기 화면을 움직여야 한다. 따라서 확대된 영역 바깥에 표시되는 모든 변화 또는 피드백은 쉽게 간과될 수 있다. 활성 영역을 서로 가까이에 배치하면 모든 사용자들에게 도움이 되며, 특히 한번에 화면의 한 부분만 볼 수 있는 시력이 낮은 사용자들에게 도움이 된다.

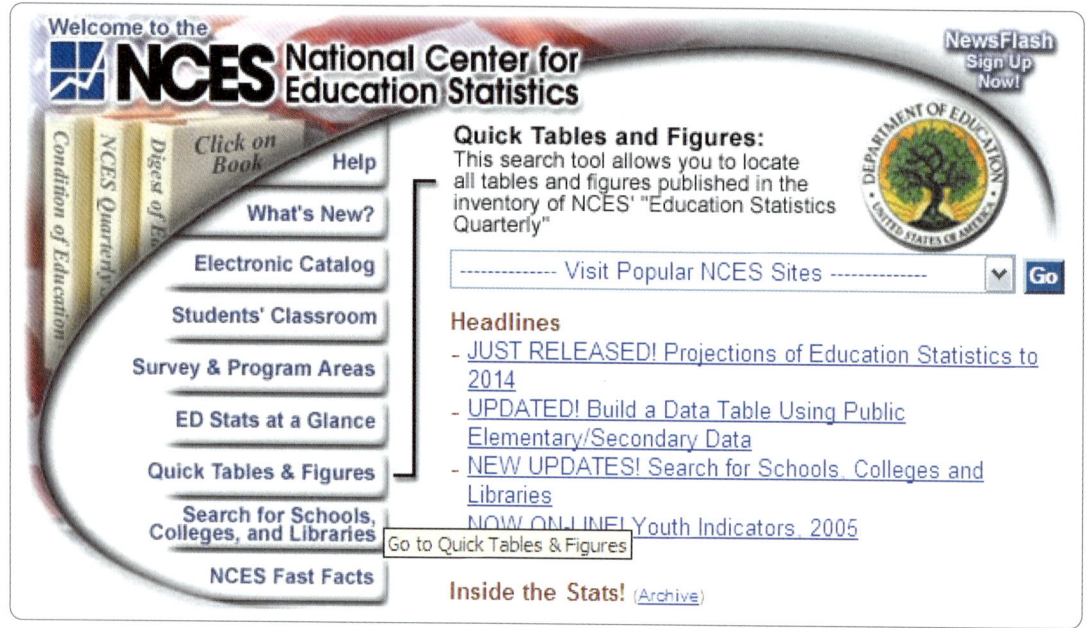

www.nces.ed.gov

좌측의 내비게이션 항목의 설명이 항목 바로 옆이 아니라 페이지 상단에 표시된다는 점에 주목한다. 관련 항목이 서로 너무 멀리 떨어져 있으면 사람들은 변경되는 것을 눈치채지 못한다. 게다가 이것은 화면 돋보기를 사용하고 있어 가시 영역 바깥에 변화가 일어나는 것을 알지 못하는 사용자들에게 더 큰 문제가 된다.

www.nick.com

점선 위쪽 영역은 1024 × 768 크기의 화면에서는 스크롤 없이 볼 수 있는 곳이다. 스크롤하지 않고도 보이는 곳에 있는 녹색 영역에서 캐릭터를 클릭하면 아래로 스크롤해야만 볼 수 있는 영역에 프로그램 목록이 표시된다. 어린이들은 페이지를 스크롤하지 않으면 변경된 것을 볼 수 없기 때문에 프로그램을 쉽게 지나칠 수 있다. 시각적 피드백과 입력 영역을 동일한 가시 영역 내에 가깝게 배치하면 정보를 놓치지 않게 된다.

조잡한 입력 양식

부주의한 입력 양식 포맷은 사람들을 떠나게 하는 또 다른 영역이다. 입력 필드가 무질서하게 산재되어 있을 때 어느 레이블이 어느 항목에 연결되는지 알아내기 어렵다. 적절하게 정렬된 항목과 포괄적인 레이아웃은 사람들이 묶음을 인식하고 그들 간의 관계를 쉽게 이해할 수 있도록 도와준다.

이 입력 양식상의 체계의 부재는 시각적 불협화음을 만들어낸다. Street Number와 Street Name과 같은 매우 밀접한 항목들이 어설프게 분리되어 있다. 문자열 입력 상자는 서로 너무 멀리 떨어져 있어 연구에 참여한 사람들은 항목 간의 연계를 잘못 이해했다. 주소에 해당하는 입력 필드는 서로 떨어뜨려 놓지 않는 것이 좋다.

대충 채워 넣은 레이아웃은 어느 문자열 입력 상자가 어떤 예를 참조하는지 알아내기 어렵다. 들여쓰기의 부재와 적당한 간격에 대해 사람들은 라디오 버튼을 간과하고 두 가지 방법으로 지역을 입력해야 한다고 생각한다.

www.sandiego.gov

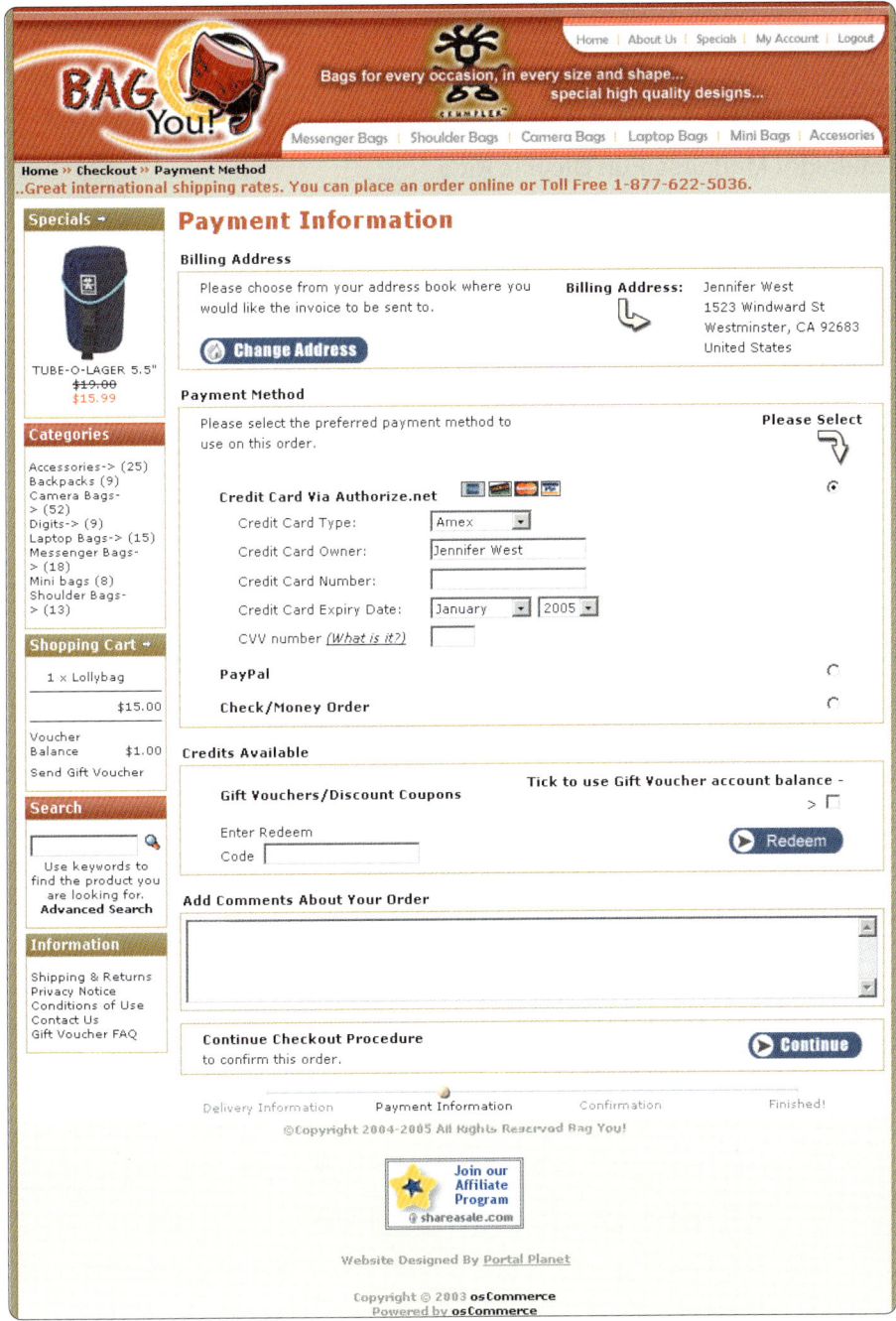

우측에 있는 라디오 버튼과 확인 상자가 주요 입력 영역에서 너무 멀리 떨어져 있기 때문에 쉽게 지나칠 수 있다.

10: 페이지 구성 요소의 표현 방법

이 페이지의 2열 레이아웃은 사용자에게 익숙한 등록 작업 흐름에서 벗어나 있다. 사람들은 동일한 장소에서 유사한 정보를 위에서 아래로 입력해 왔다. 입력 양식의 하단까지 먼 길을 따라 내려간 다음 다시 위로 올라와야 한다는 것(중간에 있는 질문은 주의를 다른 곳으로 돌리게 만든다)은 상당히 거슬리는 일이고 사람들이 우측 패널에 있는 선택 항목을 간과하거나 잊게 만든다.

잘못된 장소에서 등록하는 것은 사용자에게 일어나는 일반적인 과실이다. 대부분의 등록 화면에는 새로운 고객을 위한 전용 영역을 갖고 있지만 대개의 경우 그들은 입력 영역이 있는 다른 곳을 사용한다. 새로운 사용자가 보게 되는 부분에는 입력 영역이 없기 때문이다. 사용자들은 무언가를 읽는 것보다 무언가를 하는 것을 더 좋아한다. 그들이 등록 페이지에 있는 입력란을 사용하려고 하고 다른 부분을 무시하는 이유가 바로 이것이다.

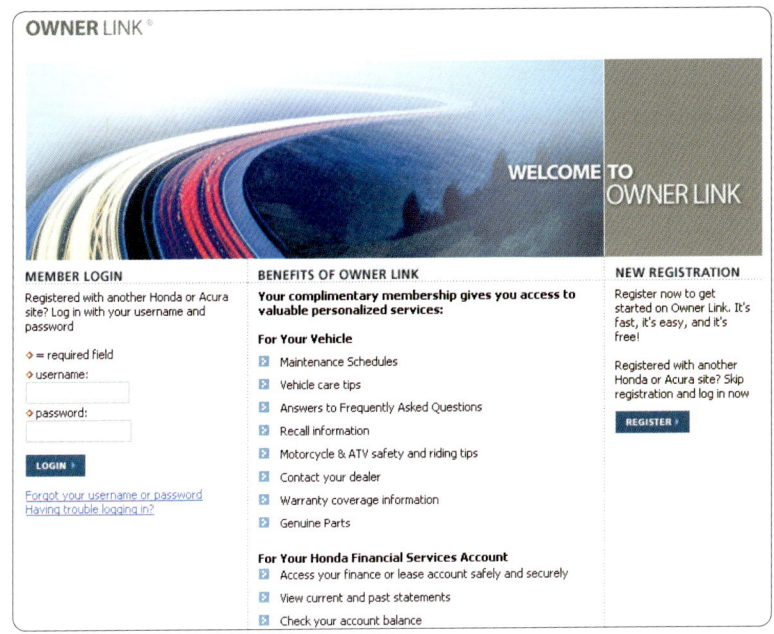

새로운 사용자들은 이 사이트의 Member Login 영역을 사용하여 등록하려고 시도했다. 문자열 입력 상자가 페이지의 다른 쪽에 있는 새로운 등록자를 위한 Register 버튼보다 훨씬 더 두드러져 보이기 때문이다. 그리고 Register 버튼은 너무 멀리 떨어져 있어 눈에 띄지 않는다. 새로운 회원은 회원 영역에서 사용자 이름과 패스워드를 등록하기 위해 시도하고 시스템이 왜 입력을 거부하는지 의아해 한다.

www.ahm-ownerlink.com

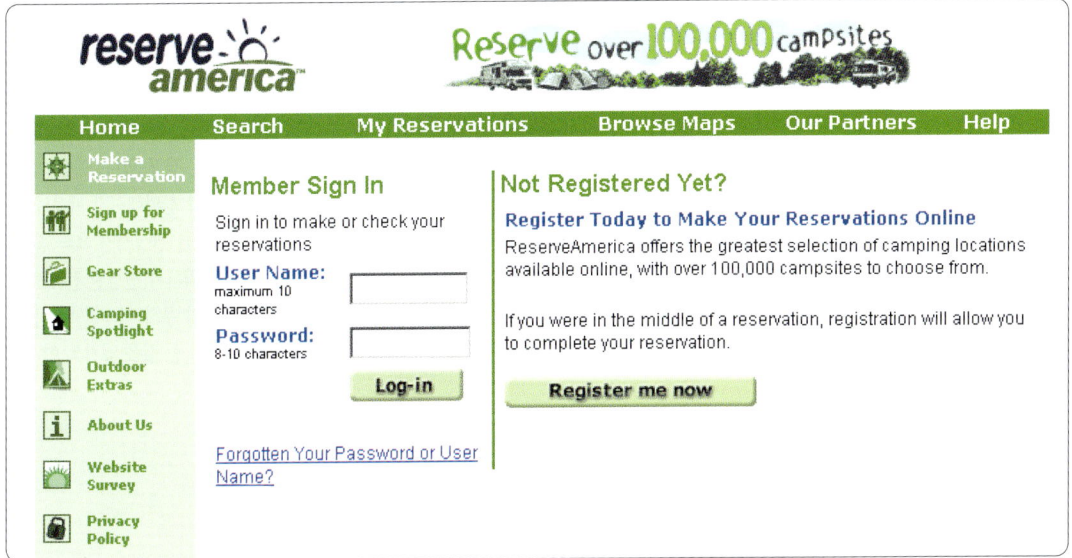

www.reserveamerica.com

비슷한 상황으로, 사람들은 이 사이트에 있는 Not Registered Yet? 영역을 무시하고 곧장 Member Sign In 영역으로 이동했다. 두 부분을 더욱 비슷하게 만들면 새로운 사용자를 더욱 유혹할 수 있게 된다. 새로운 사용자가 회원 영역에서 정보를 입력하고 나머지는 후반부에서 입력하게 하는 것이 좋다.

www.amazon.com

이것은 등록하지 않은 사람들이 접근하기 쉬운 로그인 화면을 만드는 데 선호하는 해결책이다. 첫 번째 질문은 모든 사람에게 동일하고 두 번째 질문은 두 개의 라디오 버튼으로 명확하게 표시되어 있다. 사용자가 다시 돌아온 고객임을 알려주는 쿠키가 컴퓨터에 있는 경우 Yes 버튼이 기본적으로 선택된 상태로 표시된다. 이 화면은 다소 많은 디자인 요소를 갖고 있다. 예를 들면, Search 는 일반적으로 어느 곳에나 있는 것이긴 하지만 사용자의 주의가 산만해지기 때문에 세 개의 검색 상자를 로그인 화면에 표시할 필요는 없다. 페이지에 있는 다른 건설적인 요소 중 두 가지의 일반적인 문제를 해결해주는 확실한 링크가 있다. 잊어버린 패스워드와 변경된 전자 메일 주소가 그것이다. 즉각적인 도움은 일반적으로 사용자가 포괄적인 온라인 문서 시스템에서 문제에 대한 해답을 찾게 만드는 것보다 유용하다. 사람들은 직접 해답을 찾던 중 길을 잃기도 한다.

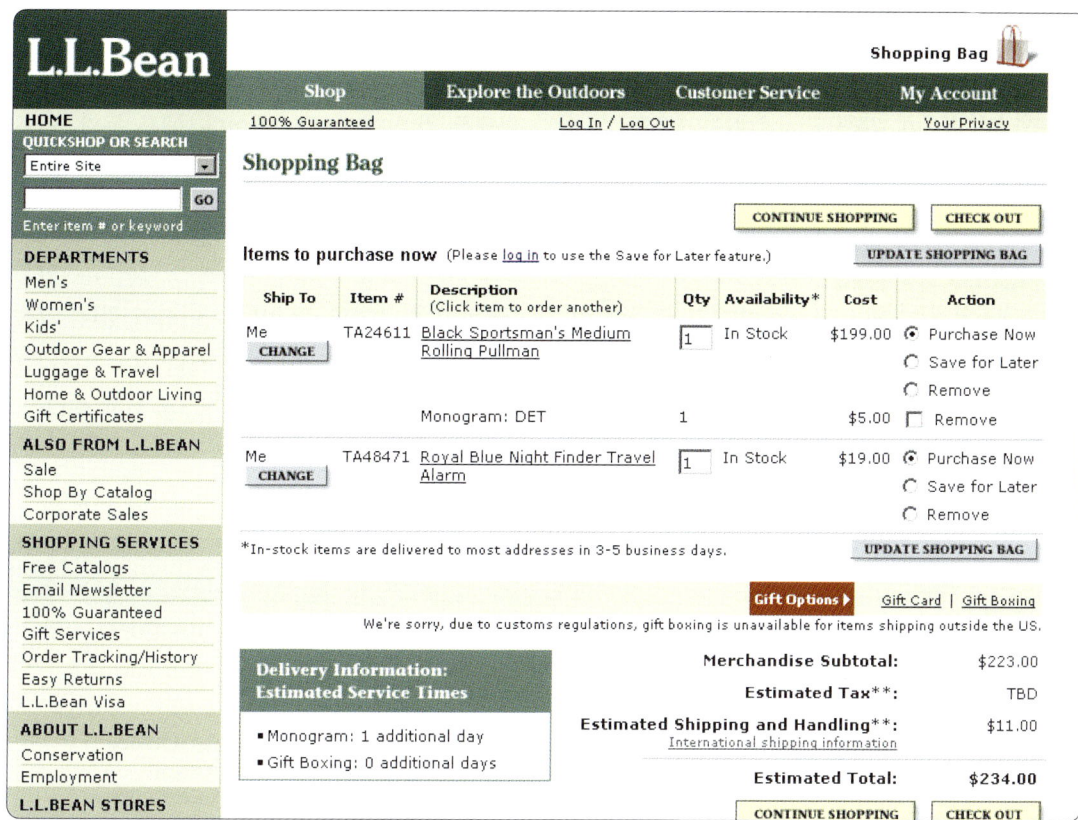

www.llbean.com

Save for Later와 Remove 버튼을 제공한 것은 바람직한 일이지만 주문 개요 표시 영역에 편집 도구가 두드러져 보이면 안 된다. 또한, Purchase Now 항목은 일반적으로 장바구니가 구매에 사용되는 것으로 잘 알려져 있기 때문에 불필요한 부분이다. 불필요한 옵션을 제거하고 올바른 영역에 항목들을 제대로 배치하면 인터페이스가 혼란스럽지 않으면서 가독성도 개선된다.

사용자의 기대를 만족시켜라

웹이 발달함에 따라 웹 사이트에 보이는 공통적인 현상은 사람들의 기대에 부응할 수 있는 형태를 갖추고 있다는 것이다. 예를 들면, 업체 정보로 연결되는 링크는 일반적으로 홈페이지의 상단과 하단에서 볼 수 있다. 그 링크를 화면의 다른 곳에 배치하면 불필요한 혼란을 야기할 수 있다. 사람들의 기대를 이해하면 사람들이 원하는 것과 정확히 일치하는 방법으로 그들이 필요로 하는 것을 제공할 수 있다는 이점이 있다. 그들이 알아채지 못할 정도로 과대 포장할 필요가 없다. 사람들이 기대하는 곳에 단순히 아이템을 배치하는 것만으로도 그들은 그것을 보게 된다.

> **나를 쳐다봐!**
>
> 객체를 더 크고, 더 굵고, 더 밝게 만들어 눈에 잘 띄게 만들려는 시도는 이러한 특성이 종종 광고와 연계되기 때문에 부작용이 생길 수 있다. 우리는 사람들이 광고처럼 보이는 모든 것으로부터 주의를 다른 데도 돌리길 원한다는 것을 잘 알고 있다.

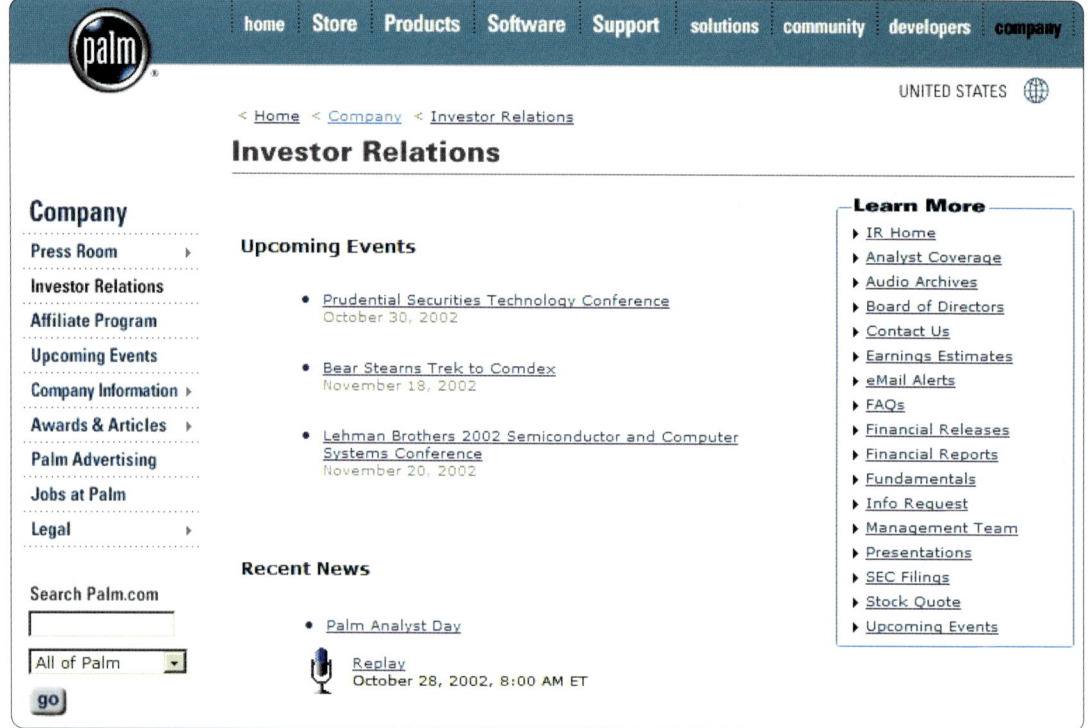

www.palm.com

이 사이트의 Learn More 영역은 굵은체와 두드러져 보이는 상자로 강조되어 있음에도 불구하고 잘못된 위치에 있기 때문에 사람들은 이를 무시했다. 그들은 주요 내비게이션 요소가 일반적으로 화면 우측이 아니라 좌측에 있기 때문에 이 링크를 중요하다고 생각하지 않았다. 또한, 링크를 박스에 담는 것은 이차적인 것으로 보이게 만든다. 박스로 묶은 영역은 특히 바깥쪽에 배치될 때 일반적으로 광고와 연계된다.

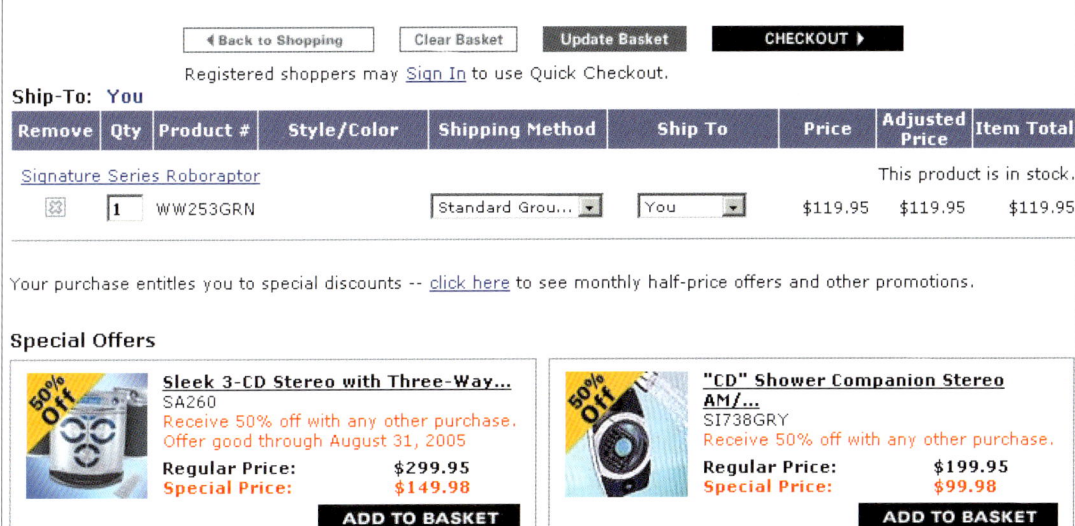

www.sharperimage.com

Checkout 버튼이 특이한 곳에 있다. Checkout 버튼은 일반적으로 장바구니의 상단이 아니라 하단에서 찾을 수 있다. 사람들이 주문 내역을 위에서 아래로 살펴본 다음 목록의 끝에 있는 결제 버튼을 보게 되는 것이 자연스럽다. 사용자의 심리적인 모델을 혼란시키면 사람들을 어렵게 만들어 부조화의 경험을 만들어낸다.

www.ae.com

사람들이 Add to Shopping Bag 버튼이 있을 것으로 기대하는 위치에 Add to Wish 버튼을 배치하는 것은 이러한 레이아웃상의 잦은 오류를 만들어낸다. 또한, 파란색 Shopping Bag 버튼이 다른 파란색 문자열과 섞여버리기 때문에 회색의 Wish List 버튼이 더 두드러져 보인다. 따라서 이것이 Add to Shopping Bag 버튼보다 작고 밝은 색상을 갖고 있음에도 불구하고 더 두드러져 보인다.

Add to Shopping Bag 버튼의 위치는 이곳이 더 적절하다. 여기서 우선순위가 가장 높은 작동 버튼인 Add 버튼은 마지막 항목 바로 뒤에 배치되어 있고 그 뒤에 이보다 덜 중요한 요소인 Add to Wish List 와 E-Mail a Friend 버튼이 위치해 있다. 버튼의 순서와 쌓아 올리는 형식의 레이아웃은 사람들이 실수로 잘못된 것을 누를 가능성을 낮춰준다.

www.ae.com

여백 활용

사이트에 표시되지 않는 것 역시 표시되는 것만큼 중요하다. 어떤 문자열이나 그림도 포함되지 않는 부분인 "여백(White Space)"은 사람들이 정보를 다루기 쉬운 단위로 만드는 데 도움을 주기 때문에 컨텐츠와 시각 디자인에서 중요한 부분이다. 묶음 주변에 적당한 여백을 두면 눈이 피곤하지 않으면서도 사람들의 주의를 핵심적인 부분으로 돌릴 수 있다.

시각적으로 복잡한 사이트는 사용자들이 재빨리 중요한 것을 찾아내고 순서화하는 것이 어렵기 때문에 문제가 된다. 서로 다른 묶음 주위에 충분한 공간을 제공하면 공간적 긴장을 완화시킨다. 묶음 간의 인식 가능한 거리는 극대화하면서 동시에 묶음 내에 있는 항목 간 거리는 최소화한다는 개념이다.

> 묶음 주변에 적당한 여백을 두면 눈이 피곤하지 않으면서도 사람들의 주의를 핵심적인 부분으로 돌릴 수 있다.

www.msnbc.com

각각의 주요 묶음 주위에 풍부한 여백을 사용하여 관련 기사들이 시각적으로 함께 묶여 있는 것처럼 보이게 했다. 구획이 거의 없는 표현이지만 순서가 자연스럽게 만들어진다.

우리는 제한된 공간의 화면을 갖는 페이지상에 너무 많은 정보를 밀어 넣으려는 시도는 종종 득보다는 해가 된다는 것을 알고 있다. 선택 항목, 문자열, 링크, 그리고 밝은 색상으로 가득한 화면은 특히 사용자들이 오랜 시간 동안 화면 앞에 앉아 있게 될 경우 눈의 피로를 가져온다. 사이트에 여백을 늘린다는 것은 교환 조건을 만든다는 의미이다. 일부 요소는 제거할 필요가 있거나 덜 두드러지게 만들어야 한다. 대부분의 경우 가치가 있는 일이다. 덜한 것이 더한 것이다.

www.nba.com

이질감이 느껴지는 그래픽을 사용하고 여백이 부족하여 홈페이지가 복잡해졌다. 모든 부분이 뭉쳐 있는 것처럼 보이기 때문에 제목과 내용을 구별하기 어렵다. 시각적인 움직임이 너무 많아 사용자들은 우선적으로 가야 할 곳을 알 길이 없다.

IT 대한민국은 ITC(Info Tech Corea)가 함께 하겠습니다.
www.itcpub.co.kr

사용자에게 이득이 될 때 멀티미디어를 사용하라

멀티미디어 장벽 극복하기
- 기술 수준이 낮은 사용자들의 편의 도모
- 사용자의 연결 속도에 맞게 디자인하라
- 간단하고 정확한 로딩 상태 표시기 사용
- 사용자의 기술 지식을 과소평가하라
- 사용자의 대역 알아내기

익숙한 인터페이스 관례 지키기

과도한 멀티미디어 사용을 피하라
- 볼륨을 낮춰라

웹을 위한 동영상 만들기

단순함의 실천

한층 품위 있는 디자인으로

11 사람들의 요구에 맞는 기술 균형

기술은 계속 발전하고 이전보다 더 많은 사람들이 고속 인터넷을 이용하게 되었으며 멀티미디어 웹 사이트는 유행처럼 번지고 있다. 동영상, 애니메이션, 그리고 사운드는 사용자 경험을 풍족하게 만들고 사람들을 즐겁게 만든다. 하지만 멀티미디어를 부적절하게 사용하면 사람들에게 혐오감을 주고 결국 사이트의 가치를 떨어뜨릴 수 있다. 이 장에서는 일반적인 함정을 피하는 데 도움이 되는 전략과 여러분에게 득이 될 수 있는 멀티미디어의 사용 방법에 대해 설명한다.

웹이 일반인들이 널리 사용하는 도구로 자리잡은 이래 10년 정도의 세월 동안 멀티미디어 환경으로 바뀌어 왔다. 이제는 많은 비전문적인 사용자들이 하이퍼링크를 사용하고 문자열을 읽기 위해 스크롤하고 그림을 더 크게 보기 위해 클릭하고 문자열과 그림이 움직이는 것을 보고 오디오와 동영상을 재생하기 위해 VCR처럼 보이는 제어 장치를 사용하는 데 익숙해졌다. 사람들이 멀티미디어를 만들어내는 기술이 발전함에 따라 웹 디자이너와 개발자들은 사이트에 있는 문자열과 그림에 오디오, 동영상, 그리고 애니메이션을 추가하는 데 점점 더 많은 흥미를 갖게 되었다.

하지만 멀티미디어는 은총이 될 수도 있고 저주가 될 수도 있다. 적당한 내용에 솜씨 좋게 첨부한 움직임과 사운드는 컨텐츠를 더 재미있게 만들어 그 속에 빠져들게 할 뿐 아니라 접근하기 쉬워져 사용성을 높일 수 있다. 하지만 멀티미디어의 남용은 감각적 경험을 무기력하게 만들어 상호작용에 문제를 일으키고 영상과 사운드의 불협화음으로 사이트의 방문객을 혼란스럽게 한다. 새로운 멋진 기술에 대한 열의 때문에 웹 디자이너는 그들의 주요 의무, 즉 방문객들이 쉽게 접할 수 있는 정보를 제공함으로써 통신 문제를 해결한다는 임무를 잊어버릴 수 있다.

2000년 회상: 제이콥 닐슨의 기록

지난 2000년 나는 내 Alertbox 컬럼에 "Flash: 99% Bad"라는 제목의 기사를 등록했는데, 사람들 사이에서 논란이 되었다. 기사에서 나는 멀티미디어가 웹에서 제 구실을 하게 되었지만 대화식 애니메이션 기술은 사용성을 개선하기보다는 저해하는 경향이 있다고 주장했다. 내가 이렇게 주장한 데는 세 가지 이유가 있다. 첫째, 불필요한 애니메이션과 색다른 인터페이스 디자인을 갖게 되고 진정한 사용자 상호작용이 아니라 디자이너가 제어하는 움직임으로 잘못된 디자인이 만들어질 가능성이 높다. 둘째, 웹의 상호작용이라는 기본적인 관례에서 멀어지게 되었다. 셋째, 가장 심각한 문제는 정보 제공으로 사이트의 핵심적인 가치를 개선하는 데 사용해야 하는 시간, 생각, 노력과 같은 자원이 낭비된다는 점이다.

물론 나는 자극을 주기 위해 각 상황을 과장해서 설명했다. 플래시는 그 때에도 그랬고 지금도 그렇지만 본래부터 나쁜 것이 아니며 실제로 상당히 효과적으로 사용될 수 있다. 사용자 상호작용이라는 다른 관점에서 상당히 매력적인 웹 사이트를 만드는 능력은 상당히 마음에 든다. 하지만 매크로미디어가 처음 플래시를 발표했을 때 웹 제작자와 디자이너들은 그 능력에 너무 경탄한 나머지 지나치게 많은 곳에 적용해버렸다.

그 후 수년이 흐르면서 플래시는 하나의 제품으로서 성숙해지고 규모는 더 커졌으며 그것을 사용하는 디자이너들의 기술은 더 성숙해졌다. 하지만 기본적인 문제는 여전히 남아 있다. 최첨단 기술의 과도한 사용은 종종 디자이너들이 의도한 것보다 큰 부작용을 가져온다. 웹 사이트상에서 사용자들을 지원하기보다는 완벽하게 사용할 수 없도록 방해할 수 있다. 결과적으로 로딩 시간이 너무 길어지고 때로는 사용자의 시스템이 멈추는 경우도 있고 그런 상황을 이해할 수 없게 만들어 결국 사람들이 떠나버리는 덩치만 크고 문제가 많은 디자인으로 전락한다.

사용자에게 이익이 될 때 멀티미디어를 사용하라

불필요한 디자인의 시대에 접어들면서 생긴 가장 부끄러운 말은 "Skip Intro"였다. 지나치게 화려하게 만들어진 인트로 페이지는 불편하고 거만하기까지 하다. 사용자들에게 무의미한 애니메이션을 다운로드 받게 강요하고 재생이 시작되면 이렇게 말하는 것처럼 보인다. "우리가 강제적으로 하려는 것이 네가 원하지 않는 것임을 알고 있지만 어쨌든 시키는 대로 해야 돼." 고객들은 이것의 제어 방법이 없고 그들의 시간에 개의치 않는다는 것에 분개한다.

낙관적으로 보면, 스플래시 페이지의 사용이 최근 몇 년 사이 줄어들고 있다. 단순히 신비함이 사라진 것으로도 볼 수 있지만, 기업들이 사용성 전문가(와 그들의 사용자들)의 목소리에 귀를 기울이고 멀티미디어를 개선된 방법으로 사용하려고 노력하고 있다. 즉, 우리의 멀티미디어에 대한 이전 주장은 지금도 여전히 적중하고 있다. 얼마나 많은 상호작용이 적당하고 서로 다른 상황에 어떤 도구를 사용할 것인지 아는 것은 성공적인 웹 사이트를 만드는 데 매우 중요하다. 최근에 진행한 연구 결과는 현재 웹 사이트에서 찾을 수 있는 대부분의 멀티미디어는 여전히 사람들을 떠나게 만들고 반작용을 야기한다는 것을 보여준다. 디자인이 멋질수록 디자인이 비대해진다는 것은 문제를 일으킬 가능성이 높다는 의미이다. 그리고 제대로 동작하기 위해서는 품질 보증에 더 많은 시간과 노력을 들여야 한다는 의미도 된다.

> 불필요한 디자인의 시대에 접어들면서 생긴 가장 부끄러운 말은 "Skip Intro"였다.

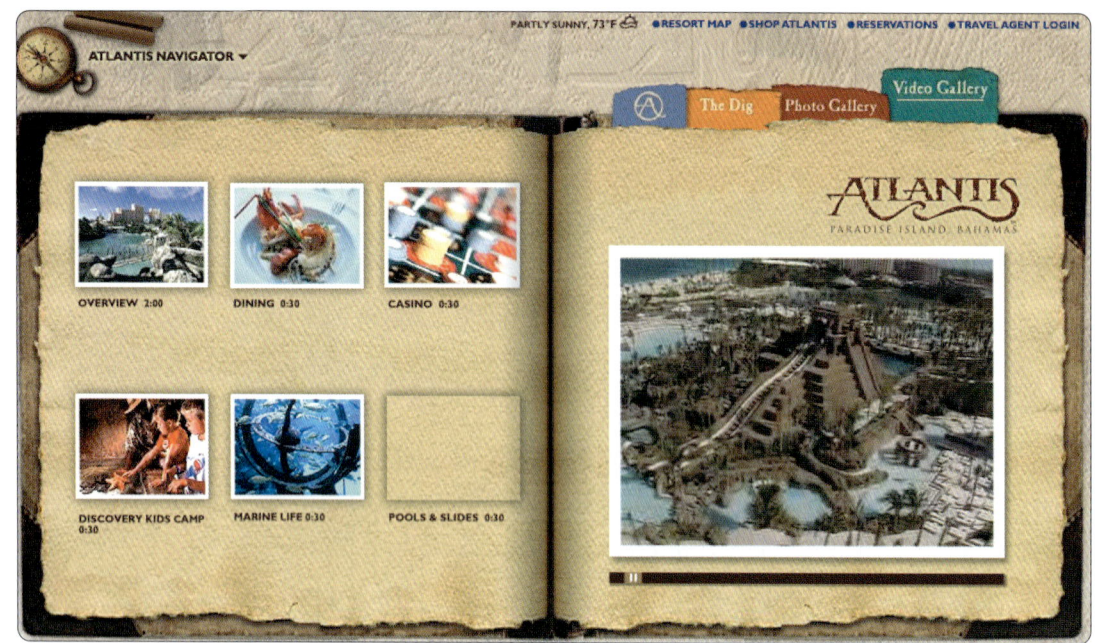

www.atlantis.com

Atlantis.com 은 감질나는 경험을 하도록 웹 사이트에 멀티미디어를 제대로 첨부했다. 사이트가 시각적이면서 로딩 시간이 빠르고 내비게이션 요소는 상대적으로 일관적이다. 동영상 갤러리는 조작이 간단하기 때문에 효과적이다. 좌측에서 그림을 선택하면 우측에서 동영상이 재생된다. 하지만 주요 단점은 사용자들이 실수로 뒤로 가기 버튼을 누르는 일이 빈번하게 발생하고 그럴 될 때마다 또는 웹 사이트에 다시 방문할 때마다 스플래시 페이지가 재생된다는 점이다. 또한, 사이트에 숨겨진 기능도 있다. 예를 들면, 책의 상단 모서리를 클릭하면 페이지를 전환할 수 있다. 일부 사용자들은 이것을 찾아내지 못할 수도 있지만 가장 중요한 정보는 이미 접근할 수 있는 상태로 제공되기 때문에 그다지 큰 문제는 아니다.

Gateway는 제품의 확대 사진을 쉽게 볼 수 있게 해주는 인터랙티브 기능을 제공하고 있다. 오렌지색 상자를 확대하려는 영역으로 옮겨 놓으면 된다. 특정 부분으로 직접 이동하려면 녹색 문자열을 클릭해야 한다. 이것은 단순한 한 가지 기능의 사용자 인터페이스이고 상호작용 모델이 사용자가 기대하는 방법으로 동작하기 때문에 지시 사항이 필요 없다.

www.gateway.com

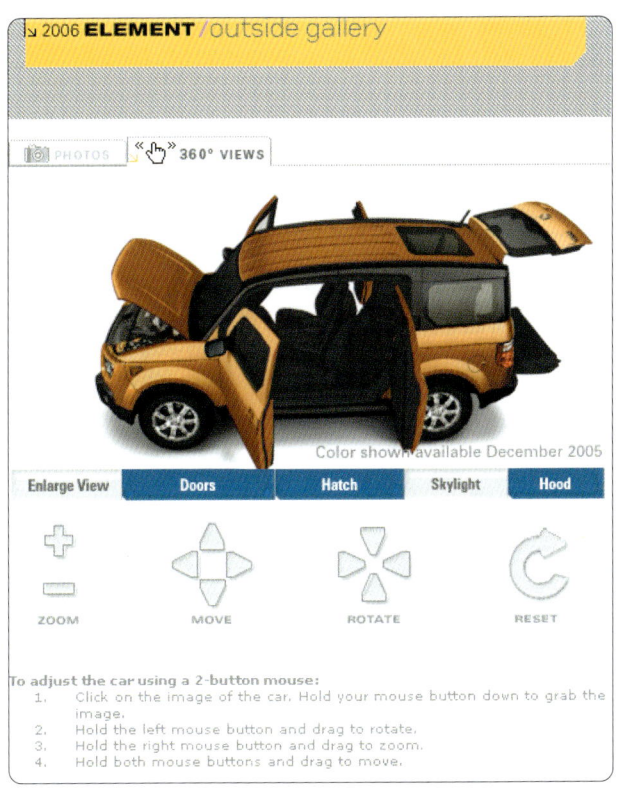

자동차의 3D 보기 기능은 재미있으면서 정보도 제공해준다. 디자이너는 커다란 버튼을 클릭하거나(모든 사람들에게 쉬운 방법) 그림 위로 마우스를 움직이는 방법(집중을 요하고 마우스 조작 능력도 필요한 방법)의 다양한 방법으로 자동차를 조작할 수 있게 하여 폭 넓은 방문객들의 편의를 도모했다. Photos 탭은 사용자에게 3D 모델을 조작하지 않고도 자동차를 보여주는 옵션을 제공한다. 전체적으로 멀티미디어를 제대로 접목시킨 사례라고 할 수 있다. 만약 사람들이 더욱 확대하여 대시 보드에 있는 계기판 같은 자세한 정보를 얻을 수 있다면 사이트는 더욱 개선될 것이다.

http://automobiles.honda.com

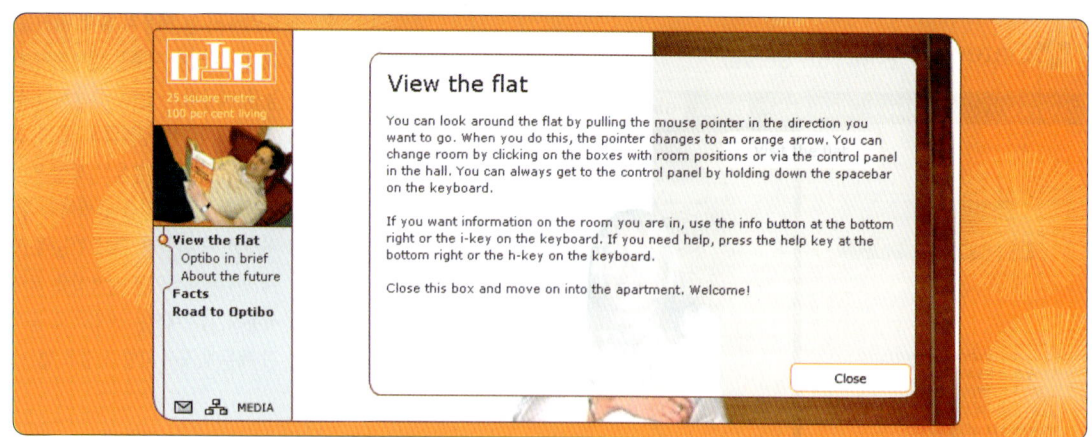

www.optibo.se

이와 같은 길이가 상당히 긴 지시 사항은 상호작용 디자인이 너무 복잡하다는 것을 의미한다. 사람들은 이 내용을 읽지 않을 것이다. 만약 수 초 내에 애플리케이션의 작동 방법을 이해하지 못하면 그들은 떠나버린다. 지시 사항을 추가하는 것보다 조작을 단순하게 만드는 것이 더 유용하다.

www.in-n-out.com

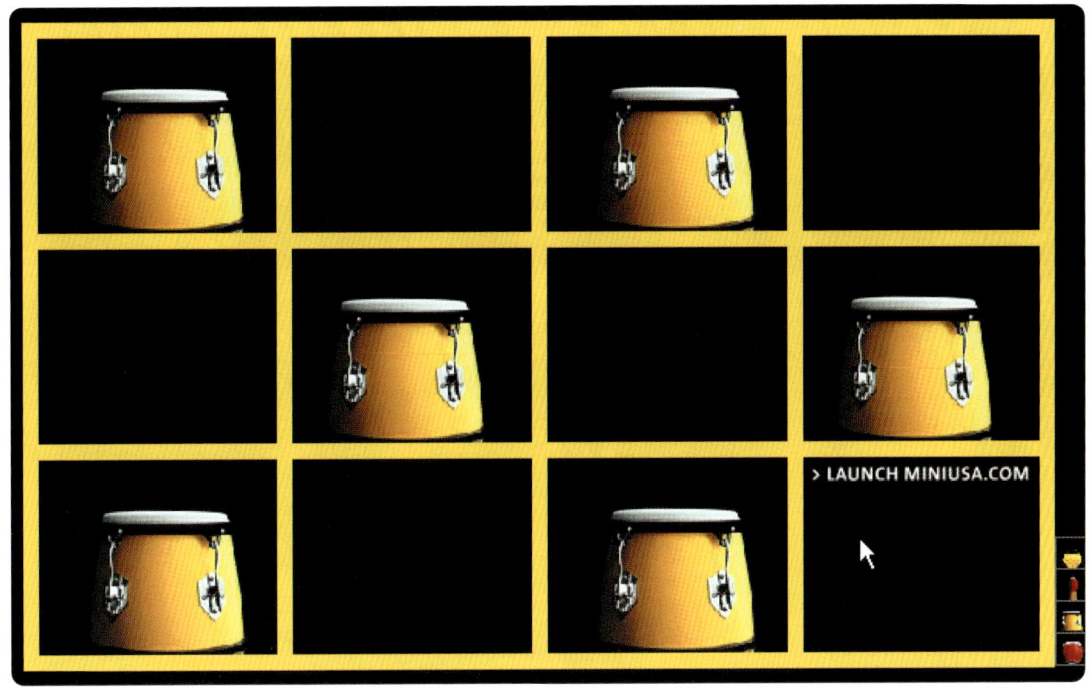

www.miniusa.com

Mini USA 사이트에 있는 스플래시 페이지는 상호작용이 가능하다. 각 그래픽 요소 위로 마우스 커서를 옮기면 애니메이션과 사운드가 시작된다. 사람들은 화면의 우측 하단에 있는 아이콘을 클릭하여 그림을 전환할 수 있다.

멋져 보이는가? 실은 그렇지 않다. 연구에 참가한 사람들은 이 화면을 지나가는 방법을 알아내지 못했다. 그들은 그림을 클릭했지만 아무 일도 일어나지 않았다. Launch MiniUSA.com이라는 부분이 상당히 명확하게 보이고 대체 누가 저것을 보지 못할 것이라고 생각하겠는가? 정답: "Launch"는 기술적인 용어로 일부 사람들은 이해하지 못한다. 한 사용자가 이렇게 불만을 토로했다.

"여기서 자동차에 대해 얘기해야 하는 건가요? 저는 실제 자동차를 보려고 웹 사이트에 가려고 한 겁니다. 하지만 들어갈 수가 없군요. 절 들여보내주지 않아요. 성냥과 북이 무슨 의미인지 모르겠어요. 만약 저것이 자동차랑 어떤 관계가 있는 것이라면, … 상당히 괴상하군요. 꿀벌, 성냥, 그리고 북은 자동차와 아무 상관이 없습니다."

(좌측페이지 하단) In-N-Out 사이트는 원래 회사의 테마 음악이 몇 차례 반복적으로 재생되면서 자동차가 이동 경로를 따라 움직이는 화면으로 시작된다. 이 장을 마칠 때 이 회사는 디자인을 변경하여 이제는 테마 음악이 한번만 재생되도록 하였다. 아마도 이전 디자인에 너무 많은 고객 불만 사례가 접수되었던 것 같다. 이 스플래시 페이지는 사용자에게 무의미하기 때문에 무용지물로 전락했다. Skip Intro 버튼이 있긴 하지만 왜 처음부터 이렇게 불필요한 화면으로 사용자들이 시간을 낭비하게 하는 것일까? 사람들은 홈페이지로 시작하는 웹 사이트에서 더 나은 대우를 받는다(실제로 In-N-Out 홈페이지는 상당히 잘 만들어져 있지만, 테마 음악은 스플래시 페이지를 통해 사용자에게 강제하는 것 대신 버튼으로 제공했다면 더 좋았을 것이다).

www.pepsiworld.com

www.pepsistreetmotion.com

(좌측페이지 상단) 디자이너는 사용자들이 우측 상단 모서리에 있는 오디오 제어 버튼의 의미를 알고 있을 것으로 짐작하면 안 된다. 연구를 진행하는 중에 사람들은 실수로 화살표 아이콘을 선택했고 오디오가 재생되기 시작했을 때 깜짝 놀랐다. On, Off, Pause 라는 문자열 레이블을 사용하는 것이 더 좋다. 만약 디자인이 이정표에 사용하는 아이콘과 비슷하다면 그래픽을 참조하는 시스템의 외관처럼 보이도록 하는 것이 좋다. 이 경우 제어 버튼은 VCR이나 다른 가전 제품에 있는 것과 유사하게 만들어야 한다. 그런 버튼들은 보통 정사각형이나 직사각형이다.

(좌측페이지 하단) Pepsi Street Motion Tour 의 개편된 디자인은 버튼 제어 장치에 문자열 레이블을 사용하여 사용자의 오류 가능성을 낮췄다.

멀티미디어 장벽 극복하기

멀티미디어(또는 최근 용어로는 리치 미디어(Rich Media))는 정적인 HTML 페이지에서는 불가능한 방법으로 유익하고 매력적일 수 있다. 사용자들은 음악 사이트에서 오디오를 감상하고 자동차 사이트에서 조합을 변경해볼 수 있고, 엔터테인먼트 사이트에서 동영상을 감상할 수 있고, 호텔과 부동산 사이트에서 가상 여행을 할 수 있다. 음악과 영화 사이트는 사용자들이 제품의 샘플을 온라인에서 감상할 수 있기 때문에 특히 더 많은 혜택을 누릴 수 있다. 이런 것들을 현명하게 사용하려면 사용자들의 장비와 욕구를 고려해야만 한다.

기술 수준이 낮은 사용자들의 편의 도모

현장 연구에서 우리는 사람들의 집, 작업장, 그리고 학교와 같은 곳을 방문했고 그곳에서 사람들이 느리게 동작하고 진보적인 특징의 이점을 누리는 데 필요한 플러그인과 애플리케이션을 갖고 있지 않은 오래된 컴퓨터(주로 물려받았거나 기부받은)를 사용하고 있다는 것을 발견했다. 예를 들면, 어린이와 10대를 위한 디자인으로 구성된 많은 사이트들은 멀티미디어와 상호작용 기능을 제공하지만, 어린이들은 종종 오래되거나 빌린 컴퓨터를 사용하고 있기 때문에 그러한 기능의 혜택을 누리지 못한다. 이런 이유로 멀티미디어를 사용할 수 없는 사용자들을 위한 대체 컨텐츠를 제공해야만 한다.

또한, 사운드는 컨텐츠를 전달하는 주요 방법이 아니라 사이트를 보완하는 용도로 사용해야 한다. 우리가 방문한 가정의 거의 모든 10대들은 컴퓨터에 스피커가 연결되어 있지 않거나 있더라도 라디오를 듣기 위해 꺼놓은 상태였다. 만약 사운드를 사용하는 시연을 해야 한다면 텍스트 버전도 준비하여 오디오가 없더라도 따라올 수 있게 해야 한다.

팁: 대체 접근성 제공

장비 비호환은 멀티미디어 분야에 이르면 좌절감만 야기하는 것이 아니다. 사이트를 사용하는 일부 사용자들은 편의를 제공해야만 하는 어떠한 장애를 갖고 있을 수 있다는 점을 잊어서는 안 된다. 접근성은 시장을 확장하는 데 도움이 될 수 있기 때문에 항상 바람직하고, 정부와 교육 사이트의 경우 접근하기 쉬운 웹 디자인은 필수 요소이다.

청각 장애를 가진 사용자들의 경우 오디오를 대신하는 문자열 기반 서비스와 동영상에 선택적으로 자막을 표시하는 기능을 제공해야 한다. 시력이 손상된 사용자들은 사이트에서 컨텐츠를 커다란 목소리로 읽어주는 문자열을 음성으로 변경하는 옵션을 제공한다면 여전히 사이트를 사용할 수 있게 된다.

어린이를 위한 사이트: 정신 차려라

사용성을 거부하는 적들은 간혹 우리가 과장되고 화려한 웹 디자인을 좋아하는 10대를 이해하지 못하는 나이 많은 완고한 어른이라고 주장한다. 확실히 우리는 40대와 30대로 이루어져 있고 최신 랩 아티스트는 우리들 입맛에 맞지 않는다. 하지만 그것은 관계 없는 얘기다. 개인적인 취향은 사용성을 결정하는 데 아무 상관이 없다. 대상으로 지정한 사용자와 함께 사용자 테스트를 진행하고 그들에게 적합한 것을 경험적으로 규명한다. 이것이 우리가 사용성 지침을 만드는 방법으로, 실제 사용자가 실제 웹 사이트를 방문하는 것을 관찰한다.

우리는 전통적인 어른들의 사이트보다 실제로 더 번쩍거리는 것을 좋아하는 6세에서 12세의 어린이들로 구성된 사용자들을 대상으로 상당히 많은 사이트를 테스트했다. 한 B2B 사이트를 테스트하는 도중 문제가 발생했다. 나무 주걱(목조 팔레트?)을 판매하는 B2B 사이트가 노련한 창고 관리자보다 어린이들에게 더 적합한 디자인으로 구성되어 있었다.

10대들로 진행한 테스트에서 그들은 멋진 그래픽을 좋아하고 어른 사용자들보다 웹 사이트의 시각적 디자인에 주의를 기울인다는 사실을 발견했다. 10대 사용자들이 주관적인 만족도 분야에서 가장 높은 등급을 얻은 사이트는 상대적으로 수수하고 깔끔한 디자인의 사이트들이었다. 그들은 일반적으로 지나치게 화려한 사이트는 사용하기 너무 어렵다며 낮은 점수를 주었다. 10대들은 웹상에서 무언가를 행하는 것을 좋아하는데, 너무 느리거나 화려한 사이트들은 그러한 행동을 스스로 억제하게 만들었다.

또한, 그들이 모든 컴퓨터 결함을 극복할 수 있을 정도로 기술에 대해 잘 알고 있으리라고 생각하는 것 역시 잘못된 생각이다. 반대로 10대들은 어른 사용자들도 접하는 동일한 유형의 멀티미디어 장애에 난처해 한다는 것을 발견했다.

이번 연구에 참여한 14세에서 17세까지의 10대 사용자의 얘기를 몇 가지 인용하면 다음과 같다.

"다운로드 받아야 해요. 저는 아크로뱃 리더를 갖고 있지 않기 때문에 다른 곳으로 가야겠어요."

"이 페이지를 보는 데 왜 아크로뱃 리더가 필요한 거죠? 모든 아크로뱃 프로그램은 얻기도 어렵고 가격도 비싸요. 이곳에 온 사람들 대부분은 저걸 보지 못할 거에요."

"여기 있는 게임 몇 가지는 쇽웨이브가 있어야 하는군요. 아빠가 다운로드 받지 못하게 했어요. 특히 음악을 다운로드 받으려면 쇽웨이브를 다운로드 받아야 해요. 저기 있는 모든 것을 하려면 쇽웨이브를 사야 해요."

"간혹 로딩 시간이 너무 길면 저는 참지 못해요. 저는 쇽웨이브 플레이어를 싫어해요. 정말 귀찮죠. 로딩하는 데 평생 걸릴 거에요. 어떤 게임은 쇽웨이브를 갖고 있지만 또 어떤 게임은 갖고 있지 않아요. 갖고 있지 않은 것을 찾아야만 빨리 할 수 있어요."

"저는 이것이 게임이라고 생각하는데 이 게임을 하려면 쇽웨이브 플레이어를 받아야 해요. 앉아서 기다리는 것을 좋아하지 않기 때문에 다른 것을 해보는 중이에요. 정말 지루한 일이죠."

마지막 인용문에서 볼 수 있듯이, 10대들은 사이트가 지루하다는 것에 대해 자주 불만을 토로한다. 만약 10대들을 유혹하길 원한다면 지루하게 만든 사이트는 치명적이다. 그것이 이번 연구에서 얻은 고정 관념 중 하나이다. 10대들은 주의를 기울이는 시간이 짧고 자극 받길 원한다. 또한, 이것은 그들이 이해하기 어려운 사이트를 떠나는 이유도 된다. 멀티미디어는 사용자들에게 매력적이지 않으면 지루한 것이 될 수도 있다.

사용자의 연결 속도에 맞게 디자인하라

통계 자료에 의하면 웹 사용자의 거의 절반이 여전히 전화 접속 인터넷 연결을 사용하고 있으며 주로 가정에서 사용하는 경우에 그렇다. 이 비율은 점점 더 많은 사용자들이 광대역 연결을 얻게 되면서 낮아지겠지만 여러분의 사이트를 사용하는 많은 사용자들 역시 여전히 느린 연결 속도를 갖고 있다는 점을 명심해야 한다는 것이 중요하다.

연결 속도는 광대역 환경이라고 해도 느릴 수 있다. 무선 연결 또는 교육 시설과 같은 환경에서는 대역 공유, 서버, 그리고 필터와 같은 요인 때문에 응답 시간이 느려질 수 있다. 미디어 파일은 많은 경우 파일이 크고 다운로드 하는 데 오랜 시간이 소요된다. 광대역 연결이라고 하더라도 연구에 참여한 사람들은 느린 다운로드 시간에 불평하고 종종 너무 긴 로딩 시간 때문에 사이트나 동영상을 포기하기도 했다.

결론: 파일 크기를 최적화하고 로딩 시간을 최소화해야 한다. 유용하고 직관적인 인터페이스를 디자인했더라도 긴 응답 시간은 프로젝트에 치명적일 수 있다.

> 파일 크기를 최적화하고 로딩 시간을 최소화해야 한다. 유용하고 직관적인 인터페이스를 디자인했더라도 긴 응답 시간은 프로젝트에 치명적일 수 있다.

간단하고 정확한 로딩 상태 표시기 사용

시각적 피드백을 제공하는 상태 표시기를 사용하면 기나긴 다운로드 시간 동안 사람들의 초조함을 간단하게 최소화시킬 수 있다. 잘 만들어진 표시기는 사람들이 진행 과정을 보고 예상하는 것이 가능하기 때문에 인식하는 데 걸리는 로딩 시간을 줄이게 된다. 단순하게 만들어야 한다. 데이터의 실제 전송률(예를 들면, 50% 로딩 중)을 표시하면 사용자들이 다운로드에 소요될 시간을 가늠할 수 있게 되므로 가장 효과적이다. 참을성이 없는 사용자들은 적당한 피드백이 없을 때, 그리고 페이지가 멈춘 것으로 표시되어 사이트가 다운된 것처럼 보일 때 띠나게 된다. 사용자들은 사이트가 움직이고 있는 것을 확인할 수 있을 때 오랫동안 기다리는 경향이 있다.

www.audi.com

Audi 사이트는 신속하게 실행되어 사람들에게 데이터 로딩 비율을 알려주는 적당한 카운터를 갖고 있다.

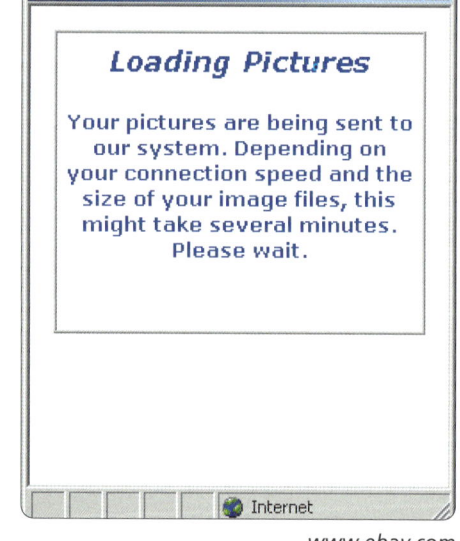

이 대화 상자에 있는 정보는 모호하고, 시스템이 동작하고 있다는 것을 사람들에게 알려주는 상태 표시기나 애니메이션이 없다. 작업이 얼마나 오랫동안 지속될 것인지 또는 그림이 실제로 로딩되고 있는지 알아내는 것은 불가능하다.

www.ebay.com

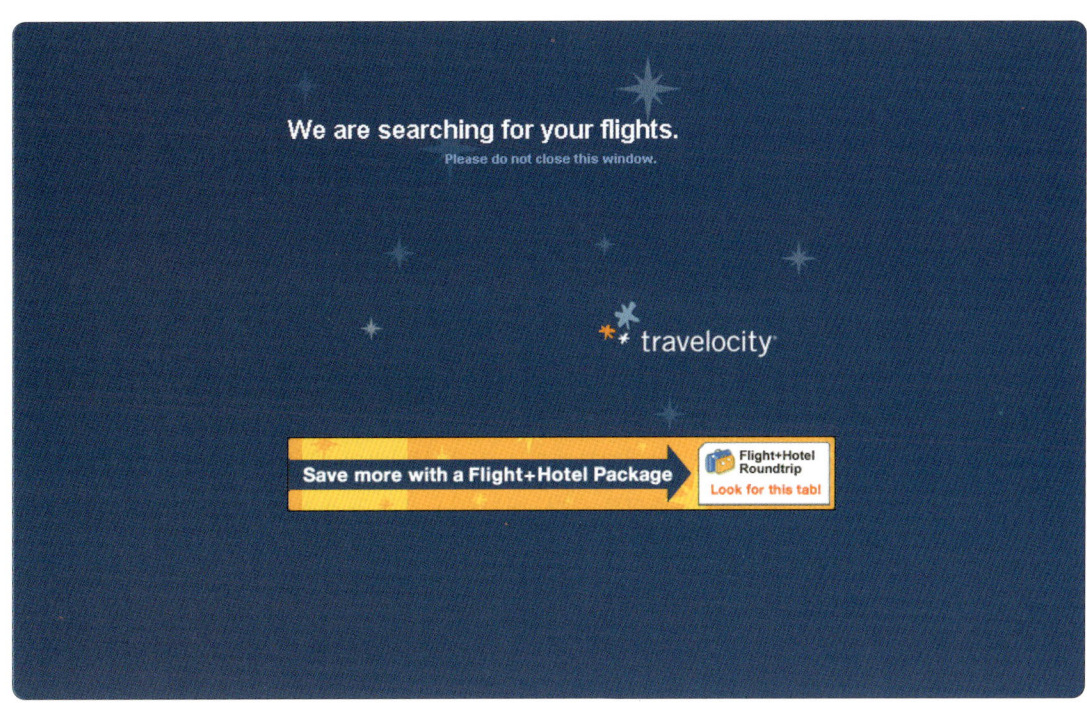

www.travelocity.com

Travelocity는 상태 표시기를 갖고 있지 않다. 작업이 얼마나 오래 걸릴지 알 수 없지만 반짝이는 별들로 사람들에게 시스템이 동작하고 있다는 약간의 희망을 주게 된다. 작업이 상대적으로 빨리 완료된다면 그다지 큰 문제는 아니다. 하지만 기다리는 시간이 길어질 경우에는 정확한 표시기를 사용하여 인지하는 시간을 최소화해서 사람들이 더 기다릴 수 있게 만들어야 한다.

사용자의 기술 지식을 과소평가하라

사람들은 여러분이 생각하는 것보다 기술에 대해 훨씬 더 많이 이해하고 있다. 대부분의 사람들은 바이러스에 대한 두려움과 오랫동안 다운로드 받는 것을 싫어하기 때문에 플러그인과 모르는 요소의 다운로드를 거부한다.

사람들이 새 플러그인을 다운로드 받을 것이라고 생각해서는 안 된다. 어른들은 바이러스, 스파이웨어, 그리고 스팸을 두려워한다. 일부 학교는 실제로 학생들이 멀티미디어 컨텐츠에 접근하거나 플러그인 다운로드 하는 것을 금지하고 있다. 부모들은 자녀가 가족들이 함께 사용하는 컴퓨터가 지저분해지는 것을 싫어하기 때문에 무엇이든 다운로드 받지 말라고 주의를 준다. 어떤 사용자들은 플러그인이 무료임에도 불구하고 다운로드 받는 데 비용을 내야 한다고 생각한다.

만약 특정 플러그인이나 소프트웨어를 어쩔 수 없이 사용해야 한다면 대부분의 시스템에서 사용할 수 있는 일반적인 것을 선택해야 한다. 최신 버전의 소프트웨어를 사용하면 사용자들이 시스템을 업그레이드하는 데 시간을 들여야 한다. 폭 넓은 사용자들을 얻기 위해서는 이미 사용되고 있는 버전을 선택해야 한다. 최선의 해결책은 적당한 플러그인을 갖지 않고 있는 사람들에게는 멀티미디어가 아닌 대체 컨텐츠를 제공하는 것이다.

> **말조심**
>
> 이번 연구에서 사람들이 대역, 56K 모뎀, HTML, 그리고 플러그인과 같은 시스템 지향 용어에 당혹스러워 한다는 사실을 알아냈다. 컴퓨터 업계 또는 디자인 업체에서 일하는 사람들은 이러한 용어가 일상 용어일 수 있다. 하지만 사용자들은 그렇지 않다. 일반적으로 인터페이스에는 디자인 은어(전문 디자이너를 대상으로 하는 경우에는 예외)와 기술적인 용어(컴퓨터 전문가를 대상으로 하는 경우에는 예외)의 사용을 피해야 한다. 또한, 옵트인이나 공개 허용 이메일(Permission E-Mail)과 같은 마케팅 전문 표현 또는 여러분의 팀 내에서는 일반적으로 사용되지만 일반인들 사이에서는 그렇지 않은 용어의 사용을 피해야 한다.

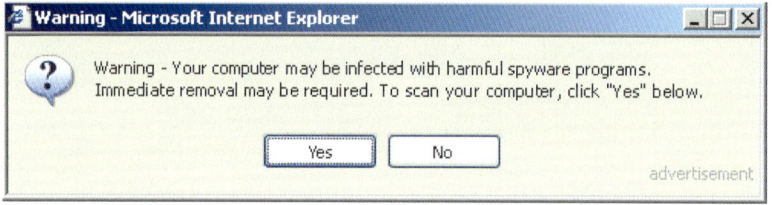

이와 같은 현혹시키는 대화 상자는 사람들이 합법적인 보안 메시지인지 비도덕적인 보안 메시지인지 구분하기 어렵다. 바이러스가 퍼지는 것을 무서워하기 때문에 사람들이 웹에서 아무것이나 다운로드 받는 것을 두려워한다는 것은 놀라운 일이 아니다(우측 하단에 "advertisement"라는 흐릿한 단어가 보이는가? 대부분의 사용자들은 보지 못한다).

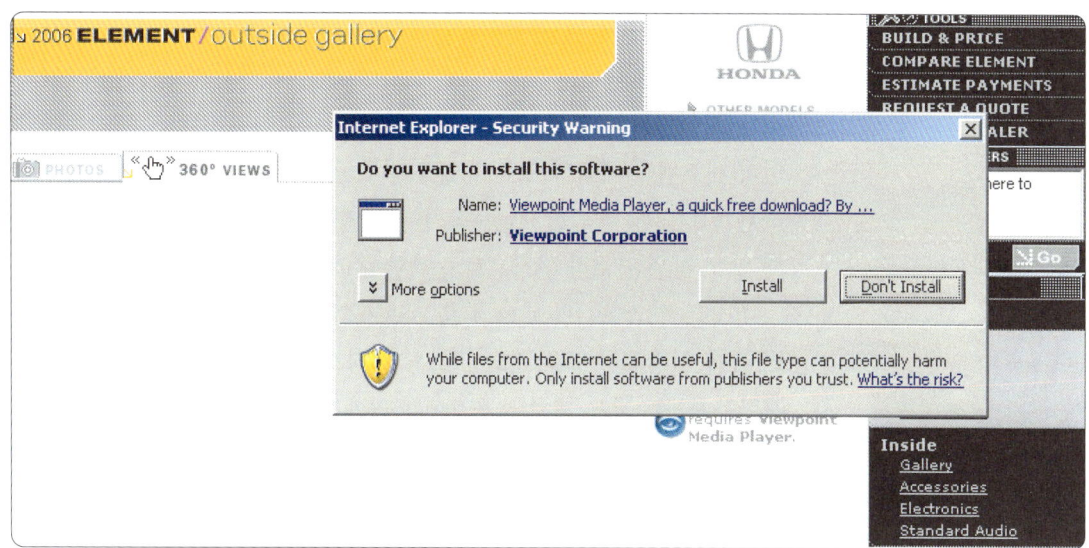

http://automobiles.honda.com

사람들은 이와 같은 보안 메시지에 당황스러워 한다. 그들은 무엇이든 유해한 것을 설치한다는 것에 대해 걱정스러워 하면서도 경고 메시지가 자신에게 필요한 것인지 확신하지 못한다. 일부 사용자는 나쁜 일이 생기지 않길 바라면서 그것을 설치할 수 있지만, 다른 일부 사람들은 그 기능과 함께 모든 것을 포기한다.

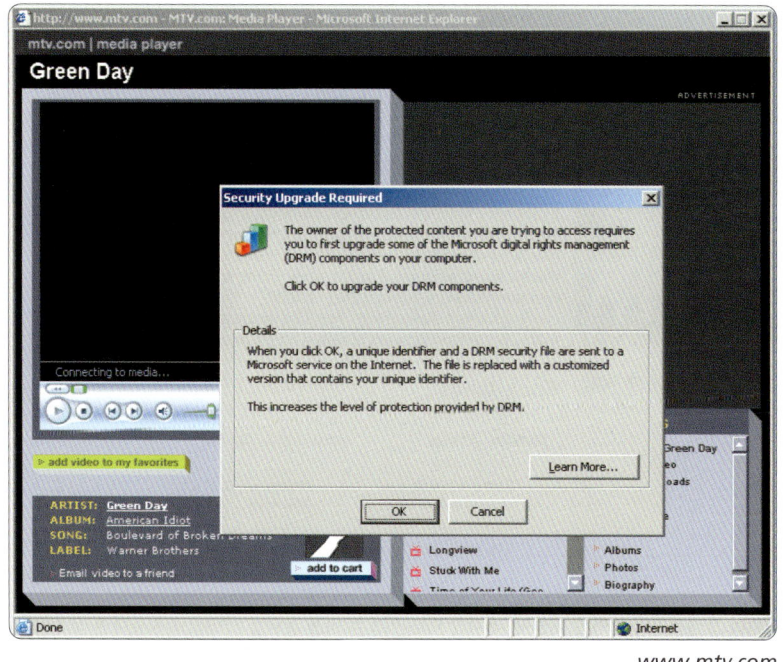

사람들은 이와 같은 메시지의 의미를 이해하지 못한다. 사람들이 원래의 창에서 Play를 선택할 때 추가적인 단계가 필요할 것이라고 생각하는 것이 아니라 자동으로 동영상이 재생될 것이라고 생각한다. 여러분의 컨텐츠로 인해 이러한 메시지가 표시되지 않길 원한다면 널리 사용되는 미디어 재생 장치의 최신 버전에서 한 단계 또는 두 단계 정도 이전 버전에서 지원하는 파일 형식을 사용하는 것이 가장 좋다.

www.mtv.com

사용자의 대역 알아내기

사용자들이 대역을 선택하지 않도록 한다. 대부분의 경우 이것의 의미나 찾아내는 방법을 모르거나, 또는 그들이 빌린 컴퓨터를 사용하고 있어 시스템의 대역을 모르고 있을 수도 있다. 테스터들에게 재생하려고 하는 미디어에 적합한 재생 장치나 대역 속도를 선택하라고 요청했을 때 많은 경우 단순히 짐작으로 선택했다.

이것은 백 엔드(Back End)로 사용자의 연결 속도를 측정한 것과 쿠키 값을 설정해서 얻은 것의 평균으로 짐작해야 한다. 느린 연결을 가진 사람들에게는 낮은 대역 사용자에게 맞게 조정한 기능을 제공해야 한다. 빠른 로딩 시간을 가진 사람들은 큰 버전을 사용할 수 있다. 불행하게도 현재의 기술로는 자동으로 대역을 감지하는 것이 여전히 어렵기 때문에 대부분의 경우 낮은 공통 분모를 목표로 잡는 것이 최선이다. 하지만 다운로드 지연이 낮은 대역 사용자들에게 가장 큰 문제가 되는 경우 또는 광대역 사용자들에게 비대한 버전의 애플리케이션을 제공하여 엄청난 추가 이득을 얻게 되는 경우에는 더 많은 노력을 들일 만한 가치가 있다.

www.bellagio.com

대부분의 사용자들은 퀵타임과 윈도우 미디어 플레이어의 차이를 모른다. 게다가 이 사이트는 이들 용어를 약칭으로 사용하여 모호함을 가중시켰다. 인터페이스에서 추측 요소를 제거하고 괴상한 설정을 선택하지 않고 동영상을 볼 수 있게 만드는 것이 좋다.

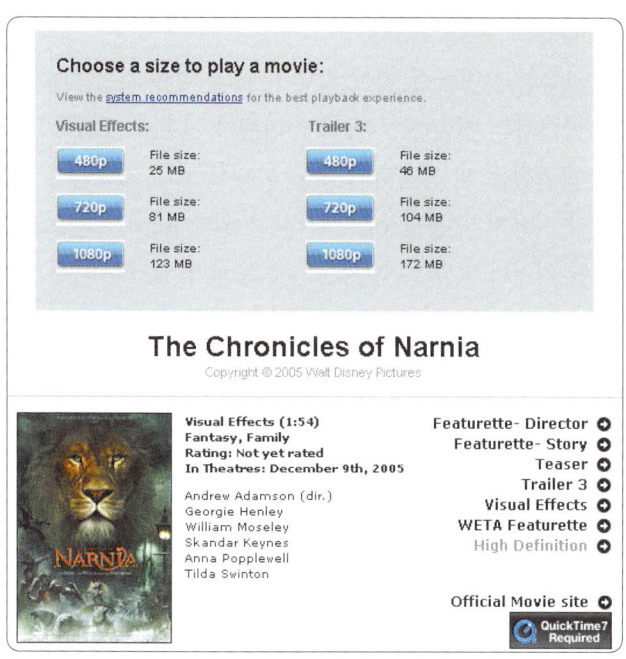

이 페이지에 있는 동영상 옵션은 480p, 720p, 1080p 의 의미와 자신에게 어느 숫자가 적당한지 모르는 평균적인 사용자들에게는 너무 어려운 기술 용어이며 이에 대해 그들은 당혹스러워 한다. "P"는 프로그레시브 스캔(Progressive Scan, 이중 주사)을 사용하는 동영상을 나타내지만 사람들에게는 너무 어려운 기술 용어이다. 파일 크기 표시기는 사람들에게 실마리를 줄 수 있지만 어느 형식이 그들의 시스템에 가장 적합한지 알려주지는 않는다.

www.apple.com

사람들은 자신에게 의미가 없는 옵션을 선택하지 않고도 동영상이 재생될 것으로 기대한다. 만약 서로 다른 동영상 크기를 제공한다면 "big"과 "small"과 같은 단순한 용어를 사용하여 옵션을 선택할 때 확실하고 식별 가능하게 만드는 것이 가장 좋다. 게다가 이렇게 하면 사용자들이 "small" 버전의 다운로드 속도가 가장 빠를 것이라고 알려줄 수도 있게 된다.

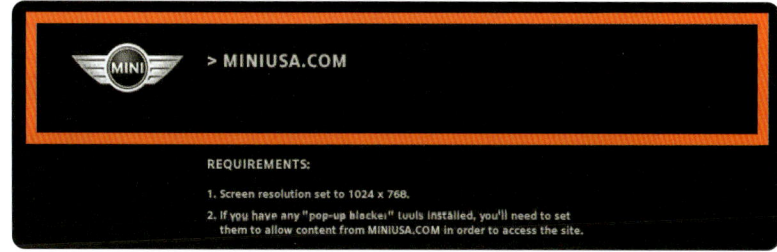

www.miniusa.com

이 스플래시 페이지는 사용자들에게 특정 화면 해상도 설정이 필요하고 사이트에 접속하기 위해 팝업을 막는 소프트웨어의 기능을 중단해야 한다고 알려준다. 이러한 페이지는 몇 가지 이유로 문제가 된다. 첫째, 대부분의 사용자은 메시지를 보지 못한다(지시 사항이 너무 작은 글자로 되어 있어 읽기 어렵다). 설사 읽었다고 하더라도 그들은 무슨 의미인지 이해하지 못할 것이다. 게다가 많은 사람들은 설정을 변경하는 방법을 모른다. 마지막으로 팝업 방지 장치를 가진 사람들은 이 사이트에 접속할 수 없다. 대부분의 납득할 수 있는 설정에서 작동하는 유연한 디자인을 만드는 것이 더 낫다.

익숙한 인터페이스 관례 지키기

우리가 말했던 것처럼 사람들의 웹의 작동 방법에 대한 심리 모델은 이전의 웹 경험을 반영하는 것이다. 그들이 기대했던 것과는 달리, 작동하지 않는 요소에 직면했을 때 동작하지 않는 이유에 대해 짐작해야 한다. 예를 들면, 만약 사용자가 동영상을 시작하기 위해 Play 버튼을 선택했지만 아무 일도 일어나지 않으면, 사이트에 문제가 있거나 다른 사이트에서도 Play 버튼이 작동하지 않을 것이라고 결론짓는다. 한편 사이트 디자이너는 동영상이 사용자의 시스템에서 작동하지 않은 데 대해 다르게 설명한다. 사용자의 인터넷 연결이 너무 느리거나 갖고 있는 플레이어가 호환되지 않거나 또는 더 인내심을 길러야 한다고 말한다. 결국, 이유는 실제로 문제가 되지 않는다. 자신의 인터페이스에 대해 변명하지 말고 그냥 수정하라.

> 자신의 디자인이 사용자의 시스템에서 작동하지 않는 이유에 대해서는 디자이너마다 서로 다르게 설명한다. 결국, 이유는 실제로 문제가 되지 않는다. 자신의 인터페이스에 대해 변명하지 말고 그냥 수정하라.

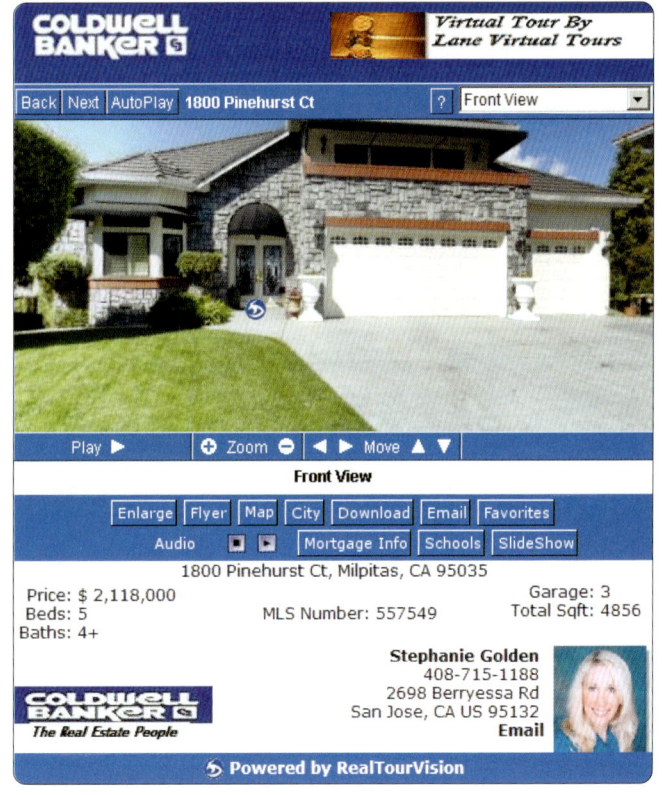

이 부동산 웹 사이트는 토지의 상세 정보를 보여주기 위해 "virtual tour(가상 여행)" 기능을 사용한다. 불행하게도 많은 사용자들은 문에 있는 작은 기호를 클릭해야 하는지 모르기 때문에 절대로 집에 들어가지 못하고 안에 있는 많은 사진을 볼 수 없게 된다. 사진을 이리저리 움직이면 방에 대해 더 많이 볼 수 있지만 너무 느리기 때문에 사용자들은 일단 들어가게 되더라도 집 안에서 길을 잃게 된다.

www.coldwellbanker.com

최신 기술이 사용자의 경험에 걸림돌로 작용해서는 안 된다. 기술 지식이 풍부한 디자이너들은 종종 유별난 디자인과 상호작용 실험으로 더 복잡하고 상호작용이 많은 웹 사이트를 만들어내려고 시도한다. 반대로 사람들을 끌어들일 목적으로 첨단 기술을 사용하는 사이트는 기술이 제대로 작동하지 않을 때 그들을 내쫓게 되는 매우 높은 위험 부담을 안게 된다.

만약 혁신적인 뭔가를 만들어 자신의 재능을 한시라도 빨리 외부에 알리고 싶은 충동이 생기면 자신에게 이렇게 질문해보라. "만약 고객들이 단순한 도구를 선호한다면 멋진 새로운 도구를 사용하지도 않으면서 왜 그것을 완벽하게 활용하지 않는 것일까?"

사람들은 해야 하는 수준보다 더 노력하는 것을 좋아하지 않기 때문에 새로운 상호작용의 학습을 거부한다. 사람들이 이미 알고 있고 만족하는 것을 사용해야 한다. 첨단 기술의 사용이 늘어날수록 평균적인 사용자들은 익숙하지 않은 상호작용 관례를 접하게 되므로 디자인을 더 단순하게 만들 필요가 있다.

> **팁: 팝업은 삼진 아웃**
>
> 사용자들의 팝업에 대한 부정적인 경험 때문에 팝업을 막는 소프트웨어는 널리 사용되고 있고 실제로 가장 일반적으로 사용되는 브라우저인 인터넷 익스플로러의 표준 구성 요소가 되었다. 일반적인 HTML을 넘어서는 무언가를 사용해야 하는 경우에는 이러한 방어 기능을 가진 브라우저를 이용하여 기능이 켜지는지 확인하라고 조언한다. IE의 최신 버전, 파이어폭스, 그리고 다른 모든 널리 사용되는 브라우저뿐만 아니라 구글 툴바와 다른 유명한 애드온이 설치된 브라우저에서 테스트해야 한다.

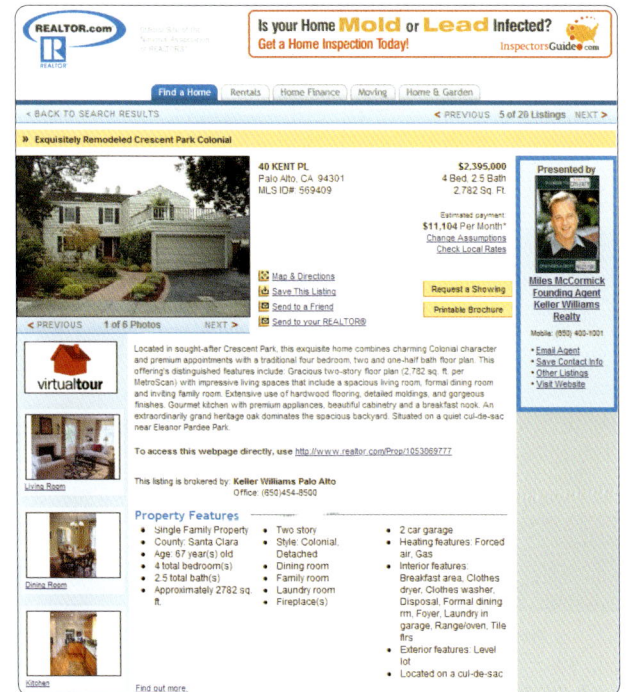

www.realtor.com

이 부동산 목록은 사용자들에게 집의 사진을 노출하는 간단한 방법을 보여준다. 즉, 썸네일 이미지를 표시하고 사람들이 확대하고 싶은 사진을 클릭하게 했다. 더 큰 사진을 사용하여 사용자들이 자세하게 볼 수 있으면 더 좋았겠지만 최소한 이 사용자 인터페이스는 웹에서 사진과 상호작용하는 방법에 대한 관례를 따르고 있다. 각 썸네일에 밑줄이 있는 레이블을 사용하여 클릭할 수 있다는 것을 인식할 수 있게 했다(클릭 가능에 대한 자세한 사항은 6장 참조).

www.atlantis.com

Atlantis.com 홈페이지: 전체 내비게이션 패널이 명확하지 않다. Atlantis Navigator 라는 모호한 용어 아래에 숨겨져 있고 화면 좌측 상단 모서리에 말려 있다. 사람들이 일단 클릭하면 내비게이션 메뉴가 말 그대로 스크롤되어 나타난다. 독창적이고 사이트의 테마에 맞는 방법이다. 하지만 전체 내비게이션과 같은 중요한 부분은 표준적인 모양으로 항상 고정되어 사람들에게 익숙하게 만드는 것이 가장 좋다. 생소하게 만들면 사용자들이 이를 찾아내지 못한다.

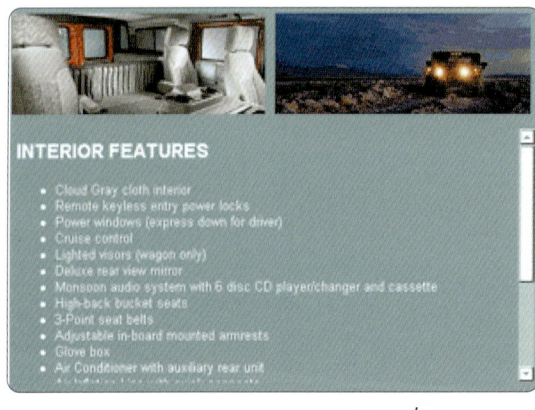

www.hummer.com

www.miniusa.com

좋은 스크롤 막대 디자인 예이다. 스크롤 막대처럼 보이기 때문에 사용자들이 쉽게 찾아낸다.

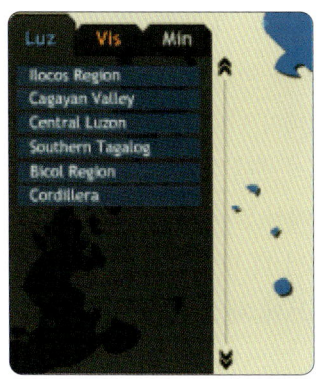

필리핀의 Haribon 지도 사용자들은 스크롤 막대가 지도에 있는 남과 북을 가리키는 화살표처럼 보이기 때문에 스크롤 막대인지 눈치채지 못했다. 이 디자인에는 몇 가지의 다른 비표준 요소가 포함되어 있다. 스크롤 막대가 영역 바깥에 있고 위와 아래 방향 화살표는 마치 나침반 바늘처럼 되어 있어 지도의 일부분으로 보이고 슬라이더 표시기도 없다.

www.haribon.org.ph

한 사용자는 각 그림 상자의 측면에 있는 삼각형 화살표가 스크롤 기능을 하는 화살표라는 것을 알아차리지 못해 자신의 가상 캐릭터를 만들 수 없었다.

www.cokemusic.com

팁: 스크롤 막대는 표준만 사용

사람들은 일반적인 것과는 거리가 너무 먼 화려한 디자인의 스크롤 막대는 종종 못보고 지나친다. 사용자가 스크롤 막대의 사용 방법을 깨닫고 이해할 수 있게 해야 한다. 스크롤 막대는 위와 아래 방향 화살표를 모두 갖고 있어야 하고 스크롤 표시기를 갖고 있어야 한다. 크기도 충분히 커서 쉽게 조작할 수 있어야 한다. 작은 스크롤 막대는 사용자가 찾기도 어렵고 클릭 영역을 선택하는 것도 어렵다. 전통적인 모양의 스크롤 막대가 가장 익숙하기 때문에 기능성이 가장 좋다.

표준 GUI 구성 요소를 수정할 때마다 비표준 디자인이 쉽지도 않고 직관적이지도 않다면 사용자들이 조작하는 데 어려워 할 수 있기 때문에 수정 작업과 밀접한 사용성에 대해 고려해야 한다. 멋진 디자인 개념의 과시에는 사람들이 디자인을 해석하는 방법을 모를 것이라는 높은 위험 부담이 따르게 된다. 일반적인 디자인에서 멀리 벗어날수록 방문객들을 혼란스럽게 하여 결국 기회를 잃는 일이 더 많아진다. 만약 여러분의 디자인이 사람들을 느리게 만들면 사이트에 해가 되는 추측이 난무하고 결국 치명적인 결과로 이어진다. 만약 반드시 관례를 벗어나야 하는 경우라면 그만큼 좋은 사유가 있어야 하고 사용자 테스트를 통해 사람들이 그것을 이해할 수 있게 만들어야 한다.

www.bk.com

멀티미디어의 지나친 사용은 득보다 실이 더 많다. 버거킹 사이트는 메뉴 항목을 표시하는 데 애니메이션을 사용하고 있다. 사용자들은 상세 정보를 얻기 위해 나타났다 사라지는 움직이는 타깃을 잡아야 한다. 이러한 상호작용은 정밀함과 많은 노력을 요구하기 때문에 사람들은 난처해 한다. 한 사용자는 이에 대해 이렇게 말했다.

"뭔가 바보 같네요. 이리저리 날아다니고 커서로 그것을 잡을 수도 없고, 또는 할 수 있더라도 그것들은 움직이는군요. 힘들기만 해요. 모두 저 위에 있다면 쉽게 클릭할 수 있을 텐데 말이죠."

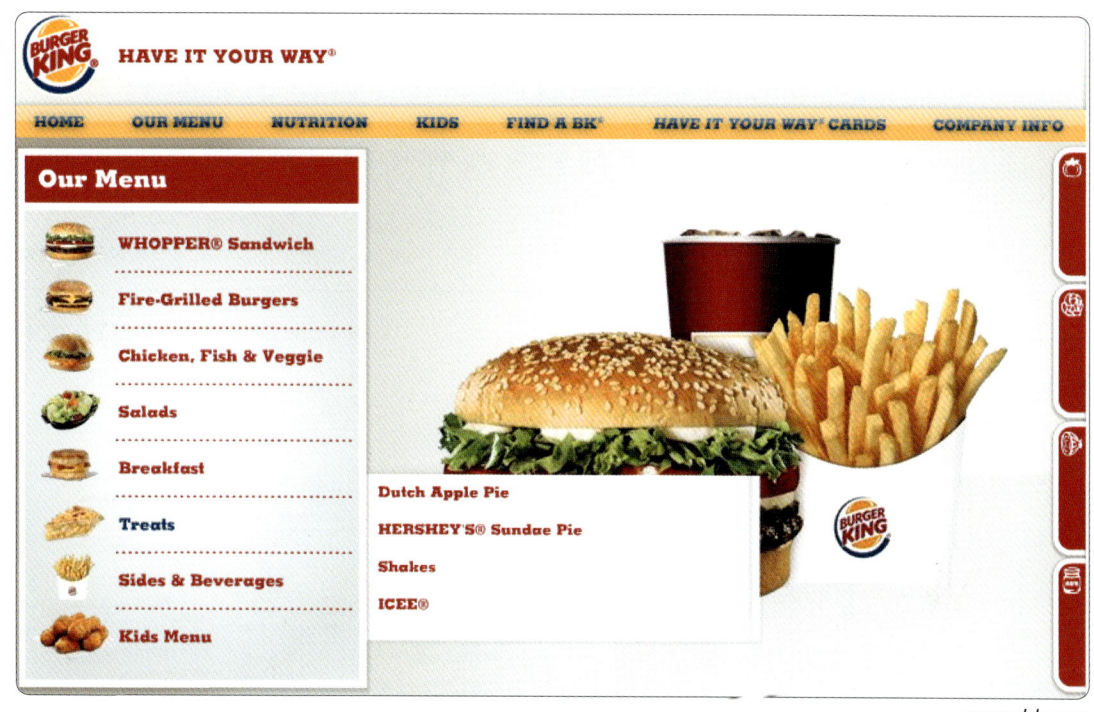

www.bk.com

이전 그림에 있는 화면을 테스트한 뒤 버거킹 사이트는 사람들이 기대하는 대로 일렬로 나열하는 방법으로 수정했다. 이 사이트는 현재 더욱 전통적인 내비게이션 형식으로 메뉴 항목을 나열하고 있다. 사용자 관점에서 이것은 개선이라고 할 수 있다. 정적인 항목이 동적인 것보다 클릭하기 쉽다.

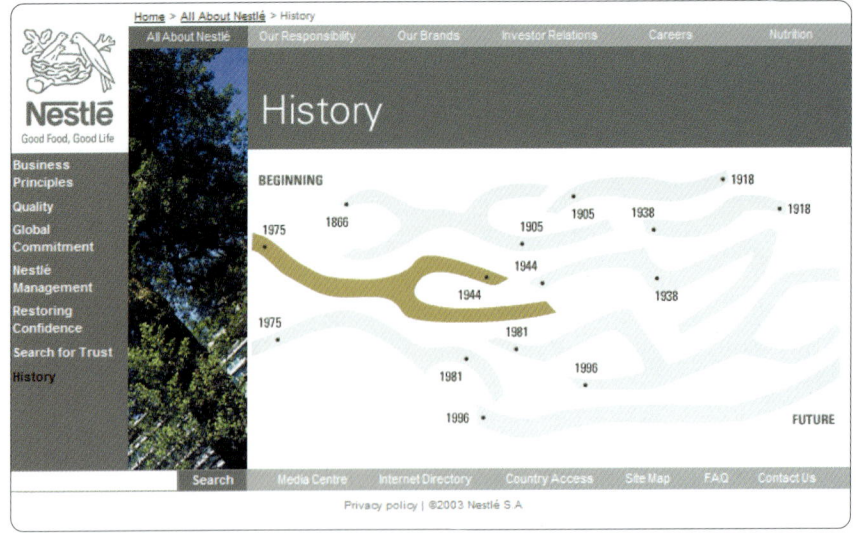

www.nestle.com

이것은 Nestle Company의 역사 시간표이다. 이렇게 난해한 표현에 사람들은 혼란스러워 한다. 그들은 이러한 그래픽 표현의 의미 또는 인터페이스와 상호작용하는 방법을 모른다. 멋진 시간표는 언뜻 호소력이 있어 보이지만 사실 사람들에게 방해만 될 뿐이다. 사람들은 이러한 시간표보다는 단순한 HTML 페이지를 통해 동일한 정보를 빨리 얻을 수 있다. 단일 페이지를 훑어보는 것이 그림의 여러 부분 위로 커서를 옮기는 작업보다 쉽다.

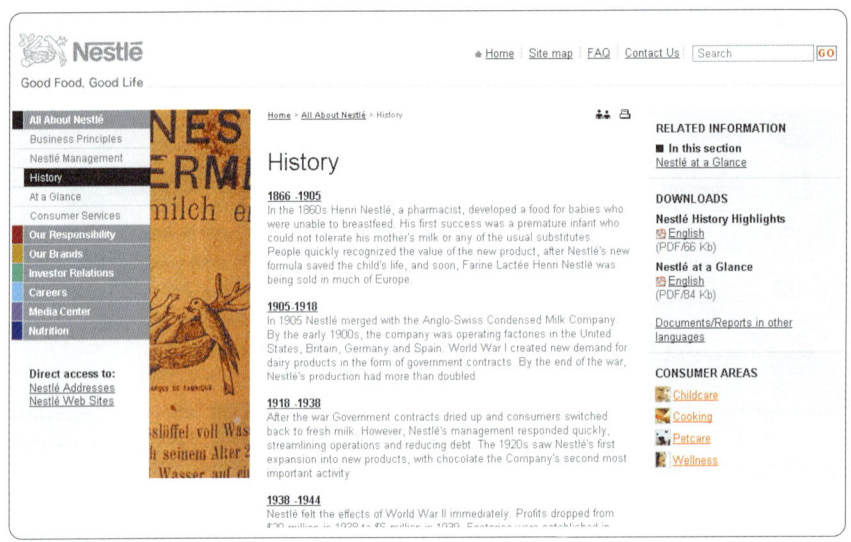

www.nestle.com

연구가 끝난 뒤 네슬레 사이트는 시간표를 이렇게 교체했다. 이 버전은 사용하기가 훨씬 더 쉽다. 네슬레는 독창성 대신 기능성을 선택하는 올바른 방법을 택했다.

과도한 멀티미디어 사용을 피하라

멀티미디어는 사용하는 데 생각을 많이 요하므로 사이트에 상당한 가치가 부여될 때에만 사용해야 한다. 멀티미디어를 제작하는 것은 정적인 그림을 만드는 것보다 훨씬 많은 비용이 들기 때문에 이 두 가지 중에서 한 가지를 선택해야 할 때는 만들려고 하는 것을 효율적으로 만들 수 있는 시간과 비용 면에서 가장 효율적인 형식을 선택해야 한다.

10대와 함께 진행한 연구에서 그들은 복잡한 개념을 이해하는 데 도움이 되는 시각적 구성의 동영상을 가진 웹 사이트를 특히 좋아했다. ChannelOne.com은 시연 동영상을 갖고 있었고 10대들은 여러 단계를 시각적으로 쉽게 설명하고 지시 사항을 읽지 않아도 충분히 볼 수 있는 동영상이었기 때문에 이를 높이 평가했다. 예를 들면, 의류 판매 사이트인 Wetseal.com은 동영상으로 설명하는 "Stylize" 프로그램을 홍보하고 있다. 10대 소녀들은 실제 사람이 나와 증거를 제시하는 것에 대해 프로그램에서 인간적인 체취가 느껴지는 것 같다고 말했다. 15세 소녀는 이렇게 말했다. "동영상이 정말 멋져요. "What is a Stylizer?"가 놓여 있는 모습과 그에 대한 정보를 제공해준다는 점에서 마음에 들어요."

White House 사이트에 있는 가상 여행은 사람들의 흥미를 자극했다. 이 동영상은 사용자가 고정된 사진보다 레이아웃에 대해 더 사실적인 관점을 가질 수 있도록 실제로 백악관에서 걷고 있는 것처럼 보였다. 좋은 사례를 계속 소개하고 싶지만 이에 대해 충분히 이해했으리라 생각한다.

팁: 미디어의 풍족 vs. 부족

상호작용의 수준은 연속성을 갖는다. 첨단 기술과 평범한 HTML 디자인 중에서 한 가지를 선택하는 것은 언제나 고민되는 사항이다. 최선의 선택은 타깃 고객과 해결하려는 교류의 문제에 따라 달라진다. 방문객의 지식 베이스, 욕구, 그리고 기술 선호도에 대해 많은 관심을 가질수록 올바른 방향으로 디자인을 결정할 수 있게 된다. 풍부한 미디어가 어떤 경우에는 사용자 경험을 개선하지만, 사용자는 디자인이 단순할수록 여러분이 사업에 초점을 맞추는 경향이 있기 때문에 부자가 되는 데에 있어서는 대개의 경우 부족한 미디어라고 할 수 있다.

www.whitehouse.gov

White House 사이트의 동영상 여행은 많은 사람들에게 매력적으로 보인다. 371페이지에 있는 부동산 사이트에 있는 가상 여행과는 반대로 이 여행은 사용자가 이동하는 방법이나 시점을 움직이는 방법을 이해할 필요가 없다는 점에 주목한다. 대신, 의자에 편안하게 앉아서 여행 가이드 장치로 관심 있는 부분을 가리키면 카메라가 자동으로 확대해준다.

볼륨을 낮춰라

사운드와 애니메이션은 사용자 피드백과 복잡한 개념 도해 제공에 있어 매우 효과적일 수 있다. 예를 들면, 사운드는 사람들이 선택한 것을 확인한다거나 잘못된 선택을 했을 때 그것을 알려주는 데 효과적으로 사용될 수 있다. 애니메이션은 사용자들에게 객체를 3차원으로 보여주는 데 도움이 될 수 있다.

사운드와 애니메이션은 종종 단순히 주의를 끌기 위해 사용되고 간혹 최신 뉴스 헤드라인을 제공한다거나 사용자의 즉각적인 응답을 필요로 하는 무언가를 해야 할 때 적당하다. 하지만 사이트에 깜박이고 움직이는 것이 너무 많아지면 방문객은 쉽게 피곤해져 궁극적으로 하려던 일에 집중하지 못한다. 너무 많은 사운드 효과(특히 반복해서 재생되고 갑자기 재생되는 경우)는 사람들을 당황스럽게 만들고 화나게 만든다. 다양한 사운드 효과를 내는 것은 많은 어린이들에게는 매력적이지만 테스터들에게 그런 웹 사이트를 방문하게 했을 때 10대와 어른들은 그런 것을 귀찮아 했다. 사람들은 갑작스러운 사운드 효과 또는 지속적으로 반복되는 사운드 효과를 참지 못했다. 방문객들이 기발한 몇 가지 효과로 즐거워할지 모르지만 일단 신비감이 사라지고 나면 그들은 방해가 되는 것에 대해 참지 못하게 된다.

오디오 롤오버는 사용하지 않아야 한다. 사운드와 동영상 재생의 제어 권한은 사용자에게 주는 것이 가장 좋다. 사운드는 작업 환경에 방해가 되고(특히 몰래 웹 서핑을 하고 싶어하는 경우) 10대들은 자신이 원하는 다른 음악과 미디어 소리가 웹 사이트의 소리와 겹치는 것에 대해 불평한다. 갑자기 큰 소리를 내는 사운드와 음악 때문에 가까이에 있는 동료가 깜짝 놀라고 그들은 화를 낸다. 만약 여러분의 사이트에 사운드가 있다면 조용히 시작하여 차츰 높은 음량이 나오도록 해야 하고 사용자에게 사운드를 조절하는 방법을 제공해야 한다. 우리는 심지어 의자에서 펄쩍 뛰어 올라 귀를 막는 사람도 봤다.

> 어린이들을 위해 너무 시끄러운 기능은 사용하지 않는 것이 좋다. 방문객들이 기발한 몇 가지 효과로 즐거워할지 모르지만 일단 신비감이 사라지고 나면 그들은 방해가 되는 것에 대해 참지 못하게 된다.

이런 것들을 끄는 방법

대부분의 사람들은 배경에서 계속 반복해서 재생되는 음악을 듣기 싫어하므로 쉽고 확실하게 끄는 방법을 제공해야 한다. 운영 체제에 기본적으로 제공되는 음량 제어 장치에 의존해서는 안 된다. 대부분의 10대들과 많은 성인 사용자들은 그것이 어디에 있는지 모른다. 화려한 제어 장치 대신 음악을 켜거나 끄는 데는 글자가 있는 버튼을 사용하고 음량 조절에는 표준 슬라이더 장치를 사용하는 것이 좋다.

웹을 위한 동영상 만들기

전문가들은 미디어 중심적인 미디어를 만들고 사람들은 컴퓨터를 미디어 센터로 사용하는 일이 점차 늘어나고 있다. 방송 매체와 웹은 여전히 확실한 차이점을 갖고 있다. 가장 큰 차이는 웹은 상호작용 매체로서 사람들은 웹을 제어하고 그 주변을 돌아다니길 원한다는 점이다.

동영상은 온라인 사용에 적합하게 만들어서 편집해야 한다. 사용자들은 웹상에서 기나긴 동영상을 오랫동안 감상하는 것을 싫어하기 때문에 그것을 작은 조각으로 나눠야 한다. 방송을 위해 만들어진 동영상은 너무 긴 경향이 있고 작은 컴퓨터 화면을 어지럽히는 장면을 포함할 수 있다.

사람들은 텔레비전 앞에 앉아 있는 것과는 달리 컴퓨터 앞에서는 움직이지 않고 앉아 있지 못한다. 무언가를 클릭하길 원하고 더 많은 것을 경험하려고 한다. 대부분의 오디오와 동영상 클립은 1분 미만의 길이로 만들어야 한다. 5분 이상으로 길어야 하는 경우는 거의 없다. 우리가 진행한 시선 추적 연구를 통해 얻은 자료에 의하면 사람들의 시선은 겨우 24초라는 매우 짧은 시간이 지나면 다른 곳으로 이동한다는 사실을 보여준다(특히 내용이 지루한 경우). 예를 들면, 뉴스 사이트에서 사람들의 눈은 매우 짧은 시간 동안 뉴스 앵커가 있는 곳에서 머물지만 잠시 뒤에는 휴지통과 멈춤 기호와 같은 배경에 있는 일상적인 물건 쪽으로 이동한다. 더 흥미로운 것은 사람들의 시선이 동영상이 재생되고 있는 창 바깥에 있는 다른 헤드라인과 옵션 같은 요소에 초점을 맞추게 된다는 점이다.

> **팁: 광고는 언제 내보내야 하는가?**
>
> 만약 동영상에 광고가 포함되어 있다면 주요 영상이 시작되기 전보다 끝난 후에 재생하는 것이 좋다. 광고가 주요 내용 전에 재생되면 사람들은 잘못 선택했거나 웹 사이트에 문제가 있다고 생각한다. 만약 광고를 반드시 먼저 재생해야 한다면 전에 재생된다는 사실을 명확하게 알려야 한다. 그렇지 않으면 사용자들은 주요 내용이 나오기 전에 창을 닫아버릴 수 있다.

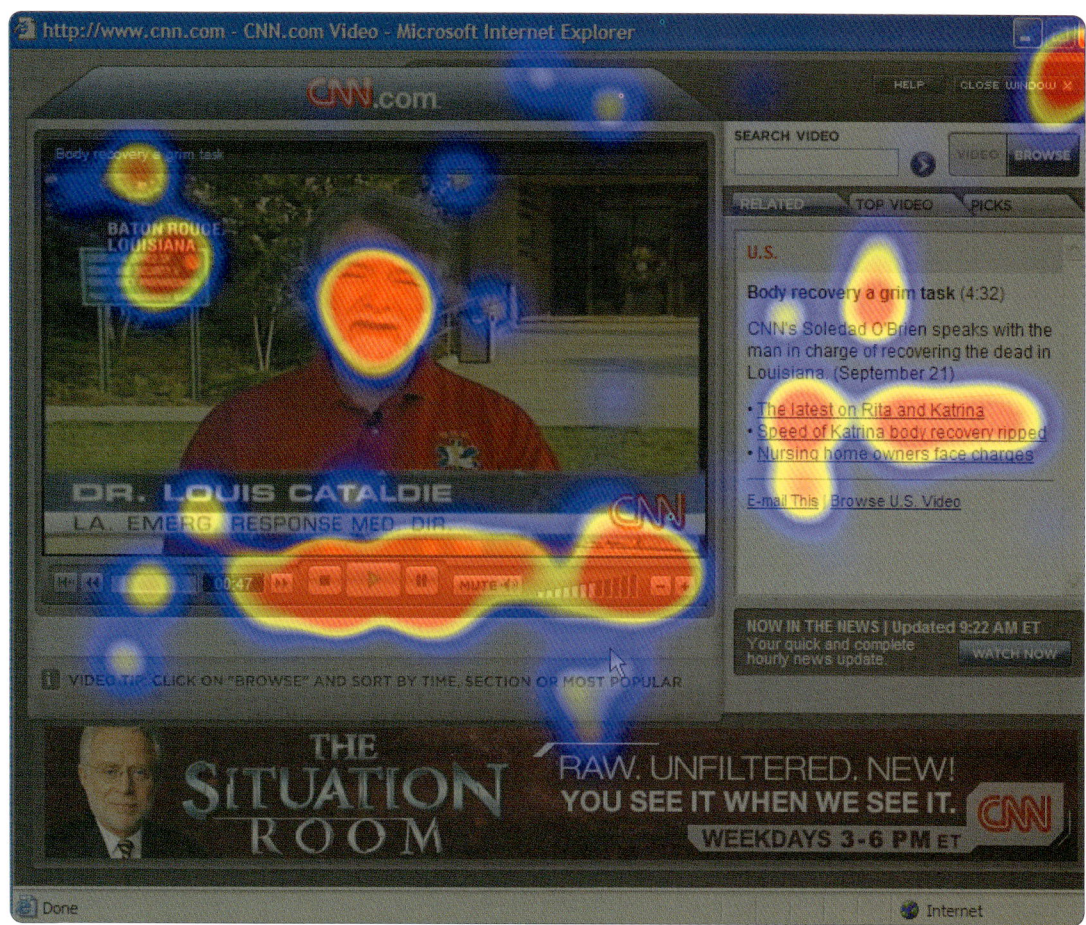

www.cnn.com

CNN에서 동영상 클립을 보고 있는 사용자의 시선 추적 다이어그램이다. 화면의 빨간 부분은 가장 많이 쳐다본 곳을 의미한다. 노란색과 파란색은 그보다 적게 쳐다본 곳이다. 사용자는 이 동영상 클립을 겨우 24초 동안 쳐다본 직후 인터뷰를 하고 있는 사람에게서 다른 곳으로 시선을 돌렸다.

단순함의 실천

이 책의 처음부터 지금까지 단순성을 강조해 왔지만 사실 단순함을 실천하는 것은 간단한 일이 아니다. 내비게이션과 기능들이 담긴 레이어에 레이어를 추가하여 부피가 큰 디자인을 만들기보다 간단하고 품위 있는 디자인을 만드는 것이 훨씬 만들기 어렵다. 우아함과 기능성을 유지하면서 매우 중요한 요소를 함께 담아내려면 용기와 훈련이 필요하다.

이는 내부 장식에 비유할 수 있다. 왜 어떤 방은 다른 곳보다 더 많은 사람들이 찾아올까? 비전문 실내 장식가는 화려하다는 것을 잘못 이해하여 거실을 다양한 스타일, 무늬, 재질의 가구로 엉망으로 만들 수 있다. 반대로 전문 디자이너는 클라이언트가 원하는 아이템을 조심스럽게 선택하고 실제 목표에 반하는 요소들을 과감하게 제거한다. 만약 요소가 기본 계획을 보완하지 않는다면 방의 내부 장식의 느낌을 저하시킨다.

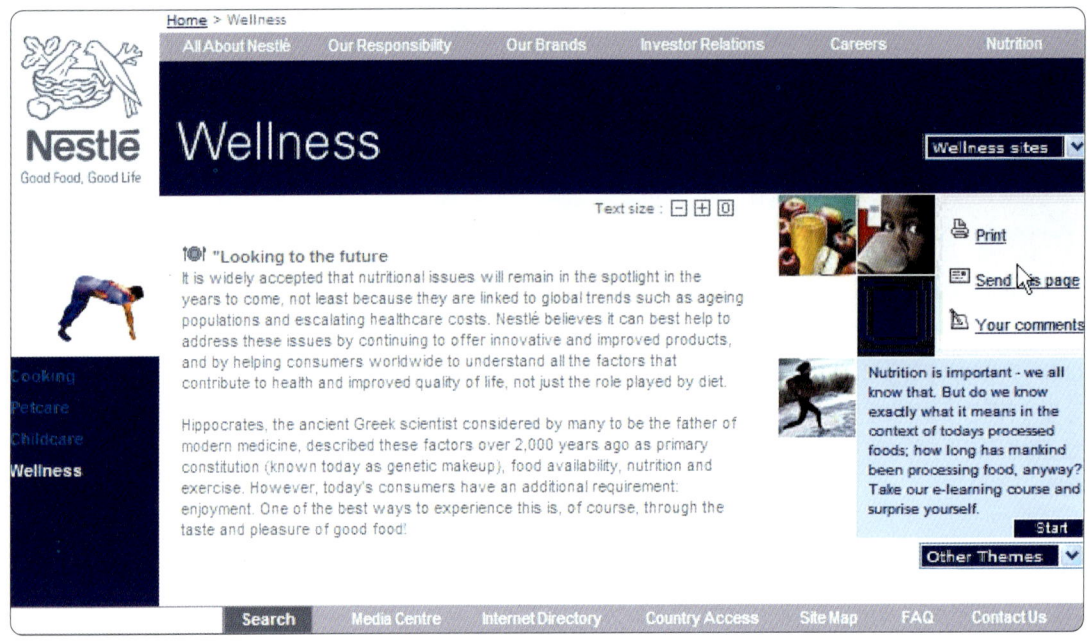

www.nestle.com

이 사이트에 있는 애니메이션은 컨텐츠를 방해하는 역할을 한다. 화면의 좌측 상단에서 텀블링하는 남자가 컨텐츠를 보기 위해 사이트에 방문한 사람들의 시선을 분산시킨다. 한 사용자는 이렇게 설명했다.
"저는 여기 있는 아이콘들을 좋아하지만 뭔가 조금 너무.. 항상 저렇게 표시되어 있으니 싫증이 나는군요. 그림과 그래픽은 잠시 동안은 좋은데.. 그리고 저 텀블링하는 남자가 방해하지 않는다면 더 좋을 거 같아요."

웹 사이트도 마찬가지이다. 좋은 디자이너는 상호작용을 본질적인 것으로 줄여 제한된 공간(화면 공간과 대역 모두)을 최대한 활용한다. 표시하고자 하는 중요한 요소들을 남기고 불필요한 효과, 그래픽, 그리고 그림은 제거한다. 모든 것이 깜박이면서 주의를 끌려고 하면 결국 아무것도 주의를 끌지 못하게 된다.

사이트에는 매우 중요한 것만 사용해야 한다. 추가적인 디자인 요소가 사이트를 엉망으로 만들고 있지 않은지 확인해야 한다. 사이트상의 상호작용으로 단순하게 만들기 위해 모든 노력을 기울여야 한다. 단순하면서 정적인 것보다 화려하거나 멋진 특징이 있어 사용에 어려움을 주지는 않는가? 모든 아이콘, 그림, 그래픽, 그리고 애니메이션은 목적에 충실해야 하고 의미 있는 교류를 해야 한다. 사이트에 디자인 요소를 추가하기 전에 이렇게 자문하라.

- 이것이 사용자의 작업을 단순하게 만들어줄까?
- 사용자에게도 가치 있을까?

만약 대답이 "아니오"라면 제거해야 한다.

> 사이트에 디자인 요소를 추가하기 전에 이렇게 자문하라. 이것이 사용자의 작업을 단순하게 만들어줄까? 사용자에게도 가치 있을까? 만약 대답이 "아니오"라면 제거해야 한다.

www.bms.com

이러한 해바라기 사진이 기업의 의무와 무슨 관계가 있는가(파일 크기와 다운로드 시간도 당연히 포함)? 이러한 불필요한 사진은 중요한 제한적인 화면을 낭비할 뿐이다. 사람들은 유용한 정보라면 다소 오래 기다리더라도 개의치 않지만 무의미한 것이라면 기다린다는 것에 화를 낸다. 페이지를 꾸미기 위한 것이 아니라 컨텐츠를 보완하는 사진을 사용해야 한다.

Tiffany & Co. 웹 사이트에 있는 두 가지 버전의 내비게이션 메뉴를 살펴보자. 첫 번째 디자인에서는 반투명 메뉴로 인해 이미지 위에 열려 내용을 읽는 것이 매우 어렵다. 두 번째 디자인은 문자열이 어두운 색상으로 되어 있고 배경이 비치지 않는 방법으로 개선된 것이다. 첫 번째 디자인이 더 우아하지만 내용을 읽기 너무 어려워서 고객들에게 호응을 얻지 못한다. 두 번째 디자인은 미적 감각과 사용성이 균형을 이루고 있다. 메뉴는 읽기 쉬우면서도 사이트의 우아함이 여전히 유지되고 있다.

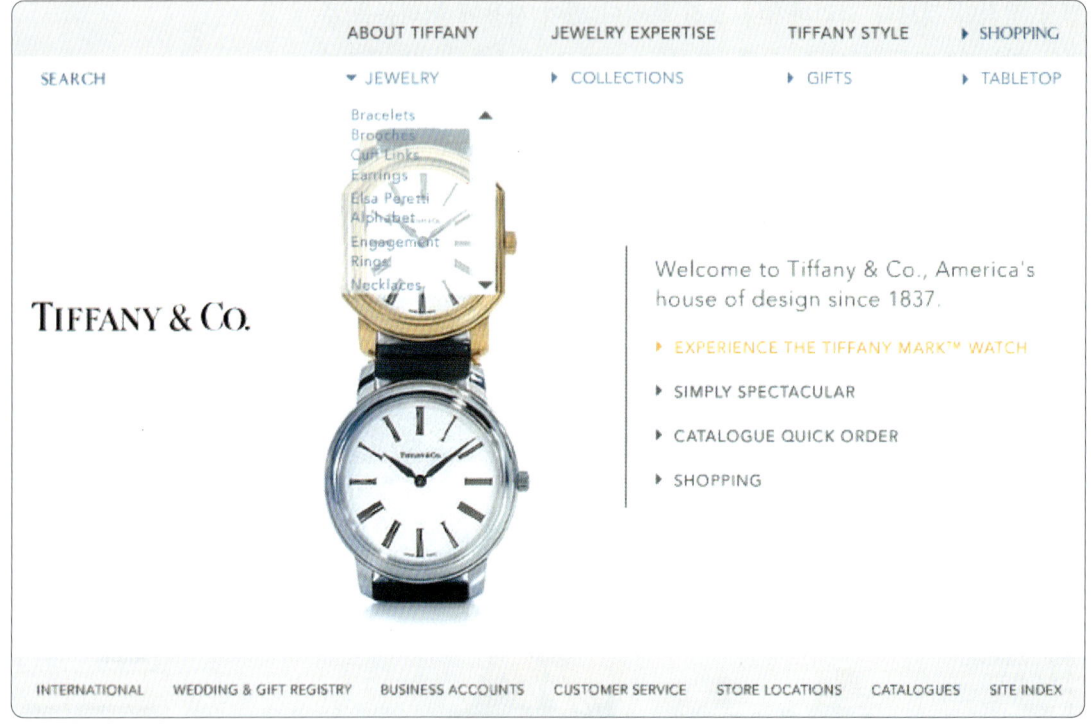

www.tiffany.com

Tiffany & Co. 웹 사이트의 초기 버전은 반투명 메뉴를 사용했다. 흥미롭게 보이지만 읽기 어렵다.

연구가 끝난 뒤 Tiffany.com 은 미적 감각을 손상시키지 않고 내비게이션 메뉴 디자인을 개선했다.

사이트 개선: 조만간?

이 책에는 사용자 테스트 과정에서 실패했지만 개선된 디자인으로 대체한 많은 디자인 사례가 포함되어 있다. 아마도 이 책을 읽고 있을 때에는 더 많은 사이트들이 우리의 무료 컨설팅 조언의 혜택을 얻기 위해 업데이트했을 것이다.

개편되고 개선된 디자인을 보게 되었을 때 여러분은 이렇게 말할지도 모른다. "바로 그거야." 그리고 사용성에 대한 조언을 저렴한 비용으로 받았다고 기뻐했을 것이다. 엄청난 액수의 웹 예산을 세운 부유한 기업이라도 수년간이나 해가 된 나쁜 사이트를 갖고 있을 수 있다는 사실로부터 입증된 것처럼 개선된 디자인은 처음부터 알아볼 수 있는 것이 아니다.

대부분은 사용성은 단순성과 동일하며, 따라서 단순성은 사용성 개선으로 이어진다는 의미이다. 우리가 납득시키고자 하는 것은 사용하기 쉬운 사이트가 결코 자동으로 만들어지지 않는다는 점이다. 사용성 방법론을 채택하고 타깃 사용자들을 통해 사이트를 테스트해야 한다. 우리는 이러한 모든 사용성 문제를 신속하고 저렴한 연구를 통해 발견했다. 각 기업은 트래픽을 잃고 고객들의 불만으로 가득차게 될 때까지 기다리지 말고 자체적으로 그렇게 할 수 있다.

사용성 결함은 조만간 노출된다. 가장 중요한 문제는 나쁜 디자인을 적용하여 막대한 시간과 돈을 낭비하기 전에 프로젝트 진행 초기에 그것을 발견할 수 있느냐 하는 것이다. 앞으로 그 비용이 점점 저렴해질 것이다.

> **세 가지 팁: 단순하게, 단순하게, 단순하게**
>
> 사이트에는 사람들이 일을 단순하게 처리하도록 도울 수 있는 특징만 포함시켜야 한다. 상호작용이 너무 복잡할 때 사람들은 종종 필요로 하는 정보를 찾을 수 없고 사이트에서 혜택을 얻을 수 없다. 복잡한 상호작용은 학습 시간과 사람들이 당혹스러워 할 가능성 모두를 높인다. 많은 불필요한 것보다 소수의 도움이 되는 특징을 담는 것이 낫다.

지금부터는 지도 디자인의 두 가지 접근 방법에 대해 살펴보기로 한다. 첫 번째 것은 상호작용이 있는 것이고 두 번째 것은 없는 것이다. 상호작용이 가능한 지도는 도시 내에 있는 식당의 위치를 보여준다. 각각의 오렌지색 공 위에 마우스 커서를 올려 놓으면 식당 이름이 표시되고 클릭하면 식당의 세부 정보가 표시된다. 매우 간단한 것처럼 보이지만 실제로는 그렇지 않다. 만약 이 도시 내에 있는 식당에 익숙하지 않다면 모든 식당의 정보를 찾아보기 위해 모든 공을 클릭해야만 한다. 공을 클릭하고 뒤로 돌아가고 다른 공을 클릭하고 다시 돌아가고.. 휴!

두 번째 지도는 이보다 사용하기가 더 쉽다. 사람들이 생각했던 것보다 많은 기능은 없더라도 각 식당의 정보가 표시된다. 지도는 클릭하지 않아도 되면서도 한눈에 가장 밀접한 정보를 얻을 수 있다. 첫 번째 지도가 외관상으로는 멋져 보일지 모르지만 두 번째의 단순한 것만큼 기능이 좋지는 않다.

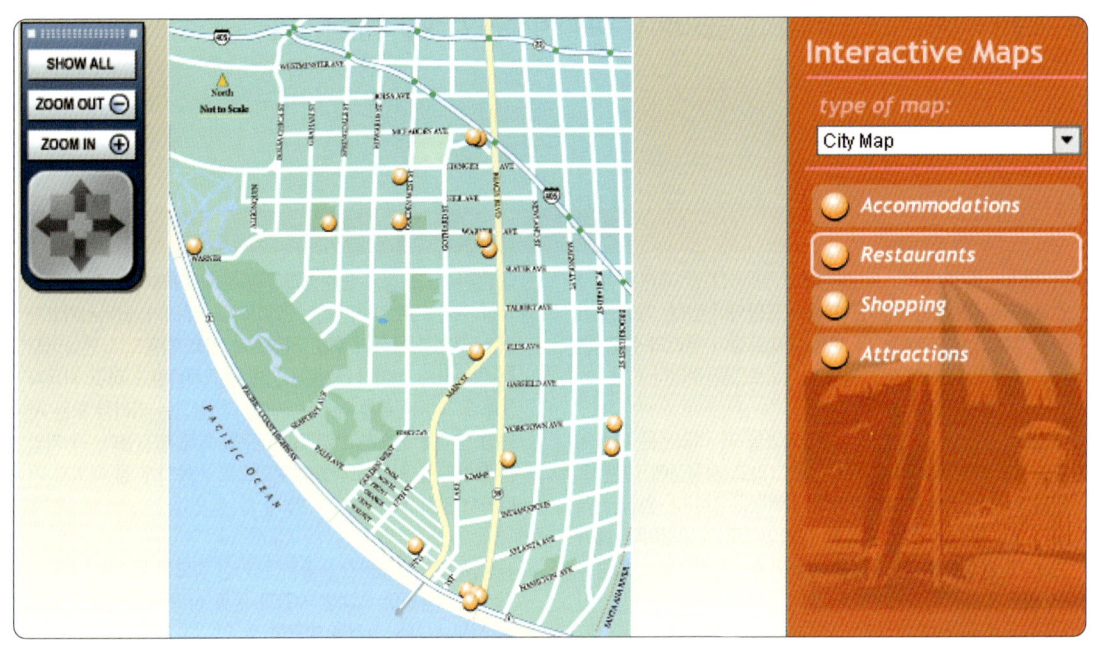

http://surfcityusa.com

이 상호작용 기능이 충만한 지도는 정적인 지도보다 만드는 데 오랜 시간과 자원이 필요했을 것이다. 하지만 덜 유용하다.

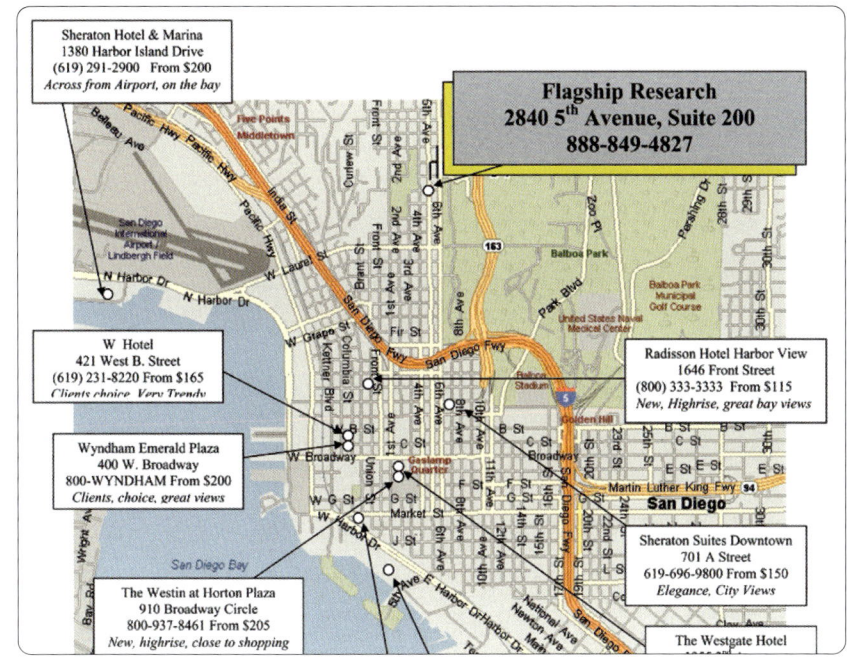

낮은 수준의 기술이 사용된 이 디자인은 사람들에게 관련 정보를 빠르고 쉽게 제공하여 그들이 목적하는 바를 제대로 지원한다.

특징을 적게 개발할수록 개발 자원을 절약하고 사용자들이 정말 필요로 하는 특징으로 만드는 작업에 더 많은 시간을 들일 수 있게 된다. 특징이 적을수록 사람들이 덜 혼란스러워 하고 따라서 사용자 오류의 위험 부담이 줄어들며, 이는 짧은 설명과 문서, 그리고 그렇게 했을 때 가능한 간단한 도움말 컨텐츠를 의미한다. 어떤 특징이든 제거할 때마다 나머지 특징의 사용성은 자동으로 증대된다.

연구에서 우리는 참가자들에게 특정 레스토랑을 찾기 위해 시드니 오페라 하우스 웹 사이트를 사용하도록 했다. 참가자들 대부분은 Virtual Tour(가상 여행) 기능이 두드러져 보여서인지 이것을 이용해 답을 찾으려고 했다.

사람들이 진보적인 일을 할 수 있게 도와주는 확고한 특징에는 다음과 같은 사항이 포함된다.

- 다양한 유리한 지점에서 건물을 보기 위해 주변에 있는 화살표를 움직이는 기능
- 공을 쏘면 지역의 이름이 표시되는 기능
- 많은 아이콘과 건물의 많은 사진을 표시하는 기능
- 다른 것을 클릭하면 사운드 효과가 재생되는 기능

Virtual Tour는 상당히 많은 유용한 정보를 포함하고 있다. 하지만 대부분의 사람들은 작동 방법을 이해하지 못하여 대다수의 컨텐츠를 볼 수 없다. 게다가 로딩이 느리고, 단계적으로 노출되며 사운드 효과가 사람들의 진행을 방해했다. 사용자들은 정보를 찾을 때 곧장 해답을 얻길 바란다. 기능이 많은 애플리케이션은 상호작용이 간접적으로 이루어지는 경향이 있기 때문에 사용자들을 방해한다.

이러한 멋진 디자인 사례에 대해 테스트에 참여한 사용자들의 얘기를 몇 가지 들어보자.

"공 쏘기는 성가시네요. 이 공들 중 하나가 Playhouse를 가리키는지 보려고 시도하고 있어요. .. Playhouse 찾는 데 시간이 걸리는군요."

"작은 화살표를 보지 못했어요. 저걸로 뭘 할 수 있는 거죠? 저게 뭔지 모르겠어요."

"이런 엄청난 여행은 정말 원치 않아요. 정말 시간이 오래 걸리네요. 이것들을 전부 지나가야 해요. 음악, 인트로, 그리고 .. 기타 등등. 들어가지 않는 게 낫겠어요."

"지도 만들기와 회전 그림 로딩하기. 이건 제가 원하던 것보다 너무 정보가 많네요. 저는 건물 그림이 필요 없어요. Opera House 근처에 있는 식당의 위치만 찾으면 돼요. 식당을 찾을 수 있게 시드니 오페라 하우스 건물 내에 있는 식당 목록이 여기에 있으면 좋겠지만 보이지가 않는군요. 저는 회전 그림을 좋아하는데 지금은 필요 없어요. 검색 기능이라도 있었다면 'playhouse'를 입력해서 오페라 하우스의 각 층을 옮겨 다니지 않고도 위치를 볼 수 있을 텐데 말이죠."

"여기 이 3D로 된 것 때문에 미칠 것 같아요. 좀 심하군요. 이건 꼭

USS 엔터프라이즈 항공모함 같아요. 가본 적이 없으면 어디가 입구인지 모를 테니까요. 예쁘고 동적이긴 한데 어떻게 도움을 받아야 하는 거죠?"

사용자들이 여러분이 만든 사용자 인터페이스를 스타 트랙 우주선의 사용자 인터페이스와 비교하는 것을 알아차리게 된다면 그다지 좋은 징조는 아니다.

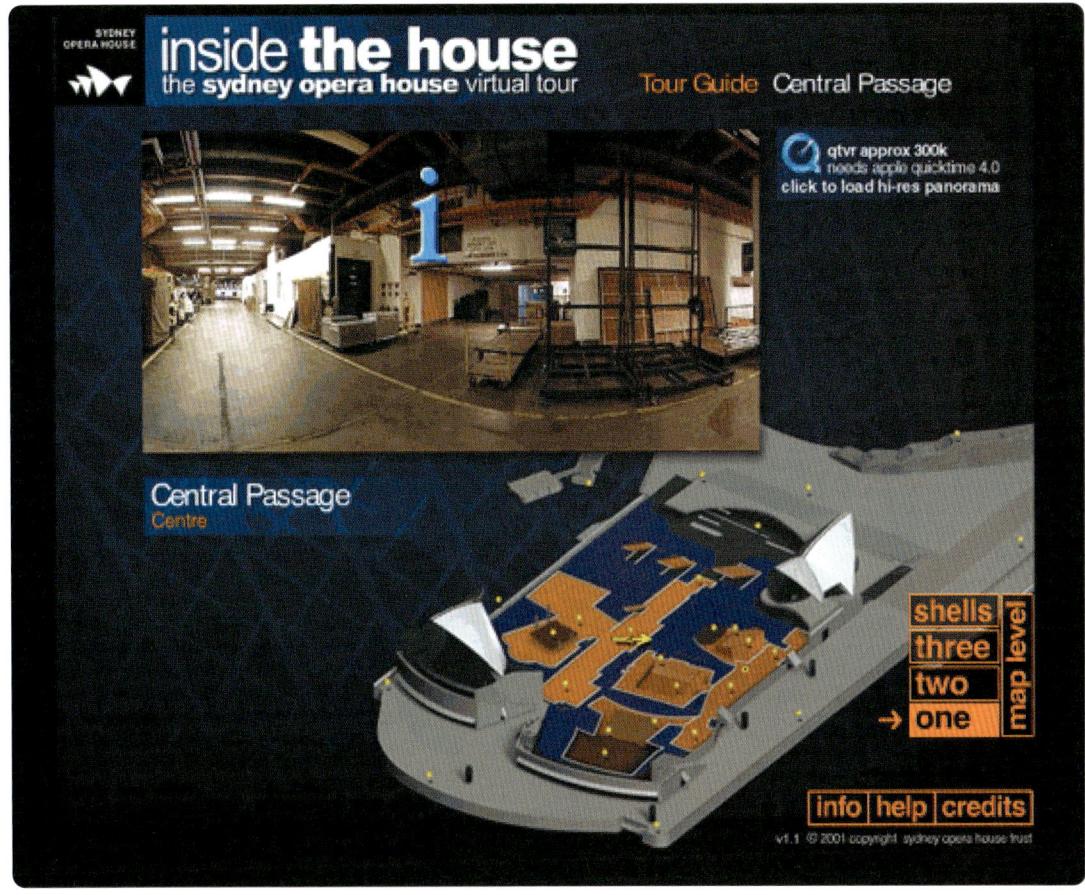

www.sydneyoperahouse.com

이 가상 여행은 남는 시간이 매우 많고 호기심도 많으며 도전을 좋아하는 소수의 사람들에게는 즐거움을 줄 수 있다. 하지만 시드니 오페라 하우스에 대한 일반적인 정보를 필요로 하는 대부분의 방문객들에게는 이 애플리케이션은 지나친 면이 있다. 사람들은 위치 이름과 같은 기본적인 정보를 얻기 위해 노란색 공 위로 마우스를 움직여야 한다는 사실을 좋아하지 않았다. 많은 사람들은 노란색 화살표(하단에 있는 지도의 중앙 통로에 표시된)와 같은 무수히 많은 아이콘과 "I"(상단 사진 위에 겹쳐 있는)를 알아채지 못하거나 이해하지 못했다.

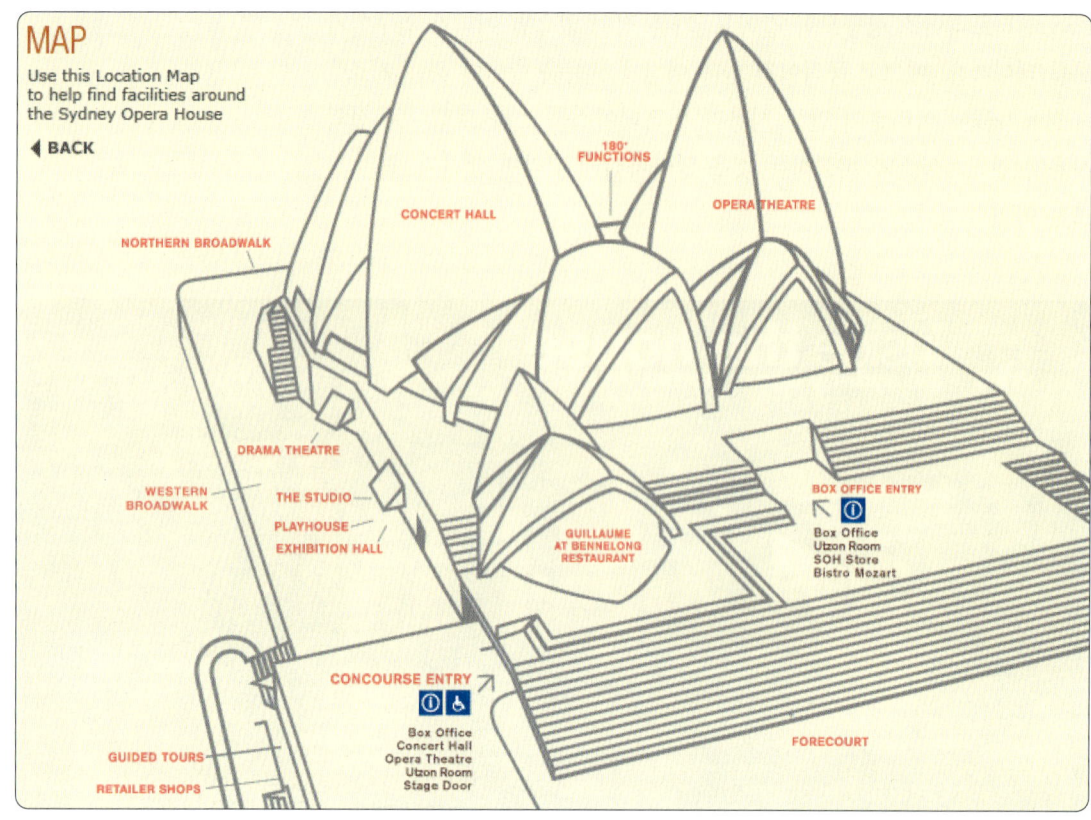

www.sydneyoperahouse.com

사람들은 복잡한 상호작용을 가진 지도보다 꼬리표가 잘 정리되어 있는 정적인 지도에서 성공적으로 위치를 찾아냈다. 사람들에게 내용과 방향을 알려주는 데는 간단한 밑그림으로도 충분하다. 주요 지역에 붙어 있는 꼬리표는 연관성을 알아보기 쉽게 만들고 시설의 레이아웃을 이해할 수 있게 해준다.

(우측페이지 상단) 이것은 Wynn Las Vegas 웹 사이트에 있는 두 개의 스플래시 페이지 중 첫 번째 페이지이다. 이러한 두 단계의 진입 작업은 시간이 걸릴 뿐만 아니라 이 페이지에 있는 옵션들은 최종 사용자가 아니라 회사의 우선 순위를 기반으로 한 것들이다. 사람들이 가장 먼저 원하는 것은 Buy Tickets 또는 Book Now가 아니라 이 호텔에 대한 정보이다. 이 시점에서 방문객들은 무엇을 예약하고 무슨 표를 왜 구입해야 하는지 어리둥절해 할 수 있다.

(우측페이지 하단) 이것은 Wynn Las Vegas 웹 사이트에 있는 두 개의 스플래시 페이지 중 두 번째 페이지이다. 이러한 두 단계의 진입 작업은 시간이 걸릴 뿐만 아니라 이 페이지에 있는 옵션들은 최종 사용자가 아니라 회사의 우선 순위를 기반으로 한 것들이다. 홈페이지는 스티브 와인(Steve Wynn)의 음성으로 "Unlike other Web sites, we filled it with surprises. Have fun, go find the surprises, and enjoy."라는 말과 함께 느리게 로딩된다. 호텔들을 비교하고 예약하려고 하는 사람들은 놀라운 것을 원하는 것이 아니라 정보를 빨리 얻기를 원한다.

www.wynnlasvegas.com

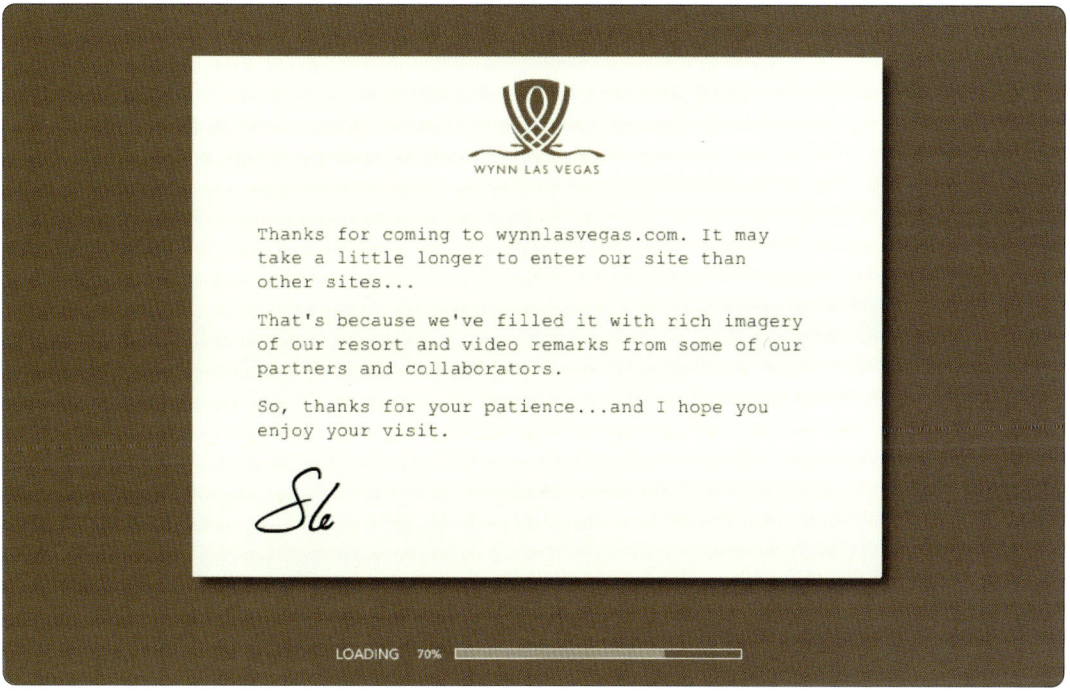

www.wynnlasvegas.com

> 항상 새로운 기술이 만들어지지만 얼리 어답터는 극소수이다. 주류 사용자들이 받아들이고 새로운 상호작용을 배우기까지 시간이 걸린다.

한층 품위 있는 디자인으로

항상 새로운 기술이 만들어지지만 눈 높이를 너무 높이면 부작용이 생긴다. 얼리 어답터는 극소수이다. 주류 사용자들이 받아들이고 새로운 상호작용을 배우기까지 시간이 걸린다. 효율적인 상호작용 디자이너들은 사람들의 인지 능력과 신체적인 능력을 이해하고 지원하면서도 목표에 충실하다. 기술은 변화할 수 있지만 사람들의 타고난 능력은 그대로 유지된다.

부주의하고 비효율적인 디자인은 지나치게 꾸며진다. 정교한 디자인은 잘 짜여진 계획하에 만들어지고 조직적이며 겸손하다. 정말 품위 있는 웹 디자인은 시각적으로 즐거울 뿐만 아니라 기능면에서도 즐겁다. 게다가 기능은 아름다움에 항상 우선한다. 사람들이 사용하지도 않고 둘러보지도 않는 아름다운 사이트가 뭐가 좋은가? 최첨단의 웹 사이트를 향해 돌진하기 전에 목표를 고려해야 한다. 사용자들이 얻으려고 하는 것이 무엇인가? 사용자에게 다시 돌아오는 것이 사이트를 위한 최선의 결정을 하는 데 도움이 될 것이다.

추가 정보

장애를 가진 사용자를 대상으로 진행한 연구에 대한 자세한 사항은 www.nngroup.com/reports에서 Users with Disabilities를 참조하기 바란다. 이 장에서 인용한 다른 연구는 Children, Teenagers, B2B Website Usability를 참조하기 바란다.

IT 대한민국은 ITC(Info Tech Corea)가 함께 하겠습니다.
www.itcpub.co.kr

가설을 테스트하라

12 | 마지막 고려 사항: 동작 가능한 디자인

> 사용자를 위해 디자인하라. 너무도 당연하지만 그렇지 않은 경우가 많다. 거의 항상 잘못된 웹 사이트를 볼 때마다 그들은 클라이언트가 아니라 디자이너 자신을 위해 디자인했다는 것을 알게 된다. 핵심은 여러분이 좋아하는 것도 아니고 여러분의 매니저나 CEO가 좋아하는 것이어서도 안 된다는 점이다. 물론 개인적으로 선호하는 것이 있겠지만 사용자들에게 좋은 경험을 만들어주는 데 있어 중요한 것은 진심으로 그들과 함께 디자인해야 한다는 것이다.

> 디자인 프로젝트의 중심에는 사용자를 두어야 한다. 겸손해야 한다. 그들의 목소리에 귀 기울여야 한다. 그래야만 그들이 여러분을 성공의 길로 이끌 수 있다.

여러분은 평균적인 사용자가 아니라는 점을 기억해야 한다. 여러분의 상사 또한 평균적인 사용자가 아니다. 아마도 여러분과 여러분의 상사는 모두 유능하고 여러분은 평균적인 사용자들보다 컴퓨터와 인터넷에 대해 훨씬 많이 알고 있을지도 모른다. 하지만 목표로 한 사용자들이 설사 고급 교육을 받은 전문가들이라고 하더라도 중요한 한 가지 영역에 있어서 여전히 여러분은 그들과 다른 점이 있다. 즉, 여러분은 여러분이 몸담고 있는 회사와 제품에 대해 그들보다 많이 알고 있고 더 많은 관심을 갖고 있다는 것이다. 여러분에게 있어 그들은 특별하고 다르며 아마도 경쟁에서 더 나을 수 있다.

모든 제품이나 서비스를 평가하고 여러분이 갖고 있는 제품군이나 특별한 전문 용어에 대한 지식이 없는 잠재 고객의 경우에는 그렇지 않다. 그들의 관점은 여러분의 관점과 다르기 때문에 여러분의 사이트를 다르게 평가할 수 있다. 결국 가장 중요한 문제는 그들이 그것을 좋아하고 사용할 것이냐 하는 것이다. 그들이 관심을 갖고 있는 것처럼 보이기 때문에 정교하고 관례에서 어긋나게 만드는 것은 옳지 않다. 여러분의 사용자에게 관심을 갖는 것이 그들을 끌어들이는 방법이고 결국 사업을 성공으로 이끄는 방법이다.

먼저 대상 사용자들에 대해 알아야 한다. 그들은 다른 곳에서 얻은 경험을 기반으로 여러분의 사이트에 대한 기대를 갖는다. 익숙치 않은 독특한 사이트는 그들의 작업 흐름을 방해하고 혼란을 야기한다. 익숙한 것을 반복하는 것보다 새로운 것을 배우는 것이 더 어렵고, 중요한 것은 사람들은 해답을 얻기 위해 여러분의 사이트에 더 많은 노력을 기울이지 않는다는 사실이다. 모든 추가적인 인지적 부담은 여러분에게 곧바로 사업 손실로 이어진다.

사이트를 구성하기에 앞서 먼저 기능을 선택해야 한다. 독창적인 디자인은 사람들의 눈을 즐겁게 하지만 사람들이 지속적으로 자극받거나 끌릴 것이라고 생각해서는 안 된다. 웹 사이트를 사용한다는 것은 일반적으로 행복의 열쇠가 아니다. 대부분의 사람들에게 행복은 무언가를 해결한 뒤에 집으로 돌아가 아이들과 함께 즐거운 시간을 보내는 것이다. 그들은 기술, 컴퓨터, 또는 웹 사이트에 대해 개의치 않기 때문에 대부분의 사람들은 디자인과 단순성이 조화를 이룬 사이트를 선호한다. 그들은 미적으로 즐거운 사이트를 높이 평가하지만 디자인이 작업을 방해하면 바로 실망한다. 조화롭고 효과적인 디자인을 만들기 위해 독창성과 사용성을 적절히 혼합해야 한다.

가설을 테스트하라

사용자들이 좋아하는 것을 알아내는 유일한 방법은 그들의 목소리에 귀를 기울이는 것이다. 여러분의 시스템을 타깃 사용자를 통해 실제로 테스트해야 한다. 그들에게 할 일을 주고 그들의 행동 양식을 관찰하고 그들의 피드백에 귀를 기울여야 한다. 디자인을 수정하여 다시 테스트해야 한다는 것에 겁 먹지 마라. 아무도 완벽하게 유용한 디자인을 만들 수는 없다. 특히 첫 시도라면 더욱 그렇다. 사용자 테스트는 모든 사용성 설계 방법 중 신속하고 비용이 거의 들지 않는 가장 간단한 방법이므로 테스트 없이 사이트를 오픈하는 것은 변명이 될 수 없다.

우리는 이 책에서 기술한 사용성 지침이 대부분의 상황에 적용되기 때문에 여러분에게 따르도록 장려하는 것이다. 우리의 권고는 수년에 걸친 경험과 수천 명의 사용자와 함께 한 연구를 기반으로 하고 있다. 우리의 바람은 여러분이 다른 회사가 행한 실수를 하지 않도록 도와주는 것이고 사람들의 웹 사이트와 상호작용하는 방법에 대한 이해를 제공하는 것이다.

디자인 프로젝트의 중심에는 사용자를 두어야 한다. 겸손해야 한다. 그들의 목소리에 귀 기울여야 한다. 그래야만 그들이 여러분을 성공의 길로 이끌 수 있다.

IT 대한민국은 ITC(Info Tech Corea)가 함께 하겠습니다.
www.itcpub.co.kr

찾아보기

ㄱ

가격 표시　289
가독성　133, 236, 277, 284
가로 방향 스크롤　93
감성 디자인　86
검색　138
검색 결과　39
검색 결과 없음　159
검색 결과 페이지　40
검색 광고　164, 165
검색 기능　138
검색 능력　130
검색 로그　167
검색 모델　140
검색 사용자 인터페이　143
검색 상자　138
검색 상자의 크기　149
검색 싱자폭　148
검색 스팸　161
검색어 길이　148
검색 엔진　36, 38, 138
검색 엔진 결과 페이지(SERP, Search Engine Research Page)　39, 151
검색 엔진 스파이더　168
검색 엔진 최적화(SEO, Search Engine Optimization)　38, 40, 80, 154, 160

검색 인터페이스　142
경향 간섭　6
경험 수준　25
고급 검색　150, 159
고아 페이지　119
고정된 레이아웃　92
공사 중　59
교차 선택　8
국제 문해 능력 조사(International Adult Literacy Survey)　267
굵은 점　281
그림 문자　249
글꼴 속성　237
글자 크기　230

ㄴ

내비게이션　180
내용 축소　271
뉴스레터　38

ㄷ

다운로드 시간　86
다층 메뉴　204
단계별 제품 페이지　306

단순성　382
단일 검색 결과　159
닫힌 정원　26
답변 엔진　36, 37
덧글 스팸　161
동영상　380
동적 메뉴　204
뒤로 가기　68
뒤로 가기 버튼　63
드롭다운 메뉴　204
등록　102
등록 화면　342
디자인　4
딥 링크　28, 29

ㄹ

레이블 이름　194
레이아웃 실수　324
리디렉트 기능　66
리사　94
리치 미디어　361
링크 농장　161
링크 색상　61
링크 색상 변경　62

ㅁ

마인드셰어(mindshare)　38
만들어낸 말　116
매크로미디어　89
멀티미디어　355, 361, 377
멀티미디어와 동영상 클립　92
명령 지향 기능　63

모자이크　61, 84
모질라　212
목록 표현　282
문자 가독성　216
문자열 광고　164

ㅂ

방백법　6, 7
배너 무시　76
범위 검색　150
비표준 스크롤 막대　89

ㅅ

사용 실패　22
사용성　4, 362
사용성 지침　17
사용자 인터페이스 표준　48
사용자 테스트　17, 78
사운드　379
사이트 구조　175
사파리　95
산세리프 글꼴군　236
새 브라우저 창 열기　67
새 창 열기　67
색맹　247
색상 대비　242
성공률 측정　23
세리프　236
쇼핑 카트　19
수학적 모델　55
숫자 목록　281
스크롤　45, 324, 326, 330

스크롤 막대   373
스크롤 작업   100
스크린풀 스크롤   32
스티키 사이트   54
스폰서 링크   39
스플래시 페이지   111, 355
스플래시 화면   111, 112
시각적 피드백   363

ㅇ

아키텍처 SEO   163, 167
애니메이션   355, 379
언어 SEO   163, 165
여백   349
연결 속도   363
연산자 검색   150
오디오 롤오버   379
오래된 컨텐츠   116
오페라   95
움직이는 문자열   251
웹 경험   5
웹 디자인   47
웹 문자열   82
웹 전체 성공률   24
웹 포맷 기법   277
위장   161
유기적 결과   44
유기적 링크   39
은유 모델   55
응답 시간   301
의미 없는 문자   216
인터넷 익스플로러   84
인트라넷   118

인트라넷 IA   176

ㅈ

자동 스크롤되는 문자열   113
재방문 확률   27
전자 상거래 사이트   38
전체 화면   69
접근성   228
정보 구조(IA, Information Architecture)   174
정보 단편화   54
정보 수집   22, 37, 52, 55
정보 지각   52
정보 지각 능력   53
제공성   208
제이콥의 법칙   78
제품 삽화   300
제품 설명   297
제품 페이지   306
직접 링크   212

ㅊ

참조   38
체계적인 제목   279
최대화   69
추가 비용 노출   294

ㅋ

카트   19
커스텀 GUI 장치   113
크로스플랫폼 디자인   96

크롬　66, 70
클릭 가능 영역　207
키워드　277
키워드 가격　41
키워드 강조　277
키워드 광고　41, 42
키워드 남용　166
키워드 연구　166

ㅌ
타이포그래피　227
파이어폭스　94, 212

ㅍ
팝업　74
팝업 창　67, 72
평판 SEO　163, 169
표준 디자인 요소　48
프레임　87
플라이아웃 메뉴　205
플라이아웃 수평 메뉴　204
플래시　88, 89
플랫폼 간 비호환성　94
플러그인　108
피싱　73
피츠의 법칙　65, 151

ㅎ
환가율　43
회사 소개 항목　115

Number
10포인트 규칙　223
3D 사용자 인터페이스　109

a~z
best bet　154, 155, 156
black-hat　161
black-hat SEO　160
enlarge photo(사진 확대)　300
Findability　174
Georgia　236
GUI 형태의 웹　84
Keyword Selector Tool　166
NCSA(National Center for Supercomputing Application)　61
Search Engine Optimization　160
SEO　80, 160
SERP(Search Engine Results Page)　39, 157, 169
SERP 날짜 표시　152
SERP 정렬　157
shopbot　38
Verdana　235, 236
Web-Wide Task(웹 기반 작업)　13
white-hat　163
white-hat SEO　163

제이콥 닐슨이 공개하는
웹 사용성 중심의 웹 사이트 제작론

초판 1쇄 발행 : 2007년 3월 5일

지은이	제이콥 닐슨, 호아 로랭거
옮긴이	이준영
발행인	최규학

기획 · 진행	장성두
본문 디자인	늘푸른나무
표지 디자인	김연아

발행처	도서출판 ITC
등록번호	제8-399호
등록일자	2003년 4월 15일

주소	서울시 은평구 역촌동 85-8 보원빌딩 3층
전화	02-352-9511(대표전화)
팩스	02-352-9520
이메일	itc@itcpub.co.kr

인쇄 예림인쇄 용지 태경지업사 제본 문종제책사

ISBN-13 : 978-89-90758-58-3

값 26,000원

※ 이 책은 도서출판 ITC가 저작권자와의 계약에 따라 발행한 것이므로 본사의 허락 없이는 어떠한 형태나 수단으로도 이 책의 내용을 이용하지 못합니다.
※ 잘못된 책은 구입하신 서점에서 바꾸어 드립니다.

www.itcpub.co.kr